建筑施工企业
财务管理一本通

图解版

李淑霞　刘淑叶◎主编

国家一级出版社　中国纺织出版社　全国百佳图书出版单位

内 容 提 要

建筑施工企业财务管理是依据国家法律、法规和政策以及建筑施工企业的经营要求，遵循资本营运的规律，对建筑施工企业财务活动进行组织、预测、决策、计划、控制、分析和监督等一系列管理工作的总称。在市场经济条件下，企业财务管理水平高低直接影响着企业的生产经营规模和市场竞争能力，财务管理应当作为企业管理的核心。

为了帮助建筑施工企业财会人员和企业管理人员做好财务管理工作，我们编写了这本《建筑施工企业财务管理一本通（图解版）》。本书依据2016年5月全面实施营改增后的法规政策编写，结合建筑施工企业的特点，为建筑施工企业工作人员提供整体的知识框架和具体的操作方法。本书注重基本理论、基本知识、基本方法、基本技能相结合，并运用图解的方式向读者讲授建筑施工企业的财务管理知识，使得原本较枯燥的财务管理知识一目了然地展现在读者面前，帮助读者较快地掌握建筑施工企业财务管理知识的精髓。

图书在版编目（CIP）数据

建筑施工企业财务管理一本通：图解版／李淑霞，刘淑叶主编．—北京：中国纺织出版社，2017.10 （2024.2重印）

ISBN 978-7-5180-2671-5

Ⅰ.①建… Ⅱ.①李… ②刘… Ⅲ.①建筑施工企业—企业管理—财务管理—图解 Ⅳ.①F407.967.2-64

中国版本图书馆CIP数据核字（2016）第114900号

主　编：李淑霞　刘淑叶

编　委：于　涛　王　佳　王　蕴　王洪德　王晓光　王晓坤　白雅君　孙　健　张　彤　张　琦　张国富　杜贵成　赵　丽　徐云杰　曹丽娟　曹静韬　谢新彬

策划编辑：于磊岚　特约编辑：魏丹丹　责任印制：储志伟

中国纺织出版社出版发行

地址：北京市朝阳区百子湾东里A407号楼　邮政编码：100124

销售电话：010—67004422　传真：010—87155801

http://www.c-textilep.com

E-mail:faxing@c-textilep.com

中国纺织出版社天猫旗舰店

官方微博 http：//weibo.com/2119887771

北京兰星球彩色印刷有限公司印刷　各地新华书店经销

2017年10月第1版　2024年2月第4次印刷

开本：787×1092　1/16　印张：19

字数：376千字　定价：98.00元

前言 preface

随着我国经济的迅速发展，工程建设领域对复合型管理人才的需求逐渐增加。建筑施工企业是从事建筑安装工程类产品生产、以盈利为目的的生产单位。财务管理是企业管理的重要内容之一，企业财富最大化是企业一切工作的主要目标，因此当前企业对财务管理人才的需求非常大。建筑施工企业财务管理是按照国家法律、法规和政策以及建筑施工企业经营要求，遵循资本营运规律，对建筑施工企业财务活动进行组织、预测、决策、计划、控制、分析和监督等一系列管理工作的总称。在市场经济条件下，企业财务管理水平决定着企业生产经营规模和市场竞争能力，财务管理应当成为企业管理的核心。因此，加强企业财务管理，对改善企业的生存条件，提高企业的经济实力，推动企业的发展，起着重大的作用。

2008 年 6 月财政部、证监会、审计署、银监会、保监会联合发布了《企业内部控制基本规范》，对加强企业内部控制提出了更高、更严格的要求。建筑施工企业作为国民经济中的重要组成部分，必须按照国家的有关规定进行会计核算和财务控制。2008 年新的《企业所得税法》执行，2011 年《个人所得税法》修订和颁布，增值税、营业税、消费税等也有较大的修改，加强建筑施工企业的财务核算和管理显得尤为重要。

本书依据 2016 年 5 月全面实施营改增后的法规政策编写，针对建筑施工企业的财务运作和管理，结合施工企业的特点，充分运用图解的方式帮助读者概括、总结知识点，图文并茂，简明易懂，便于管理者及财务人员操作使用。

本书编写以企业财务管理的基础知识为主线，紧密结合施工企业财务管理的特点，体现了现行施工企业财务制度的基本精神，力求做到理论联系实际。全书共分十一章，主要内容包括财务管理总论，资金价值观念，资金筹备和管理，资金成本与资金结构，流动资产管理，固定资产管理，无形资产管理，证券投资管理，成本和费用管理，收入、利润及其分配管理，财务分析。

本书适合建筑施工企业的财会、内审人员，管理层人士，注册会计师等行业从业人员阅读，也可作为建筑、财会、经营管理、经济管理等专业大中专院校学生的入门教程。

由于编者学识和经验有限，虽尽心尽力，书中仍难免有不足之处，恳请广大读者热心指点。

编者

2017 年 4 月

目　录 contents

第一章　财务管理总论

本章导读

财务管理是一门在近一个世纪逐渐发展起来的学科。在商品经济初期，理财活动往往由企业业主亲自进行，财务管理并没有形成一项独立的管理工作。到了19世纪末，随着企业规模不断扩大，企业资金急剧增加，财务关系逐渐复杂，业主已难以亲自从事财务管理，才逐步形成财务管理部门。到20世纪初，财务管理仍以筹集资金为主要管理范畴。随着科学技术的迅速发展和市场竞争的加剧，财务管理的重点才由筹集资金转向财务监督，又转向以事前控制为主的企业财务管理控制系统。财务管理理论也由传统的筹资财务管理理论发展成为现代的投资财务管理理论。

财务管理就是对企业的财务活动进行综合、全面的管理。财务管理的重要性是保障现代化企业制度顺利实现的核心机制，不仅有助于管理层改善经营方式，实现经营目标；更有利于保护企业资产安全和完整，杜绝资产流失和损害；同时是保证经营信息和财务资料的真实、完整，保证企业财务活动合法性的必要措施。因此，财务管理既是企业发展的必然，也是企业发展的一种责任和义务。

以前，施工企业的财务管理始终围绕着统收统支、按收定支两条线有计划地进行，财务管理没有可以施展身手的舞台，其地位也往往被人忽视。而在社会主义市场经济条件下，在对工程实行招投标的背景下，施工企业成为竞争的主体，必须自主经营，自负盈亏，自我约束和自我发展；国家对企业管理的干预越来越少，以市场规律和法律规范为主的调节机制使社会资源流向那些效率高、效益好的施工企业，达到资源的合理配置，使施工企业在瞬息万变的经济环境中做出灵敏的反应并及时调整规范自己的行为，以保证企业在市场竞争中的地位，这就迫使施工企业注意运用资金、控制成本和增加盈利，使资金不断增值，因而财务管理就显得越来越重要了。

第一节　企业财务概述

一、企业财务的概念

企业财务是企业生产经营过程中有关资金的筹集、使用和利润分配活动及其货币关系的总称，是指企业在生产经营过程中客观存在的资金运动及其所体现的经济利益关系，即财务活动和财务关系。其中，资金的筹集、使用和利润分配活动称为财务活动；财务活动过程中形成的企业与各方面的货币关系称为财务关系。企业财务是企业生产经营活动的一个重要方面，是企业生产、营销、技术、人事等状况的集中体现。

（一）企业财务

企业财务的具体含义如图1－1所示。

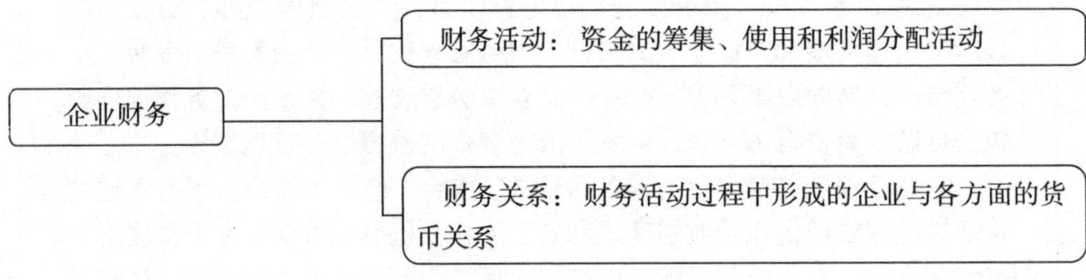

图1－1　企业财务的概念

（二）西方财务学

西方财务学的范畴如图1－2所示。

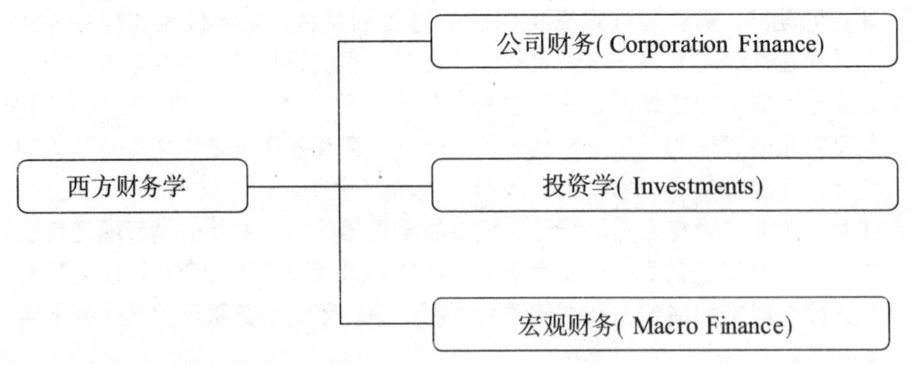

图1－2　西方财务学的范畴

二、企业财务的具体内容

（一）财务活动

财务活动的内容如图 1－3 所示。

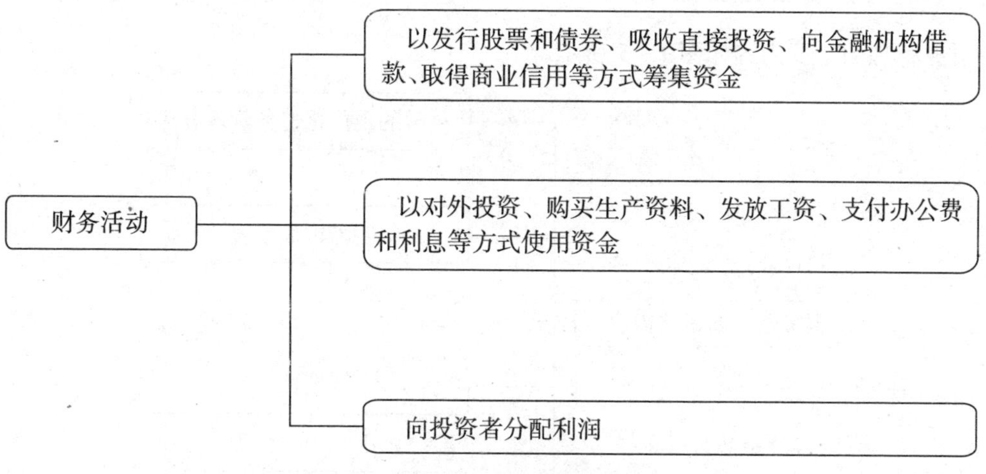

图 1－3　财务活动的内容

（二）财务关系

财务关系的内容如图 1－4 所示。

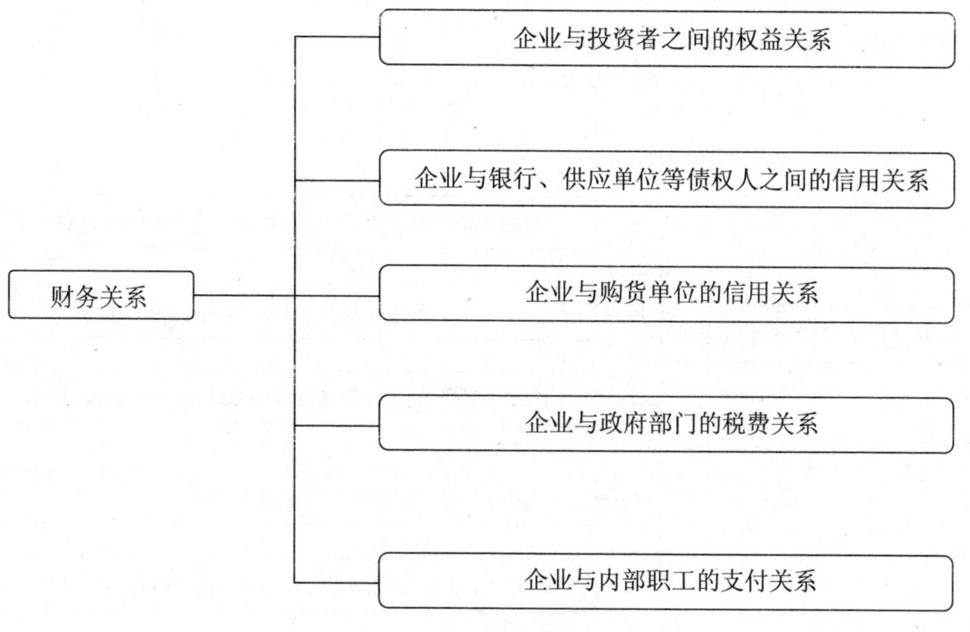

图 1－4　财务关系

三、财务管理的概念及内容

财务管理（Financial Management）是在一定的整体目标下，关于资产的购置（投资）、资本的融通（筹资）和经营中现金流量（营运资金）以及利润分配的管理。

（一）财务管理的主要内容

财务管理的主要内容如图 1－5 所示。

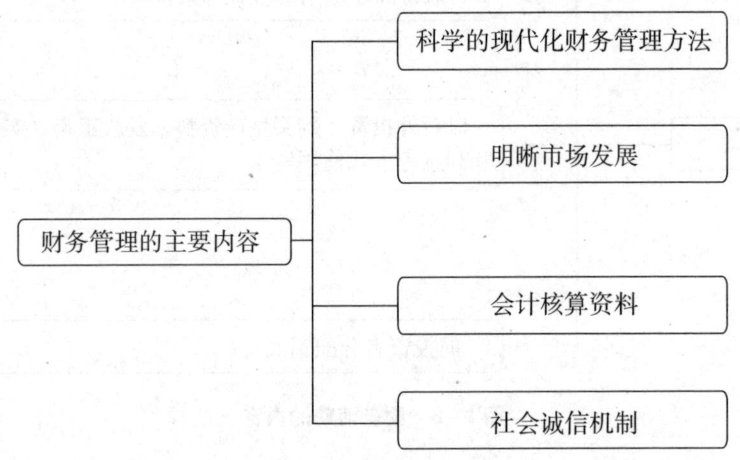

图 1－5　财务管理的主要内容

（二）财务管理的基本理论

财务管理的基本理论如图 1－6 所示。

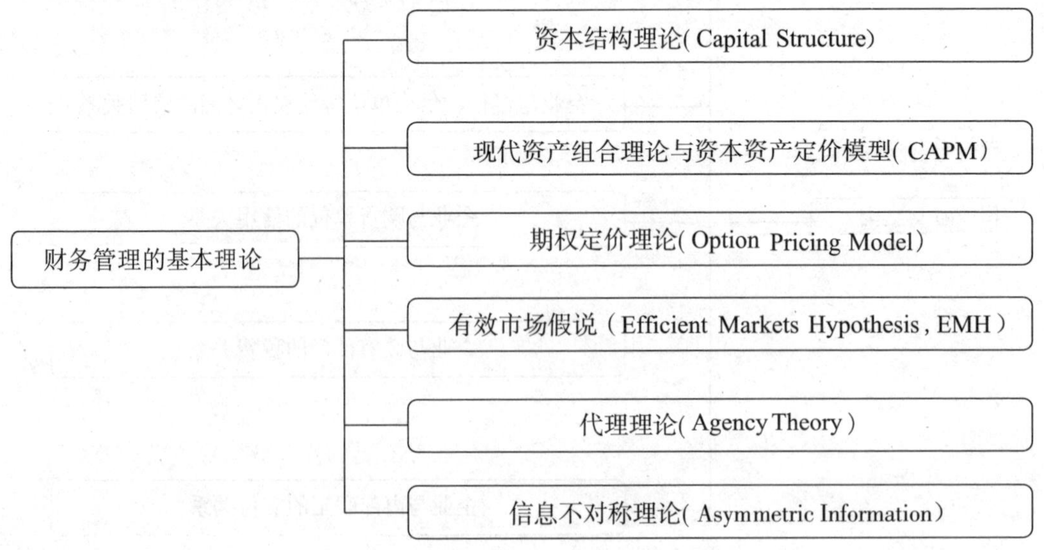

图 1－6　财务管理的基本理论

第二节　施工企业财务管理的对象

施工企业又称建筑施工企业，是以从事土木工程为主，为国民经济提供建筑产品或工程劳务的经济组织。施工企业财务管理的对象是施工企业的资金运动。施工企业财务管理的对象直接与施工企业的财务活动和财务关系相关联。

一、施工企业的财务活动

（一）企业资金运动的规律

企业资金运动的规律如图1－7所示。

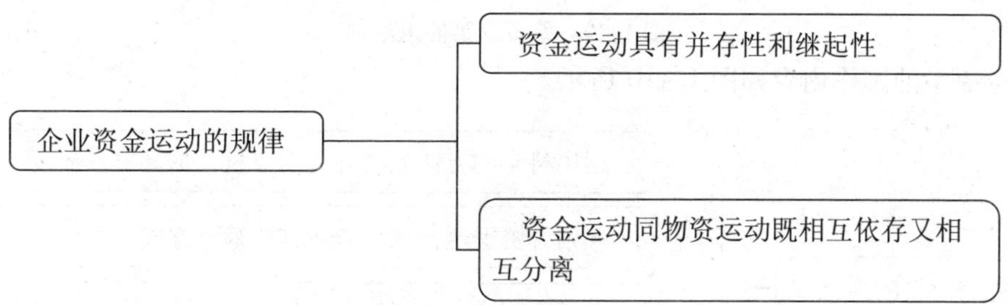

图1－7　企业资金运动的规律

（二）施工企业的财务关系

施工企业的财务关系如图1－8所示。

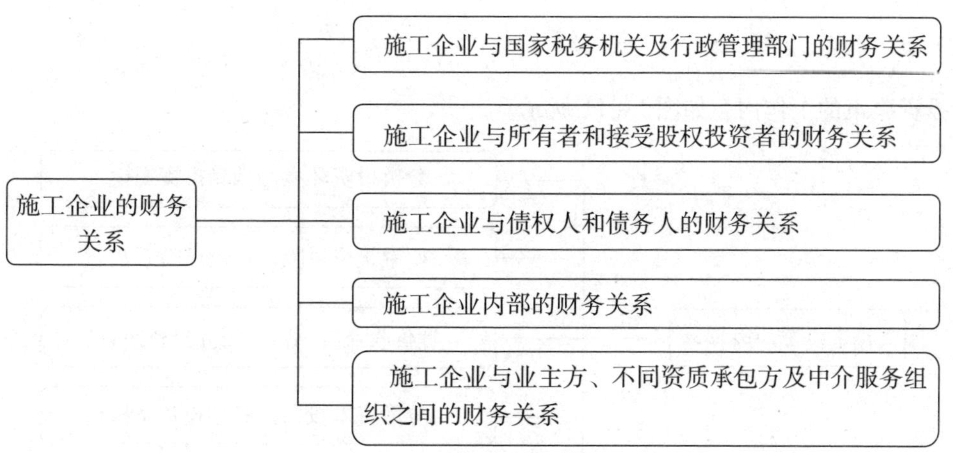

图1－8　施工企业的财务关系

二、施工企业财务管理的内容

（一）筹资决策

筹资决策既是企业生产经营的前提，又是企业实施扩张的保证，其重要性如图 1－9 所示。

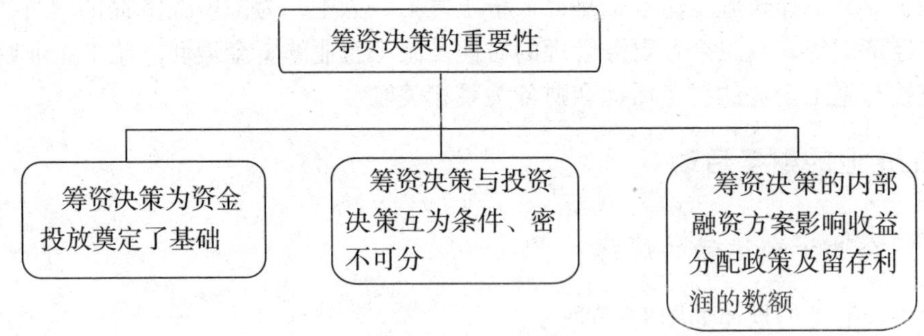

图 1－9　筹资决策的重要性

筹资决策的工作内容如图 1－10 所示。

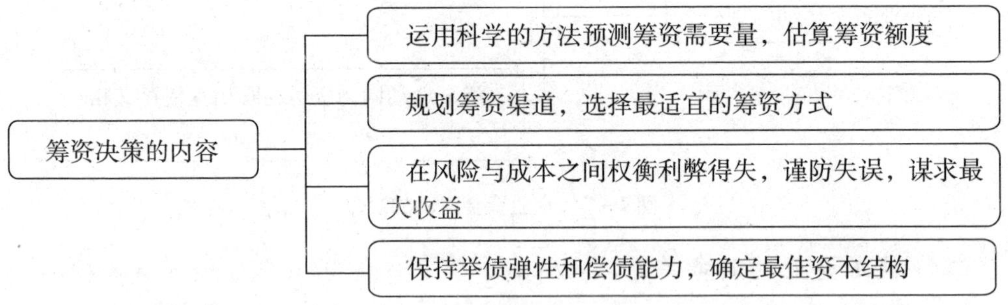

图 1－10　筹资决策的内容

（二）投资决策

投资决策的工作内容如图 1－11 所示。

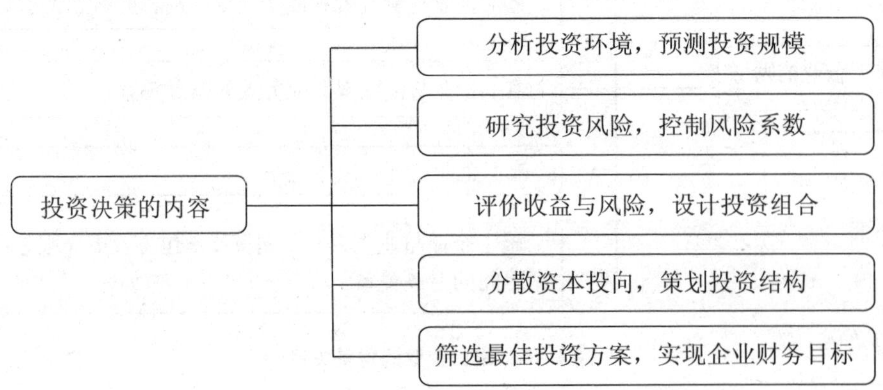

图 1－11　投资决策的内容

（三）收益分配决策

收益分配决策的内容如图 1－12 所示。

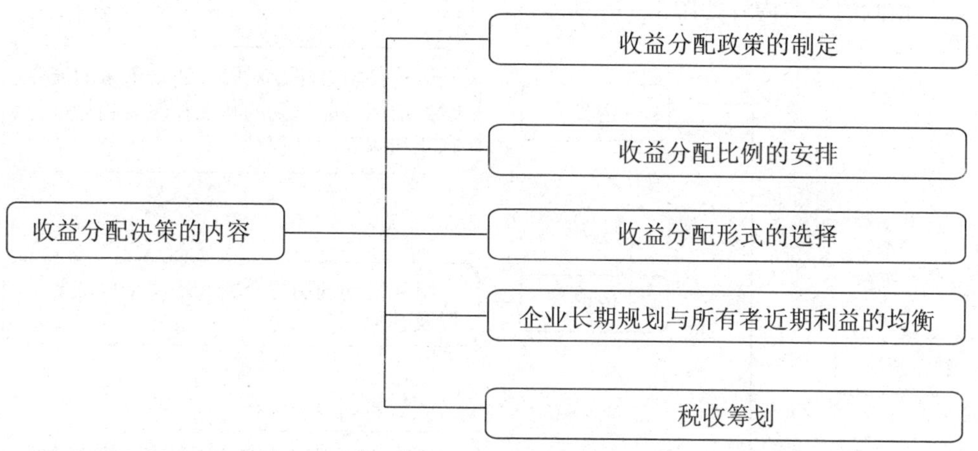

图 1－12　收益分配决策的内容

第三节　施工企业财务管理的目标

一、财务管理目标的含义

财务管理目标是指在特定的理财环境中，通过组织财务活动，处理财务关系所要达到的目的。从根本上说，财务目标取决于施工企业生存目的或企业目标，取决于特定的社会经济模式。企业财务目标具有体制性特征，整个社会经济体制、经济模式和企业所采用的组织制度，在很大程度上决定企业财务目标的取向。

财务管理目标的内容如图 1－13 所示。

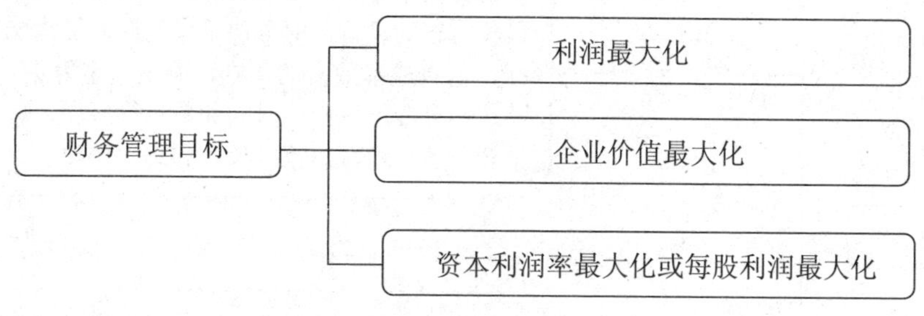

图 1－13　财务管理目标的内容

二、施工企业财务管理的环节

财务管理环节是指企业理财的一般步骤和循环程序，具体包括财务预测、财务决策、财务计划、财务控制和财务分析五个部分。

（一）财务预测

财务预测的主要内容如图 1－14 所示。

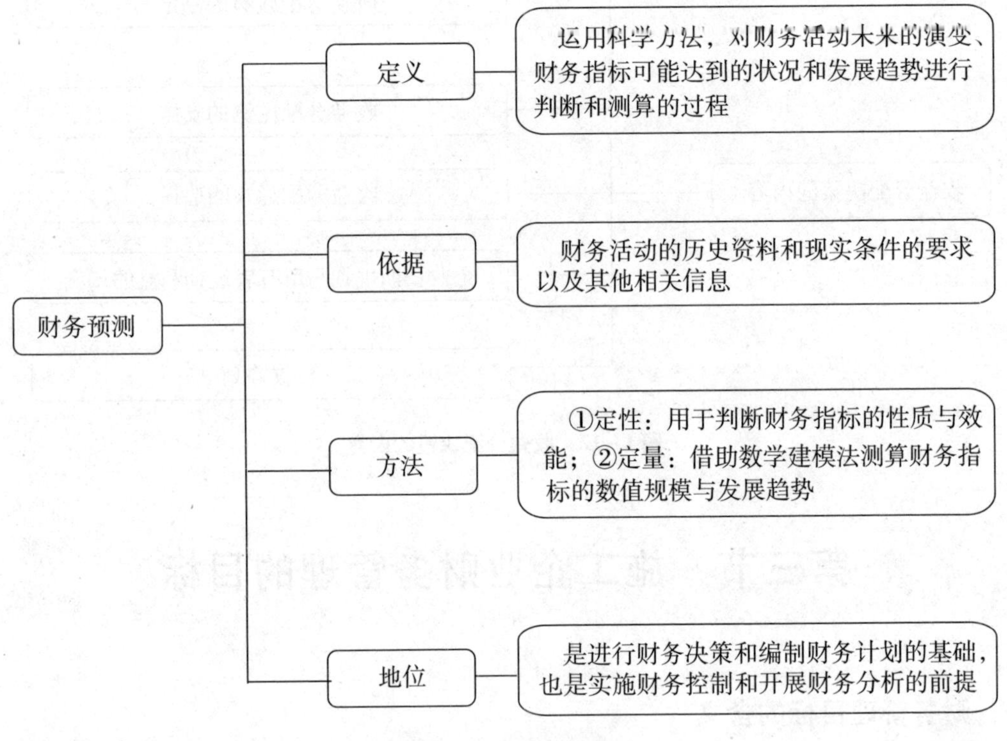

图 1－14　财务预测

（二）财务决策

财务决策的主要内容如图 1－15 所示。

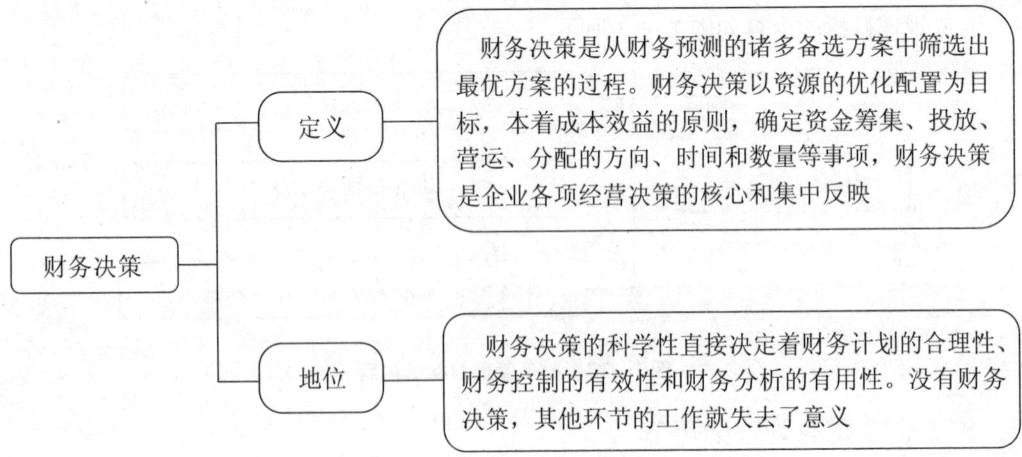

图 1－15　财务决策

（三）财务计划

财务计划的相关内容如图 1－16 所示。

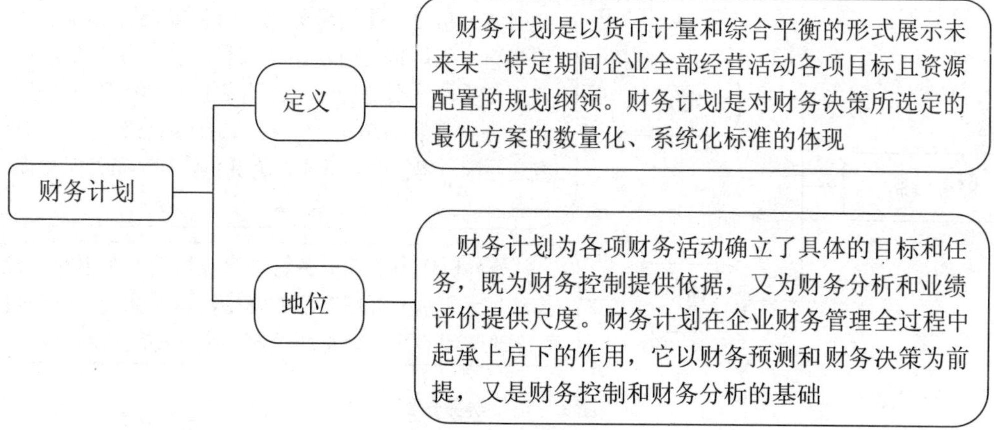

图 1－16　财务计划

（四）财务控制

财务控制的相关内容如图 1－17 所示。

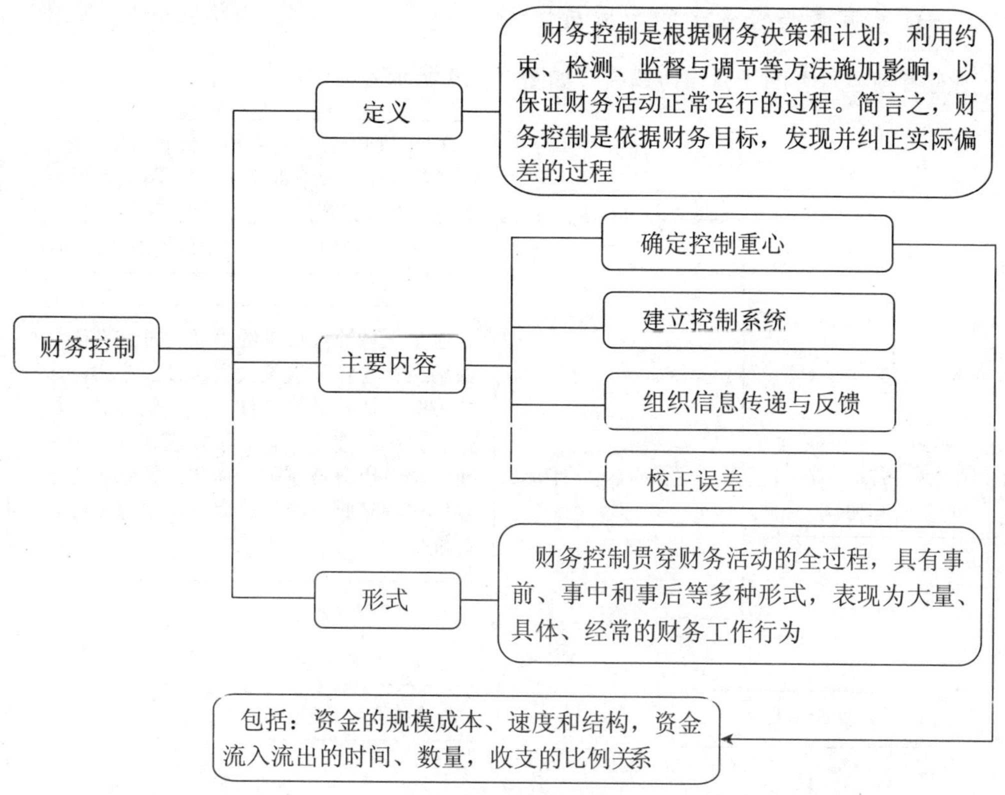

图 1－17　财务控制

（五）财务分析

财务分析的具体内容如图 1－18 所示。

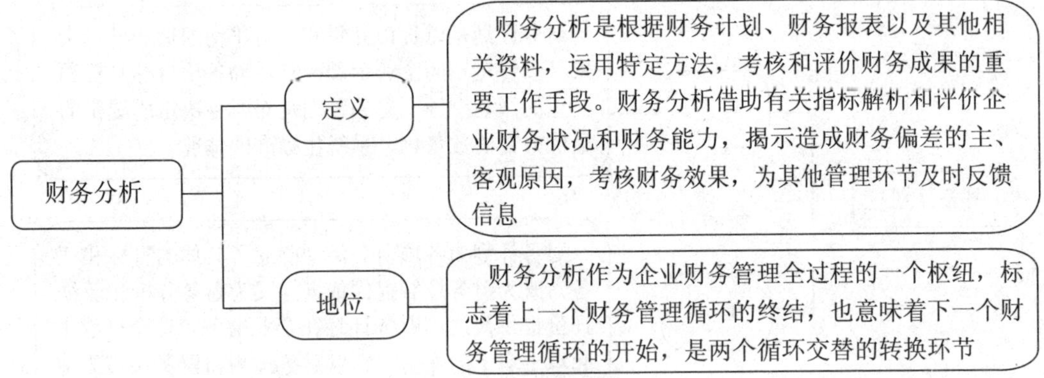

图 1－18　财务分析

三、财务管理目标的协调

以企业价值最大化为企业财务管理目标，在这一目标下，财务活动所涉及的不同利益主体如何进行协调是财务管理必须解决的问题。

（一）所有者与经营者的矛盾与协调

所有者与经营者的矛盾与协调内容如图 1－19 所示。

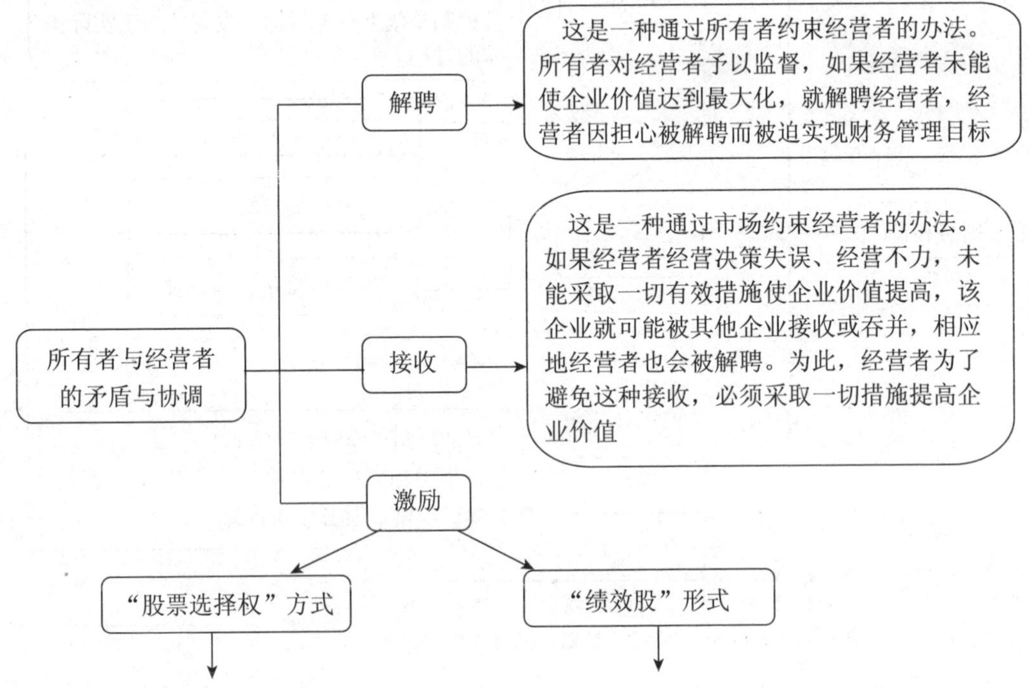

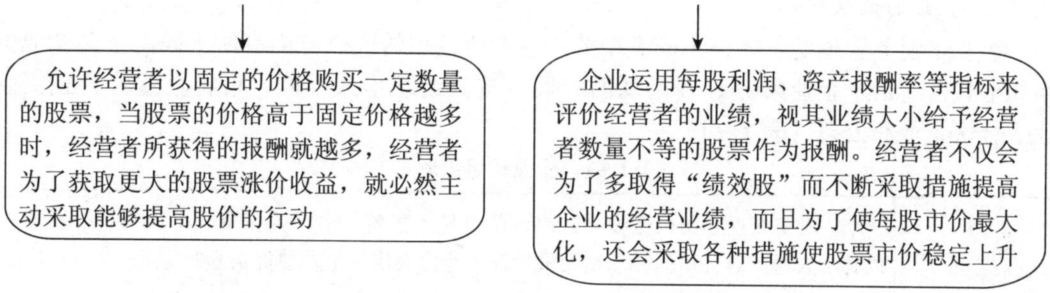

允许经营者以固定的价格购买一定数量的股票，当股票的价格高于固定价格越多时，经营者所获得的报酬就越多，经营者为了获取更大的股票涨价收益，就必然主动采取能够提高股价的行动
企业运用每股利润、资产报酬率等指标来评价经营者的业绩，视其业绩大小给予经营者数量不等的股票作为报酬。经营者不仅会为了多取得“绩效股”而不断采取措施提高企业的经营业绩，而且为了使每股市价最大化，还会采取各种措施使股票市价稳定上升

图1－19　所有者与经营者的矛盾与协调

（二）所有者与债权人的矛盾与协调

所有者与债权人的矛盾与协调有关内容如图1－20所示。

所有者与债权人的矛盾与协调
限制性借债
在借款合同中加入某些限制性条款，如规定借款的用途、借款的担保条款和借款的信用条件等
收回借款或不再借款
当债权人发现借贷企业有侵蚀其债权价值的意图时，可收回债权或不给予重新放款，从而保护自身权益

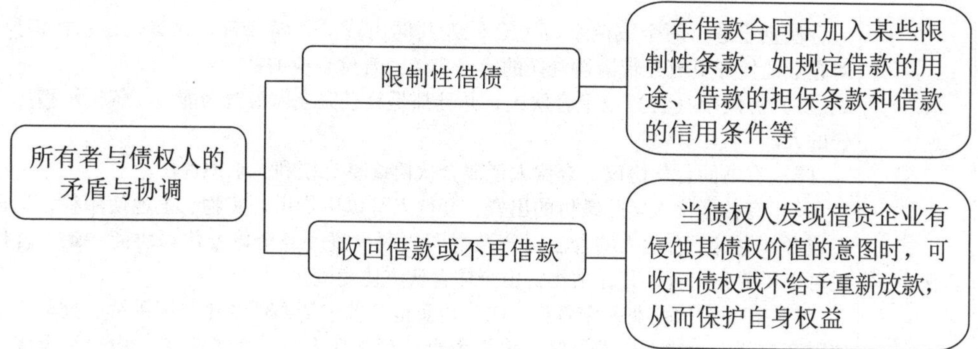

图1－20　所有者与债权人的矛盾与协调

第四节　施工企业财务管理的环境

从系统论的观点来看，环境就是存在于研究系统之外的对研究系统有影响的一切系统的总和。财务管理环境是指企业理财过程中所涉及的影响和制约企业财务活动的内外部各种条件。企业理财活动是在一定的客观条件下进行的，必然与一定的环境相联系，受到一定的环境条件的约束。财务管理环境涉及的范围很宽，可归纳为内部微观环境和外部宏观环境两部分。

一、施工企业财务管理的内部微观环境

施工企业财务管理的内部微观环境是指存在于施工企业内部并对财务活动产生影响的客观因素。这些因素包括企业的组织形式、企业内部财务管理制度、财务管理组织机构、财务管理人员构成及其素质等。其中，企业的组织形式是最主要的因素。

1. 企业的组织形式

企业是财务管理的主体，不同类型的企业在所适用的法律方面有所不同。了解企业的组织形式，有助于企业财务管理活动的开展。按其组织形式不同，可将企业分为独资企业、合伙企业和公司（表1-1）。

表1-1　企业的组织形式

企业组织形式	独资企业	个人独资企业是指依法设立，由一个自然人投资，财产为投资人个人所有，投资人以其个人财产对公司债务承担无限责任的经营实体。个人独资企业的特点： （1）只有一个出资者。 （2）出资人对企业债务承担无限责任。 （3）独资企业不作为企业所得税的纳税主体。 （4）独资企业不作为企业所得税的纳税主体，其收益纳入所有者的其他收益一并计算交纳个人所得税
	合伙企业	合伙企业是由两个或两个以上合伙人共同出资、共同经营、共享收益、共担风险，对企业的债务负有连带清偿责任的经济实体。合伙企业的特点： （1）有两个（含）以上合伙人，并且都是具有完全民事行为能力，依法承担无限责任的人。 （2）有书面合伙协议，合伙人依照合伙协议享有权利，承担责任。 （3）有各合伙人实际缴付的出资，合伙人可以用货币、实物、土地使用权、知识产权或者其他属于合伙人的合法财产及财产权利出资，经全体合伙人协商一致。合伙人也可以用劳务出资，其评估作价由全体合伙人协商确定。 （4）有关合伙企业改变名称、向公司登记机关申请办理变更登记手续、处分不动产或财产权利、为他人提供担保、聘任企业经营管理人员等重要事务，均须经全体合伙人一致同意。 （5）合伙企业的利润和亏损，由合伙人依照合伙协议约定的比例分配和分担；合伙协议未约定利润分配和亏损分担比例的，由各合伙人平均分配和分担。 （6）普通合伙人对合伙组织的债务以其个人财产承担无限连带责任，有限合伙人对合伙组织债务只以其出资为限承担责任
	公司	公司是指依照公司法登记设立，以其全部法人财产，依法自主经营、自负盈亏的企业法人。公司的特点： （1）依法设立的公司，由公司登记机关发给公司营业执照。设立公司必须依法制定公司章程。公司章程对公司、股东、董事、监事和高级管理人员具有约束力。 （2）公司是企业法人，有独立的法人财产，享有法人财产权，并以其全部财产对公司的债务承担责任。 （3）公司法定代表人依照公司章程的规定，由董事长、执行董事或者经理担任，并依法登记。 （4）公司依法自主经营、自负盈亏和照章纳税，对出资者承担资产保值增值责任。 （5）公司实行所有权与经营权相分离、激励与约束相结合的内部管理体制。 （6）公司的产权由持股股东共有，股东依法享有资产收益、参与重大决策和选择经管者等权利。 （7）公司实行有限责任制，股东对公司债务承担有限责任。 （8）股东不得抽资退股，但可以转让其所持股份

2. ***施工企业内部财务管理方式***

企业内部的财务管理方式主要是规定企业组织内部各项财务活动的运行方式，确定企业组织内部各级职能部门之间的财务关系。企业的财务管理方式见表1－2。

表1－2　企业财务管理方式

企业财务管理方式	集权制	小型企业通常采取一级集权管理方式，由企业统一安排资金、处理收支、核算成本和盈亏；企业所属单位一般只负责登记和管理所使用的财产物资，记录直接开支的费用
	分权制	大中型企业则通常采取二级分权管理方式，由企业一级单位负责统一安排资金、处理收支、核算成本和盈亏；企业所属二级单位一般要负责部分资金的管理，核算相关成本，有的还要计算盈亏，进行内部往来的计价结算，并按核定的指标定期考核计划的完成情况

建筑施工企业尤其是建筑工程总承包企业，往往实行分权制形式的“公司—分公司—项目部—作业队”4个层级的管理模式（集团公司为5个层级的管理模式）。项目经理部作为二级核算组织，拥有相对独立的项目资金使用自主权和项目经营自主权。各项目部在公司内部银行设立独立的资金账户，在保证按《项目目标管理责任书》的有关约定完成各项上缴费用的前提下，项目部对其账户下的工程款拥有完全的自主使用权，公司一般不得越权拆借支配。在公司授权范围内，项目部有权与业主和有关单位部门洽谈施工合同及设计变更、工期顺延、工程索赔等相关事宜；按照《项目目标管理责任书》的要求，项目部拥有承建项目的施工生产指挥权、技术质量管理权、施工进度控制权、建筑材料采购权以及项目成本核算等权力；项目部有权自主决定完成各项承包指标后施工项目剩余利润的分配和本项目部成员的薪酬及奖励办法。

公司制企业的财务组织机构如图1－21所示。

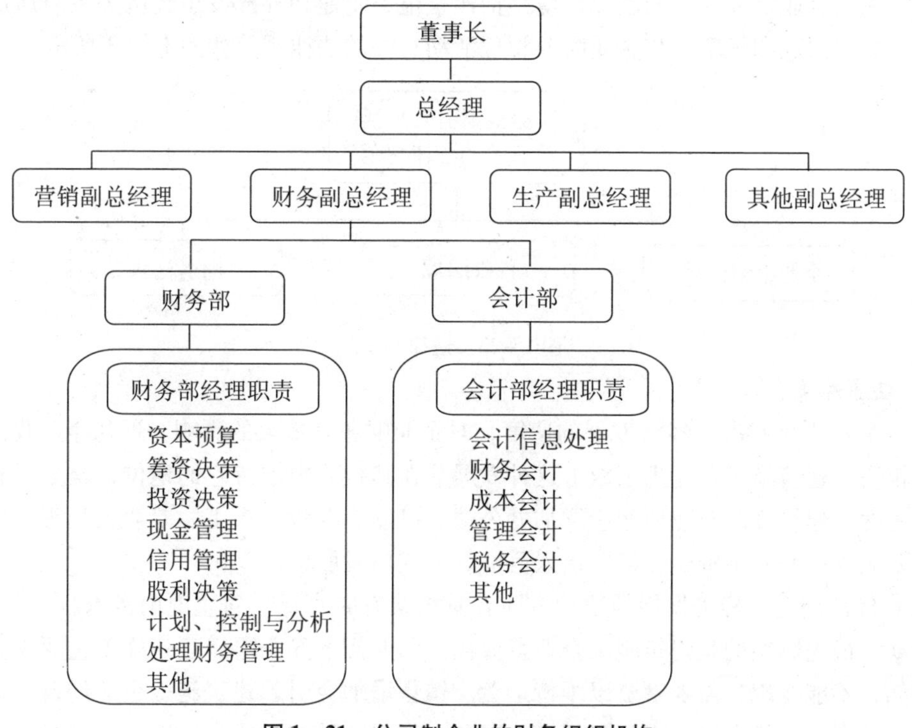

图1－21　公司制企业的财务组织机构

二、施工企业财务管理的外部宏观环境

施工企业财务管理的外部宏观环境是指存在于施工企业外部并对财务活动产生影响的客观因素。财务管理的外部环境是非财务因素制约企业实现财务管理目标的客观条件。它存在于财务管理系统之外，但与财务管理系统有着直接、间接联系，是企业外部各种影响因素的总和。财务管理的外部环境影响最大的是政治环境、法律环境和经济环境。

1. **政治环境**

一个国家的政治环境会对企业的财务管理决策产生至关重要的影响，和平稳定的政治环境有利于企业的中、长期财务规划和资金安排。政治环境的相应内容如图 1－22 所示。

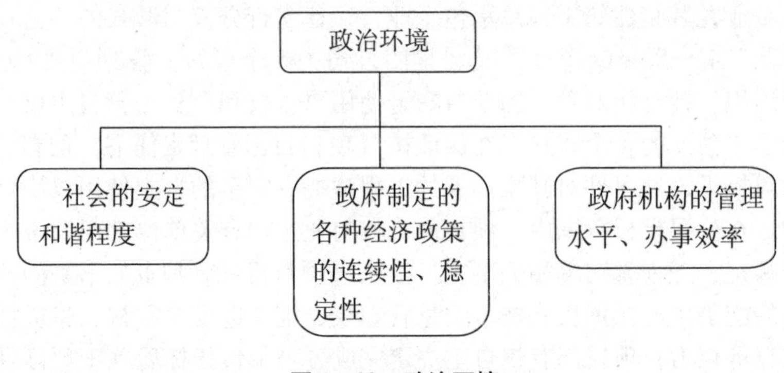

图 1－22　政治环境

2. **法律环境**

建筑施工企业财务管理的法律环境是指建筑施工企业和外部发生经济关系时所应遵守的各种法律、法规和规章。与企业财务管理活动有关的法律规范如图 1－23 所示。

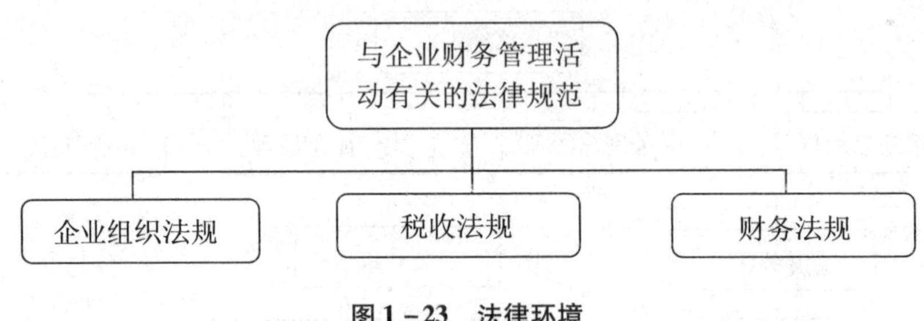

图 1－23　法律环境

3. **经济环境**

（1）经济发展状况。经济发展的速度，对企业财务有重大的影响。近几年，我国经济增长比较快。建筑施工企业为了跟上这种发展并在其行业中维持它的地位，至少要有同样的增长速度。建筑施工企业要相应增加办公楼、机器、存货、人工、专业人员等。这种增长，需要大规模地筹集资金，需要借入巨额款项或增发股票。

（2）经济周期。经济发展的波动，即有时繁荣有时衰退，对企业财务有极大的影响。这种波动，最先影响的是建筑施工企业营业额。营业额下降会阻碍建筑施工企业现金的流转，例如，不能变现，需要筹资以维持运营。销售增加会引起建筑施工企业经营失调，例如，存货枯竭，需筹资以扩大经营规模。财务人员对这种波动要有所准备，筹措并分配足

够的资金，用以调整生产经营。

（3）通货膨胀。通货膨胀不仅对消费者不利，也给建筑施工企业财务带来很大的困难。建筑施工企业面对通货膨胀，为了实现期望的报酬率，必须加强收入和成本管理。同时，使用套期保值等办法减少损失，如提前购买设备和存货、买进现货卖出期货等。

（4）产业及行业状况。企业财务管理的产业及行业环境内容见表1－3。

表1－3　企业财务管理的产业及行业环境内容

<table>
<tr><td rowspan="4">企业财务管理的产业及行业环境</td><td>行业寿命周期</td><td>行业寿命周期是行业现状和未来前景的重要制约因素</td></tr>
<tr><td>行业规模结构</td><td>包括行业的总体规模（生产能力）与社会对本行业产品总需求之间的平衡关系，以及行业集中度等</td></tr>
<tr><td>政府产业政策导向</td><td>政府对某一特定产业部门及特定行业所持的态度，以及由此决定的具体产业政策</td></tr>
<tr><td>行业内的竞争结构</td><td>一个行业中存在5种基本的竞争力量，即新进入者的威胁、行业中现有企业间的竞争、替代品及服务的威胁、供应者讨价还价的能力、用户讨价还价的能力等。这5种基本竞争力量的现状、消长趋势和综合强度，决定了行业竞争的激烈程度和行业的获利能力。行业内的竞争结构特点和企业在其中的地位，在很大程度上决定了企业财务战略模式的选择</td></tr>
</table>

（5）金融市场。从建筑施工企业财务管理角度来看，金融市场作为资金融通的场所，是建筑施工企业向社会筹集资金必不可少的条件。财务管理人员必须熟悉金融市场的各种类型和管理规则，有效地利用金融市场来组织资金的筹措和进行资本投资等活动。金融市场的种类见表1－4。

表1－4　金融市场的种类

<table>
<tr><td rowspan="2">按期限划分</td><td>短期金融市场</td><td>短期金融市场又称货币市场，是指以期限一年以内的金融工具为媒介，进行短期资金融通的市场。其主要特点：
（1）交易期限短。
（2）交易的目的是满足短期资金周转的需要。
（3）所交易的金融工具有较强的货币性</td></tr>
<tr><td>长期金融市场</td><td>长期金融市场是指以期限一年以上的金融工具为媒介，进行长期性资金交易活动的市场，又称资本市场。其主要特点：
（1）交易的主要目的是满足长期投资性资金的供求需要。
（2）收益较高而流动性较差。
（3）资金借贷量大。
（4）价格变动幅度大</td></tr>
<tr><td rowspan="2">按证券交易方式和次数划分</td><td>初级市场</td><td>初级市场，也称一级市场或发行市场，是指新发行证券的市场，这类市场使预先存在的资产交易成为可能</td></tr>
<tr><td>次级市场</td><td>次级市场，也称二级市场或流通市场，是指现有金融资产的交易场所。初级市场我们可以理解为“新货市场”，次级市场我们可以理解为“旧货市场”</td></tr>
</table>

续表

按金融工具的属性划分	基础性金融市场	基础性金融市场是指以基础性金融产品为交易对象的金融市场，如商业票据、企业债券、公司股票的交易市场
	金融衍生品市场	所谓金融衍生产品，是一种金融合约，其价值取决于一种或多种基础资产或指数，合约的基本种类包括远期、期货、掉期（互换）、期权，以及具有远期、期货、掉期（互换）和期权中一种或多种特征的结构化金融工具。金融衍生品市场是指以金融衍生产品为交易对象的金融市场

（6）建筑市场。建筑市场为施工企业的生存与发展提供了充要条件。施工企业要以建筑市场环境为导向，依靠政策、法规正常开展经营活动，不断调整自身的机能、战略和策略，确定目标市场和经营目标，规范和提高自身能力，增强企业的活力与竞争力。

（7）利率。利率在资金分配及建筑施工企业财务决策中起着重要作用。

利率的计算公式如图 1－24 所示。

利率=纯利率+通货膨胀补偿率+风险收益率

纯利率——没有风险和通货膨胀情况下的社会平均资金利润率；

通货膨胀补偿率 ——由于持续的通货膨胀会不断降低货币的实际购买力，为补偿其购买力损失而要求提高的利率；

风险收益率——包括违约风险收益率、流动性风险收益率和期限风险收益率。

违约风险收益率：指为了弥补因债务人无法按时还本付息而带来的风险，由债权人要求提高的利率；

流动性风险收益率：指为了弥补因债务人资产流动性不好而带来的风险，由债权人要求提高的利率；

期限风险收益率：指为了弥补因偿债期长而带来的风险，由债权人要求提高的利率

图 1－24　利率的计算公式

利率的类型如图 1－25 所示。

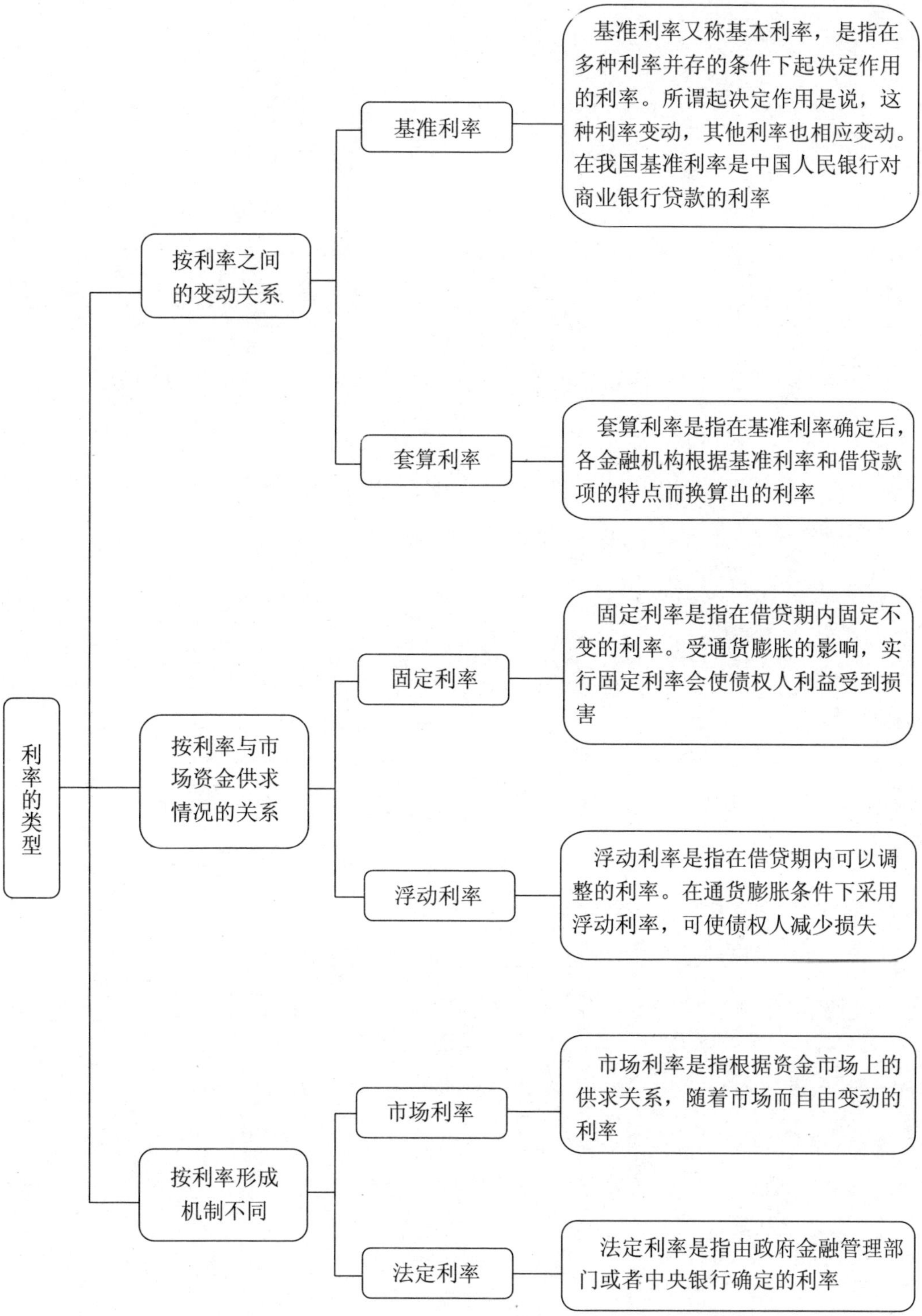

- 利率的类型
  - 按利率之间的变动关系
    - 基准利率：基准利率又称基本利率，是指在多种利率并存的条件下起决定作用的利率。所谓起决定作用是说，这种利率变动，其他利率也相应变动。在我国基准利率是中国人民银行对商业银行贷款的利率
    - 套算利率：套算利率是指在基准利率确定后，各金融机构根据基准利率和借贷款项的特点而换算出的利率
  - 按利率与市场资金供求情况的关系
    - 固定利率：固定利率是指在借贷期内固定不变的利率。受通货膨胀的影响，实行固定利率会使债权人利益受到损害
    - 浮动利率：浮动利率是指在借贷期内可以调整的利率。在通货膨胀条件下采用浮动利率，可使债权人减少损失
  - 按利率形成机制不同
    - 市场利率：市场利率是指根据资金市场上的供求关系，随着市场而自由变动的利率
    - 法定利率：法定利率是指由政府金融管理部门或者中央银行确定的利率

图 1－25　利率的类型

第二章　资金价值观念

本章导读

资金的时间价值是一个客观存在的经济现象，是财务管理中必须考虑的重要因素之一。在商品经济条件下，即使不存在通货膨胀，等量资金在不同时点上的价值量也不相等。举个例子来说，今天的 1 元钱和将来的 1 元钱就不等值，前者的经济价值要比后者大。又比如银行存款年利率为 10%，将今天的 1 元钱存入银行，一年以后就会是 1.1 元钱。可见，经过一年时间，年初的 1 元钱与年末的 1.1 元钱是等值的。这种资金在使用过程中随时间的推移而发生的增值，就称为资金的时间价值。

把资金的时间价值引入财务管理，在资金筹集、运用和分配等各方面考虑这一因素，是提高财务管理水平，搞好筹资、投资及分配决策的有效保证。

第一节　资金的时间价值

一、资金时间价值的含义

资金的时间价值，是指一定量资金在不同时点上的价值量差额。资金的时间价值来源于资金进入社会再生产经营过程后的价值增值。通常情况下，它相当于没有风险也没有通货膨胀情况下的社会平均利润率，是利润平均化规律发生作用的结果。

根据资金具有时间价值的理论，可以将某一时点的资金金额折算为其他时点的金额。

二、资金时间价值在施工企业财务管理中的作用

资金时间价值的作用贯穿于施工企业财务管理的过程，是施工企业进行投资决策和筹资决策的重要依据。

资金时间价值在施工企业财务管理中的作用如图 2－1 所示。

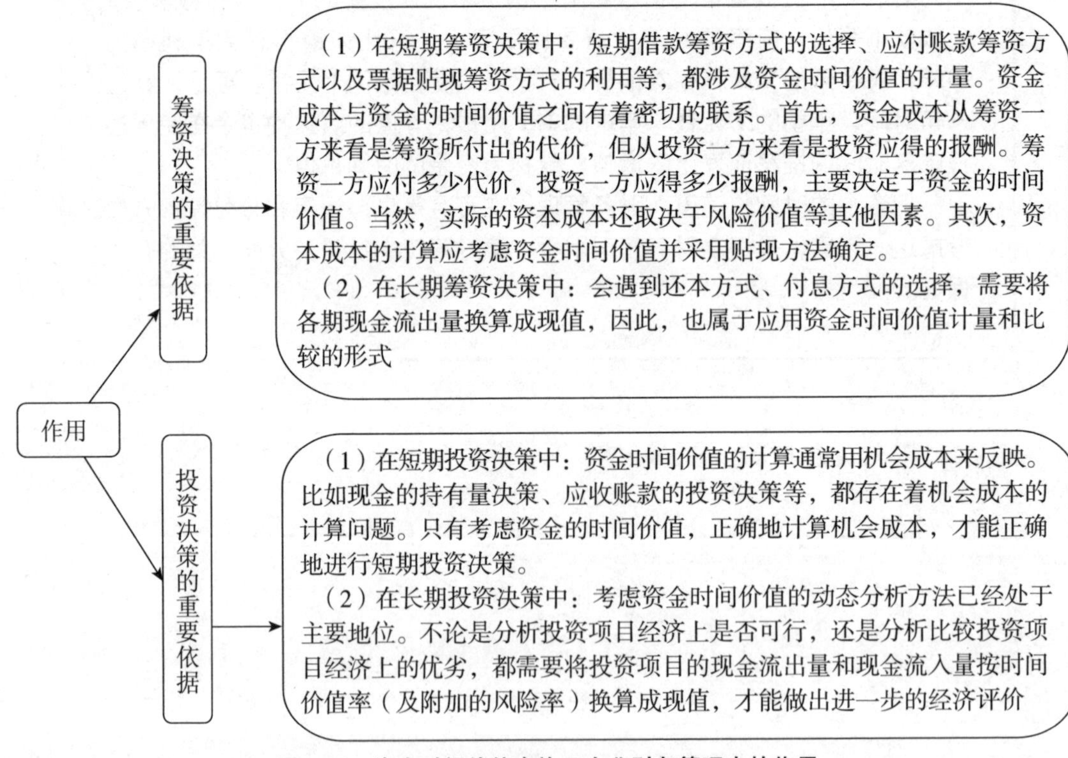

图 2－1　资金时间价值在施工企业财务管理中的作用

三、资金时间价值的计算

在施工企业财务管理中，要正确进行筹资决策、投资决策和短期经营决策，就必须弄清楚在不同时点上收到或付出的资金价值之间的数量关系，掌握各种终值和现值的计算方法。

终值又称将来值，是现在一定量的资金折算到未来某一时点所对应的金额，通常记作 F。现值是指未来某一时点上的一定量资金折算到现在所对应的金额，通常记作 P。

现值和终值是一定量资金在前后两个不同时点上对应的价值，其差额即为资金的时间价值。现实生活中计算利息时所称本金、本利和的概念相当于资金时间价值理论中的现值和终值，利率（用 i 表示）可视为资金时间价值的一种具体表现；现值和终值对应的时点之间可以划分为 n 期（$n \geqslant 1$），相当于计息期。

为计算方便，这里假定有关字母的含义如下：I 为利息，F 为终值，i 为利率（折现率），n 为计算利息的期数。

（一）单利的现值和终值

利率的计算方式可分为单利和复利两种，具体内容如图 2－2 所示。

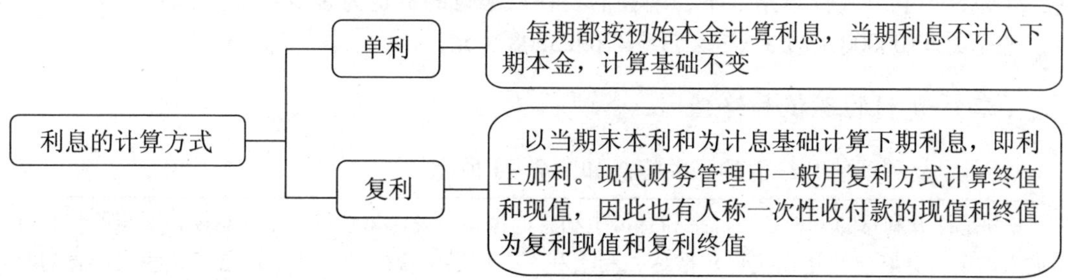

图 2－2　利息的计算方式

单利的计算公式如下：

$I = P \times i \times n$

式中：I——利息；

P——现值；

i——每一利息期的利率（折现率）；

n——计算利息的期数。

【例 2－1】某人持有一张带息票据，面额为 3000 元，票面利率为 6%，出票日期为 8 月 15 日，到期日为 11 月 13 日（90 天）。则该持有者到期可得利息为多少？

解：$I = P \times i \times n = 3000 \times 6\% \times 90 \div 360 = 45$（元）

除非特别指明，在计算利息时，给出的利率均为年利率，对于不足一年的利息，以一年等于 360 天来折算。

单利的现值和终值计算公式如图 2－3 所示。

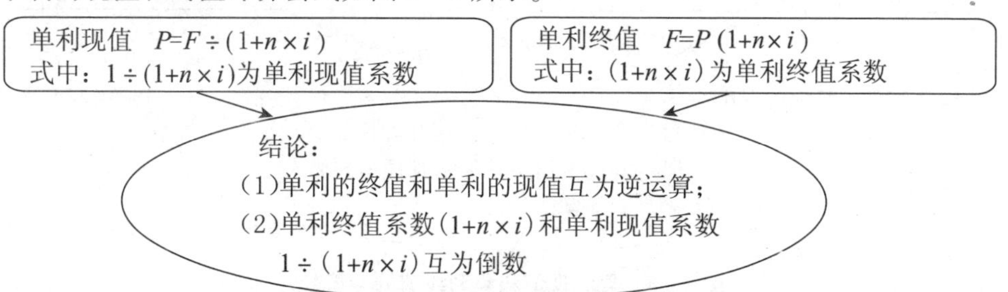

图 2－3　单利的现值和终值计算公式

【例 2－2】设 P 为 200 元，i 为 10%，n 为 3，则单利方式下第 1 期、第 2 期、第 3 期

的终值分别为多少？

解：$F_1=P(1+n\times i)=200\times(1+1\times10\%)=220$（元）

$F_2=P(1+n\times i)=200\times(1+2\times10\%)=240$（元）

$F_3=P(1+n\times i)=200\times(1+3\times10\%)=260$（元）

可以看出，第1期的利息是20元，到了第2期，利息是20元的2倍，即40元，也就是说，第2期利息仍按原始本金200元计算，而不按第1期的本利和220元计算。

【例2-3】某企业从银行获得一笔贷款，金额为100000元，贷款期限为3年，贷款年利率为8%，到期一次还本付息，则该企业到期应归还的本利和为多少？

解：$F=1000000\times(1+8\%\times3)=1240000$（元）

【例2-4】某企业希望在5年后取得本利和100000元，用以支付一笔款项，则在年利率为6%，单利方式计算条件下，现在需要存入银行的资金为多少？

解：$P=100000\div(1+6\%\times5)=76923.08$（元）

（二）复利的现值和终值

复利、复利现值和终值的相关概念如图2-4所示。

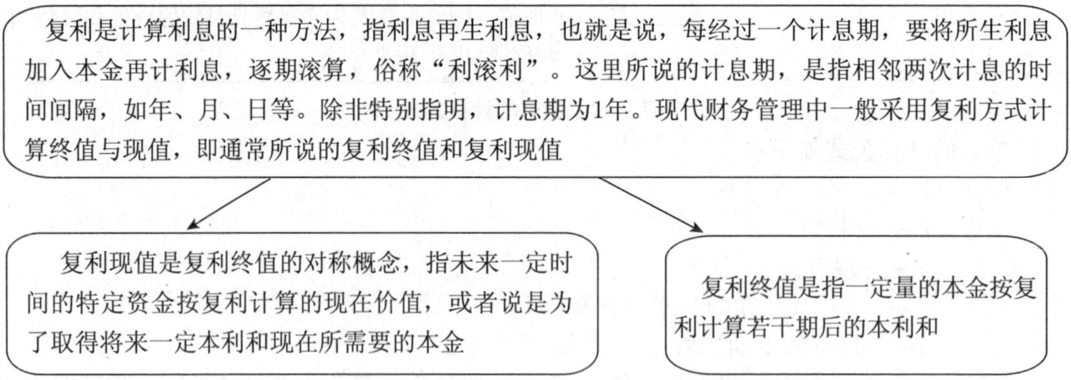

复利是计算利息的一种方法，指利息再生利息，也就是说，每经过一个计息期，要将所生利息加入本金再计利息，逐期滚算，俗称“利滚利”。这里所说的计息期，是指相邻两次计息的时间间隔，如年、月、日等。除非特别指明，计息期为1年。现代财务管理中一般采用复利方式计算终值与现值，即通常所说的复利终值和复利现值

复利现值是复利终值的对称概念，指未来一定时间的特定资金按复利计算的现在价值，或者说是为了取得将来一定本利和现在所需要的本金

复利终值是指一定量的本金按复利计算若干期后的本利和

图2-4 复利、复利现值和终值的概念

复利现值和复利终值的计算公式如图2-5所示。

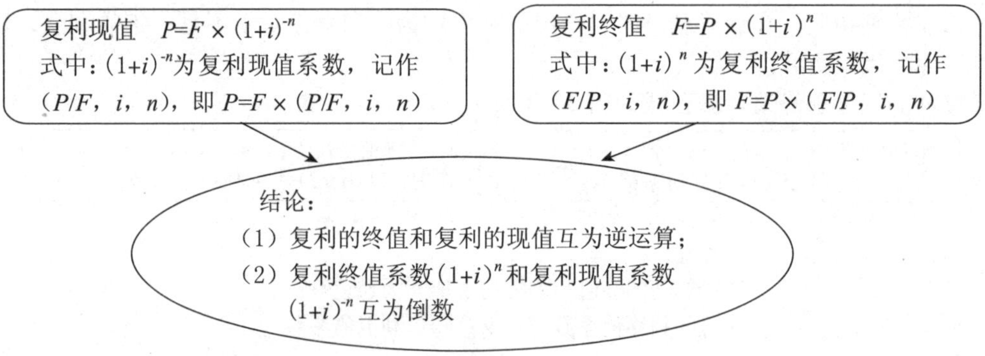

复利现值 $P=F\times(1+i)^{-n}$
式中：$(1+i)^{-n}$为复利现值系数，记作$(P/F, i, n)$，即$P=F\times(P/F, i, n)$

复利终值 $F=P\times(1+i)^{n}$
式中：$(1+i)^{n}$为复利终值系数，记作$(F/P, i, n)$，即$F=P\times(F/P, i, n)$

结论：
（1）复利的终值和复利的现值互为逆运算；
（2）复利终值系数$(1+i)^{n}$和复利现值系数$(1+i)^{-n}$互为倒数

图2-5 复利现值和复利终值的计算公式

【例2-5】某企业投资项目预计6年后可收益8000万元，按年利率（折现率）12%计算，该企业的这笔收益现值是多少？

解：$P=F\times(1+i)^{-n}=F\times(P/F,\ i,\ n)=8000\times(1+12\%)^{-6}=8000\times(P/F,\ 12\%,\ 6)=4050.28$（万元）

【例2－6】某企业在银行存入5年期定期存款50000元，年利率为6%，5年后的本利和是多少？

解：$F=P\times(1+i)^{n}=P\times(F/P,\ i,\ n)=50000\times(F/P,\ 6\%,\ 5)=50000\times1.3382=66910$（元）

（三）年金的现值和终值

年金是指一定时期内，每间隔相同时间所收付的相等款项，即定时等额系列收付款项，通常记作A。年金的形式多种多样，如保险费、养老金、折旧、租金、等额分期收款、等额分期付款以及零存整取、整存零取等。年金按其每次发生的时点不同，可分为普通年金、即付年金、递延年金和永续年金等几种。

1. 普通年金的现值和终值

（1）普通年金终值的计算。普通年金终值的计算如图2－6所示。

普通年金终值的计算（已知年金A，求终值）

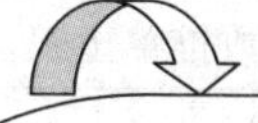

普通年金是指一定时期内每期期末等额收付的系列款项，又称后付年金。年金终值犹如零存整取的本利和，它是一定时期内每期期末收付款项的复利终值之和。其计算办法如下。

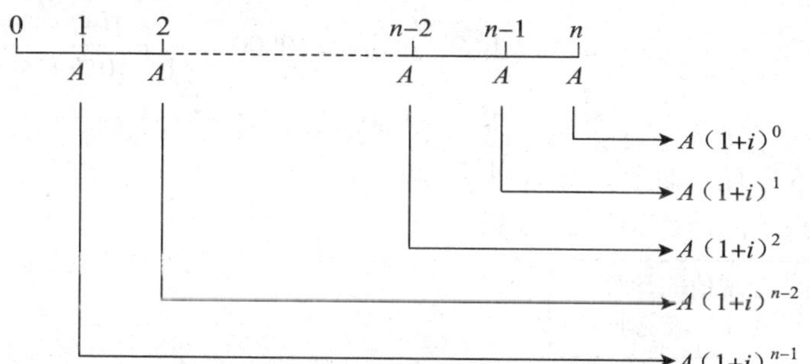

由图可知，复利年金终值的计算公式为：

$$F=A\times(1+i)^{0}+A\times(1+i)^{1}+\cdots+A\times(1+i)^{n-2}+A\times(1+i)^{n-1}$$

将两边同时乘以（$1+i$）得：

$$F\times(1+i)=A\times(1+i)^{1}+A\times(1+i)^{2}+\cdots+A\times(1+i)^{n-1}+A\times(1+i)^{n}$$

两式相减，并整理可得普通年金终值计算公式：

$$F=A\times\frac{(1+i)^{n}-1}{i}=A\times(F/A,\ i,\ n)$$

式中：$\frac{(1+i)^{n}-1}{i}$通常称为“年金终值系数”，记作（F/A，i，n），可直接查阅“年金终值系数表”

图2－6　普通年金终值的计算

【例2－7】某企业某项目在5年建设期内每年年末向银行借款1000万元，借款年利率为 10%，则该项目竣工时应付银行本息的总额是多少？

解：$F = A \times \frac{(1+i)^n - 1}{i} = A \times (F/A,\ i,\ n)$

$= 1000 \times \frac{(1+10\%)^5 - 1}{10\%} = 1000 \times (F/A,\ 10\%,\ 5) = 1000 \times 6.1051 = 6105.1$（万元）

（2）普通年金现值的计算。偿债基金系数的计算如图 2－7 所示。

偿债基金系数的计算
（已知终值 F，求年金 A）

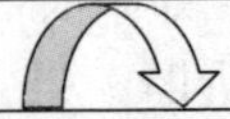

偿债基金是指为了在约定的未来某一时点清偿某笔债务而必须分次等额提取的存款准备金，要清偿的债务为年金终值，每年提取的债务基金即为年金。偿债基金的计算实际上是年金终值的逆运算。其计算公式为：

$$A = F \times \frac{i}{(1+i)^n - 1} = F \times (A/F,\ i,\ n) = F \times \frac{i}{(F/A,\ i,\ n)}$$

式中：$\frac{i}{(1+i)^n - 1}$ 被称为“偿债基金系数”，记作（A/F，i，n），可直接查阅“偿债基金系数表”或通过年金终值系数的倒数推算出来

图 2－7　偿债基金系数的计算

【例 2－8】某企业有一笔 4 年后到期的借款，数额为 10000 万元，为此设置偿债基金，年复利率为 10%，到期一次还清借款，则每年年末应存入的金额是多少？

解：$A = F \times \frac{i}{(1+i)^n - 1} = F \times (A/F,\ i,\ n) = 10000 \times \frac{10\%}{(1+10\%)^4 - 1}$

$= 10000 \times (A/F,\ 10\%,\ 5) = 10000 \times 0.2154 = 2154$（万元）

即每年年末应存入的金额是 2154 万元。

普通年金现值的计算如图 2－8 所示。

普通年金现值的计算
（已知年金 A，求现值 P）

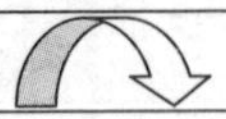

普通年金现值是指为在每期期末取得相等金额的款项，现在需要投入的金额。根据复利现值的方法计算年金现值的公式为：

$$P = A \times (1+i)^{-1} + A \times (1+i)^{-2} + \cdots + A \times (1+i)^{-(n-1)} + A \times (1+i)^{-n}$$

将两边同时乘以（$1+i$）得：

$$P \times (1+i) = A + A \times (1+i)^{-1} + A \times (1+i)^{-2} + \cdots + A \times (1+i)^{-(n-1)}$$

两式相减得：

$$P = A \times \frac{1-(1+i)^{-n}}{i} = A \times (P/A,\ i,\ n)$$

式中：$\frac{1-(1+i)^{-n}}{i}$ 称为“年金现值系数”，记作（P/A，i，n），可直接查阅“年金现值系数表”

图 2－8　普通年金现值的计算

【例2－9】某企业租用设备，每年年末需要支付租金1200元，年利率为10%，则5年内应支付的租金总额的现值是多少？

解：$P = A \times \frac{1-(1+i)^{-n}}{i} = A \times (P/A,\ i,\ n)$

$= 1200 \times \frac{1-(1+10\%)^{-5}}{10\%} = 1200 \times (P/A,\ 10\%,\ 5)$

$= 1200 \times 3.7908 = 4549$（元）

年资本回收额的计算如图2－9所示。

年资本回收额的计算
（已知现值 P，求年金 A）

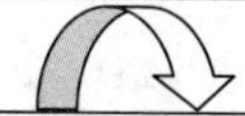

年资本回收额，是指在约定的年限内等额回收的初始投入资本额或清偿所欠债务的金额。其中未回收部分要按复利计息构成偿债的内容。年资本回收额是年金现值的逆运算。其计算公式为：

$$A = P \times \frac{i}{1-(1+i)^{-n}} = P \times (A/P,\ i,\ n) = P \times \frac{1}{(P/A,\ i,\ n)}$$

式中：$\frac{i}{1-(1+i)^{-n}}$ 称为“资本回收系数”，记作（A/P，i，n），可直接查阅“资本回收系数表”或利用年金现值系数的倒数求得

图2－9　年资本回收额的计算

【例2－10】某建筑公司借得1000万元的贷款，在10年内以年利率12%等额偿还，则该建筑公司每年应付的金额是多少？

解：$A = P \times \frac{i}{1-(1+i)^{-n}} = P \times (A/P,\ i,\ n)$

$= 1000 \times \frac{12\%}{1-(1+12\%)^{-10}} = 1000 \times (A/P,\ 12\%,\ 10)$

$= 1000 \times 0.177 = 177$（万元）

即每年支付的金额是177万元。

2. *即付年金的终值和现值*

即付年金是指在每期期初支付的年金，又称预付年金或先付年金。即付年金与普通年金的区别仅在于付款时间的不同。

即付年金终值的计算如图2－10所示。

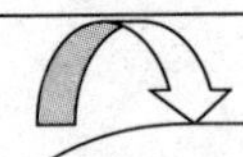

即付年金终值的计算

即付年金终值是其最后一期期末时的本利和，是各期收付款项的复利终值之和。

n 期即付年金的终值与 n 期普通年金终值的关系如下：

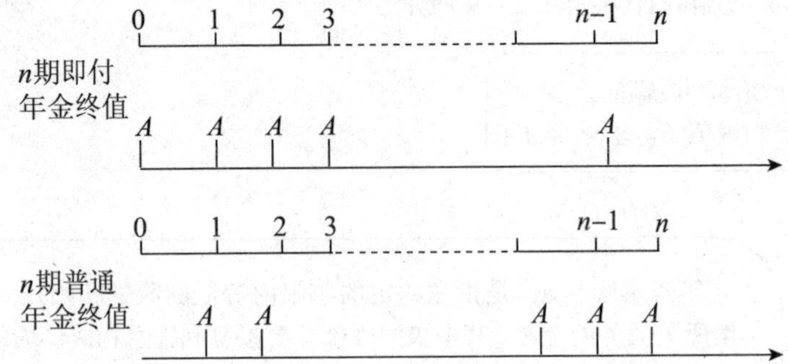

n 期即付年金与 n 期普通年金的付款次数相同，但由于其付款时间不同，n 期即付年金终值比 n 期普通年金的终值多计算一期利息。因此，在 n 期普通年金终值的基础上乘以（$1+i$）就是 n 期即付年金的终值。

$$F=A\times\frac{(1+i)^{n}-1}{i}\times(1+i)=A\times\frac{(1+i)^{n+1}-(1+i)}{i}=A\times[\frac{(1+i)^{n+1}-1}{i}-1]$$

式中：$\frac{(1+i)^{n+1}-1}{i}-1$ 称为“即付年金终值系数”，它是在普通年金终值系数的基础上，期数加 1，系数减 1 所得的结果。通常记作 $[(F/A,\ i,\ n+1)-1]$。这样，通过查阅“1 元年金终值系数表”得（$n+1$）期的值，然后减去 1 便可得相应的即付年金系数的值。这时可用如下公式计算即付年金的终值：

$$F=A\times[(F/A,\ i,\ n+1)-1]$$

图 2－10　即付年金终值的计算

【例 2－11】某公司决定连续 5 年于每年年初存入 100 万元作为住房基金，银行存款利率为 6%。则该公司在第 5 年年末能一次取出的本利和为多少钱？

解：$F=A\times[(F/A,\ i,\ n+1)-1]$

$=100\times[(F/A,\ 6\%,\ 5+1)-1]$

$=100\times(6.9753-1)=597.53$（万元）

即付年金现值的计算如图 2－11 所示。

即付年金现值的计算

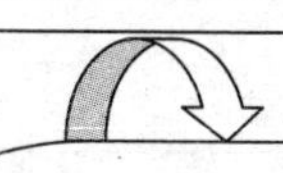

n 期即付年金现值与 n 期普通年金现值之间的关系，可用下图加以说明。n 期即付年金现值与 n 期普通年金现值的期限相同，但由于其付款时间不同，n 期即付年金现值比 n 期普通年金现值多折现一期。因此，在 n 期普通年金现值的基础上乘以（$1+i$），便可求出 n 期即付年金的现值。

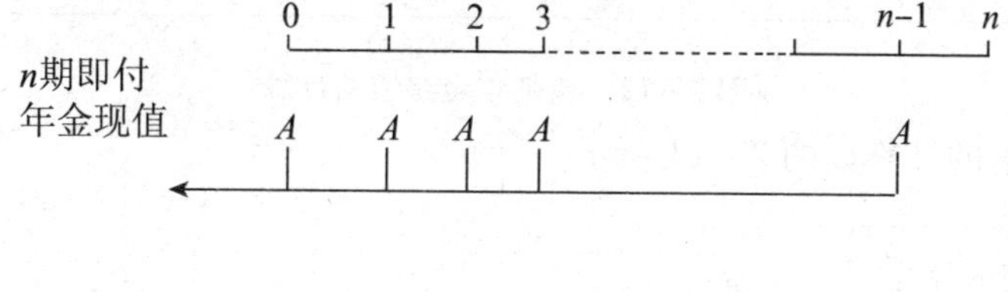

0 1 2 3 n-1 n
n期普通
年金现值
A A A A A

$$P=A\times[\frac{1-(1+i)^{-n}}{i}\times(1+i)]=A\times\frac{(1+i)-(1+i)^{-(n-1)}}{i}$$

$$=A\times[\frac{1-(1+i)^{-(n-1)}}{i}+1]$$

式中：$\frac{1-(1+i)^{-(n-1)}}{i}+1$ 称为“即付年金现值系数”，它是在普通年金系数的基础上，期数减 1，系数加 1 所得的结果。通常记作 $[(P/A, i, n-1)+1]$

图 2－11　即付年金现值的计算

【例 2－12】某建筑企业租入设备一台，若每年年初支付租金 10000 元，年利率为 6%，则 5 年租金的现值为多少？

解：$P=A\times[(P/A, i, n-1)+1]=A\times[(P/A, 6\%, 5-1)+1]$

$=10000\times(3.4651+1)=44651$（元）

3. **递延年金的终值和现值**

递延年金是指第一次收付款项发生时间与第一期无关，而是隔若干期才发生的系列等额收付款项，它是普通年金的特殊形式，凡是不从第一期开始的年金都是递延年金。

递延年金终值的计算如图 2－12 所示。

递延年金终值的计算

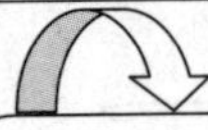

递延年金终值的计算方法与普通年金终值的计算方法相似，只是要注意期数，即：

$$F=A\times(F/A, i, n)$$

式中：n 表示的是 A 的个数，与递延期无关

图 2－12　递延年金终值的计算

递延年金现值的计算如图 2－13 所示。

递延年金现值的计算

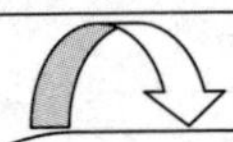

递延年金的现值是自若干时期后开始每期款项的现值之和，其计算公式为：

$$P=A\times[\frac{1-(1+i)^{-(m+n)}}{i}-\frac{1-(1+i)^{-m}}{i}]$$
$$=A\times[(P/A, i, m+n)-(P/A, i, m)]$$

上式是先计算出 $m+n$ 期的普通年金现值，然后减去前 m 期的普通年金现值，即得递延年金的现值；

或：

$$P=A\times\frac{1-(1+i)^{-n}}{i}\times(1+i)^{-m}$$
$$=A\times(P/A, i, n)\times(P/F, i, m)$$

上式是先将此递延年金视为 n 期普通年金，求出在第 $m+1$ 期期初的现值，然后折算到第 1 期期初

图 2－13　递延年金现值的计算

【例 2－13】某建筑企业拟在年初存入一笔资金，以便在第 6 年年末起每年取出 10000 元，至第 10 年年末取完。在银行存款利率为 10% 的情况下，该企业应在最初一次存入银行多少钱？

解：$P=A\times[(P/A, 10\%, 10)-(P/A, 10\%, 5)]$

$=10000\times(6.1446-3.7908)=23538$（元）

或：$P=A\times(P/A, 10\%, 5)\times(P/F, 10\%, 5)$

$=10000\times3.7908\times0.6209=23537.1$（元）

【例 2－14】某建筑企业拟购置一处房产，房主提出两种付款方案：

（1）从现在起，每年年初支付 20 万元，连续付 10 次，共 200 万元。

（2）从第 5 年开始，每年年初支付 25 万元，连续支付 10 次，共 250 万元。假设该企业的资本成本率（即最低报酬率）为 10%，则该企业选择哪个方案更适合？

解：

（1）$P=20\times[(P/A,\ 10\%,\ 9)+1]=20\times6.759=135.18$（万元）

或：$P=(1+10\%)\times$普通年金现值

$=(1+10\%)\times20\times(P/A,\ 10\%,\ 10)=135.18$（万元）

（2）$P=25\times(P/A,\ 10\%,\ 10)\times(P/F,\ 10\%,\ 3)=115.41$（万元）

或：$P=25\times[(P/A,\ 10\%,\ 13)-(P/A,\ 10\%,\ 3)]=115.41$（万元）

该企业应选择第二种方案。

4. 永续年金的现值

永续年金现值的计算公式如图 2－14 所示。

永续年金现值的计算

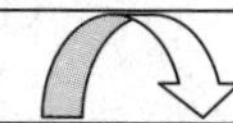

永续年金是指无限期收付的年金，又称永久年金或终身年金。永续年金可视为普通年金的特殊形式，即期限趋于无穷的普通年金。现实中的存本取息可视为永续年金的一个例子。

永续年金没有终止的时间，也就没有终值。永续年金的现值可以通过普通年金现值的计算公式导出：

$$P_{(n\to\infty)}=A\times\frac{1-(1+i)^{-n}}{i}$$

当 $n\to\infty$ 时，$(1+i)^{-n}$ 的极限为 0，故上式可写成：

$$P=\frac{A}{i}$$

图 2－14　永续年金现值的计算

【例 2－15】某人持有某公司优先股，每年每股股利为 3 元，若此人想长期持有，在利率为 10% 的情况下，请对该项股票投资进行估价。

解：这是一个求永续年金现值的问题，即假设该优先股每股股利固定且持续较长时期，计算出这些股利的现值之和，即为该股票的估价。

$P=\frac{A}{i}=\frac{3}{10\%}=30$（元）

（四）折现率（利率）和期间的推算

1. 折现率（利率）的推算

折现率（利率）的推算过程如图 2－15 所示。

折现率（利率）的推算

一次性收付款项折现率：根据其复利终值（或现值）的计算公式可得折现率的计算公式为：

$$i=(F/P)^{-n}-1$$

因此，若已知 F，P，n，不用查表便可直接计算出一次性收付款项的折现率（利率）i

永续年金折现率：若 P，A 已知，则根据公式 $P=\frac{A}{i}$，变形即得 i 的计算公式为：

$$i=\frac{A}{P}$$

普通年金折现率：推算比较复杂，无法直接套用公式，而必须利用有关的系数表，有时还会牵涉到内插法的运用。

普通年金终值 F、现值 P 的计算公式分别为：

$$F=P\times(F/P, i, n) \quad (1)$$

$$P=F\times(P/F, i, n) \quad (2)$$

将式（1）、式（2）变形得相应的式（3）、式（4）：

$$F/A=(F/A, i, n) \quad (3)$$

$$P/A=(P/A, i, n) \quad (4)$$

从式（3）、式（4）可看出，两式右边分别为普通年金终值系数和普通年金现值系数。若 F，A，n 已知，则可利用式（3），查年金终值系数表，找出系数值为 F/A 的对应的 i 即可；若 P，A，n 已知，则可利用式（4），查年金现值系数表，找出系数值为 P/A 的对应的 i 即可。若找不到完全对应的 i，就需要运用内插法求得。现以式（4）为例，即已知 P，A，n，说明求 i 的基本方法。

若 P，A，n 已知，可按以下步骤推算：

（1）计算出 P/A 的值，假设 $P/A=a$。

（2）查年金现值系数表。沿着已知 n 所在的列纵向查找，若恰好能找到某一系数值等于 a，则该系数值所在的行相对应的利率便为所求的 i 值。

（3）若无法找到恰好等于 a 的系数值，就应在表中 n 列上找与 a 最接近的两个上下临界系数值，设为 β_1、β_2（$\beta_1>a>\beta_2$，或 $\beta_1<a<\beta_2$）。读出 β_1、β_2 所对应的临界利率，然后进一步运用内插法求得 i 的值。其计算公式如下：

$$i=i_1+\frac{\beta_1-a}{\beta_1-\beta_2}\times(i_2-i_1)$$

式中：i——折现率，利率；

a——对应的年金现值系数；

i_1，i_2——与 i 相邻的两个折现率，且 $i_1<i<i_2$；

β_1，β_2——与 i_1，i_2 对应的年金现值系数

图 2－15　折现率（利率）的推算

2. ***期间的推算***

期间 n 的推算，其原理和步骤同折现率（利率）i 的推算是一样的。现以普通年金为例，说明在 P、A 和 i 已知情况下，推算期间 n 的基本步骤，如图 2-16 所示。

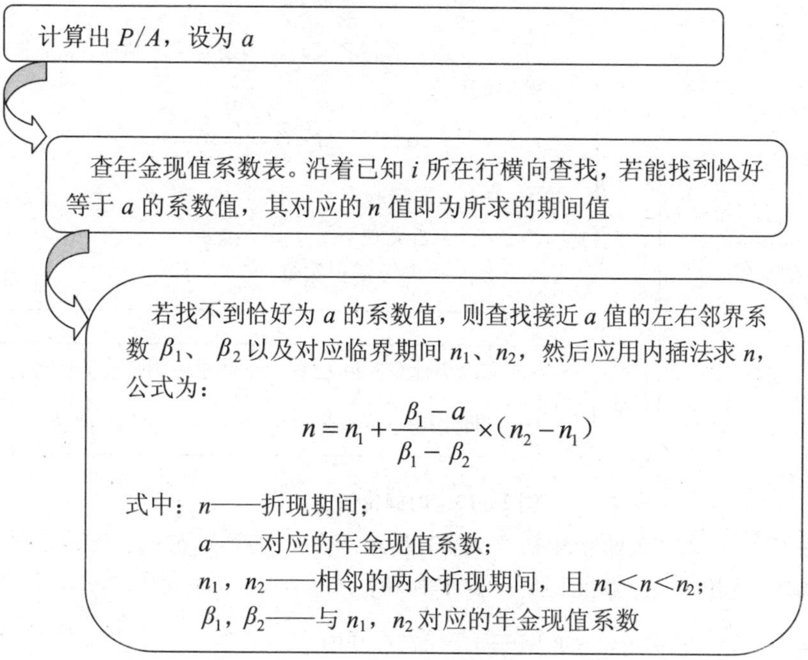

计算出 P/A，设为 a

↓

查年金现值系数表。沿着已知 i 所在行横向查找，若能找到恰好等于 a 的系数值，其对应的 n 值即为所求的期间值

↓

若找不到恰好为 a 的系数值，则查找接近 a 值的左右邻界系数 β_1、β_2 以及对应临界期间 n_1、n_2，然后应用内插法求 n，公式为：

$$n = n_1 + \frac{\beta_1 - a}{\beta_1 - \beta_2} \times (n_2 - n_1)$$

式中：n——折现期间；

a——对应的年金现值系数；

n_1，n_2——相邻的两个折现期间，且 $n_1 < n < n_2$；

β_1，β_2——与 n_1，n_2 对应的年金现值系数

图 2-16 期间的推算步骤

【例 2-16】某企业拟购买一台柴油机，更新目前的汽油机。柴油机价格较汽油机高出 2400 元，但每年节约燃料费用 600 元。若利率为 10%，则柴油机应至少使用多少年对企业而言才有利？

解：根据题意，已知 $P = 2400$ 元，$A = 600$ 元，$i = 10\%$，则

$$P/A = \frac{2400}{600} = 4 = a$$

即：$(P/A, 10\%, n) = a = 4$

查年金现值系数表，在 $i = 10\%$ 的列上纵向查找，无法找到恰好为 $a = 4$ 的系数值，于是查找大于和小于 4 的临界系数值 $\beta_1 = 4.35526 > 4$，$\beta_2 = 3.79079 < 4$，对应的临界期间为 $n_1 = 6$，$n_2 = 5$。则：

$$n = n_1 + \frac{\beta_1 - a}{\beta_1 - \beta_2} \times (n_2 - n_1) = 6 + \frac{4.35526 - 4}{4.35526 - 3.79079} \times (5 - 6) = 5.4 \text{（年）}$$

即柴油机至少使用 5.4 年对企业才有利。

3. ***名义利率与实际利率的换算***

前面所述的复利计算都是按年度计息的，每年复利一次。但实际计息时间并非完全如此，有些款项在一年内不止复利一次。如银行之间拆借资金均为每天计息一次；有的抵押借款每月计息一次；有些债券每半年计息一次。当每年复利次数超过一次时，这样的年利率叫作名义利率，而每年只复利一次的利率才叫实际利率。

在理论上，接实际利率每年复利一次计算的利息，应与按名义利率每年多次复利计算的利息是相等的，因此，对于一年内多次复利的情况，可采取两种方法计算时间价值，如图 2－17 所示。

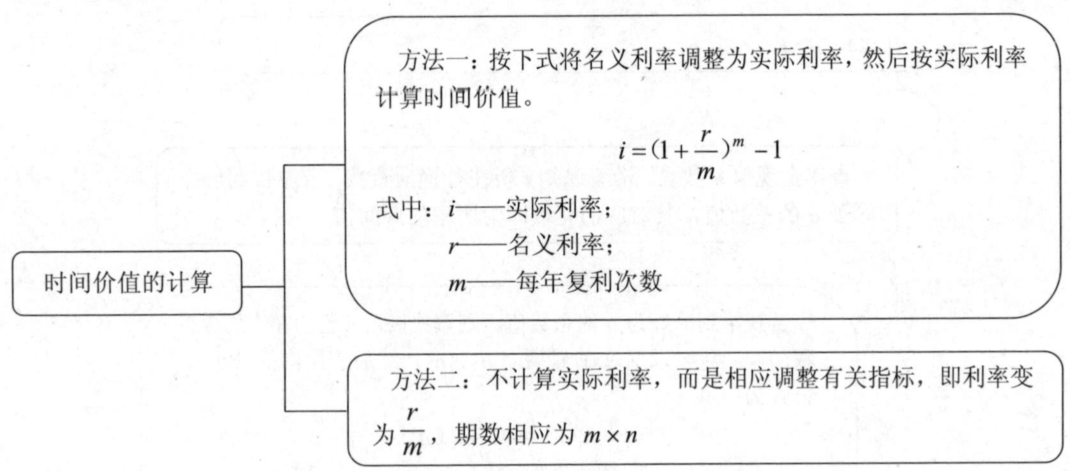

图 2－17　时间价值的计算

【例 2－17】某施工企业于年初存入 10 万元，在年利率为 6%，半年复利一次的情况下，到第 10 年年末，该企业能得到多少本利和？

解：$i=(1+\frac{r}{m})^m-1=(1+\frac{6\%}{2})^2-1=6.09\%$

$F=P(1+i)^{10}=10\times(1+6.09\%)^{10}=18.06$（万元）

因此该施工企业于第 10 年年末可得本利和 18.06 万元。

这种方法的缺点是调整后的实际利率往往带有小数点，不利于查表。

【例 2－18】利用上例中的有关数据，用第二种方法计算本利和。

解：$F=P(1+\frac{r}{m})^{mn}=10\times(1+\frac{6\%}{2})^{20}$

$=10\times(F/P,3\%,20)=10\times1.8061=18.06$（万元）

当一年中复利次数超过一次时，实际利率要比名义利率更高。

第二节　建筑施工企业的风险和报酬

一、建筑施工企业资产的收益与收益率

（一）建筑施工企业资产收益的含义和计算

资产的收益是指资产的价值在一定时期的增值。一般情况下，有两种表达资产收益的方式：资产的收益额和资产的收益率或报酬率，如图 2－18 所示。

资产收益的含义：资产的价值在一定时期的增值

资产的收益额（以金额表示）：以资产价值在一定期限内的增值量来表示，该增值量来源有：①期限内资产的现金净收入，多为利息、红利或股息收益；②期末资产的价值（或市场价格）相对于期初价值（格）的增值，称为资本利得

资产的收益率或报酬率（以百分比表示）：是资产增值量与期初资产价值（格）的比值，该收益率包括：利（股）息的收益率和资本利得的收益率

结论：以金额表示的收益与期初资产的价值（格）相关，不利于不同规模资产之间收益的比较，而以百分数表示的收益则是一个相对指标，便于不同规模下资产收益的比较和分析。因此通常情况下，用收益率的方式来表示资产的收益。
另外，由于收益率是相对于特定期限的，它的大小要受计算期限的影响，但是计算期限常常不一定是一年，为了便于比较和分析，对于计算期限短于或长于一年的资产，在计算收益率时一般要将不同期限的收益率转化为年收益率

图 2－18　资产收益的含义

单期收益率的计算如图 2－19 所示。

单期收益率的计算

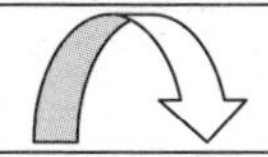

$$\text{单期资产的收益率}=\frac{\text{资产的价值（格）的增值}}{\text{期初资产价值（格）}}=\frac{\text{资产的收益额}}{\text{期初资产价值（格）}}$$

$$=\frac{\text{利（股）息收益}+\text{资本利得}}{\text{期初资产价值（格）}}$$

$$=\frac{\text{利（股）息收益}}{\text{期初资产价值（格）}}+\frac{\text{资本利得}}{\text{期初资产价值（格）}}$$

=利（股）息收益率 +资本利得收益率

图 2－19　单期收益率的计算

【例 2－19】某股票一年前的价格为 10 元，一年中的税后股息为 0.35 元，现在的市价为 12 元。那么，在不考虑交易费用的情况下，一年内该股票的收益率是多少？

解：一年中资产的收益为：0.35＋(12－10)＝2.35（元）

其中，股息收益为 0.35 元，资本利得为 2 元。

股票的收益率＝（0.35＋12－10）÷10×100%＝3.5%＋20%＝23.5%

其中，股利收益率为 3.5%，利得收益率为 20%。

（二）建筑施工企业资产收益率的类型

资产收益率的类型如图 2－20 所示。

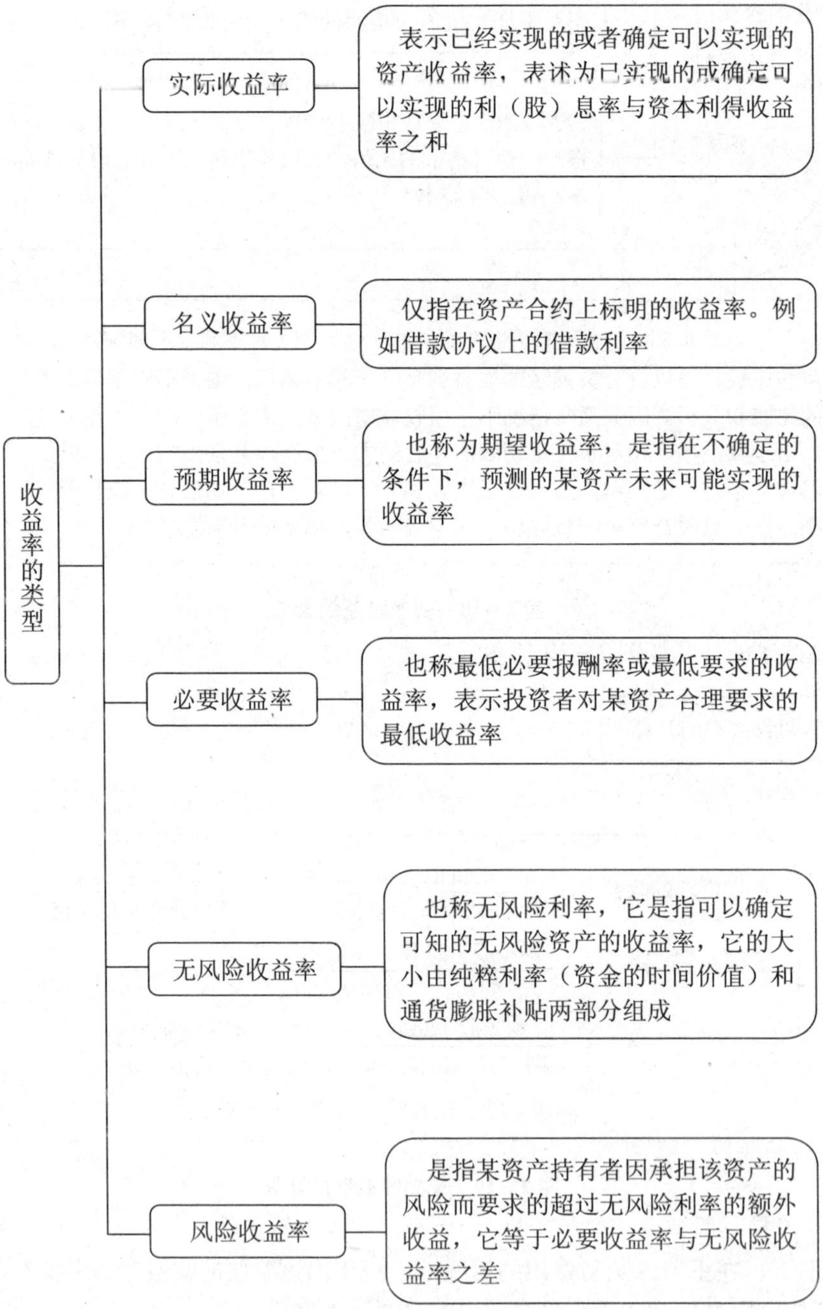

图 2－20　收益率的类型

预期收益率的计算如图 2－21 所示。

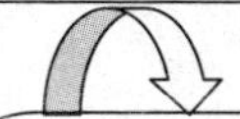

预期收益率的计算

第一种方法：首先描述影响收益率的各种可能情况。然后预测各种可能情况发生的概率，以及在各种可能情况下收益率的大小，那么预期收益率就是各种情况下收益率的加权平均，权数是各种可能情况发生的概率。计算公式为：

$$预期收益率\quad E(R)=\sum P_i \times R_i$$

式中：$E(R)$——预期收益率；

P_i——情况 i 可能出现的概率；

R_i——情况 i 出现时的收益率

第二种方法：首先收集事后收益率（即历史数据），将这些历史数据按照不同的经济状况分类，并计算发生在各类经济状况下的收益率观测值的百分比，将所得百分比作为各类经济情况可能出现的概率，然后计算各类经济情况下所有收益率观测值的平均值作为该类情况下的收益率，最后计算各类情况下收益率的加权平均就得到预期收益率

第三种方法：首先收集能够代表预测期收益分布的历史收益率的样本，假定所有历史收益率的观察值出现的概率相等，那么预期收益率就是所有数据的简单算术平均值

图 2－21　预期收益率的计算

【例 2－20】某企业半年前以 5000 元购买某股票，一直持有至今尚未卖出，持有期曾获红利 50 元。预计未来半年内不会再发放红利，且未来半年后市值达到 5900 元的可能性为 50%，市价达到 6000 元的可能性也是 50%。那么预期收益率是多少？

解：预期收益率＝［50%×(5900－5000)＋50%×(6000－5000)＋50］÷5000＝20%

所以，该股票的预期收益率是 20%。

【例 2－21】某公司股票的历史收益率数据如表 2－1 所示，请用算术平均值估计其预期收益率。

表 2－1　股票的历史收益率

年度	1	2	3	4	5	6
收益率	25%	12%	16%	26%	22%	31%

解：收益率的期望值或预期收益率 $E(R)$＝(25%＋12%＋16%＋26%＋22%＋31%)÷6＝22%

即该公司股票的预期收益率为 22%。

二、建筑施工企业资产的风险

（一）风险的概念及其类别

风险是个非常重要的财务概念，任何决策都有风险。理财活动中的风险与货币时间价值一样，也是一种客观存在，并对公司实现其财务管理目标有着重要的影响。其具体内容如图 2－22 所示。

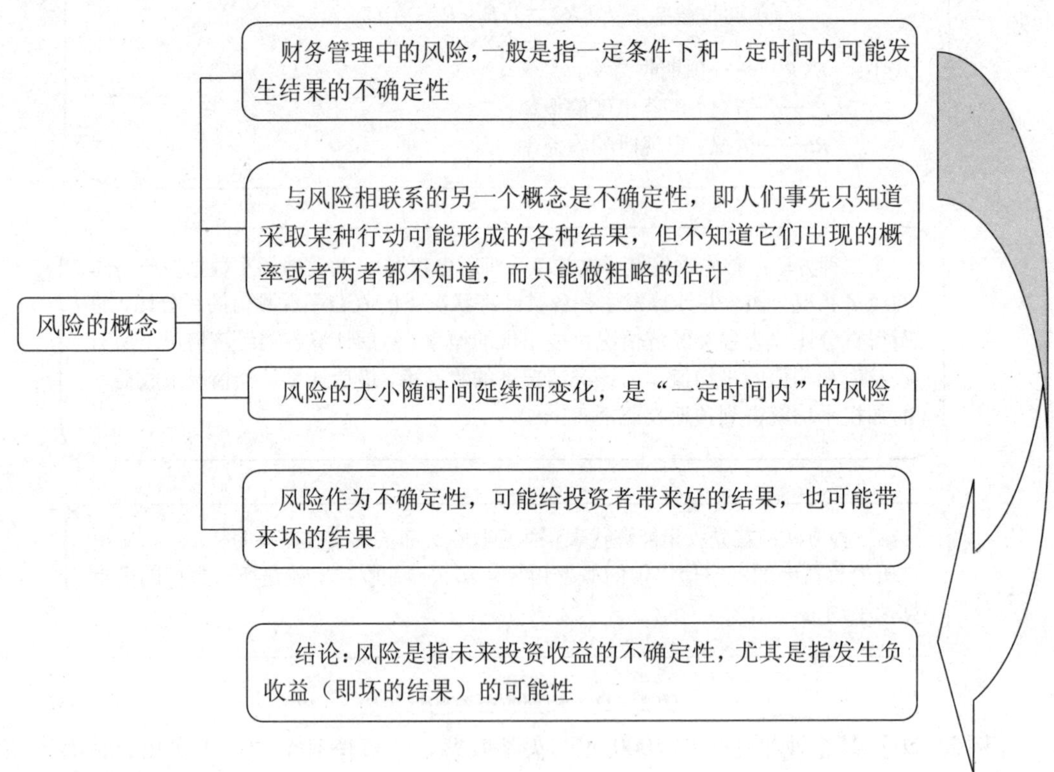

图 2－22　风险的概念

一般来说，可将风险分为经营风险和财务风险，如图 2－23 所示。

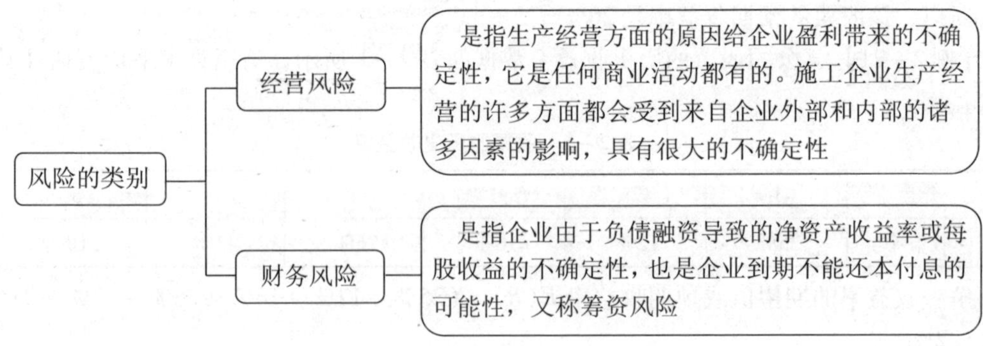

图 2－23　风险的类别

（二）建筑施工企业资产的风险及其衡量

资产的风险是资产收益率的不确定性，其大小可用资产收益率的离散程度来衡量。离散程度是指资产收益率的各种可能结果与预期收益率的偏差。衡量风险的指标主要有收益率的方差、标准差和标准离差率等。

（1）方差。收益率的方差计算如图 2－24 所示。

方差是用来表示某资产收益率的各种可能结果与其期望值之间的离散程度的一个指标，其计算公式为：

$$\sigma^2 = [R_i - E(R)]^2 \times P_i$$

式中：$E(R)$——资产的预期收益率，可用以下公式计算：

$$E(R) = \sum_{i=1}^{n} P_i \times R_i$$

式中：P_i——第 i 种可能情况发生的概率；

R_i——第 i 种可能情况下该资产的收益率

图 2－24　收益率的方差（σ^2）

（2）标准差。标准差的计算如图 2－25 所示。

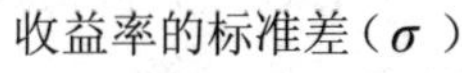

标准差是反映某些资产收益率的各种可能结果对其期望值的偏离程度的一个指标。它等于方差的开方。其计算公式为：

$$\sigma = \sqrt{\sum_{i=1}^{n} [P_i - E(R)]^2 \times R_i}$$

图 2－25　收益率的标准差（σ）

（3）标准离差率。收益率的标准离差率计算如图 2－26 所示。

收益率的标准离差率（V）

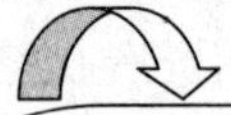

标准离差率是收益率的标准差与期望值之比，也可以称为变异系数。其计算公式为：

$$V=\sigma \div E(R)$$

标准离差率以相对数衡量资产的全部风险的大小，它表示每单位预期收益所包含的风险，即每一元预期收益所承担的风险的大小。一般情况下，标准离差率越大，资产的相对风险越大；相反，标准离差率越小，相对风险越小。标准离差率可以用来比较具有不同预期收益率的资产的风险。

当不知道或者很难估计未来收益率发生的概率以及未来收益率的可能值时，可以利用收益率的历史数据去近似地估算预期收益率以及其标准差。其中预期收益率可以利用预期收益率的估算方法如算术平均法等来计算，标准差可以用下面的公式进行估算：

$$标准差=\sqrt{[\sum_{i=1}^{n}(R_i-\overline{R})^2]\div(n-1)}$$

式中：R_i——数据样本中各期的收益率的历史数据；

$\overline{R}$——各历史数据的算术平均值；

n——样本中历史数据的个数

图 2-26　收益率的标准离差率（V）

【例 2-22】某企业甲、乙两项资产的历史收益率的有关资料见表 2-2。

表 2-2　甲、乙两项资产的历史收益率

年份	甲资产的收益率	乙资产的收益率
2010	-10%	15%
2011	5%	10%
2012	10%	0%
2013	15%	-10%
2014	20%	30%

要求：

（1）估算两项资产的预期收益率。

（2）估算两项资产的标准差。

（3）估算两项资产的标准离差率。

解：

（1）甲资产的预期收益率 =（-10% +5% +10% +15% +20%）÷5 =8%

乙资产的预期收益率 =（15% +10% +0 -10% +30%）÷5 =9%

（2）甲资产的标准差 =

$$\sqrt{\frac{(-10\%-8\%)^2+(5\%-8\%)^2+(10\%-8\%)^2+(15\%-8\%)^2+(20\%-8\%)^2}{4}}=11.51\%$$

乙资产的标准差 =

$$\sqrt{\frac{(15\%-9\%)^2+(10\%-9\%)^2+(0\%-9\%)^2+(-10\%-9\%)^2+(30\%-9\%)^2}{4}}=15.17\%$$

（3）甲资产标准离差率 = 11.51% ÷ 8% = 1.44

乙资产标准离差率 = 15.17% ÷ 9% = 1.69

（三）建筑施工企业风险控制对策

建筑施工企业风险控制的对策主要有四种，如图 2－27 所示。

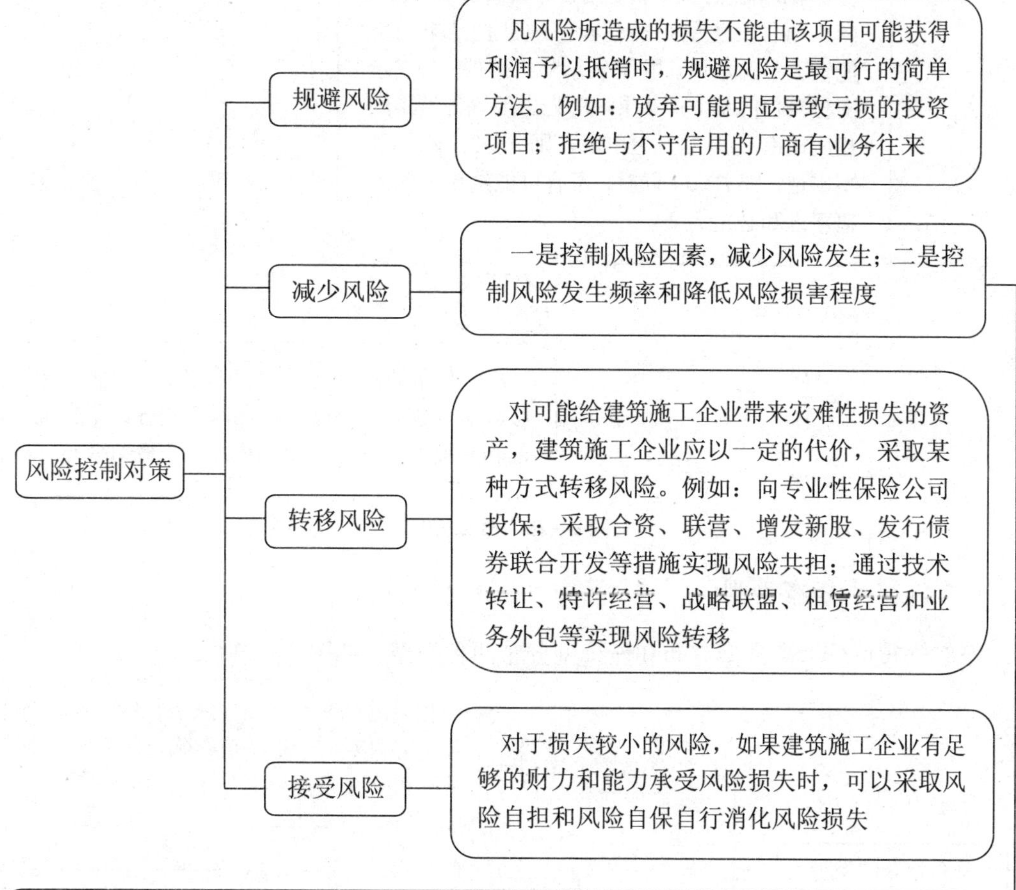

图 2－27　风险控制的对策

三、建筑施工企业单项资产的风险和报酬

（一）概率分布概念

概率分布的概念是由随机事件和概率的概念演变而来的，如图 2－28 所示。

随机事件的概念：在现实生活中，某一事件在完全相同的条件下可能发生也可能不发生，即可能出现这种结果又可能出现那种结果，我们称此类事件为随机事件

概率的概念：概率就是用百分数或小数来表示随机事件发生的可能性及出现某种结果的可能性大小的数值。用 X 表示随机事件，X_i 表示随机事件的第 i 种结果，P_i 为出现该种结果的相应概率。若 X_i 一定出现，则 $P_i=1$；若一定不出现，则 $P_i=0$。同时，所有可能结果出现的概率之和必定为 1

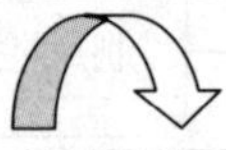

概率分布的概念：将随机事件各种可能的结果按一定的规则进行排列，同时列出各结果出现的相应概率，这一完整的描述称为概率分布

图 2－28　概率分布

（二）概率分布类型

概率分布可分为离散型分布和连续型分布两种类型，如图 2－29 所示。

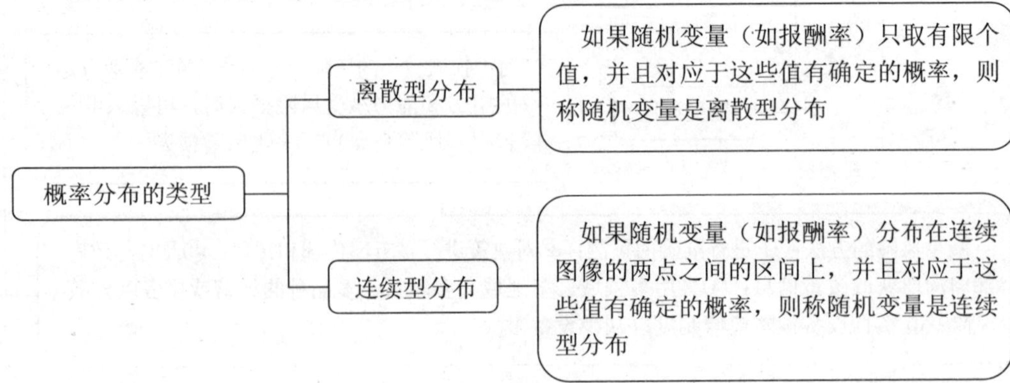

图 2－29　概率分布的类型

（三）预期值

预期值的概念及其公式如图 2－30 所示。

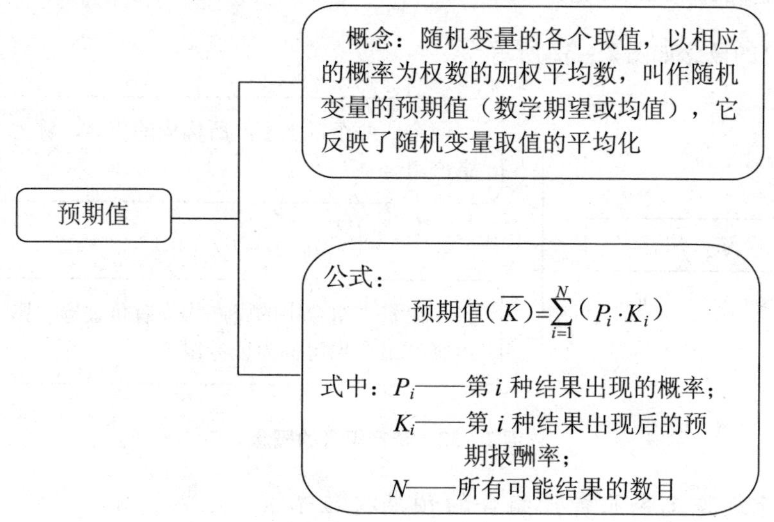

图 2－30　预期值的概念及公式

（四）离散程度

离散程度的表示方法有方差和标准差两种，具体内容如图 2－31 所示。

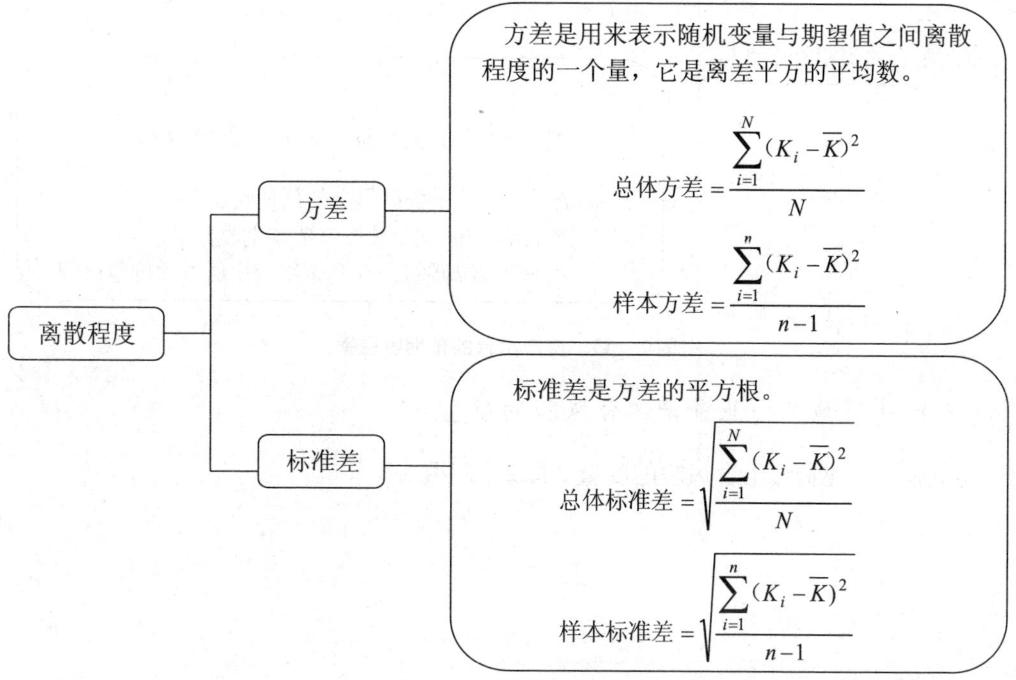

图 2－31　离散程度

四、建筑施工企业资产（投资）组合的风险和报酬

（一）建筑施工企业资产组合

资产组合的概念如图 2－32 所示。

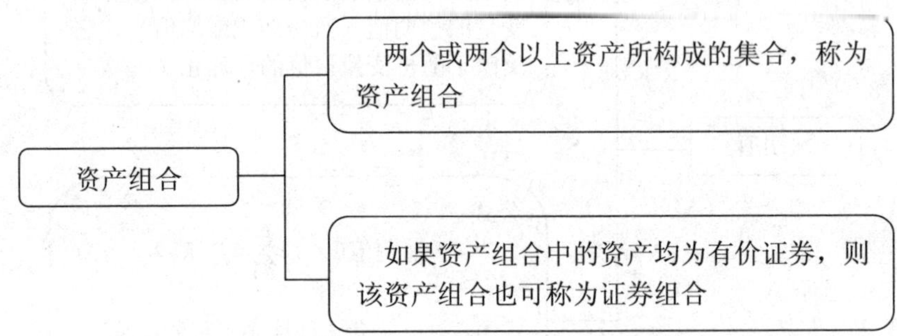

图 2－32　资产组合的概念

（二）建筑施工企业资产组合的预期收益率

资产组合的预期收益率概念及其公式如图 2－33 所示。

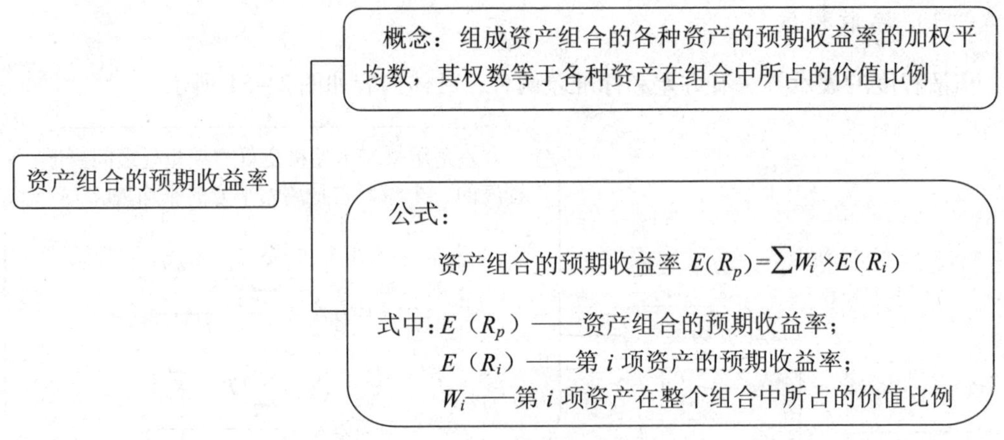

图 2－33　资产组合的预期收益率

（三）建筑施工企业资产组合风险的度量

建筑施工企业资产组合风险的度量如图 2－34 所示。

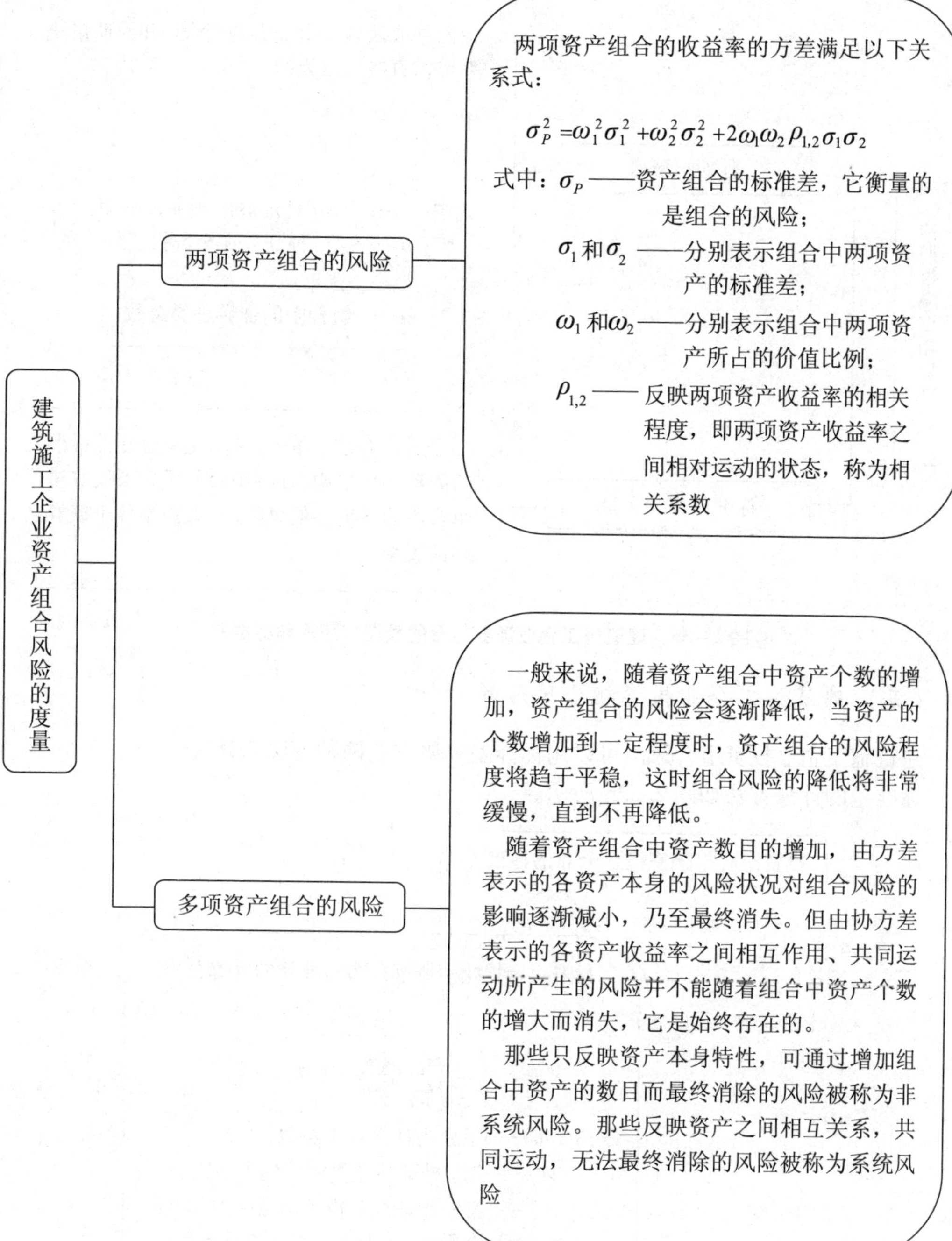

图 2－34　建筑施工企业资产组合风险的度量

（四）建筑施工企业证券组合的预期报酬率和标准差

建筑施工企业证券组合的预期报酬率和标准差与相关性的具体内容如图 2－35 所示。

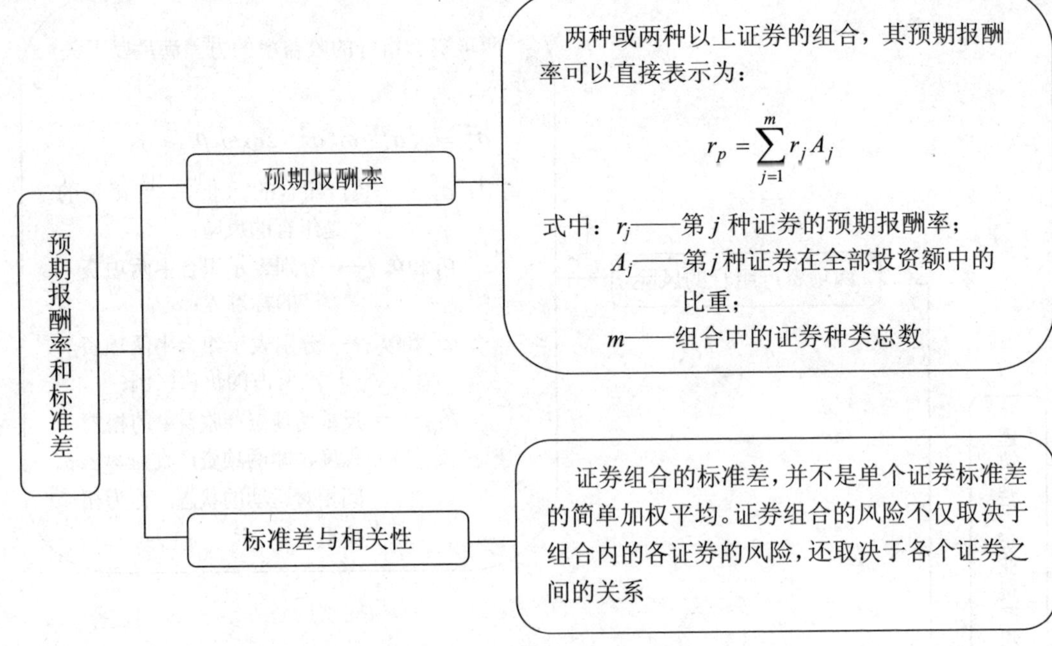

图 2－35　建筑施工企业证券组合的预期报酬率和标准差

（五）建筑施工企业投资组合风险的计量

建筑施工企业投资组合风险可以用标准差和协方差两种方法来计量。

标准差的计量方法如图 2－36 所示。

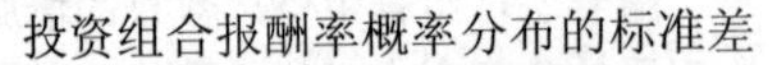

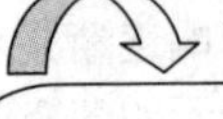

投资组合报酬率概率分布标准差的计算公式：

$$\sigma_p=\sqrt{\sum_{j=1}^{m}\sum_{k=1}^{m} A_j A_k \sigma_{jk}}$$

式中：m——组合内证券种类总数；

A_j——第 j 种证券在投资总额中的比例；

A_k——第 k 种证券在投资总额中的比例；

σ_{jk}——第 j 种证券与第 k 种证券报酬率的方协差

图 2－36　投资组合报酬率概率分布的标准差

协方差的计量方法如图 2－37 所示。

协方差的计量

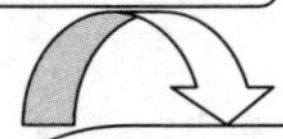

两种证券报酬率的协方差，可以用来衡量它们之间共同变动的程度，计算公式：

$$\sigma_{jk}=r_{jk}\sigma_j\sigma_k$$

式中：r_{jk}——证券j和证券k报酬率之间的预期相关系数；

σ_j——第j种证券的标准差；

σ_k——第k种证券的标准差。

相关系数总是在-1～+1间取值。一般而言，多数证券的报酬率趋于同向变动，因此两种证券之间的相关系数多为小于1的正值。

$$相关系数(r)=\frac{\sum_{i=1}^{n}[(x_i-\bar{x})\times(y_i-\bar{y})]}{\sqrt{\sum_{i=1}^{n}(x_i-\bar{x})^2}\div\sqrt{\sum_{i=1}^{n}(y_i-\bar{y})^2}}$$

图2－37　协方差的计量

第三章　资金筹备和管理

本章导读

资金是企业运营和发展的“血液”，如果企业资金缺乏，会致使企业不能及时偿还贷款、不能及时支付购买施工设备和材料的价款，从而降低该企业的信誉，带来许多有形或无形的损失。筹集资金是建筑施工企业财务管理的重要内容，也是组建建筑施工企业并保证企业持续发展的前提。加强资金筹集管理，合理选择筹集资金方式，对企业规范管理、防范风险、优化资本结构、降低资金成本具有重大意义。

加强资金筹集管理的核心内容就是成本与风险，财务人员要树立起建筑施工企业成本与财务风险理念，建立健全以控制财务风险、控制资金成本、选择合理的资本结构等为主要内容的内部资金控制制度和决策制度，通过控制负债规模、合理调整资产与负债的比例、实施债务重组等手段，防范和化解财务风险。通过科学合理的筹资决策，争取做到资金成本最低、资本结构最优、企业价值最大。

第一节　企业筹集资金概述

一、建筑施工企业筹集资金的概念

建筑施工企业筹集资金是指建筑施工企业根据其生产经营、对外投资以及调整资本结构等需要，通过不同渠道，采取各种方式，按照一定程序，筹措建筑施工企业设立、生产经营所需资金的财务活动。

二、建筑施工企业筹集资金的目的

建筑施工企业筹集资金的目的如图3－1所示。

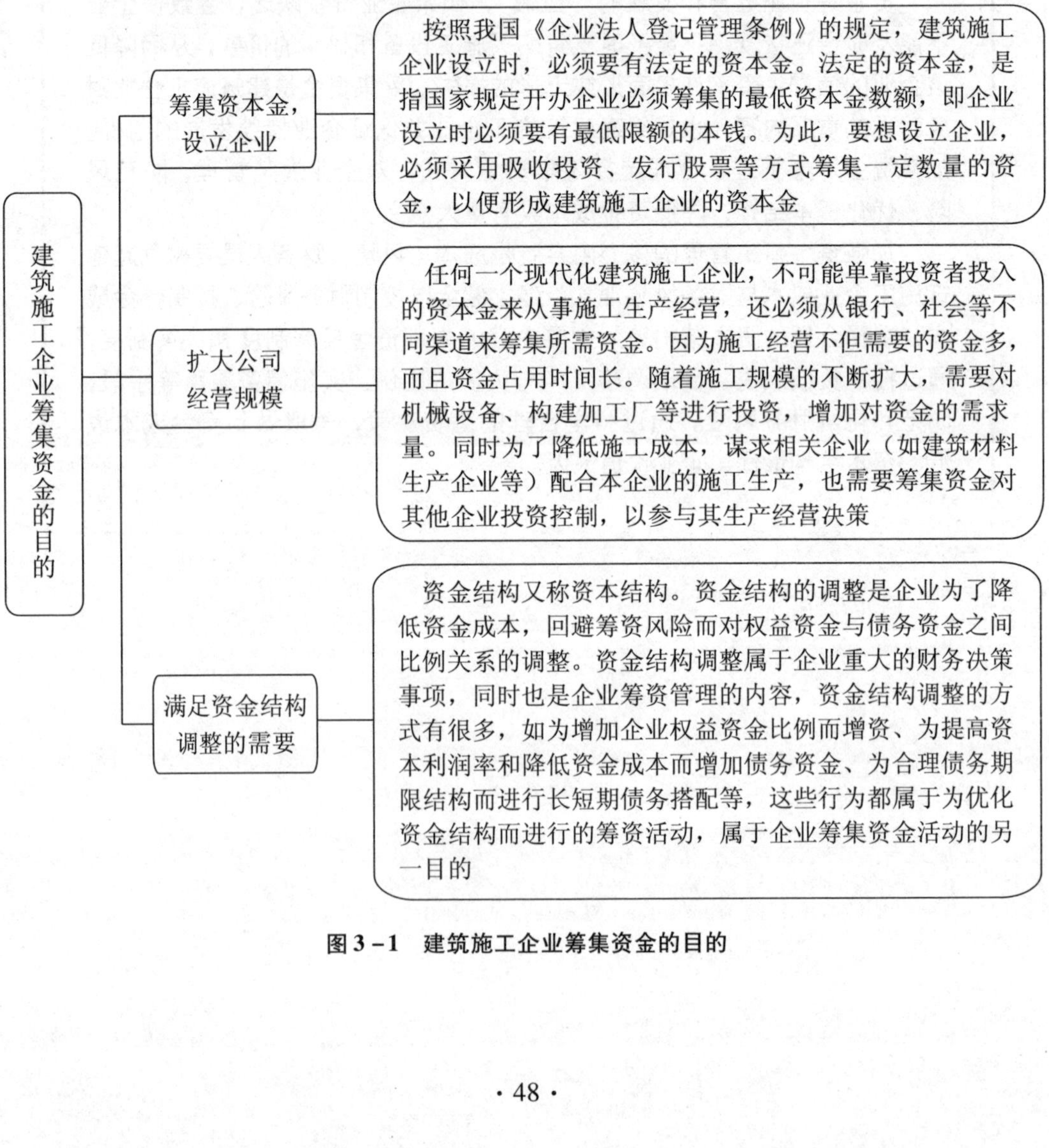

建筑施工企业筹集资金的目的		
	筹集资本金，设立企业	按照我国《企业法人登记管理条例》的规定，建筑施工企业设立时，必须要有法定的资本金。法定的资本金，是指国家规定开办企业必须筹集的最低资本金数额，即企业设立时必须要有最低限额的本钱。为此，要想设立企业，必须采用吸收投资、发行股票等方式筹集一定数量的资金，以便形成建筑施工企业的资本金
	扩大公司经营规模	任何一个现代化建筑施工企业，不可能单靠投资者投入的资本金来从事施工生产经营，还必须从银行、社会等不同渠道来筹集所需资金。因为施工经营不但需要的资金多，而且资金占用时间长。随着施工规模的不断扩大，需要对机械设备、构建加工厂等进行投资，增加对资金的需求量。同时为了降低施工成本，谋求相关企业（如建筑材料生产企业等）配合本企业的施工生产，也需要筹集资金对其他企业投资控制，以参与其生产经营决策
	满足资金结构调整的需要	资金结构又称资本结构。资金结构的调整是企业为了降低资金成本，回避筹资风险而对权益资金与债务资金之间比例关系的调整。资金结构调整属于企业重大的财务决策事项，同时也是企业筹资管理的内容，资金结构调整的方式有很多，如为增加企业权益资金比例而增资、为提高资本利润率和降低资金成本而增加债务资金、为合理债务期限结构而进行长短期债务搭配等，这些行为都属于为优化资金结构而进行的筹资活动，属于企业筹集资金活动的另一目的

图3－1　建筑施工企业筹集资金的目的

三、建筑施工企业筹集资金的分类

（一）自有资金和债务资金

建筑施工企业按所筹集资金的性质不同，分为自有资金和债务资金。

自有资金的概念、来源及特点如图3-2所示。

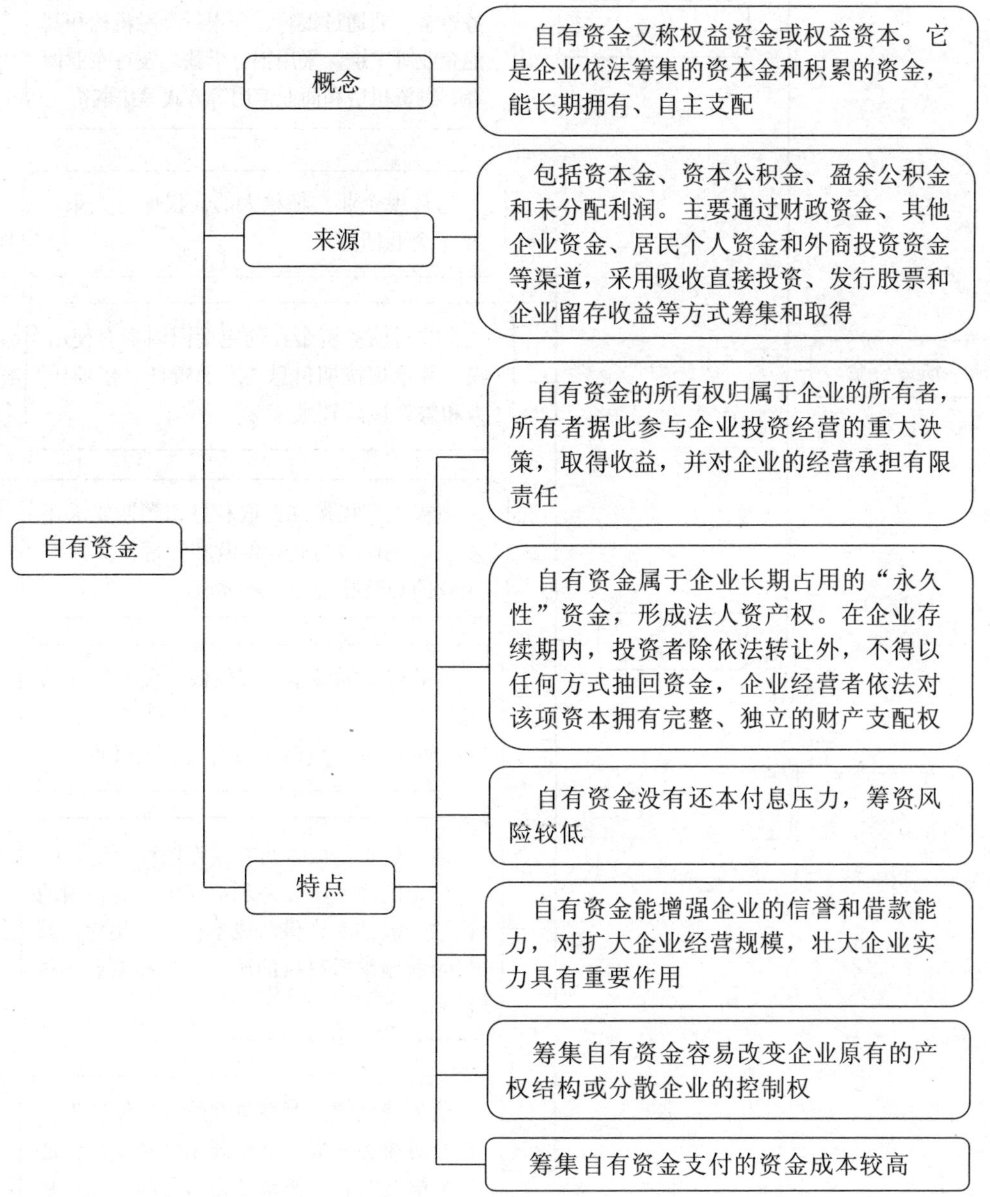

图3-2 自有资金的概念、来源及特点

债务资金的概念、来源及特点如图3-3所示。

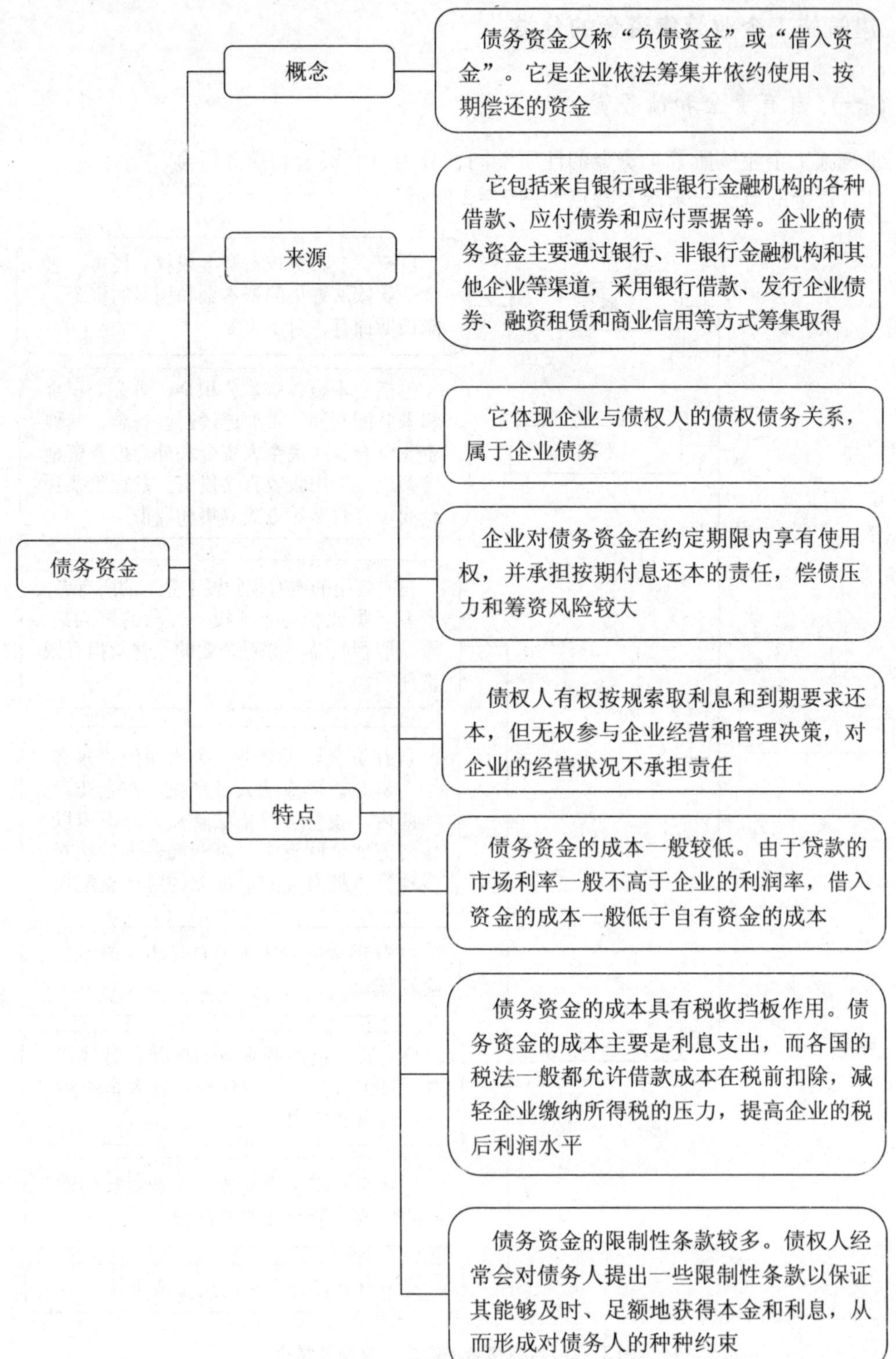

图 3－3　债务资金的概念、来源及特点

（二）直接筹资和间接筹资

施工企业按筹资活动是否通过金融机构，分为直接筹资和间接筹资，具体内容如图 3－4 所示。

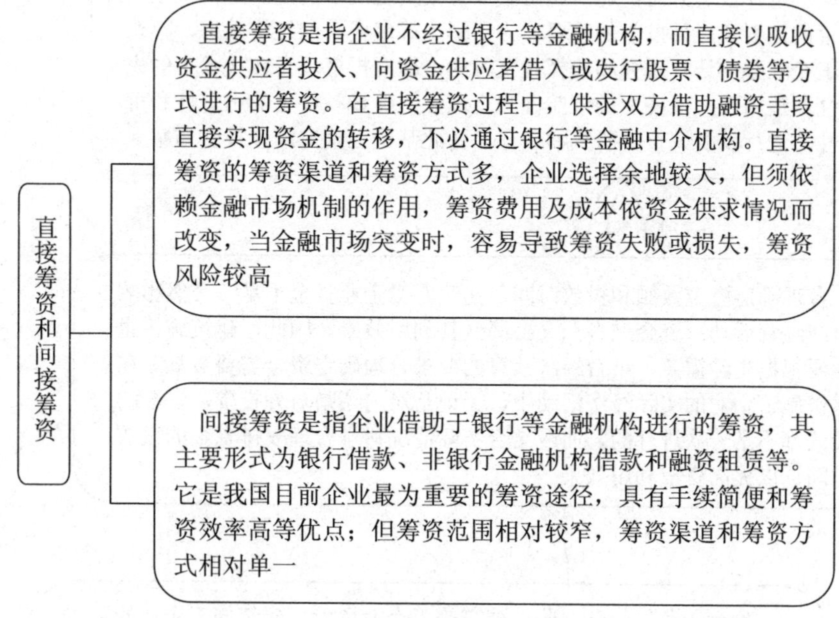

图 3－4　直接筹资和间接筹资

（三）长期资金和短期资金

建筑施工企业所筹集的资金按使用期限的长短，分为长期资金和短期资金，如图 3－5 所示。

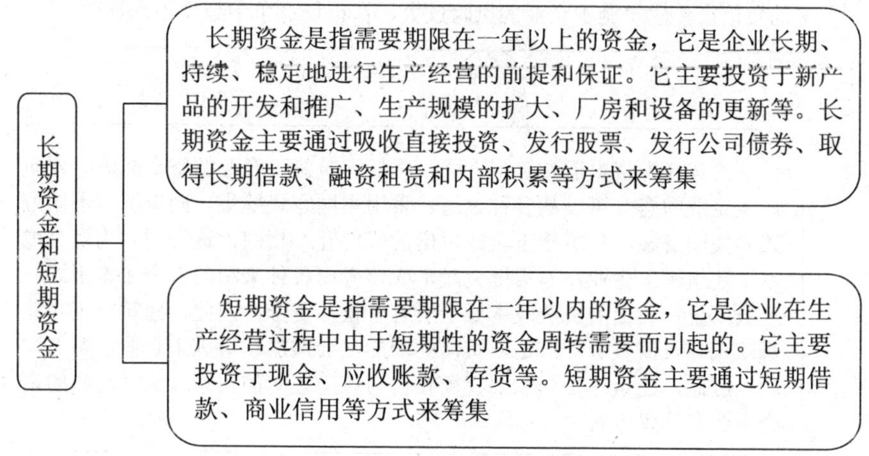

图 3－5　长期资金和短期资金

四、建筑施工企业筹集资金的基本要求

建筑施工企业筹集资金的基本要求如图3－6所示。

认真选择投资方向。建筑施工企业筹集资金的目的是满足日常生产经营的需要及对外投资的需要。为了提高筹集资金的经济效果，建筑施工企业必须认真研究和选择投资方向，即对投资项目在技术上的先进性和适用性，经济上的效益性和合理性，建设条件上的可靠性和可行性，进行反复调查、研究和论证，在此基础上确定最佳投资方案

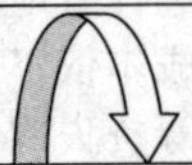

合理确定资金数额和投放时间。建筑施工企业资金不足，必然影响生产经营活动；资金过多，又会降低其利用效果。因此，建筑施工企业要根据实际需要，结合经济核算的要求合理确定资金需要数额。在建筑施工企业的实际经济活动中，无论是对内还是对外投资，资金的投放都不是一次进行的，而应结合实际情况科学合理安排资金的投放时间，以提高资金利用效果

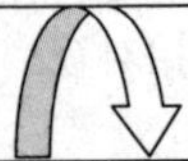

正确运用负债经营，降低建筑施工企业风险。建筑施工企业的资本金是一定量的，且保持相对的稳定，而建筑施工企业对资金的需要则会随着经营活动规模的扩大而不断增加。因此，要适度利用债务资金，正确运用负债经营。当建筑施工企业需要资金而所有者资金不足时，利用负债利于扩大公司生产经营规模；当资产息税前利润率大于债务资本成本率时，利用负债资金有利于建筑施工企业获得财务杠杆利益。负债的增加会增加建筑施工企业的财务风险，建筑施工企业过多的负债会使建筑施工企业的风险过大，在市场竞争中处于不利地位

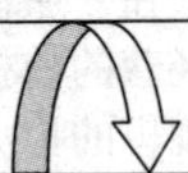

认真选择筹资渠道和筹资方式，降低建筑施工企业的资金成本。建筑施工企业的资金可以从多种渠道、采用不同方式筹集。同渠道、不同方式筹集的资金，建筑施工企业付出的代价互不相同，这种成本为资金成本。建筑施工企业在筹集资金时，应该考虑各种来源的资金成本不同。一般来说，负债的资金成本低于所有者权益资金，因此，建筑施工企业喜欢选择负债资金；但是，负债的增加又会增加建筑施工企业的财务风险。因此，建筑施工企业要权衡收益与风险之间的关系，选择适当的资金来源和筹资方式

图3－6　建筑施工企业筹集资金的基本要求

五、建筑施工企业筹集资金成本对筹资决策的影响

建筑施工企业筹集资金成本对筹资决策的影响如图 3－7 所示。

资金成本是影响建筑施工企业筹资总额的重要因素。随着筹资数额的增加，资金成本不断变化。当建筑施工企业筹资数额很大，资金的边际成本超过建筑施工企业承受能力时，建筑施工企业便不宜再增加筹资数额。因此，资金成本是限制建筑施工企业筹资数额的一个重要因素

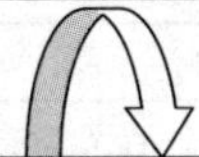

资金成本是建筑施工企业选择资金来源的基本依据。建筑施工企业的资金可以从许多方面来筹集，就长期借款来说，可以向商业银行借款，也可以向保险公司或其他金融机构借款，还可向政府申请借款。建筑施工企业究竟选用哪种来源，首先要考虑的因素就是资金成本的高低

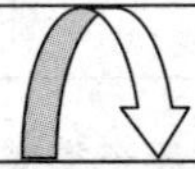

资金成本是建筑施工企业选用筹资方式的参考标准。建筑施工企业可以利用的筹资方式是多种多样的，在选用筹资方式时，需要考虑的因素很多，但必须考虑资金成本这一经济标准

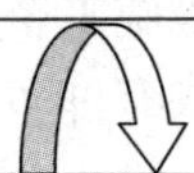

资金成本是确定最优资本结构的主要参数。不同的资本结构，会给建筑施工企业带来不同的风险和成本，从而引起股票价格的变动。在确定最优资本结构时，考虑的因素主要有资金成本和财务风险

图 3－7　建筑施工企业筹集资金成本对筹资决策的影响

资金成本并不是建筑施工企业筹资决策中所要考虑的唯一因素，建筑施工企业还要考虑财务风险、资金期限、偿还方式、限制条件等。但资金成本作为一项重要的因素，直接关系到建筑施工企业的经济效益，是筹资决策时需要考虑的首要问题。

六、建筑施工企业筹集资金的渠道

建筑施工企业筹资渠道，是指建筑施工企业筹措资金来源的方向和通道，以及提现资金的来源与流量。

建筑施工企业的筹资渠道如图 3－8 所示。

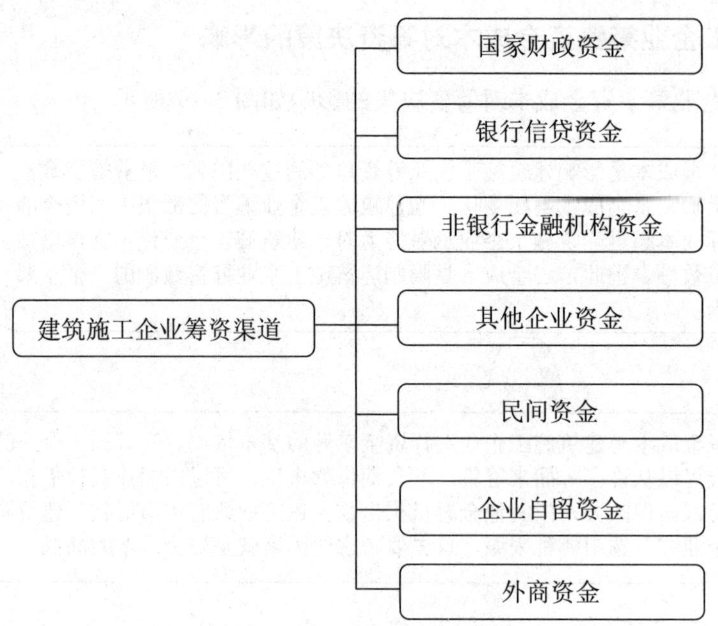

图 3-8　建筑施工企业筹资渠道

七、建筑施工企业筹集资金的方式

建筑施工企业筹集资金的方式，是指建筑施工企业筹集资金所采用的具体形式，体现着资金的属性。建筑施工企业筹集资金的方式有许多，常见的如图 3-9 所示。

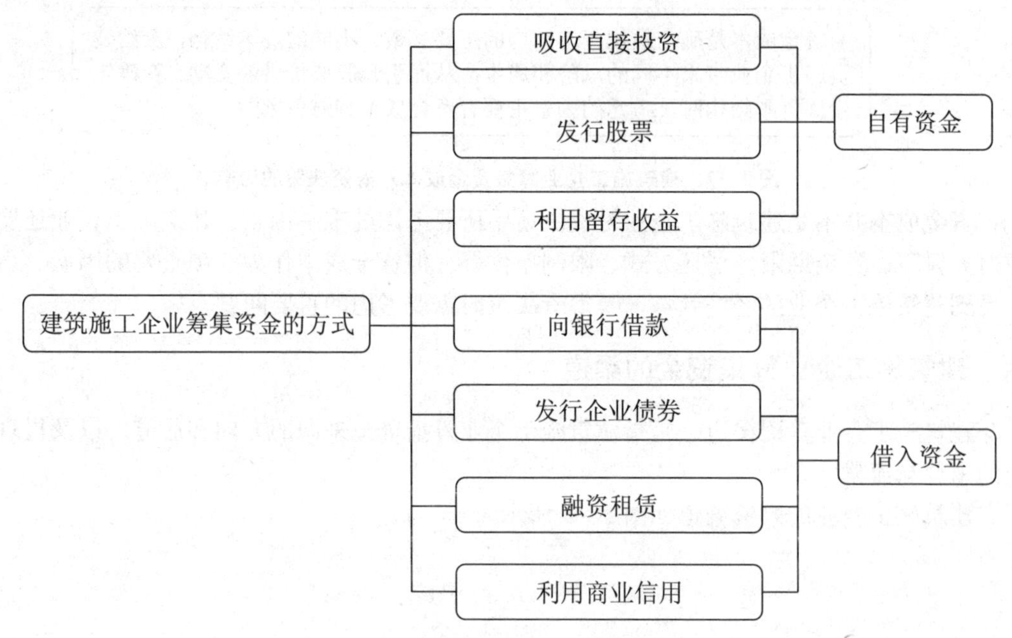

图 3-9　建筑施工企业筹集资金的方式

八、建筑施工企业筹集资金的基本原则

建筑施工企业筹集资金的基本原则如图 3－10 所示。

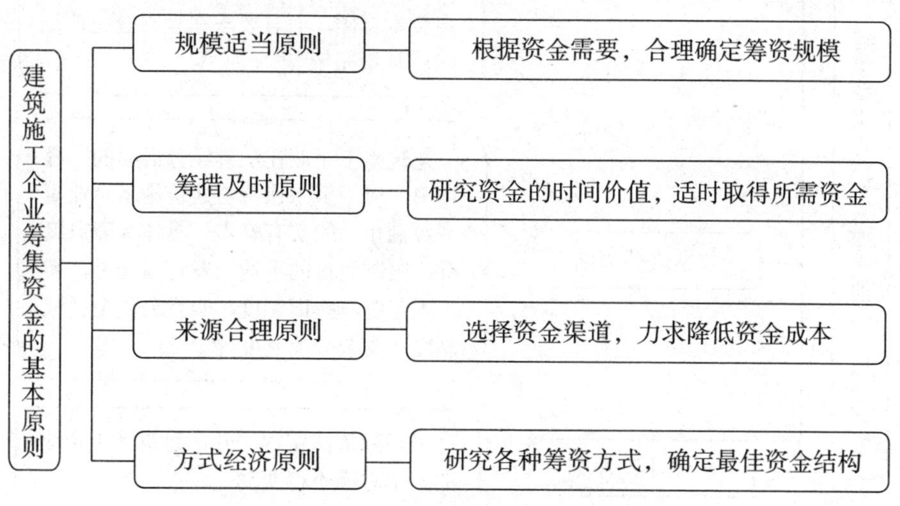

图 3－10　建筑施工企业筹集资金的基本原则

第二节　权益资金的筹集

一、建筑施工企业权益资金筹集概述

（一）建筑施工企业资本金的概念

建筑施工企业资本金是指建筑施工企业在工商行政管理部门登记注册的资本，也就是开办建筑施工企业的注册资金。它是建筑施工企业从事生产经营活动、承担有限民事责任的本钱。

资本金制度是国家围绕企业资本金的筹集、管理以及所有者的责、权、利等方面所作的法律规范，它分散于相关法规中。

（二）建筑施工企业资本保全的“三原则”

建筑施工企业资本保全的“三原则”如图 3－11 所示。

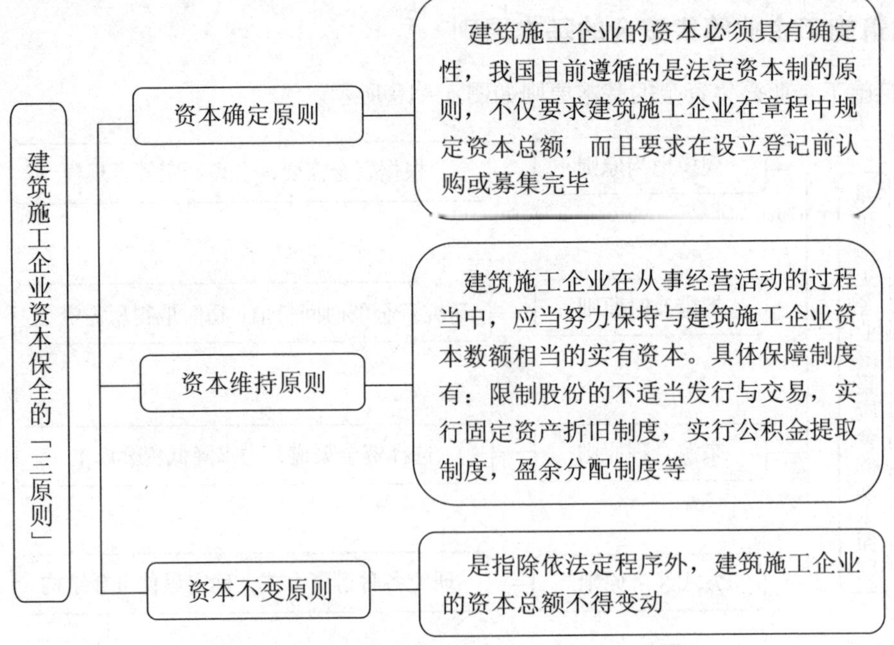

图 3－11　建筑施工企业资本保全的“三原则”

（三）建筑施工企业权益性筹资的概念

建筑施工企业权益性筹资又称自有资金，是指建筑施工企业通过吸收直接投资、发现股票、内部积累等方式筹集的资金。

（四）建筑施工企业权益资金的特点

建筑施工企业权益资金的特点如图 3－12 所示。

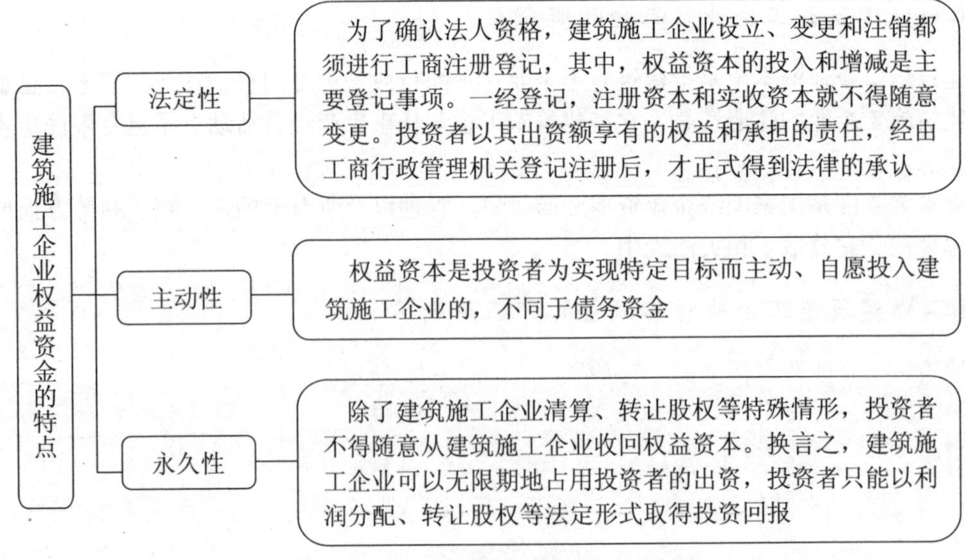

图 3－12　建筑施工企业权益资金的特点

（五）建筑施工企业权益资金的形成方式

建筑施工企业权益资金的形成方式如图 3－13 所示。

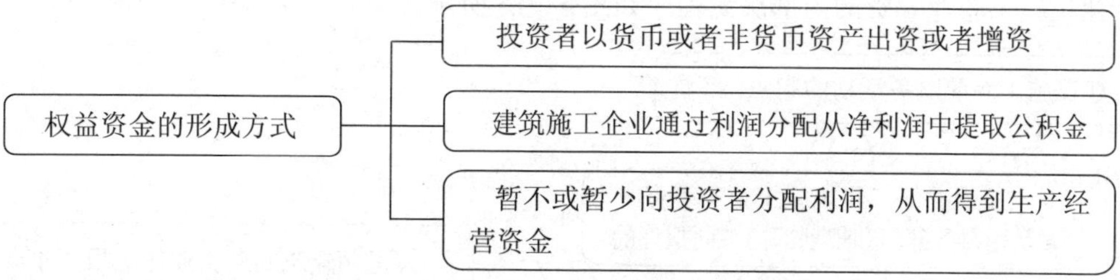

权益资金的形成方式
- 投资者以货币或者非货币资产出资或者增资
- 建筑施工企业通过利润分配从净利润中提取公积金
- 暂不或暂少向投资者分配利润，从而得到生产经营资金

图 3－13　建筑施工企业权益资金的形成方式

（六）建筑施工企业的筹资方案

筹资方案包括筹资目的，筹资规模，筹资渠道、方式和成本等内容，如图 3－14 所示。

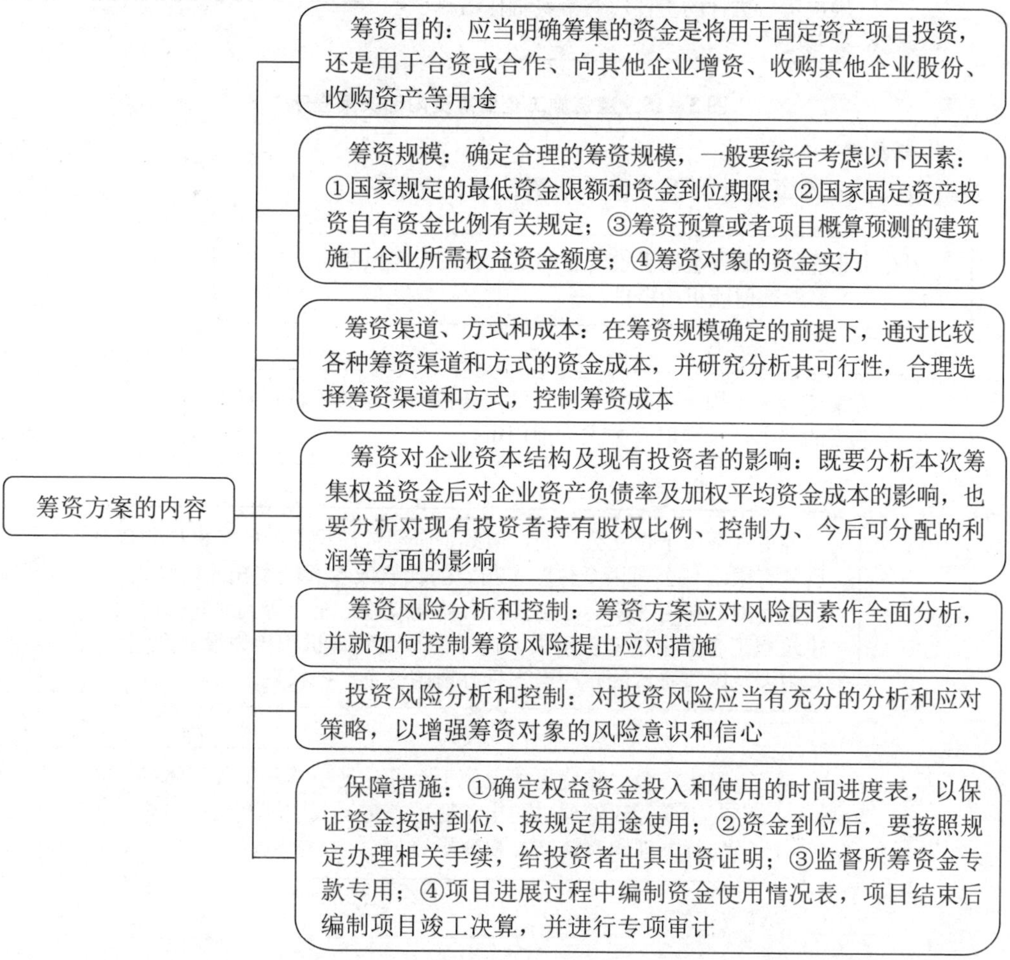

筹资方案的内容
- 筹资目的：应当明确筹集的资金是将用于固定资产项目投资，还是用于合资或合作、向其他企业增资、收购其他企业股份、收购资产等用途
- 筹资规模：确定合理的筹资规模，一般要综合考虑以下因素：①国家规定的最低资金限额和资金到位期限；②国家固定资产投资自有资金比例有关规定；③筹资预算或者项目概算预测的建筑施工企业所需权益资金额度；④筹资对象的资金实力
- 筹资渠道、方式和成本：在筹资规模确定的前提下，通过比较各种筹资渠道和方式的资金成本，并研究分析其可行性，合理选择筹资渠道和方式，控制筹资成本
- 筹资对企业资本结构及现有投资者的影响：既要分析本次筹集权益资金后对企业资产负债率及加权平均资金成本的影响，也要分析对现有投资者持有股权比例、控制力、今后可分配的利润等方面的影响
- 筹资风险分析和控制：筹资方案应对风险因素作全面分析，并就如何控制筹资风险提出应对措施
- 投资风险分析和控制：对投资风险应当有充分的分析和应对策略，以增强筹资对象的风险意识和信心
- 保障措施：①确定权益资金投入和使用的时间进度表，以保证资金按时到位、按规定用途使用；②资金到位后，要按照规定办理相关手续，给投资者出具出资证明；③监督所筹资金专款专用；④项目进展过程中编制资金使用情况表，项目结束后编制项目竣工决算，并进行专项审计

图 3－14　建筑施工企业筹资方案的内容

（七）建筑施工企业筹资决策审批程序

1. 内部决策

建筑施工企业筹资的内部决策程序如图 3－15 所示。

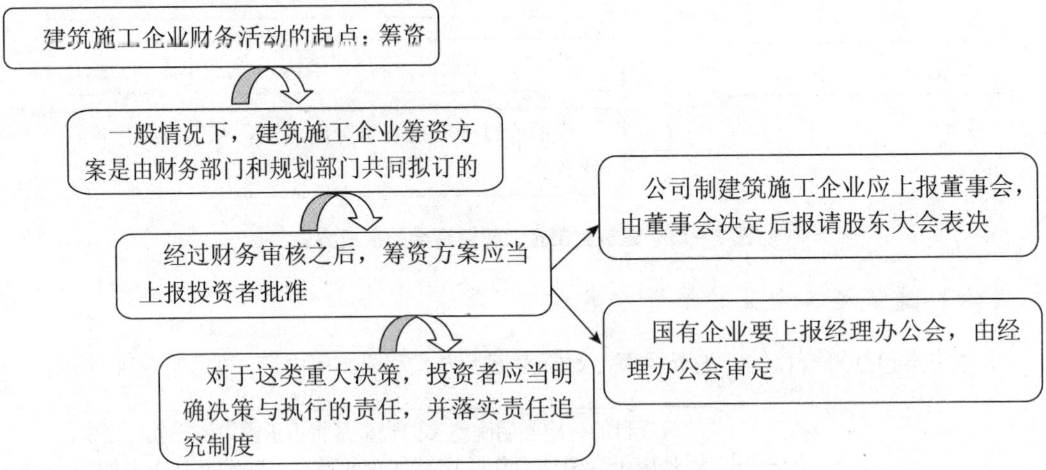

建筑施工企业财务活动的起点：筹资

一般情况下，建筑施工企业筹资方案是由财务部门和规划部门共同拟订的

经过财务审核之后，筹资方案应当上报投资者批准

→ 公司制建筑施工企业应上报董事会，由董事会决定后报请股东大会表决

→ 国有企业要上报经理办公会，由经理办公会审定

对于这类重大决策，投资者应当明确决策与执行的责任，并落实责任追究制度

图 3－15　建筑施工企业筹资内部决策程序

2. 外部报批

建筑施工企业筹资的外部报批程序如图 3－16 所示。

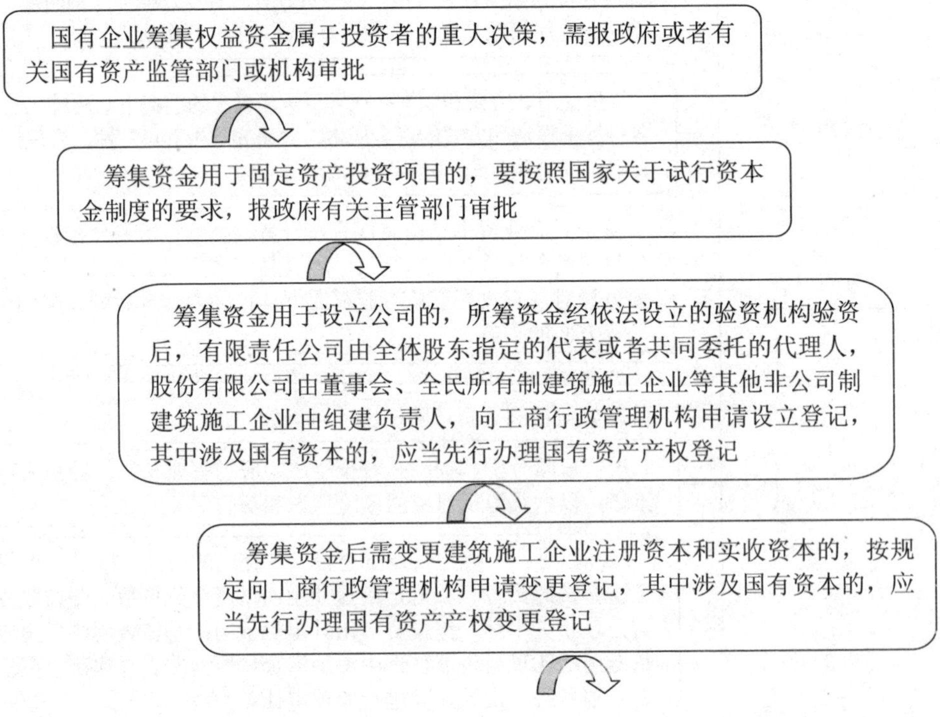

国有企业筹集权益资金属于投资者的重大决策，需报政府或者有关国有资产监管部门或机构审批

筹集资金用于固定资产投资项目的，要按照国家关于试行资本金制度的要求，报政府有关主管部门审批

筹集资金用于设立公司的，所筹资金经依法设立的验资机构验资后，有限责任公司由全体股东指定的代表或者共同委托的代理人，股份有限公司由董事会、全民所有制建筑施工企业等其他非公司制建筑施工企业由组建负责人，向工商行政管理机构申请设立登记，其中涉及国有资本的，应当先行办理国有资产产权登记

筹集资金后需变更建筑施工企业注册资本和实收资本的，按规定向工商行政管理机构申请变更登记，其中涉及国有资本的，应当先行办理国有资产产权变更登记

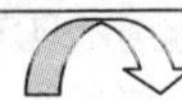

股份有限公司公开发行股票以及上市公司非公开发行新股的，应当报经国务院证券监督管理机构核准

国有企业筹集权益资金属于投资者的重大决策，需报政府或者有关国有资产监管部门或机构审批

图 3－16　建筑施工企业筹资外部报批程序

二、吸收直接投资

吸收直接投资是指建筑施工企业以合同、协议等形式吸收国家、其他企业、个人和外商等直接投入资金，形成建筑施工企业资本金的一种筹资方式。吸收直接投资不以股票为媒介，适用于非股份制企业，它是非股份制企业筹措自有资金的一种基本方式。吸收直接投资中的出资者都是企业的所有者，他们对企业拥有经营管理权，企业经营状况与其利益挂钩，在企业经营状况良好并获取盈利时，出资者按出资额的比例分享利润；反之，按比例承担损失。

（一）吸收直接投资的种类

吸收直接投资的种类如图 3－17 所示。

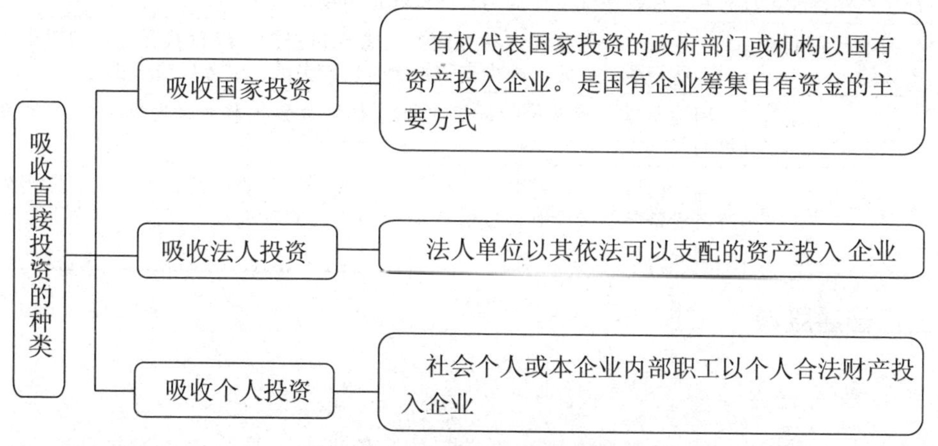

图 3－17　吸收直接投资的种类

（二）吸收直接投资的出资方式

建筑施工企业吸收直接投资的出资方式如图 3－18 所示。

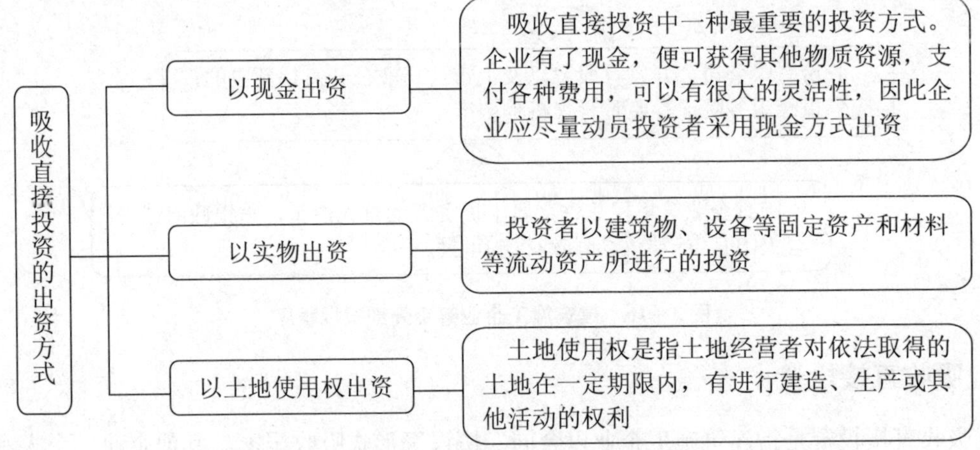

图 3－18　吸收直接投资的出资方式

（三）吸收直接投资的评价

建筑施工企业吸收直接投资的优缺点见表 3－1。

表 3－1　建筑施工企业吸收直接投资的优缺点

优点	有利于增强企业信誉	吸收直接投资所筹集的资金属于企业自有的资金，能提高企业的资信和贷款能力，对扩大生产经营、增强经济实力具有重要作用
	有利于尽快形成生产经营能力	吸收直接投资不仅可以筹集现金，而且能直接获得所需的先进设备和技术，有利于尽快形成生产能力，尽快开拓市场
	有利于降低财务风险	企业可以根据其经营状况向投资者支付报酬，经营状况好，向投资者多支付一些报酬；反之，则少支付报酬，比较灵活，财务风险较小
缺点	资金成本较高	因为向投资者支付的报酬是根据其出资数量和企业实现利润的多寡来计算的
	容易分散企业控制权	因为投资者一般都要求获得与投资数量相当的经营管理权。所以当外部投资者投资数额较大时，投资者会有相当大的管理权，甚至会对企业实行完全控制

三、发行普通股票

（一）股票的分类

股票是股份有限公司为筹集自有资金而发行的有价证券，是公司签发的证明股东所持股份的凭证，它代表了股东对股份制公司的所有权。股票的分类见表 3－2。

表 3－2　股票的分类

按股东享受权利和承担义务的大小不同	普通股票	又称普通股，是股份有限公司依法发行的具有管理权、股利不固定的股票，也是最基本、最标准的股份
	优先股票	又称优先股，是股份有限公司依法发行的具有一定优先权的股票。从法律上讲，企业对优先股不承担法定的还本义务，是企业自有资金的一部分

续表

按股票票面上有无记名	记名股	在股票票面上记载股东姓名或名称的股票，并将其记入公司股东名册，记名股票要同时附有股东手册，只有同时具备股票和股东手册，才能领取股息和红利。该股票的转让、继承有严格的法律程序和手续。公司向发行人、国家授权投资的机构和法人发行的股票，应当为记名股票
	不记名股	在票面上不记载股东姓名或名称的股票。这类股票的持有人即为股份的所有人，具有股东资格。该类股票的转让也比较自由、方便，无须办理过户手续。对社会公众发行的股票，可以为记名股票，也可以为不记名股票
按股票票面上有无标明金额	面值股票	面值股票是在票面上标有一定金额的股票，持这种股票的股东，对公司享有权利和承担义务的大小，以其所持有的股票票面金额占公司发行在外的股票总面值的比例而定
	无面值股票	无面值股票是不在票面上标出金额，只载明所占公司股本总额的比例或股份数的股票。无面值股票的价值随公司财产的增减而变动，而股东对公司享有的权利和承担义务的大小直接以股票标明的比例而定
按投资主体的不同	国家股	有权代表国家投资的部门或机构以国有资产向建筑施工企业投资而形成的股份
	法人股	企业法人以其可支配的财产向建筑施工企业投资而形成的股份，或具有法人资格的事业单位和社会团体以国家允许用于经营的资产向建筑施工企业投资而形成的股份
	个人股	社会个人或企业内部职工以个人合法财产投入建筑施工企业而形成的股份
按发行对象和上市地区的不同	A 股	以人民币标明票面金额并以人民币认购和交易的股票
	B 股	以人民币标明票面金额，以外币认购和交易的股票
	H 股	在香港地区上市的股票
	N 股	在纽约上市的股票

（二）普通股股东的权利

普通股股东的权利如图 3－19 所示。

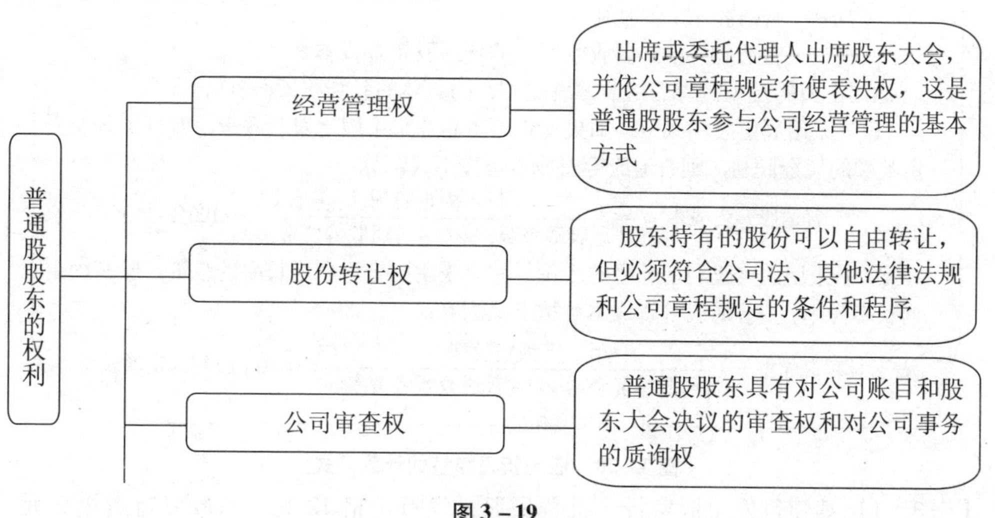

图 3－19

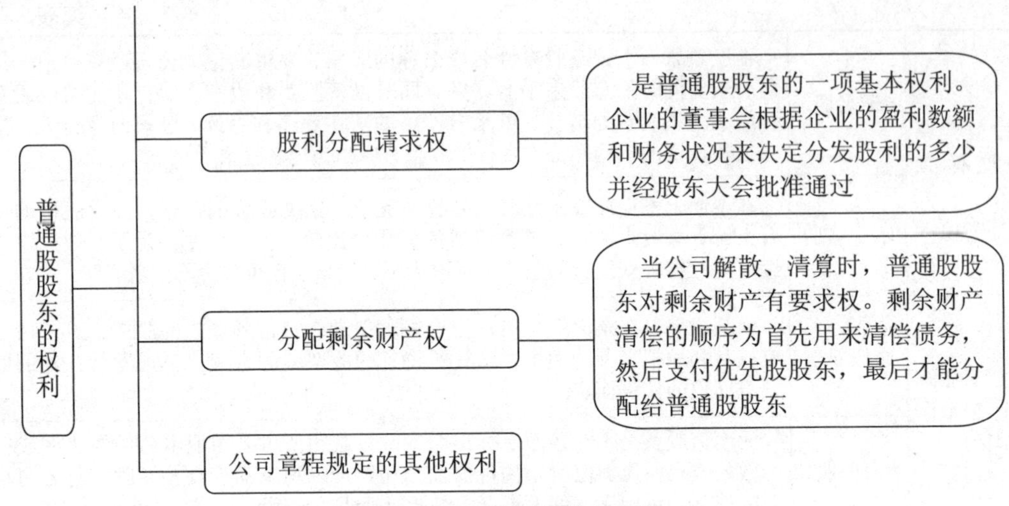

图 3－19　普通股股东的权利

（三）建筑施工企业普通股筹资的成本

普通股筹资的成本就是普通股投资的必要报酬率，其测算方法一般有三种：股利折现模型、资本资产定价模型和无风险利率加风险溢价法。

（1）股利折现模型。股利折现模型的计算如图 3－20 所示。

股利折现模型的基本形式如下：

$$P_0=\sum_{t=1}^{n}\frac{D_t}{(1+K_c)^t}$$

式中：P_0——普通股筹资净额，即发行价格扣除发行费用；

D_t——普通股第 t 年股利；

K_c——普通股投资必要收益率，即普通股资金成本率。

运用上面的模型测算普通股筹资成本，因具体的股利政策而有所不同。

（1）采用固定股利政策：如果建筑施工企业采用固定股利政策，即每年分派固定数额的现金股利，则普通股筹资成本可按下式测算：

$$普通股筹资成本=\frac{每年固定股利}{普通股筹资金额\times(1-普通股筹资费率)}\times100\%$$

（2）采用固定股利增长率的政策：如果采用固定股利增长率的政策，股利固定增长率为 g，则普通股筹资成本可按下式测算：

$$普通股筹资成本=\frac{第一年预期股利}{普通股筹资金额\times(1-普通股筹资费率)}\times100\%+股利固定增长率$$

图 3－20　股利折现模型的计算公式

【例 3－1】某建筑公司拟发行一批普通股，发行价格 12 元，每股发行费用 2 元，预定每年分派现金股利每股1.4元。则该普通股筹资成本为多少？

解：普通股筹资成本 $=\frac{1.4}{12-2}=14\%$

【例3－2】某建筑公司准备增发普通股，每股发行价为20元，发行费用2元，预定第一年分派现金股利每股1.8元，以后每年股利增长6%。则该普通股筹资成本是多少？

解：普通股筹资成本 $=\frac{1.8}{20-2}\times100\%+6\%=16\%$

（2）资本资产定价模型。资本资产定价模型的计算如图3－21所示。

资本资产定价模型

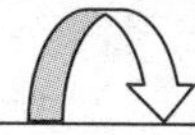

资本资产定价模型的含义可以简单地描述为：普通股投资的必要报酬率等于无风险报酬率加上风险报酬率。用公式表示如下：

$$K_c=R_f+\beta(R_m-R_f)$$

式中：R_f——无风险报酬率；

R_m——市场报酬率或市场投资组合的期望收益率；

β——某公司股票收益率相对于市场投资组合期望收益率的变动幅度

图3－21　资本资产定价模型的计算公式

【例3－3】某股份公司普通股股票的β值为1.5，无风险利率为5%，市场投资组合的期望收益率为10%。则该企业的普通股筹资成本是多少？

解：普通股筹资成本＝5%＋1.5×（10%－6%）＝11%

（3）无风险利率加风险溢价法。无风险利率加风险溢价法的计算如图3－22所示。

无风险利率加风险溢价法

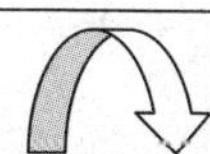

无风险利率加风险溢价法认为，由于普通股的求偿权不仅在债权之后，而且还次于优先股，因此，持有普通股股票的风险要大于持有债权的风险。这样，股票持有人就必然要求一定的风险补偿。一般情况来看，通过一段时间的统计数据，可以测算出某建筑公司普通股股票期望收益率超出无风险利率的大小，即风险溢价R_p，无风险利率R_f，一般用同期国债收益率表示，这是证券市场最基础的数据。因此，用无风险利率加风险溢价法计算普通股筹资成本的公式为：

$$K=R_f+R_p$$

图3－22　无风险利率加风险溢价法的计算公式

【例3－4】假定某建筑公司普通股的风险溢价估计为9%，而无风险利率为4%，则该企业普通股筹资的成本是多少？

解：普通股筹资成本＝9%＋4%＝13%

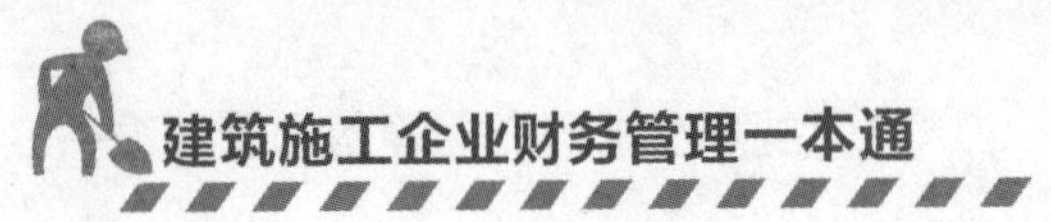

（四）建筑施工企业普通股融资的评价

建筑施工企业普通股融资的优缺点如图 3－23、图 3－24 所示。

普通股融资的优点

- 有利于增强企业信誉
  - 吸收直接投资所筹集的资金属于企业自有的资金，能提高企业的资信和贷款能力，对扩大生产经营、增强经济实力具有重要作用
- 有利于尽快形成生产能力
  - 吸收直接投资不仅可以筹集现金，而且能直接获得所需的先进设备和技术，有利于尽快形成生产能力，尽快开拓市场
- 有利于降低财务风险
  - 企业可以根据其经营状况向投资者支付报酬，经营状况好，向投资者多支付一些报酬；反之，则少支付报酬，比较灵活，财务风险较小
- 筹资限制较少
  - 利用优先股或债券筹资，通常有许多限制，这些限制往往会影响建筑施工企业的灵活性，而利用普通股筹资则没有这种限制
- 容易吸收资金
  - 由于普通股的预期收益较高并可一定程度地抵消通货膨胀的影响（通常在通货膨胀期间，不动产升值时普通股也随之升值），因此普通股筹资容易吸收资金

图 3－23　普通股融资的优点

普通股融资的缺点

- 资金成本较高
  - 因为向投资者支付的报酬是根据其出资数量和企业实现利润的多寡来计算的
- 容易分散企业控制权
  - 因为投资者一般都要求获得与投资数量相当的经营管理权。所以当外部投资者投资数额较大时，投资者会有相当大的管理权，甚至会对企业实行完全控制

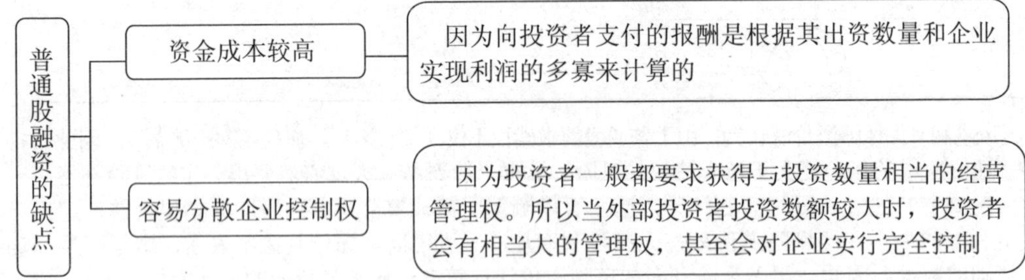

图 3－24　普通股融资的缺点

（五）普通股的发行

1. 股票发行的规定与条件

股票发行的规定与条件如图 3－25 所示。

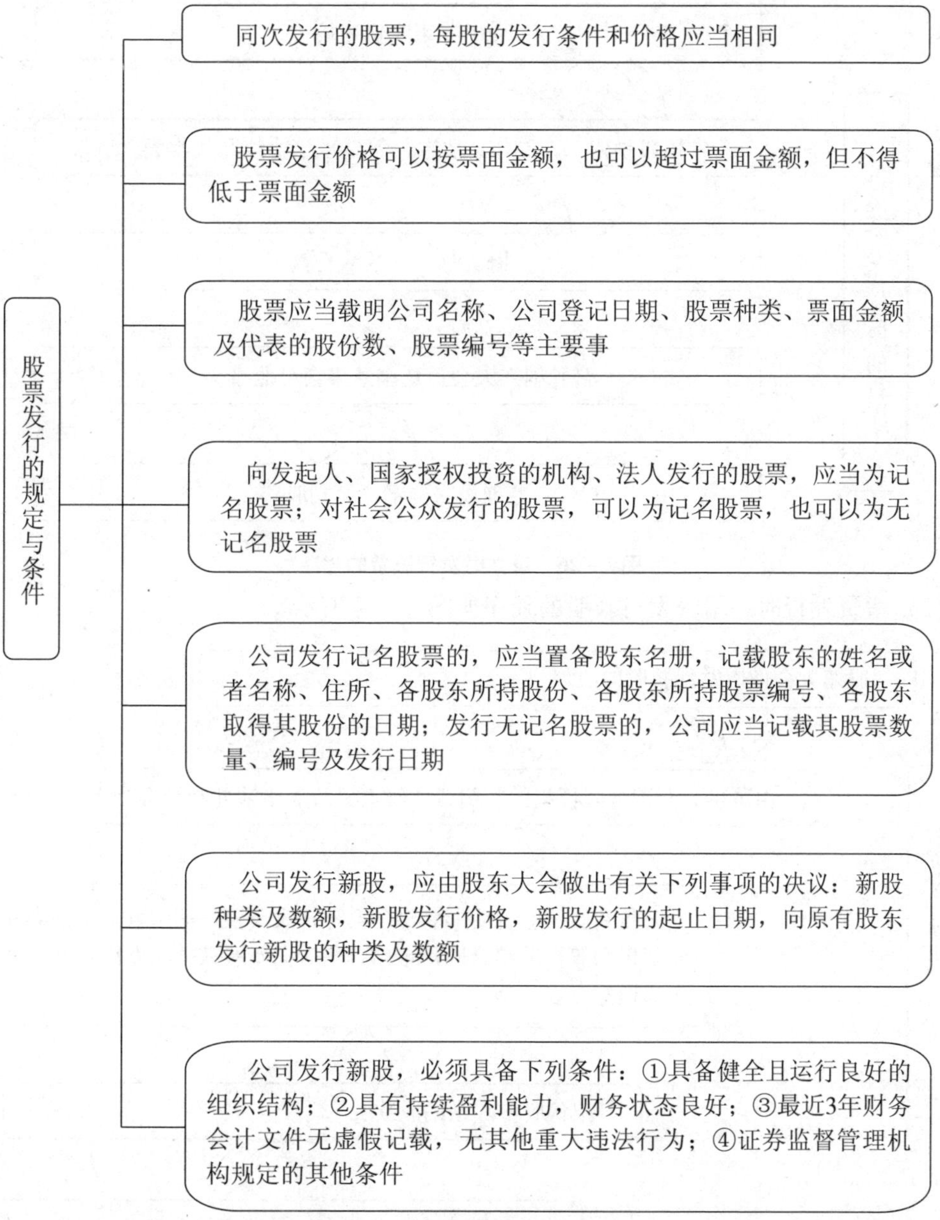

股票发行的规定与条件

- 同次发行的股票，每股的发行条件和价格应当相同
- 股票发行价格可以按票面金额，也可以超过票面金额，但不得低于票面金额
- 股票应当载明公司名称、公司登记日期、股票种类、票面金额及代表的股份数、股票编号等主要事项
- 向发起人、国家授权投资的机构、法人发行的股票，应当为记名股票；对社会公众发行的股票，可以为记名股票，也可以为无记名股票
- 公司发行记名股票的，应当置备股东名册，记载股东的姓名或者名称、住所、各股东所持股份、各股东所持股票编号、各股东取得其股份的日期；发行无记名股票的，公司应当记载其股票数量、编号及发行日期
- 公司发行新股，应由股东大会做出有关下列事项的决议：新股种类及数额，新股发行价格，新股发行的起止日期，向原有股东发行新股的种类及数额
- 公司发行新股，必须具备下列条件：①具备健全且运行良好的组织结构；②具有持续盈利能力，财务状态良好；③最近3年财务会计文件无虚假记载，无其他重大违法行为；④证券监督管理机构规定的其他条件

图 3－25　股票发行的规定与条件

2．股票发行程序

（1）设立时的程序。设立时发行股票的程序如图 3－26 所示。

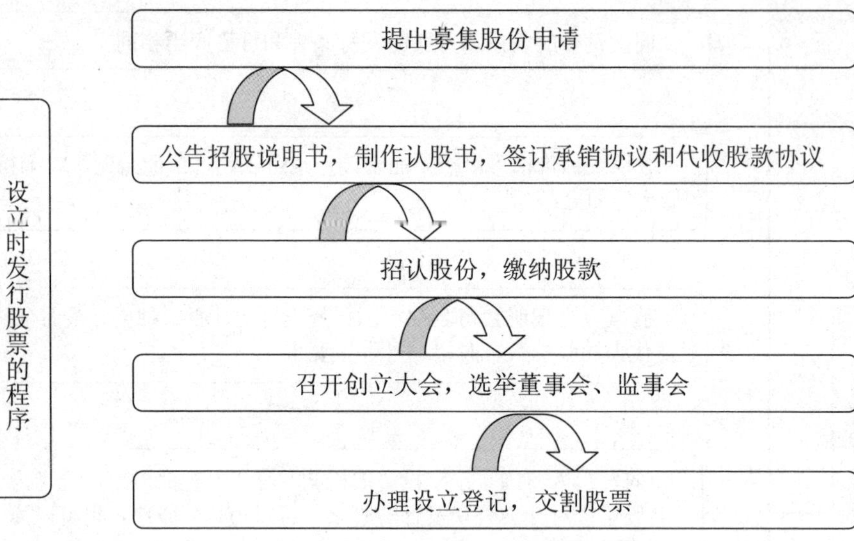

图 3-26　设立时发行股票的程序

（2）增资发行时。增资发行新股的程序如图 3-27 所示。

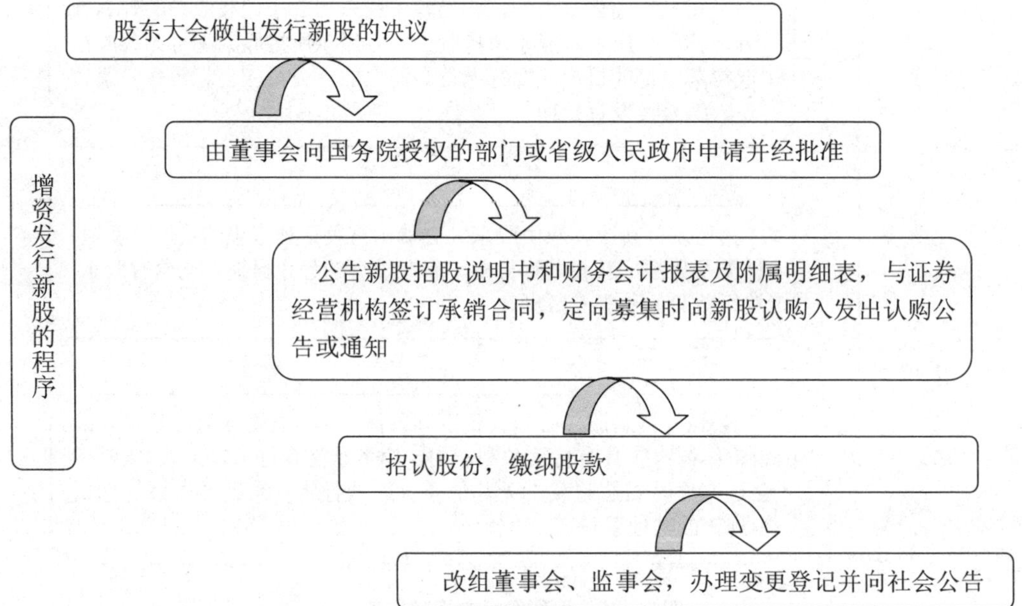

图 3-27　增资发行新股的程序

3. 股票发行方式

股票发行可分为公开间接发行和不公开直接发行，如图 3-28 所示。

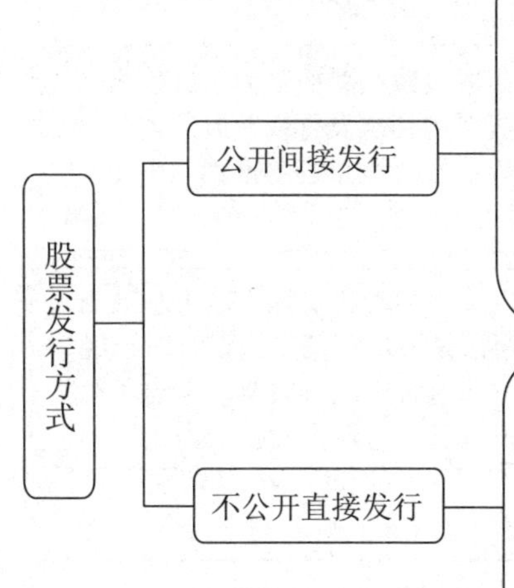

图 3－28　股票发行方式

4. **股票销售方式**

股票的销售方式可分为自销和承销两种，如图 3－29 所示。

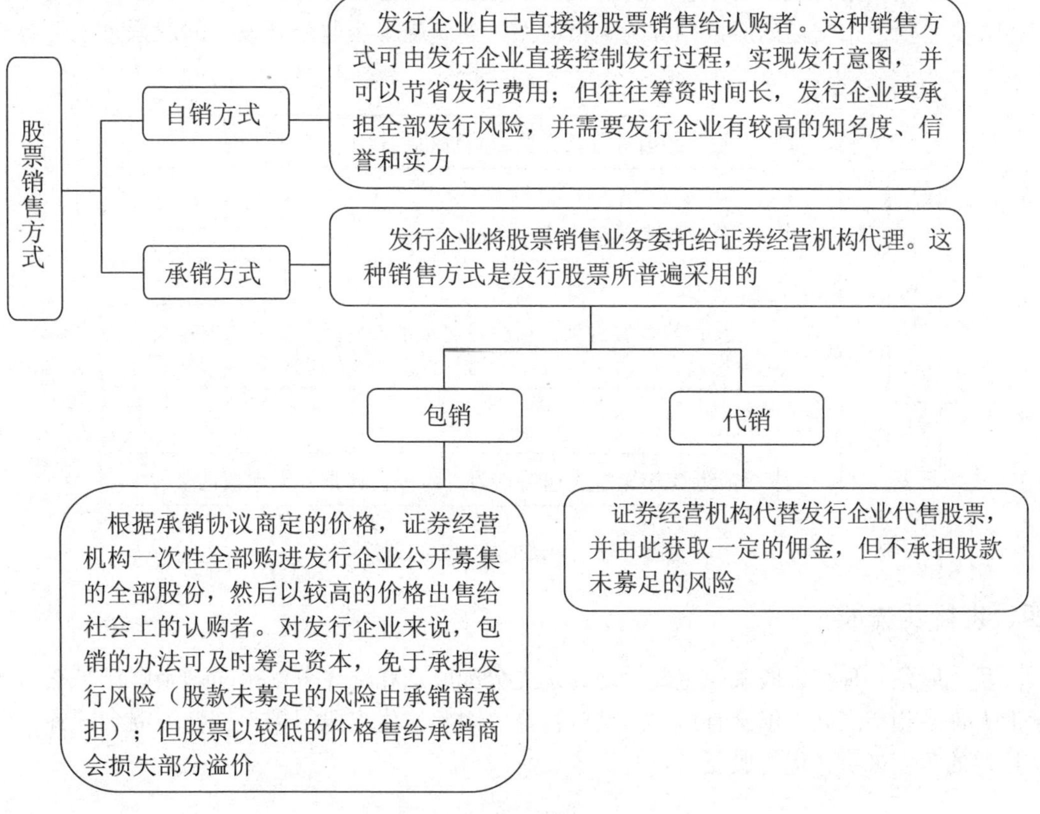

图 3－29　股票销售方式

5. 股票发行价格

股票的发行价格有等价发行、时价发行和中间价发行三种，如图 3－30 所示。

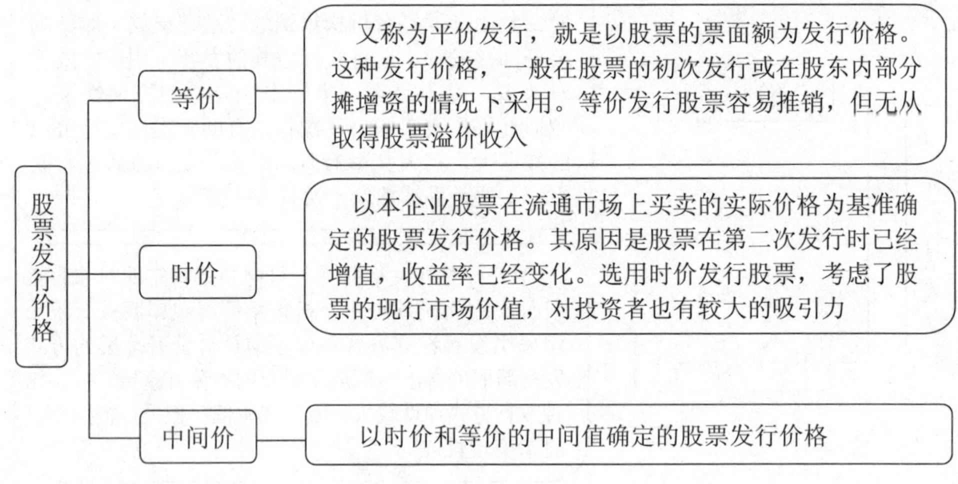

图 3－30　股票发行价格

（六）股票上市

股票上市指的是股份有限公司公开发行的股票经批准在证券交易所进行挂牌交易。经批准在交易所上市交易的股票则称为上市股票。建筑施工企业公开发行的股票进入证券交易所挂牌买卖（即股票上市），必须符合一定的条件，如图 3－31 所示。

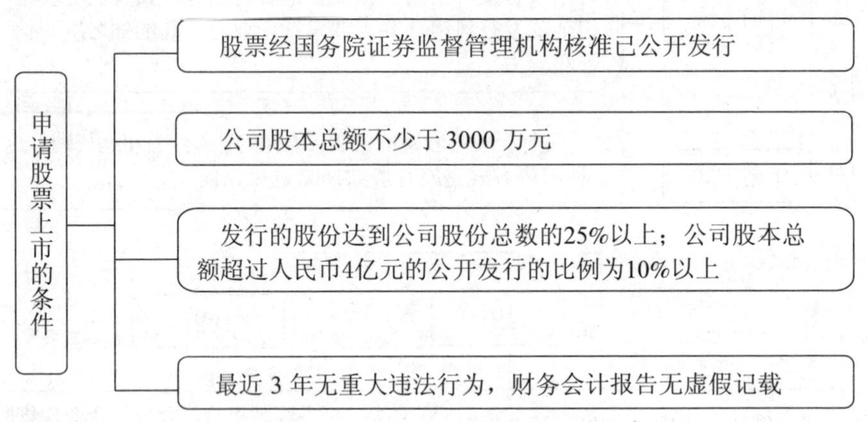

图 3－31　申请股票上市的条件

四、发行优先股

优先股是一种特别股票，主要表现为优先分配股息和优先分配公司剩余财产，它与普通股有许多相似之处，但又有债券的某些特征。因此，优先股习惯上被称为混合证券，但从法律的角度来讲，优先股属于自有资本。

（一）优先股的基本特征

优先股的基本特征如图3－32所示。

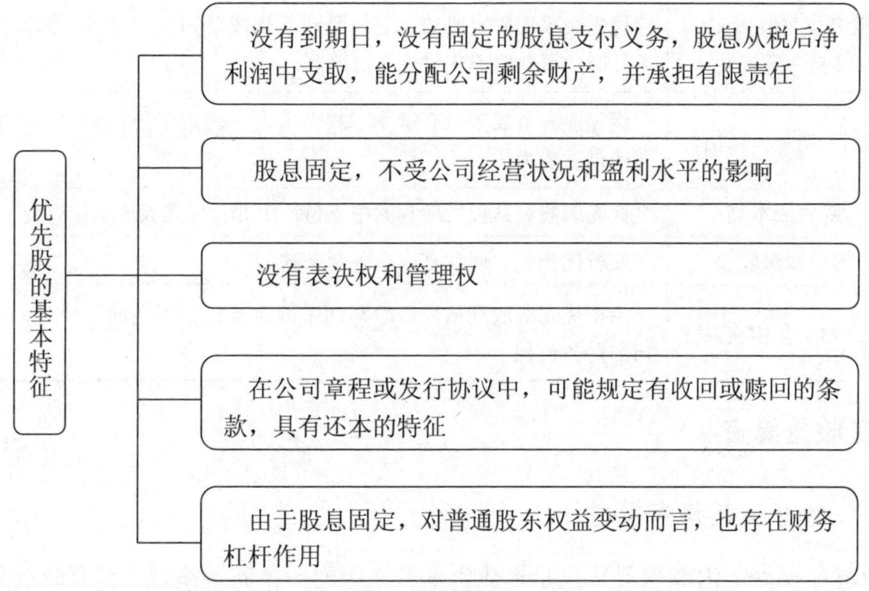

图3－32　优先股的基本特征

（二）优先股的发行动机

股份有限公司发行优先股主要出于筹集自有资金的需要。但是，由于优先股固有的基本特征，其发行也有其他动机，如图3－33所示。

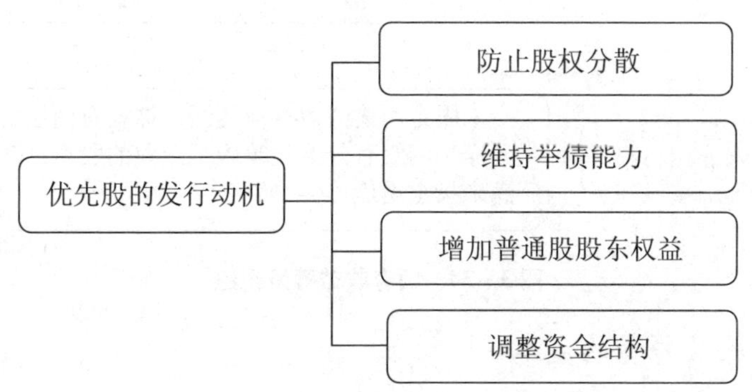

图3－33　优先股的发行动机

（三）优先股筹资的评价

优先股筹资的优缺点见表3－3。

表 3-3 优先股筹资的优缺点

优点	筹资风险小	优先股没有固定到期日，不用偿还本金，事实上等于使用的是一笔无限期的贷款，无还本金的义务，也无须做再筹资计划
	股利支付既固定，又有一定弹性	优先股采用固定股利，支付股利不构成公司法定义务，如果财务状况不佳时，可暂时不支付优先股股利
	有利于增强公司信誉	优先股筹资属于自有资本、权益资金，增加了公司的信誉，增强了公司的借款能力
缺点	筹资成本高	优先股股利从税后净利润中支付，因此，优先股成本较高
	筹资限制较多	发行优先股，通常有许多限制条款
	财务负担重	由于优先股股利从税后净利润中固定支付，当利润下降时，会加大公司的财务负担

五、留存收益筹资

（一）留存收益筹资渠道

企业留存收益（内部积累）也是形成资本金来源的一条间接途径。留存收益是指企业从历年实现利润中提取或形成的留存于企业内部的积累，来源于企业经营活动所实现的利润。在我国的企业中，留存收益由盈余公积和未分配利润两部分组成，如图 3-34 所示。

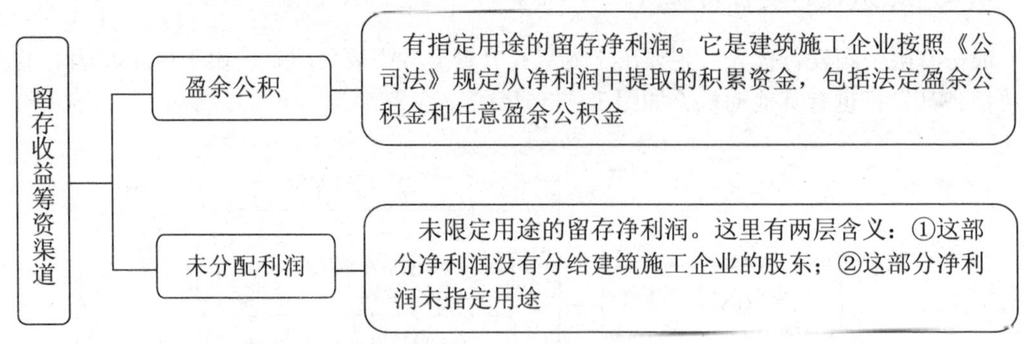

图 3-34 留存收益筹资渠道

（二）留存收益筹资的成本

建筑施工企业留存收益是由建筑施工企业税后利润形成的，属于权益资本。一般企业都不会把全部收益以股利形式分给股东，因此留存收益也是建筑施工企业资金的一种重要来源。建筑施工企业留存收益等于股东对企业进行追加投资，股东对这部分投资与以前交给建筑施工企业的股本一样，要求获得同普通股等价的报酬，所以留存收益也要计算成本。留存收益筹资成本的计算与普通股基本相同，但不用考虑筹资费用。

留存收益筹资成本的计算如图 3-35 所示。

留存收益筹资成本的计算

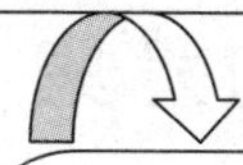

在普通股股利固定的情况下，留存收益筹资成本的计算公式为：

$$留存收益筹资成本=\frac{每年固定股利}{普通股筹资金额}\times 100\%$$

在普通股股利逐年固定增长的情况下，留存收益筹资成本的计算公式为：

$$留存收益筹资成本=\frac{第一年预期股利}{普通股筹资金额}\times 100\%+股利年增长率$$

图 3－35　留存收益筹资成本的计算

【例 3－5】某建筑公司普通股目前的股价为 10 元/股，筹资费率为 8%，刚刚支付的每股股利为 3 元，股利固定增长率为 4%，则该企业留存收益筹资的成本为多少？

解：留存收益筹资成本 = 3 ×（1 + 4%）÷ 10 × 100% + 4% = 35.2%

（三）留存收益筹资的评价

留存收益筹资的优缺点见表 3－4。

表 3－4　留存收益筹资的优缺点

优点	资金成本较普通股低	用留存收益筹资，不用考虑筹资费用，资金成本较普通股低
	保持普通股股东的控制权	用留存收益筹资，不用对外发行股票，由此增加的权益资本不会改变建筑施工企业的股权结构，不会稀释原有股东的控制权
	增强建筑施工企业的信誉	留存收益筹资能够使建筑施工企业保持较大的可支配的现金流，既可解决建筑施工企业经营发展的资金需要，又能提高建筑施工企业举债的能力
缺点	筹资数额有限制	留存收益筹资最大可能的数额是建筑施工企业当期的税后利润和上年未分配利润之和。如果建筑施工企业经营亏损，则不存在这一渠道的资金来源。此外，留存收益的比例常常受到某些股东的限制。他们可能从消费需求、风险偏好等因素出发，要求股利支付比率要维持在一定水平上。留存收益过多，股利支付过少，可能会影响到今后的外部筹资
	资金使用受制约	留存收益中某些项目的使用，如法定盈余公积金等，要受国家有关规定的制约

第三节　债务资金的筹集

一、债务资金筹集概述

（一）债务资金的种类

债务资金的种类如图 3－36 所示。

- 债务资金的种类
  - 借款
    - 按照借入期限的不同，分为短期借款、中期借款和长期借款
    - 按照金融机构发放贷款形式的不同，分为信用借款、担保借款、抵押借款和贴现借款
    - 按照提供借款人的不同，分为政策性银行借款、商业银行借款、非银行金融机构借款和个人借款
    - 按照还款方式的不同，分为一次性偿还借款和分期偿还借款等
  - 债券
    - 按有无担保，分为抵押债券和信用债券
    - 按发行方式不同，分为记名债券和不记名债券
    - 按偿还方式不同，分为定期偿还债券和不定期偿还债券
    - 按有无利息，分为有息债券和无息债券
    - 按计息标准不同，分为固定利率债券和浮动利率债券
    - 按可否转换为股权，分为可转换债券和不可转换债券
  - 融资租赁
    - 直接租赁
    - 转租租赁
    - 杠杆租赁
    - 售后租赁
  - 商业信用
    - 应付账款
    - 应付票据
    - 预收账款

图 3－36　债务资金的种类

（二）债务筹资的特点

债务筹资的特点如图3－37所示。

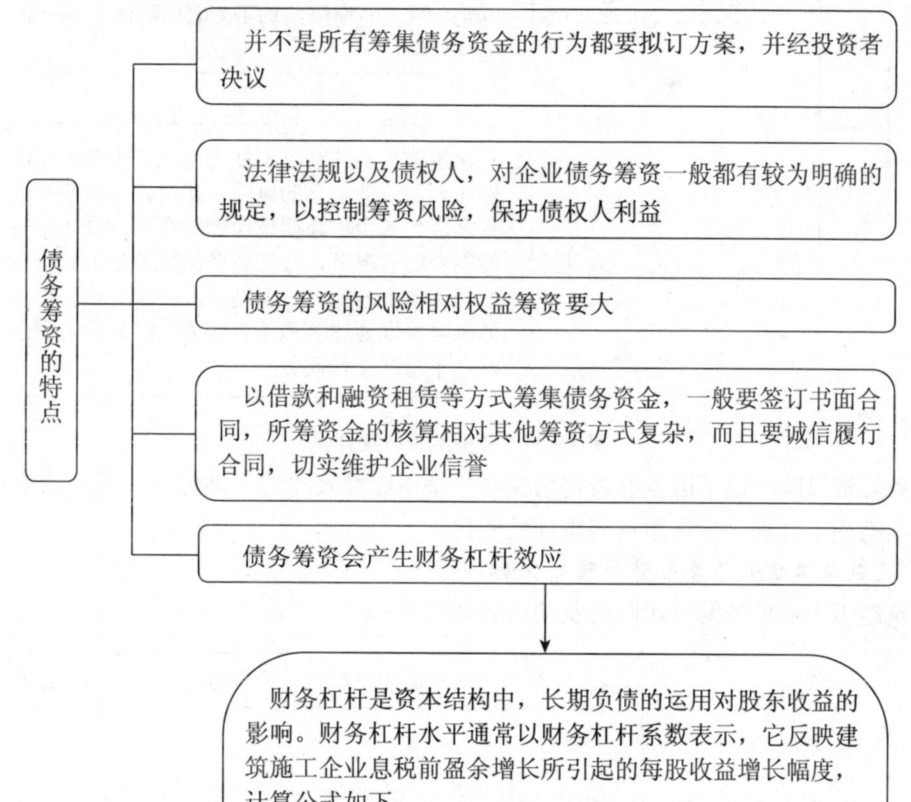

财务杠杆是资本结构中，长期负债的运用对股东收益的影响。财务杠杆水平通常以财务杠杆系数表示，它反映建筑施工企业息税前盈余增长所引起的每股收益增长幅度，计算公式如下：

$$财务杠杆系数=\frac{每股收益变动额}{原每股收益}\div\frac{息税前盈余变动额}{原息税前盈余}$$

$$=\frac{息税前盈余}{息税前盈余-债务利息}$$

因此，财务杠杆系数越大，每股收益对企业息税前盈余变化越敏感。在资产总额、息税前盈余不变的情况下，资产负债率越高，财务杠杆系数越大，预期每股收益（即投资者回报率）越大，但相应地，筹资风险也越大

图3－37　债务筹资的特点

（三）债务筹资风险的管理

1. 建筑施工企业债务筹资风险的分析

建筑施工企业债务筹资风险是指建筑施工企业由于筹集债务资金而引起的到期不能偿还债务的可能性。

债务筹资风险的分类如图3－38所示。

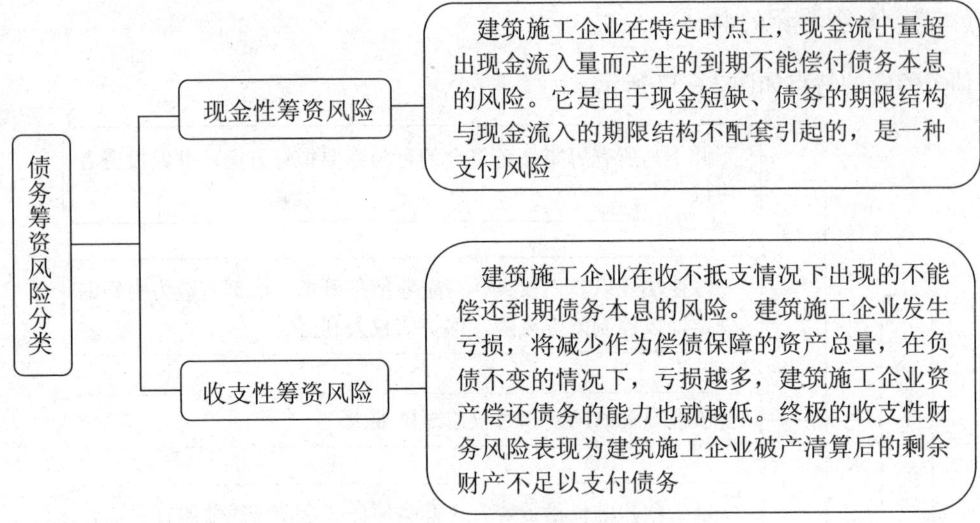

图 3－38　债务筹资风险分类

债务筹资风险与以下因素有着密切关系：举债经营效益的不确定性、现金收支调度失控、资本结构不合理、金融市场客观环境变化。

2. **建筑施工企业债务筹资风险的控制**

建筑施工企业债务筹资风险控制的内容如图 3－39 所示。

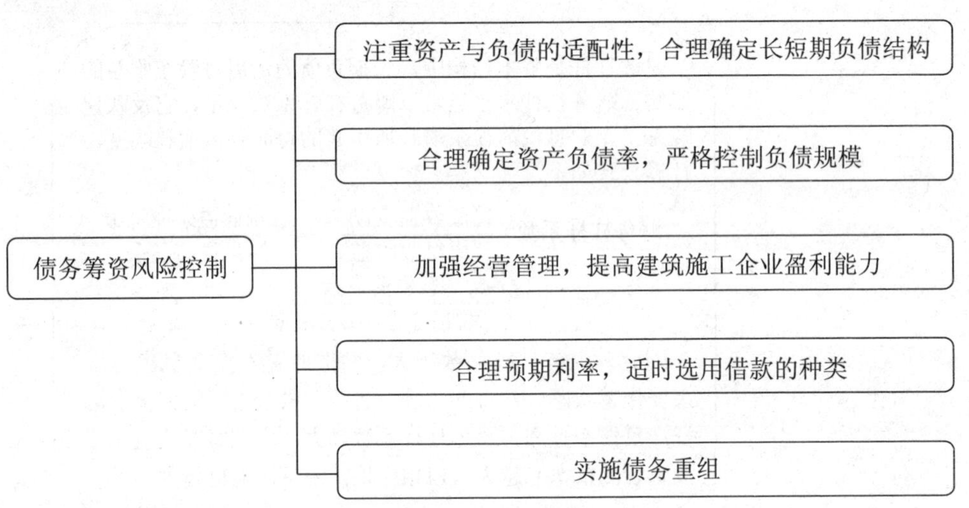

图 3－39　债务筹资风险控制

（四）债务资金的财务管理原则

建筑施工企业债务资金的财务管理原则如图 3－40 所示。

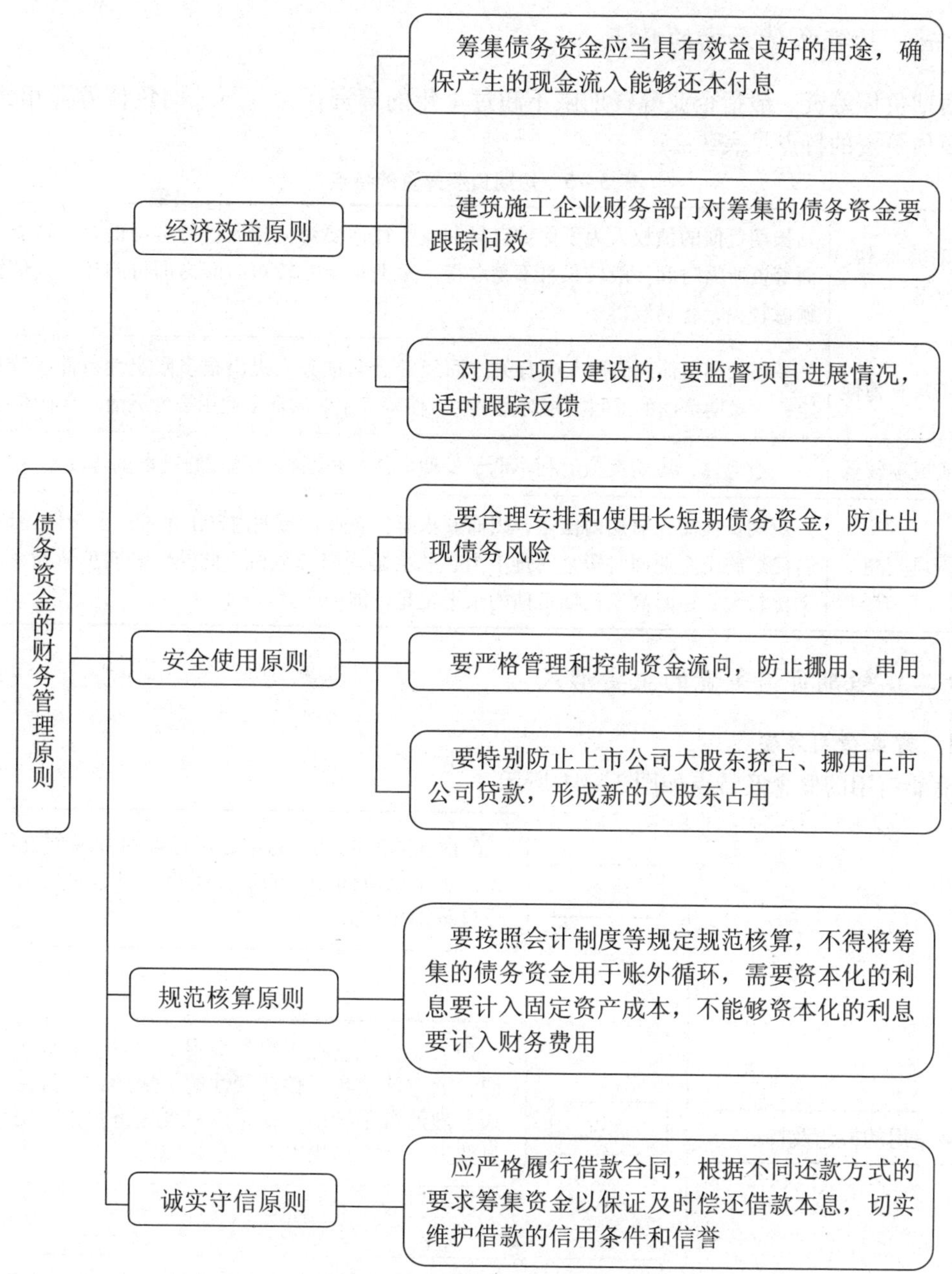

图 3－40 债务资金的财务管理原则

二、短期负债筹资

建筑施工企业短期负债筹资又称短期筹资，指建筑施工企业每次筹资的使用期限不超过一年的筹资，主要包括商业信用筹资和短期借款筹资两种基本形式。

（一）短期负债筹资的特点

短期负债筹资一般指企业筹资期限不超过1年的筹资行为。与长期负债筹资相比较，短期负债筹资的特点见表3-5。

表3-5　短期负债筹资的特点

筹资速度快，容易取得	长期负债的债权人为了保护自身利益，往往要对债务人进行全面的财务调查，因而筹资所需时间一般较长且不易取得。短期负债在较短时间内即可归还，故债权人顾虑较少，容易取得
筹资富有弹性	举借长期负债，债权人或有关方面经常会向债务人提出很多限定性条件或管理规定；而短期负债的限制则相对宽松些，使筹资企业的资金使用较为灵活、富有弹性
筹资成本较低	一般地说，短期负债的利率低于长期负债，短期负债筹资的成本也就较低
筹资风险高	短期负债需在短期内偿还，因而要求筹资企业在短期内拿出足够的资金偿还债务，若建筑施工企业届时资金安排不当，就会陷入财务危机。此外，短期负债利率的波动比较大，一时高于长期负债的水平也是可能的

（二）短期负债筹资的主要形式

1. 商业信用筹资

商业信用的概念及特点如图3-41所示。

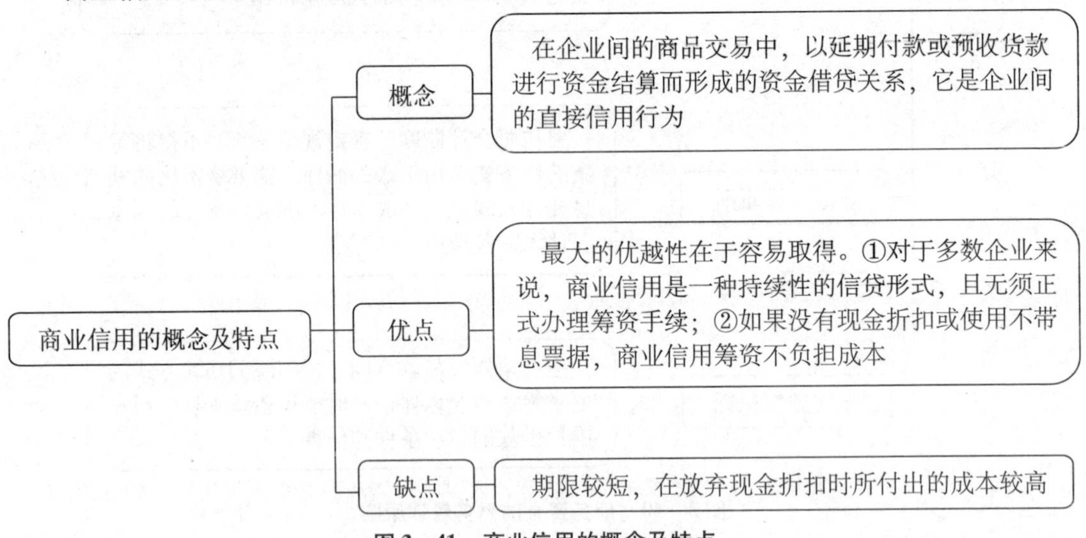

图3-41　商业信用的概念及特点

商业信用筹资的具体形式有应付账款筹资、应付票据筹资和预收账款筹资。

应付账款筹资的具体内容如图3-42所示。

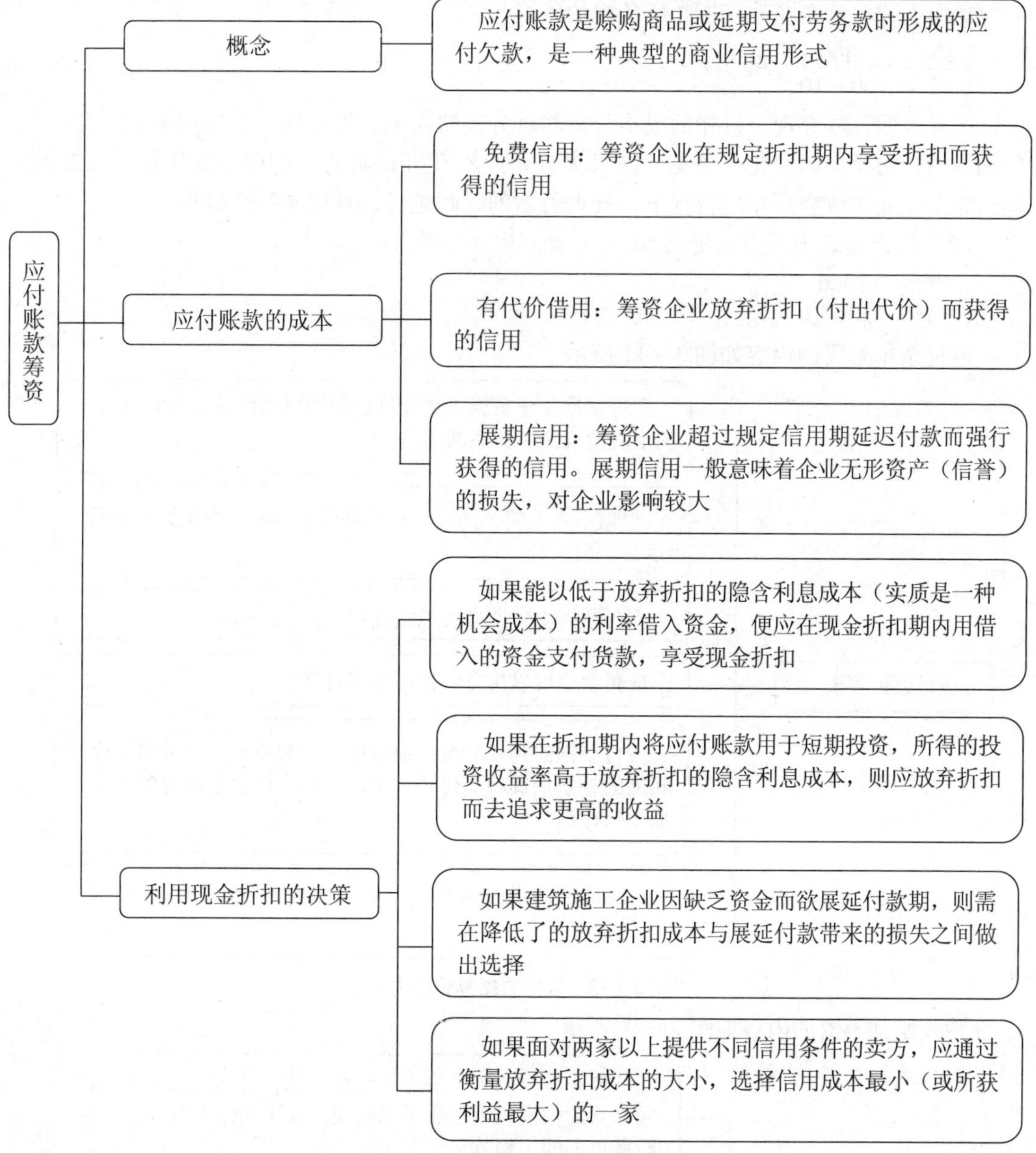

图 3－42　应付账款筹资的内容

【例 3－6】某建筑公司按 2/10，11/30 的条件购入货物 10 万元。如果该企业在 10 天内付款，便享受了 10 天的免费信用期，并获得折扣 0.2 万元（10×2%），免费信用额为 9.8 万元（10－0.2）。分别求企业放弃折扣后，10 天和 50 天付款的成本？

解：

（1）买方企业放弃折扣，在 10 天后（不超过 30 天）付款，该企业需要承受因放弃折扣而造成的隐含利息成本。一般而言，放弃现金折扣的成本可由下式求得：

$$放弃现金折扣成本=\frac{折扣百分比}{1-折扣百分比}\times\frac{300}{信用期-折扣期}$$

运用上式，该企业放弃折扣所负担的成本为：

$$\frac{2\%}{1-2\%}\times\frac{360}{30-10}=36.7\%$$

公式表明，放弃现金折扣的成本与折扣百分比的大小、折扣期的长短同方向变化，与信用期的长短反方向变化。可见，如果买方企业放弃折扣而获得信用，其代价是较高的，建筑施工企业在放弃折扣的情况下，推迟付款的时间越长，其成本便会越小。

（2）如果建筑施工企业延至50天付款，其成本则为：

$$\frac{2\%}{1-2\%}\times\frac{360}{50-10}=18.4\%$$

应付票据筹资的内容如图3－43所示。

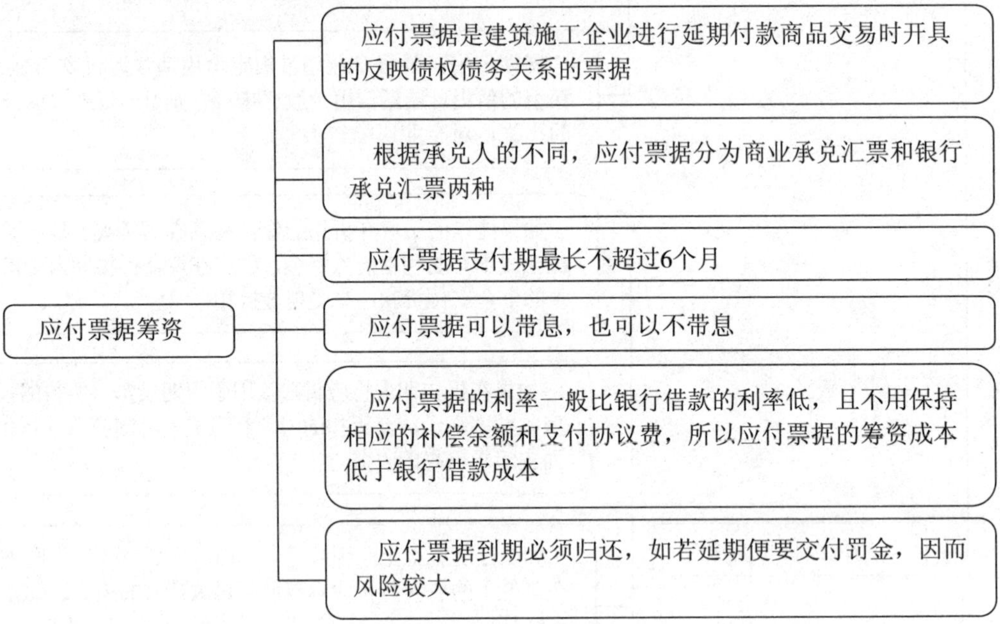

应付票据筹资
- 应付票据是建筑施工企业进行延期付款商品交易时开具的反映债权债务关系的票据
- 根据承兑人的不同，应付票据分为商业承兑汇票和银行承兑汇票两种
- 应付票据支付期最长不超过6个月
- 应付票据可以带息，也可以不带息
- 应付票据的利率一般比银行借款的利率低，且不用保持相应的补偿余额和支付协议费，所以应付票据的筹资成本低于银行借款成本
- 应付票据到期必须归还，如若延期便要交付罚金，因而风险较大

图3－43　应付票据筹资的内容

预收账款筹资的内容如图3－44所示。

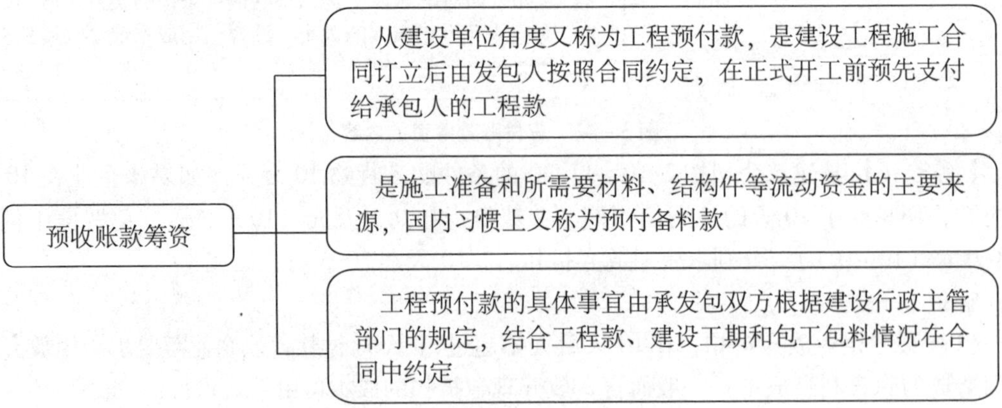

预收账款筹资
- 从建设单位角度又称为工程预付款，是建设工程施工合同订立后由发包人按照合同约定，在正式开工前预先支付给承包人的工程款
- 是施工准备和所需要材料、结构件等流动资金的主要来源，国内习惯上又称为预付备料款
- 工程预付款的具体事宜由承发包双方根据建设行政主管部门的规定，结合工程款、建设工期和包工包料情况在合同中约定

图3－44　预收账款筹资的内容

2. **短期借款筹资**

短期借款的概念及特点如图 3－45 所示。

短期借款的概念及特点
概念
建筑施工企业向银行和其他非银行金融机构借入的期限在一年以内的借款
优点
筹资速度快
筹资弹性大
缺点
筹资风险大
资金成本高

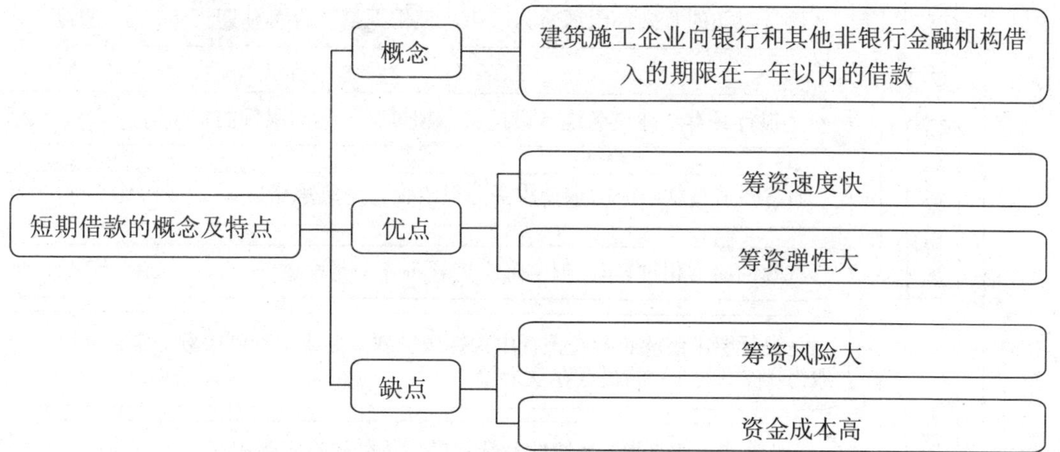

图 3－45　短期借款的概念及特点

按照不同的标准可将短期借款分为不同的种类，如图 3－46 所示。

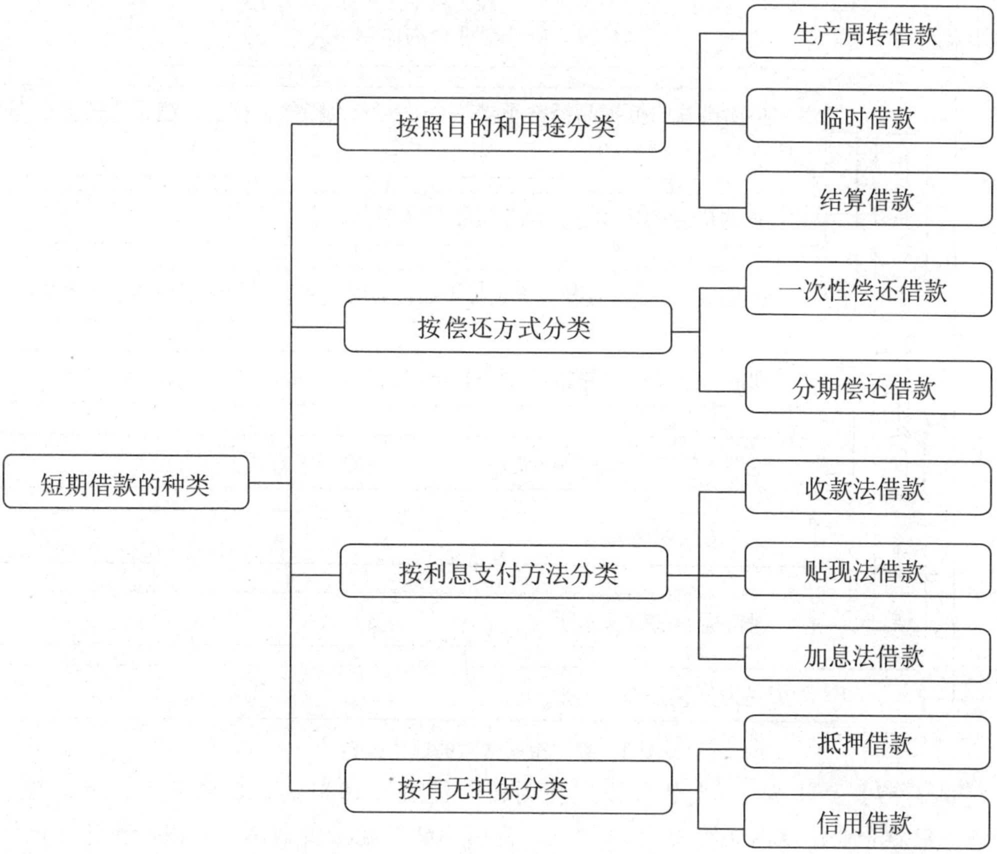

短期借款的种类
按照目的和用途分类
生产周转借款
临时借款
结算借款
按偿还方式分类
一次性偿还借款
分期偿还借款
按利息支付方法分类
收款法借款
贴现法借款
加息法借款
按有无担保分类
抵押借款
信用借款

图 3－46　短期借款的种类

短期借款的信用条件相关内容如图 3－47 所示。

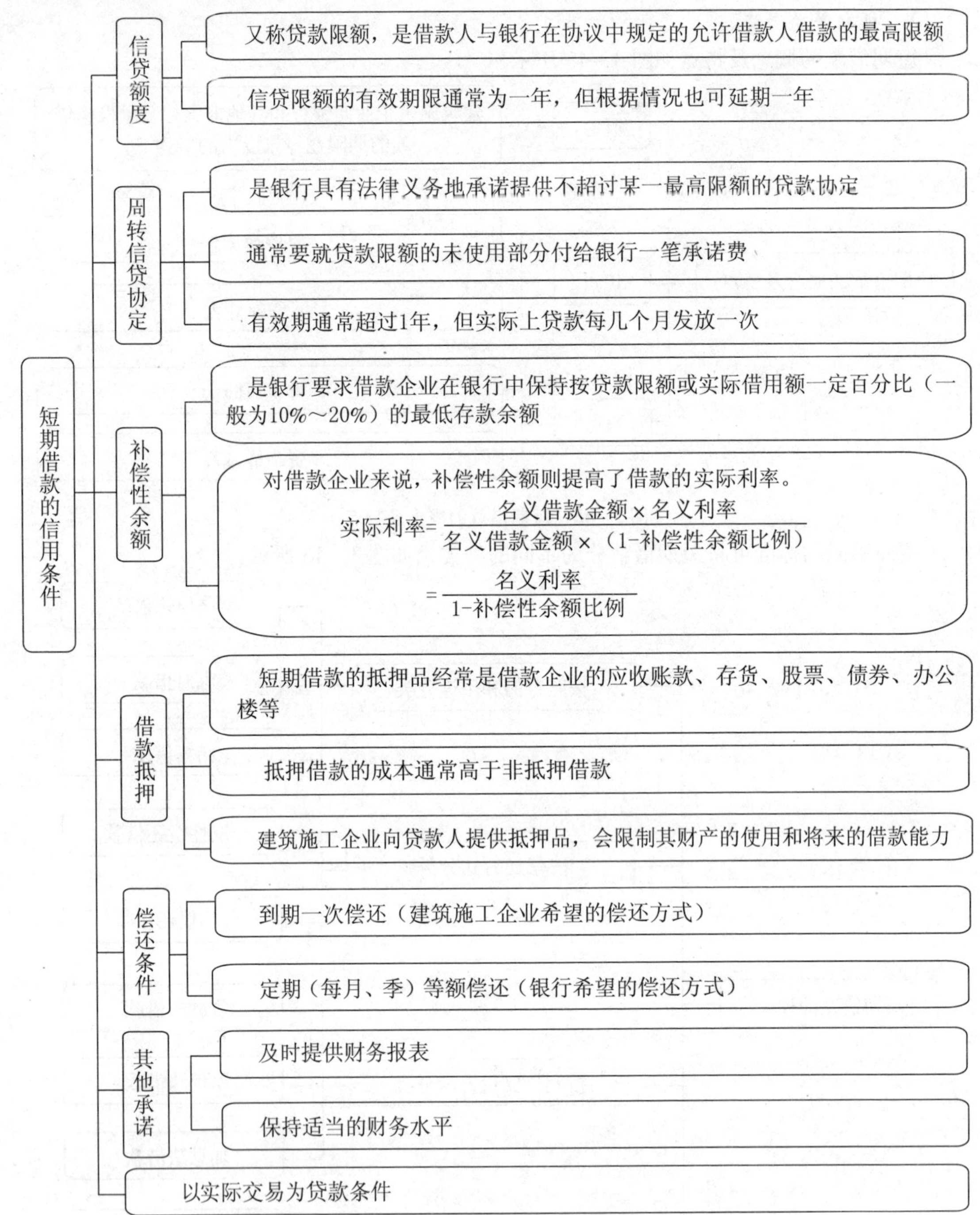

图3－47　短期借款的信用条件

【例3－7】某建筑公司与银行商定在周转借贷额为1000万元的情况下，承诺费率为0.5%。借款企业年度内共使用7600万元，尚有400万元未曾动用，则该借款企业该年度应向银行支付多少承诺费？

解：承诺费＝400×0.5%＝2（万元）

【例3－8】某建筑公司按年利率8%向银行借款10万元，银行要求维持贷款额度15%的补偿性余额，这就相当于企业实际可用的借款只有8.5万元，则该项借款的实际利率是多少?

解：补偿性余额贷款实际利率 $=\frac{10\times8\%}{10\times(1-15\%)}\times100\%=9.4\%$

【例3－9】某建筑公司按年利率8%向银行借款100万元，银行要求保留15%的补偿性余额，建筑施工企业实际可以动用的借款只有75万元，则该项借款的实际利率是多少?

解：补偿性余额贷款实际利率 $=\frac{8\%}{1-15\%}\times100\%=9.4\%$

借款利率可分为优惠利率、浮动优惠利率和非优惠利率三种，具体内容如图3－48所示。

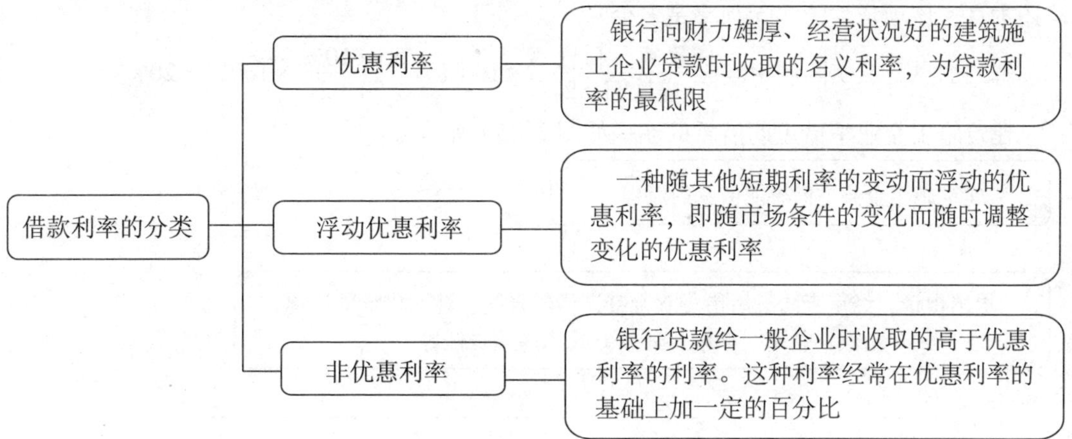

图3－48 借款利率的分类

借款利息的支付方法如图3－49所示。

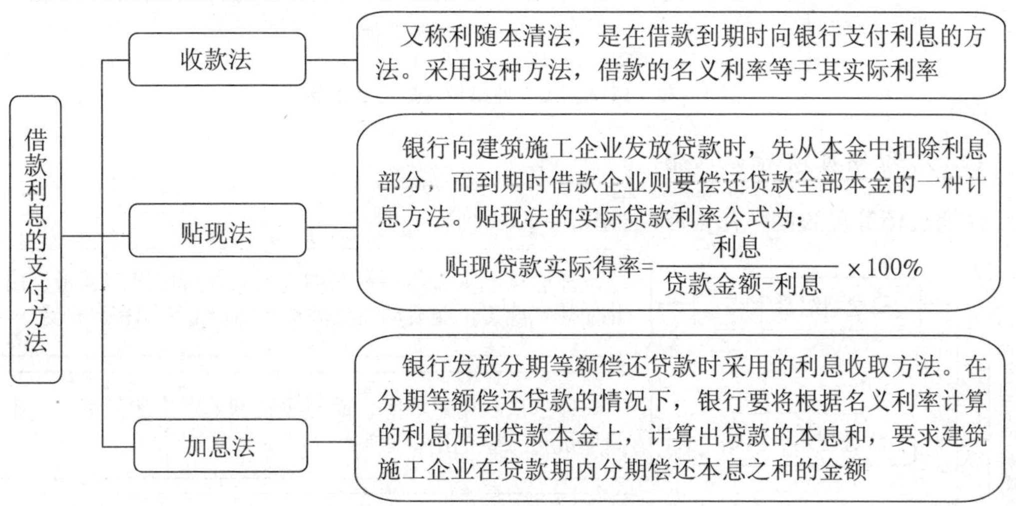

图3－49 借款利息的支付方法

【例3－10】某建筑公司从银行取得借款20000元，期限一年，年利率（即名义利率）为8%，利息额1600元（20000×8%）；按照贴现法付息，建筑施工企业实际可利用的贷款为18400元（20000－1600），该项贷款的实际利率为多少?

解：该项贷款的实际利率 $=\dfrac{1600}{20000-1600}\times100\%=8.7\%$

【例 3－11】某建筑公司从银行取得借款 300 万元，期限一年，名义利率为 10%，利息 30 万元。按照贴现法付息，建筑施工企业实际可动用的贷款为 270 万元（300－30），该项贷款的实际利率是多少？

解：贴现贷款实际利率 $=\dfrac{\text{利息}}{\text{贷款金额}-\text{利息}}\times100\%=\dfrac{30}{300-30}\times100\%\approx11.11\%$

或贴现贷款实际利率 $=\dfrac{\text{名义利率}}{1-\text{名义利率}}\times100\%=\dfrac{10\%}{1-10\%}\times100\%=11.11\%$

【例 3－12】某建筑公司借入（名义）年利率为 10% 的贷款 50 万元，分 12 个月等额偿还本息，该项贷款的实际利率是多少？

解：加息贷款实际利率 $=\dfrac{\text{贷款额}\times\text{利息率}}{\text{贷款额}\div2}\times100\%=\dfrac{50\times10\%}{50\div2}\times100\%=20\%$

建筑施工企业举借短期借款的流程如图 3－50 所示。

建筑施工企业举借短期借款的流程

提出申请，经审查同意后借贷双方签订借款合同，注明借款的用途、金额、利率、期限、还款方式、违约责任等

企业根据借款合同办理借款手续

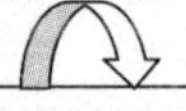

取得借款

图 3－50　建筑施工企业举借短期借款的流程

（三）短期负债筹资策略

短期负债筹资的策略有三种，如图 3－51 所示。

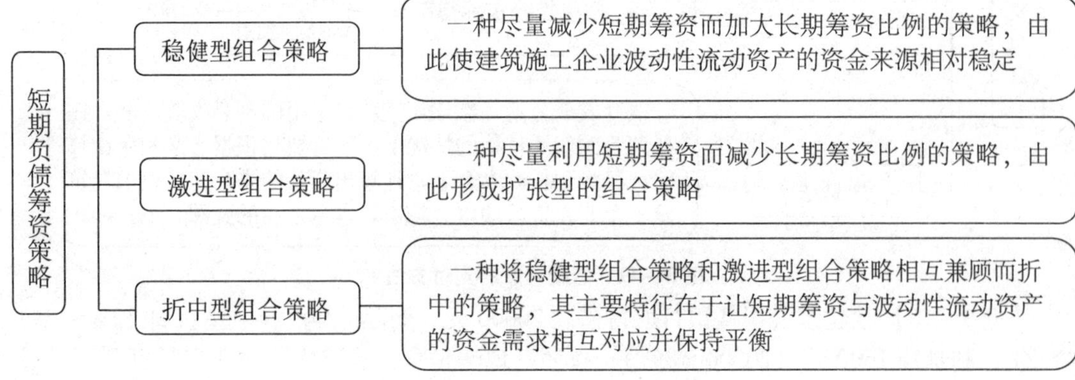

图 3－51　短期负债筹资策略

三、长期负债筹资

（一）长期负债筹资概述

长期负债是指期限超过1年的负债。筹措长期负债资金，可以解决企业长期资金的不足，如满足长期性固定资产投资的需要；同时由于长期负债的归还期长，债务人可安排长期的还债计划，财务风险较小。但长期负债筹资成本一般较高，负债的限制条件较多，即债权人会通过一些限制性条款来保证债务人能够及时、足额地偿还债务本金和利息，从而形成对债务人的种种约束。

长期负债筹资的方式如图3－52所示。

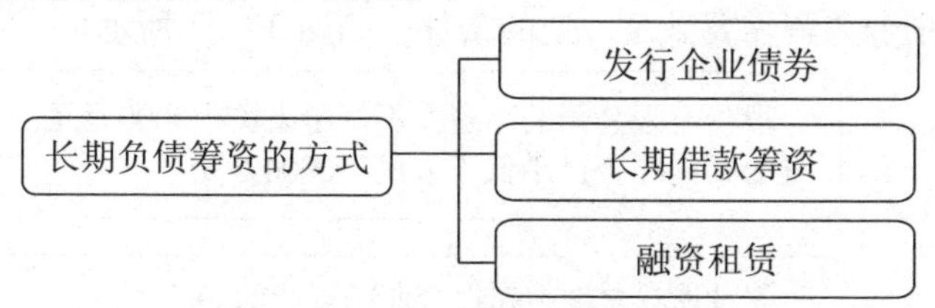

图3－52　长期负债筹资的方式

（二）发行企业债券

企业债券又称公司债券，它是企业为筹集资金而发行的，用以记载和反映债权债务关系的有价证券，是持券人拥有企业债券的债权证书。这里所说的债券指的是期限超过1年的公司债券，债权人可按期或到期取得规定利率的利息，到期收回本金。债券与股票不同，持券人无权参与企业施工生产经营管理决策，不能参加企业分红，对企业的经营亏损也不承担责任。

1. 企业债券的类型

企业债券的类型见表3－6。

表3－6　企业债券的类型

按有无财产担保	抵押债券	发行企业有特定的财产作为担保品的债券。它按担保品不同，又可分为不动产抵押债券、动产抵押债券和信托抵押债券
	信用债券	发行企业没有设定担保品，而仅凭其信用发行的债券，通常由信用较好、盈利水平较高的企业发行
按记名与否	记名债券	在券面上记有持券人的姓名或名称的债券
	不记名债券	在券面上不记有持券人姓名或名称的债券
按偿还方式不同	定期偿还债券	定期偿还债券包括期满偿还和分期偿还两种。前者指到期全额偿还本息的债券，后者指按规定时间分批偿还部分本息的债券
	随时偿还债券	随时偿还债券包括抽签偿还和买入偿还两种。前者指按抽签确定的债券号码偿还本息的债券，后者指由发行企业根据资金余缺情况通知持券人还本付息的债券

续表

按筹资期限长短	短期债券	筹资期在1年或1年以内的债券，主要用于满足临时性的资金周转需要
	长期债券	筹资期在1年以上的债券，主要用于满足企业长期、稳定的资产占用需要
按能否转换为公司股票	可转换债券	根据发行契约允许持券人按预定的条件、时间和转换率将持有的债券转换为公司普通股股票的债券
	不可转换债券	不能转换为公司股票的债券

2. **企业债券筹资的条件**

企业通过发行债券筹资需要满足一定的条件，如图3－53所示。

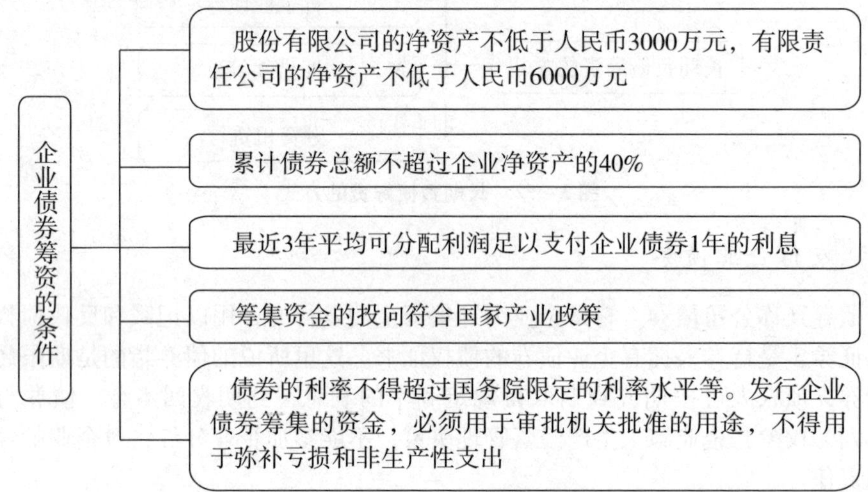

图3－53　企业债券筹资的条件

3. **企业债券的发行价格**

企业债券的发行价格有平价发行、溢价发行和折价发行三种，如图3－54所示。但我国仅允许以前两种发行价格发行。

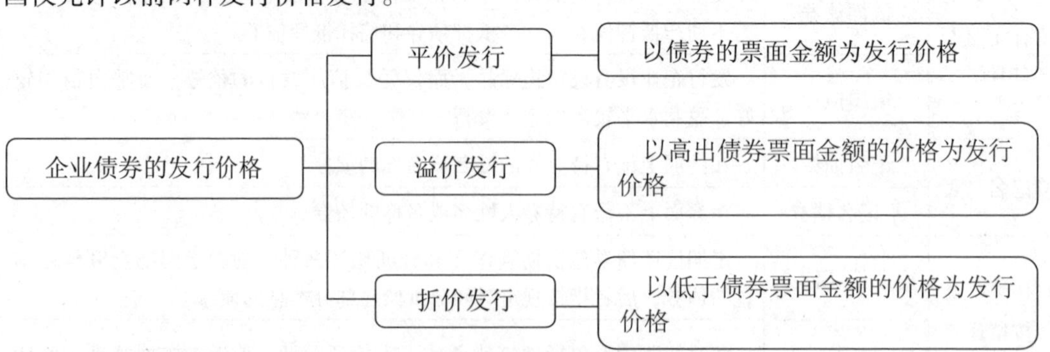

图3－54　企业债券的发行价格

企业债券发行价格由如图3－55所示的几个部分组成。

企业债券发行价格的形成

- 债券面值：确定债券价格的基本因素。债券面值越大，发行价格越高
- 票面利率：又称息票率。票面利率越高，投资价值越大，其发行价格也越高
- 市场利率：又称贴现率。在债券面值与票面利率一定的情况下，市场利率越高，其发行价格越低
- 债券期限：一般期限越长，其投资风险越大，要求的投资收益率越高，债券发行价格可能越低

债券发行价格主要取决于票面利率与市场利率的一致程度。当两者一致时，债券采取平价发行；当票面利率高于市场利率时，债券采取溢价发行；反之，债券采取折价发行，以弥补投资人的利益损失

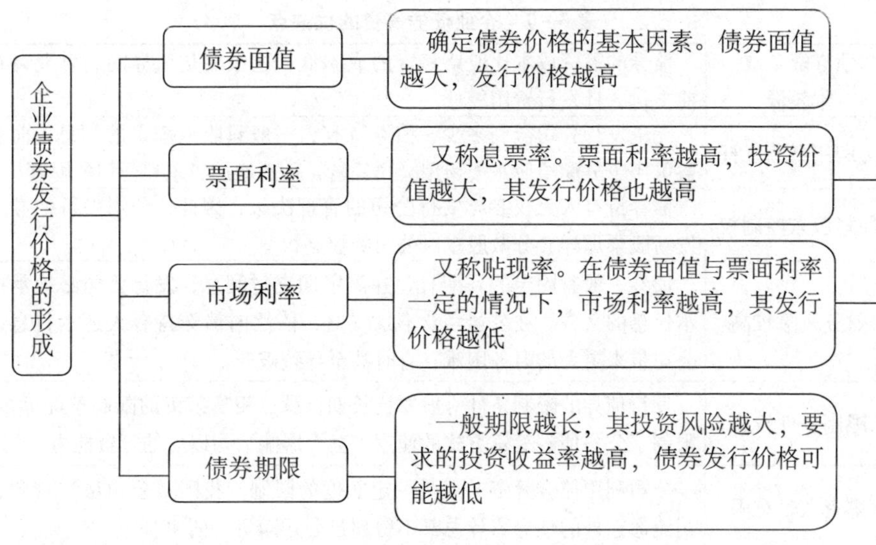

图 3－55　企业债券发行价格的形成

债券发行价格的计算如图 3－56 所示。

企业债券发行价格的计算公式

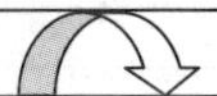

从理论上来讲，债券发行价格由债券到期还本面值按市场利率折现的现值与债券各期利息的现值两个部分组成。对到期一次还本付息的债券发行价格，计算公式为：

$$\text{债券发行价格}=\frac{\text{债券面值}\times(1+\text{票面利率}\times\text{债券期限})}{(1+\text{市场利率})^{\text{债券期限}}}$$

对分次付息到期还本的债券发行价格，计算公式为：

$$\text{债券发行价格}=\sum_{t=1}^{n}\frac{\text{债券面值}\times\text{票面利率}}{(1+\text{市场利率})^{t}}+\frac{\text{债券面值}}{(1+\text{市场利率})^{n}}$$

式中：t—— 付息期数；

n—— 债券期数

图 3－56　企业债券发行价格的计算公式

4. *企业债券筹资的评价*

企业债券筹资的优缺点见表 3－7。

表 3－7　企业债券筹资的优缺点

优点	债券资金成本较低	债券的筹资成本比股票筹资的成本低，这主要是债券的利息允许在所得税前支付，且发行费用较低
	可利用财务杠杆	无论发行公司盈利多少，债券持有人一般只收取固定的利息，而更多的收益可用于分配给股东或留用公司经营，从而增加股东和公司的财富
	保障股东控制权	债券持有人无权参与发行公司的管理决策，因此，公司发行债券不会像增发新股票那样会分散股东对公司的控制权
缺点	财务风险较高	债券一般有固定的到期日，并需定期支付利息，发行公司必须承担按期还本付息的义务。在公司经营不景气时，依然向债券持有人还本付息，这会给公司带来更大的财务困难，有时甚至导致破产
	限制条件较多	发行债券的限制条件一般要比长期借款、租赁筹资的限制条件都多且严格，限制了公司债券筹资方式的使用，甚至影响公司以后的筹资能力
	筹资数量有限	公司利用债券筹资一般受一定额度的限制。我国《公司法》规定，发行公司流通在外的债券累计总额不得超过公司净资产的40%

（三）长期借款筹资

建筑施工企业长期借款是指建筑施工企业向银行或其他非银行金融机构借入的使用期超过一年的借款，主要用于购建固定资产和满足长期流动资金占用的需要。

1. **长期借款的种类**

长期借款的种类较多，如图 3－57 所示。

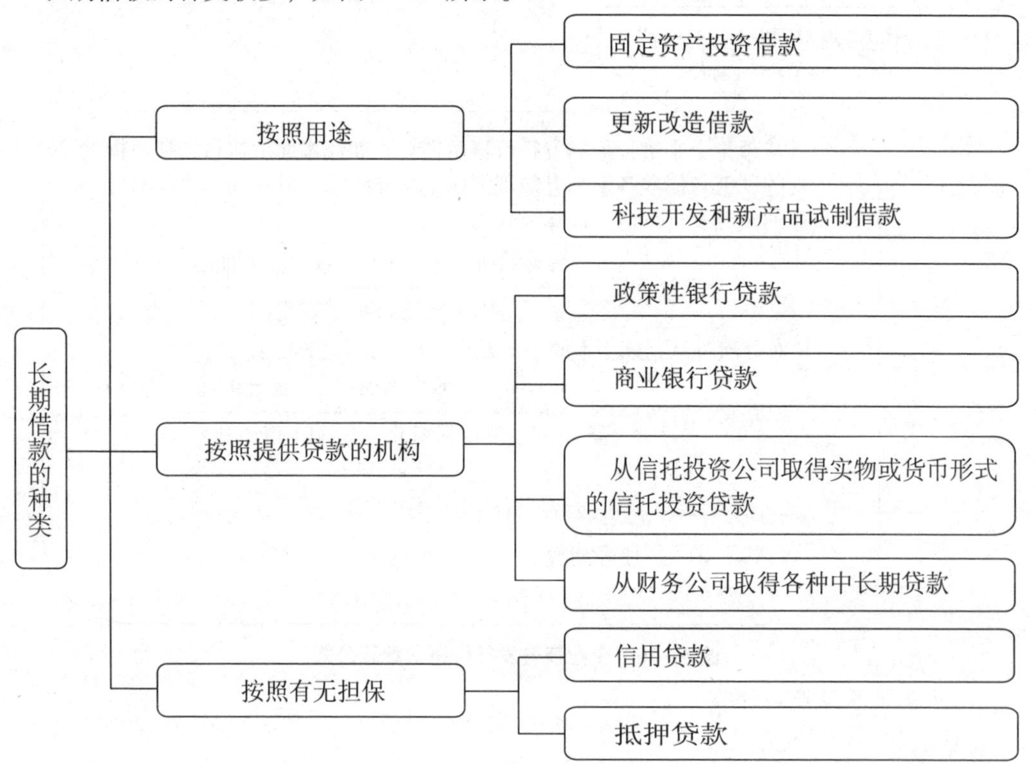

图 3－57　长期借款的种类

2. **取得长期借款的条件**

企业要想取得长期借款，必须满足一定的条件，如图 3－58 所示。

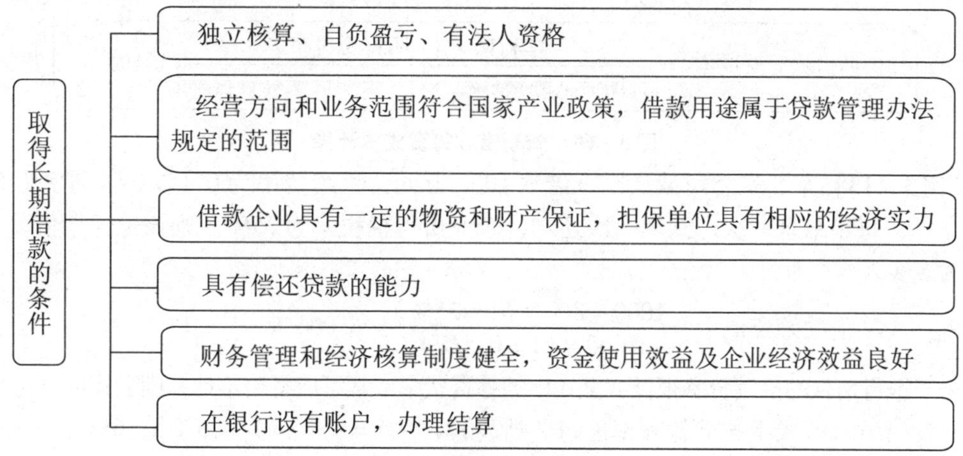

图 3－58 取得长期借款的条件

3. **长期借款筹资程序**

企业长期借款筹资程序如图 3－59 所示。

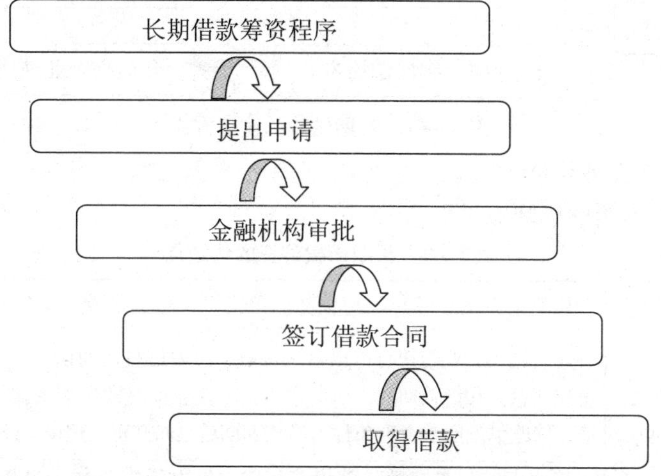

图 3－59 长期借款筹资程序

4. **长期借款的成本**

长期借款的利息率通常高于短期借款，但信誉好或抵押品流动性强的借款企业，仍然可以争取到较低的长期借款利率。长期借款利率有固定利率和浮动利率两种。浮动利率通常有最高、最低限，并在借款合同中明确。对于借款企业来讲，若预测市场利率将上升，应与银行签订固定利率合同；反之，则应签订浮动利率合同。

除了利息之外，银行还会向借款企业收取其他费用，如实行周转信贷协定所收取的承诺费、要求借款企业在本银行中保持补偿余额所形成的间接费用，这些费用会加大长期借款的成本。

长期借款筹资成本的计算如图 3－60 所示。

长期借款筹资成本的计算公式

$$长期借款筹资成本=\frac{年利息\times(1-所得税税率)}{长期借款筹资总额\times(1-长期借款筹资费率)}\times100\%$$

图3-60　长期借款筹资成本计算

【例3-13】某建筑公司欲从银行借款1000万元，手续费率为0.1%，年利率为8%，期限3年，每年结息一次，到期一次还本，企业所得税税率为25%。则该笔长期借款筹资成本为多少？

解：$长期借款筹资成本=\frac{1000\times8\%\times(1-25\%)}{1000\times(1-0.1\%)}\approx6.006\%$

由于银行借款的手续费率很低，上式中的筹资费率常常可以忽略不计，则上式可简化为：

长期借款筹资成本=借款利率×(1-所得税税率)=8%×(1-25%)=6%

5. ***长期借款的偿还方式***

长期借款的偿还方式有两种，如图3-61所示。

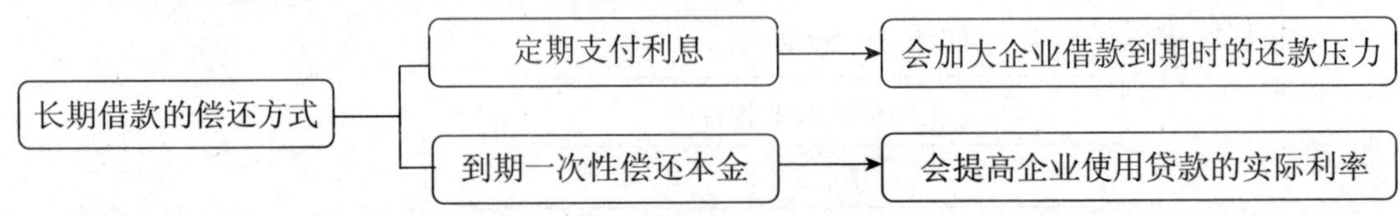

图3-61　长期借款的偿还方式

6. ***长期借款筹资的评价***

企业长期借款筹资的优缺点见表3-8。

表3-8　长期借款筹资的优缺点

优点	筹资速度快	长期借款的手续比发行债券简单得多，得到借款所花费的时间较短
	借款弹性较大	建筑施工企业与银行可以直接接触，可通过直接商谈，来确定借款的时间、数量和利息。在借款期间，如果建筑施工企业情况发生了变化，也可与银行进行协商，修改借款的数量和条件。借款到期后，如有正当理由，还可延期归还
	借款成本较低	长期借款利率一般低于债券利率，且由于借款属于直接筹资，筹资费用也较少
	可以发挥财务杠杆的作用	不论建筑施工企业赚钱多少，银行只按借款合同收取利息，在投资报酬率大于借款利率的情况下，建筑施工企业所有者将会因财务杠杆的作用而得到更多的收益
缺点	筹资风险较高	建筑施工企业举借长期借款，必须定期还本付息，在经营不利的情况下，可能会产生不能偿付的风险，甚至会导致破产
	限制条款比较多	建筑施工企业与银行签订的借款合同中一般都有一些限制条款，如定期报送有关报表、不准改变借款用途等，这些条款可能会限制建筑施工企业的经营活动
	筹资数量有限	银行一般不愿借出巨额的长期借款。因此，利用银行借款筹资都有一定的上限

（四）融资租赁

1. 融资租赁业务的特征

融资租赁业务的特征如图3－62所示。

融资租赁业务的特征

- 兼有融资、融物两种职能。它既为企业融资，又为企业购买所需设备，并将所购设备租给企业使用
- 涉及三方当事人的关系，至少订立两个合同
- 承租方对设备和供货商有选择的权利
- 租赁期满，承租方对设备的处置，按合同中规定归承租方留购、续租或退回出租方。租赁期期满的设备通常都以低价卖给承租企业或无偿赠送给承租企业

图3－62　融资租赁业务的特征

2. 融资租赁设备租赁费的计算

融资租赁设备租赁费的计算如图3－63所示。

融资租赁设备租赁费的计算

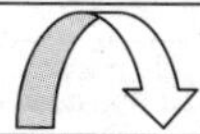

一般可根据设备成本（包括买价、运输费、途中保险费及安装调试费等）和租赁利率、租赁期限、租赁费支付次数，按照下列公式进行计算

$$\text{每次支付租赁费} = \text{租赁设备成本} \times \frac{i(1+i)^n}{(1+i)^n-1}$$

式中：i——租赁利率；

n——租赁费支付次数，即租赁年限乘每年支付次数；

$\frac{i(1+i)^n}{(1+i)^n-1}$——资金回收系数，可通过资金回收系数表查得

图3－63　融资租赁设备租赁费的计算

【例3－14】某施工企业向机械设备租赁公司融资租赁大型起重机一台，该台起重机购置成本为400000元，租赁利率为10%，每年年底支付一次，租赁期为5年，则该企业每次支付租赁费为多少？

解：每次支付租赁费 $=400000\times\frac{0.1\times(1+0.1)^5}{(1+0.1)^5-1}=400000\times0.2638=105520$（元）

假如融资租赁固定资产的安装调试费由承租方用自有资金支付，则在计算租赁费时的融资租赁固定资产成本不应包括安装调试费。

又如租赁费不是按年支付，而是按月支付，则要将年利率换算成月利率，并将租赁费支付次数按60次（12×5）考虑，然后按照上列公式计算每次支付的租赁费用。

3．**融资租赁的评价**

融资租赁的优缺点见表3－9。

表3－9　融资租赁的优缺点

优点	筹资速度快	融资与融物相结合，一般要比先筹措现金后购置设备来得更快，可使企业尽快形成生产能力，有利于企业尽快占领市场，打开销路
	设备淘汰风险小	如今，科学技术迅速发展，固定资产更新周期日趋缩短。企业设备过时的风险很大，利用融资租赁筹资可以减少这一风险。这是因为融资租赁的期限一般为资产使用年限的75%，不会像自己购买设备那样在整个期间都承担风险，且多数租赁协议都约定由出租人承担设备陈旧过时的风险
	财务风险小	租金在整个租期内分摊，不用到期归还大量本金，把到期不能偿还的风险在整个租赁期内分摊，可适当减少不能偿付的风险
	税收负担轻	租金可在税前扣除，具有抵免所得税的作用
缺点	成本较高	租金总额通常要高出设备价值的30%，因此，租金比借款、债券的利息高很多
	负担较重	承租企业在财务困难时期，支付固定的租金也将构成一项沉重的负担

第四章　资金成本与资金结构

本章导读

施工企业筹集资金，必须在考虑资金时间价值的基础上研究资金利用的成本问题。只有当企业的资金利润率或项目投资收益率高于资金成本时，企业才能利用所筹集和使用的资金取得较好的经济效益。

建筑施工企业要达到股东财富最大化，必须使所有投入最小化，其中包括资本成本的最小化。而且建筑施工企业的投资决策必须建立在资本成本的基础上，任何投资项目的投资收益率都必须高于资本成本。建筑施工企业应用适当的方法确定最佳资本结构，并在以后追加筹资中继续保持。建筑施工企业现有资本结构不合理，应通过筹资活动进行调整，使其趋于合理化。

第一节　资金成本

一、资金成本概述

（一）资金成本的概念

资金成本是一种机会成本，在市场经济条件下，企业筹集和使用资金，往往要付出代价。企业这种为筹措和使用资金而付出的代价即为资金成本，也称为资本成本。资金成本不构成产品或经营费用的组成部分，由企业息税前利润补偿，从这个意义来讲，企业不论是通过利息、股息的形式向投资者支付报酬还是直接向投资者分配利润，其实质都是属于收益分配的范畴。

资金成本可分为筹资费用和使用费用，其具体内容如图 4－1 所示。

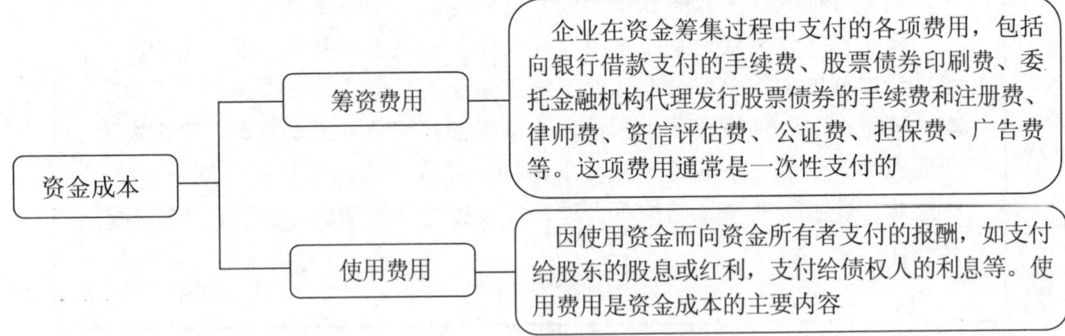

图 4－1　资金成本的内容

（二）资金成本的作用

资金成本是财务管理的一个重要概念。企业要达到股东财富最大化，就必须使所有投入最小化，其中包括资金成本最小化。因此，正确计算和合理降低资金成本，是制定筹资决策的基础。其作用如图 4－2 所示。

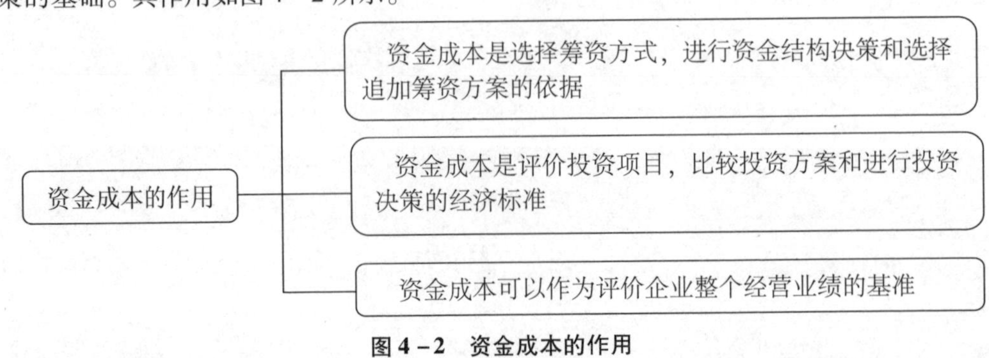

图 4－2　资金成本的作用

（三）资金成本的决定因素

资金成本的决定因素如图 4－3 所示。

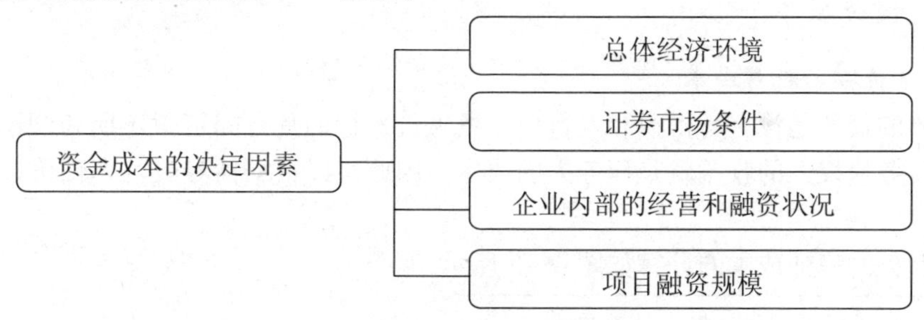

图 4－3　资金成本的决定因素

（四）资金成本的计算

在不同条件下筹集资金的成本并不相同。为了便于分析比较，资金成本通常以相对数表示。施工企业使用资金所负担的费用同筹集资金净额的比率，称为资金成本率（通常也叫资金成本）。

资金成本率的计算如图 4－4 所示。

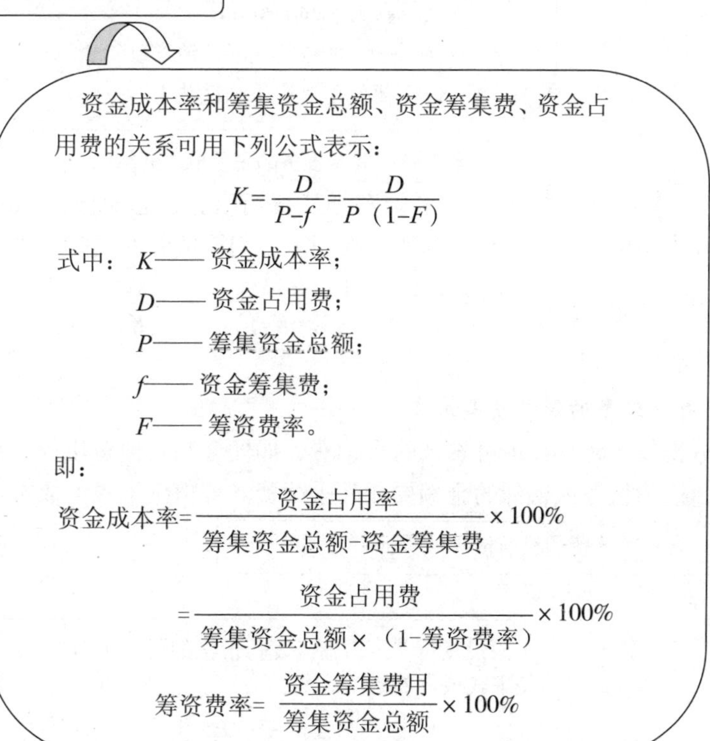

图 4－4　资金成本率的计算

二、个别资金成本

（一）债务成本

1. **简单债务的税前成本**

最简单的债务是没有所得税和发行费，按平价发行的具有固定偿还期和偿还金额的债务。简单债务债权人的收益就是债务人的成本，因此可以根据债券收益率估价模型确定债务的成本。

简单债务的税前成本的计算如图4－5所示。

简单债务的税前成本计算公式

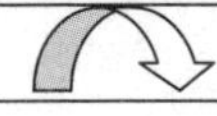

债务的成本是使下式成立的K_d（内含报酬率）：

$$P_0=\sum_{i=1}^{N}\frac{P_i+I_i}{(1+K_d)^i}$$

式中：P_0——债券发行价格或借款的金额，即债务的现值；

P_i——本金的偿还金额和时间；

I_i——债务的约定利息；

N——债务的期限，通常以年表示。

求解 K_d 需要使用“逐步测试法”

图4－5　简单债务的税前成本计算

【例4－1】某建筑施工企业平价发行某长期债券，总面值为100万元，票面利率为11%，期限为3年，每年付息，到期一次还本。则该债务的税前成本为多少？

解：$100=\frac{100\times 11\%}{(1+K_d)}+\frac{100\times 11\%}{(1+K_d)^2}+\frac{100\times 11\%}{(1+K_d)^3}+\frac{100}{(1+K_d)^3}$

$K_d=11\%$

2. **含有手续费的税前债务成本**

如果取得债务时存在不可忽视的手续费，如佣金和其他费用等，债权率则不等于债务人的成本，因为债务人得到的金额要扣除手续费。该情况下税前成本计算如图4－6所示。

含有手续费的税前债务成本计算公式

假设发行费用占债务发行价格的百分比为F，则债务成本是使下式成立的K_d：

$$P_0(1-F)=\sum_{i=1}^{N}\frac{P_i+I_i}{(1+K_d)^i}$$

图4－6　含有手续费的税前债务成本计算

【例4－2】某建筑施工企业平价发行某长期债券，总面值为100万元，手续费为借款金额的2%，票面利率为11%，期限为3年，每年付息，到期一次还本。则该债务的税前成本为多少？

解：$100\times(1-2\%)=\dfrac{100\times11\%}{(1+K_d)}+\dfrac{100\times11\%}{(1+K_d)^2}+\dfrac{100\times11\%}{(1+K_d)^3}+\dfrac{100}{(1+K_d)^3}$

$K_d=11.8301\%$

3. **含有手续费的税后债务成本**

由于在投资和建筑施工企业估价中需要使用税后现金流量进行折现，所以各项资金成本也应使用税后成本。这是因为在考虑所得税的情况下，债务人的利息支出可以减少其所得税。含有手续费的税后债务成本计算如图4－7所示。

含有手续费的税后债务成本计算公式

（1）简便算法：

税后债务成本=税前债务成本率×（1–税率）

严格来说，这种算法是不准确的，因为可以抵税的是利息额，而不是折现率。债务价格（溢价或折价）和手续费率都会影响折现率的计算，但与利息抵税无关。所以，只有在平价发行、无手续费的情况下，简便算法才是成立的。

（2）规范算法：

$$P_0(1-F)=\sum_{i=1}^{N}\frac{P_i+I_i(1-t)}{(1+K_{dt})^i}$$

图4－7　含有手续费的税后债务成本计算

【例4－3】某建筑施工企业平价发行某长期债券，总面值为100万元，手续费为借款金额的2%，票面利率为11%，期限为3年，每年付息，到期一次还本。所得税税率为25%。用简便法和正式法分别计算则该债务的税后债务成本为多少？

解：

（1）简便法：$K_{dt}=K_d\times(1-t)=11.8301\%\times(1-25\%)=8.8726\%$

（2）规范算法：

$$100\times(1-2\%)=\frac{100\times11\%\times(1-25\%)}{(1+K_{dt})}+\frac{100\times11\%\times(1-25\%)}{(1+K_{dt})^2}+\frac{100\times11\%\times(1-25\%)}{(1+K_{dt})^3}+\frac{100}{(1+K_{dt})^3}$$

$K_{dt}=9.0407\%$

4. **折价与溢价发行的债务成本**

建筑施工企业可以折价或溢价发行，并对债务成本产生影响。

【例4－4】某建筑施工企业发行某长期债券，总面值为100万元，假设该债券溢价发行，总价为105万元，手续费为借款金额的2%，票面利率为11%，期限为3年，每年付息，到期一次还本。所得税税率为25%。该债券溢价发行的债务成本为多少？

解：

$$105\times(1-2\%)=\frac{100\times11\%\times(1-25\%)}{(1+K_{dt})}+\frac{100\times11\%\times(1-25\%)}{(1+K_{dt})^2}+\frac{100\times11\%\times(1-25\%)}{(1+K_{dt})^3}+\frac{100}{(1+K_{dt})^3}$$

$K_{dt}=7.1421\%$

【例4－5】某建筑施工企业发行某长期债券，总面值为100万元，假设该债券折价发行，总价为95万元，手续费为借款金额的2%，票面利率为11%，期限为3年，每年付息，到期一次还本。所得税税率为25%。该债券折价发行的债务成本为多少？

解：

$$95\times(1-2\%)=\frac{100\times11\%\times(1-25\%)}{(1+K_{dt})}+\frac{100\times11\%\times(1-25\%)}{(1+K_{dt})^2}+\frac{100\times11\%\times(1-25\%)}{(1+K_{dt})^3}+\frac{100}{(1+K_{dt})^3}$$

$K_{dt}=11.0774\%$

（二）权益成本

权益成本包括优先股成本、普通股成本、留存收益成本等。由于这类资金的使用费用（股利等）均从税后支付，因此不存在节税功能。

1. 优先股成本

优先股成本的计算如图4－8所示。

优先股成本计算公式

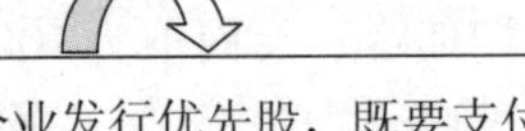

企业发行优先股，既要支付筹资费用，又要定期支付股利。它与债券不同的是股利在税后支付，且没有固定到期日。优先股成本的计算公式为：

$$K_p=\frac{D_p}{P_p(1-F_p)}\times100\%$$

式中：K_p——优先股成本；

D_p——优先股股利；

P_p——优先股筹资额，按优先股的发行价格确定；

F_p——优先股筹资费率

图4－8 优先股成本计算

【例4－6】某建筑施工企业发行优先股，面值为100万元，筹资费用率为3%，每年支付13%的股利，则该优先股的成本为多少？

解：优先股成本 $=\frac{100\times13\%}{100\times(1-3\%)}=13.4\%$

2. 普通股成本

普通股成本的计算如图 4－9 所示。

普通股成本计算公式

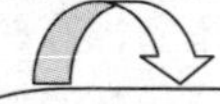

普通股的成本是普通股股东在一定风险条件下所要求的最低投资报酬率。普通股成本的确定方法与优先股成本基本相同，但是，普通股的股利一般不是固定的，在正常情况下，这种最低投资报酬率应该表现为逐年增长。如果股利的发放每年以固定比率G增长，第1年的股利为D_c，则第2年为$D_c(1+G)$，第3年为$D_c(1+G)^2$，第n年为$D_c(1+G)^{n-1}$。因此，普通股股金成本的计算公式为：

$$K_c=\frac{D_c}{P_c(1-F_c)}+G$$

式中：K_c——普通股筹资成本；

D_c——普通股第 1 年发放股利额；

P_c——普通股股金总额；

F_c——普通股筹资费率；

G——普通股股利预计每年增长率

图 4－9　普通股成本计算

【例 4－7】某施工企业发行普通股，股金总额为 1000 万元，筹资费率为 2%，预计第一年发放的股利率为 15%，以后每年增长 2%，计算其普通股股金成本。

解：$K_c=\dfrac{1000\times15\%}{1000\times(1-2\%)}+2\%=17.31\%$

3. 留存收益成本

一般企业都不会把全部收益以股利形式分给股东，所以，留存收益是企业资金的一种重要来源。企业留存收益，等于股东对企业进行追加投资，股东对这部分投资与以前缴给企业的股本一样，也要求有一定的报酬，所以，留存收益也要计算成本。留存收益成本的估算难于债务成本，这是因为很难对诸如建筑施工企业未来发展前景及股东对未来风险所要求的风险溢价做出准确的测定。计算留存收益成本的方法很多，主要有以下三种：

（1）股利增长模型法。股利增长模型法下建筑施工企业留存收益的成本计算如图 4－10 所示。

股利增长模型法

股利增长模型法是依照股票投资的收益率不断提高的思路计算留存收益成本。一般假定收益以固定的年增长率递增，则留存收益成本的计算公式为：

$$K_s = \frac{D_1}{P_0} + G$$

式中：K_s—— 留存收益成本；

D_1—— 预期年股利额；

P_0—— 普通股市价；

G—— 普通股利年增长率

图 4－10 股利增长模型法

【例 4－8】某建筑施工公司普通股目前市价为 48 元，估计股利年增长率为 13%，本年发放股利 2 元，则其留存收益成本是多少？

解：$D_1 = 2 \times (1 + 13\%) = 2.26$（元）

$$K_s = \frac{2.26}{48} + 13\% = 17.7\%$$

（2）资本资产定价模型法。该方法下留存收益成本的计算如图 4－11 所示。

资本资产定价模型法

计算公式为：

$$K_s = R_f + \beta(R_m - R_f)$$

式中：R_f—— 无风险报酬率；

R_m—— 平均风险股票必要报酬率；

β—— 个股风险系数

图 4－11 资本资产定价模型法

【例 4－9】某期间市场无风险报酬率为 10%，平均风险股票必要报酬率为 14%，某公司普通股 β 系数为 1.2。计算其普通股筹资成本。

解：$K_s = 10\% + 1.2 \times (14\% - 10\%) = 14.8\%$

（3）风险溢价法。风险溢价法下建筑施工企业留存收益的成本计算如图 4－12 所示。

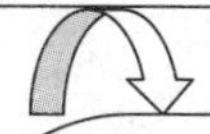

根据投资“风险越大，要求的报酬率越高”的原理，普通股股东对企业的投资风险大于债券投资者，因而会在债券投资者要求的收益率上再要求一定的风险溢价。根据这一理论，留存收益的成本公式为：

$$K_s=K_{dt}+RP_c$$

式中：K_{dt}——税后债务成本；

RP_c——股东比债权人承担更大风险所要求的风险溢价。

风险溢价是凭借经验估计的。一般认为，建筑公司普通股风险溢价对其自己发行的债券来讲在3%～5%之间，当市场利率达到历史性高点时，风险溢价通常较低，在3%左右；当市场利率处于历史性低点时，风险溢价通常较高，在5%左右；而通常情况下，常常采用4%的平均风险溢价

图 4－12　风险溢价法

三、综合资金成本

由于受多种因素的制约，企业不可能只使用某种单一的筹资方式，往往需要通过多种方式筹集所需资金。综合资金成本是建筑施工企业所筹集资金的平均成本，它反映建筑施工企业资金成本总体水平的高低。综合资金成本又可分为已筹集资金的加权平均资金成本和新增资金的边际资金成本。

（一）加权平均资金成本

加权平均资金成本的概念及目的如图 4－13 所示。

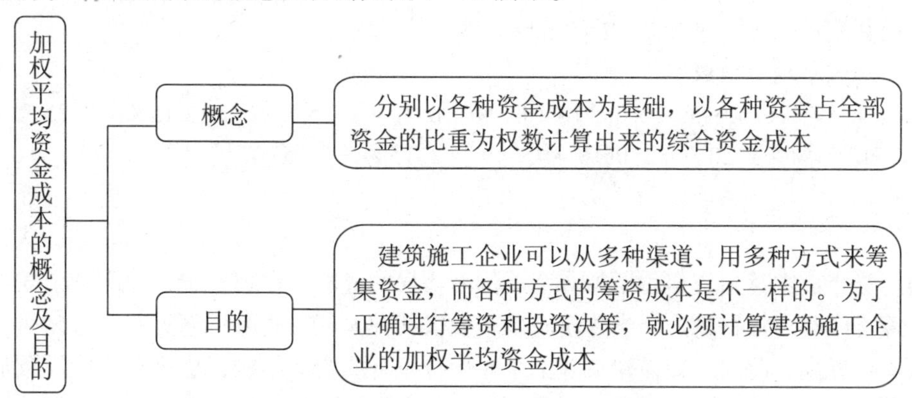

图 4－13　加权平均资金成本的概念及目的

加权平均资金成本率由两部分构成，如图 4－14 所示。

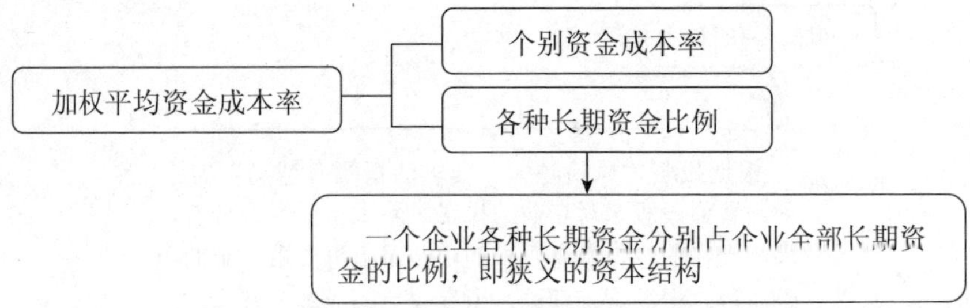

图 4－14　加权平均资金成本率

加权平均资金成本的计算如图 4－15 所示。

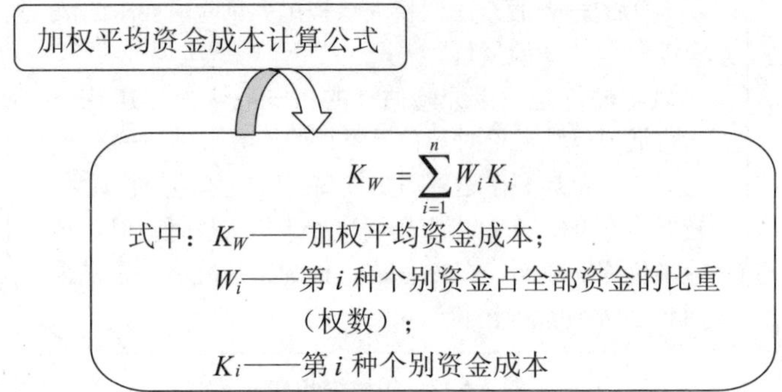

图 4－15　加权平均资金成本计算

【例 4－10】某公司有长期资本，账面价值为 100 万元，其中长期借款 15 万元，债券 20 万元，优先股 10 万元，普通股 30 万元，留用利润 25 万元，其成本分别为 5.60%、6.00%、10.50%、15.60%、15.00%。则它们的加权平均资金成本是多少？

解：各种资金占全部资本的比重如下：

长期借款：W_L = 15 万元/100 万元 = 0.15

债券：W_B = 20 万元/100 万元 = 0.20

优先股：W_p = 10 万元/100 万元 = 0.10

普通股：W_s = 30 万元/100 万元 = 0.30

留用利润：W_r = 25 万元/100 万元 = 0.25

计算加权平均资金成本：

$$K_W = 5.6\% \times 0.15 + 6\% \times 0.20 + 10.5\% \times 0.10 + 15.6\% \times 0.30 + 15\% \times 0.25$$
$$= 0.84\% + 1.20\% + 1.05\% + 4.68\% + 3.75\% = 11.52\%$$

（二）边际资金成本

边际资金成本是指资金每增加一个单位而增加的成本。在现实中，边际资金成本通常在某一筹资区间内保持稳定，当建筑施工企业以某种筹资方式筹资超过一定限度时，边际资金成本会提高，此时，即使建筑施工企业保持原有的资本结构，也仍有可能导致加权平均资金成本上升。因此，边际资金成本也可以称为随筹资额增加而提高的加权平均资金成本。在建筑施工企业追加筹资时，不能仅仅考虑目前所使用的资金的成本，还要考虑为投资项目新筹集的资金的成本，这就需要计算资金的边际成本。

边际资金成本的计算步骤如图 4－16 所示。

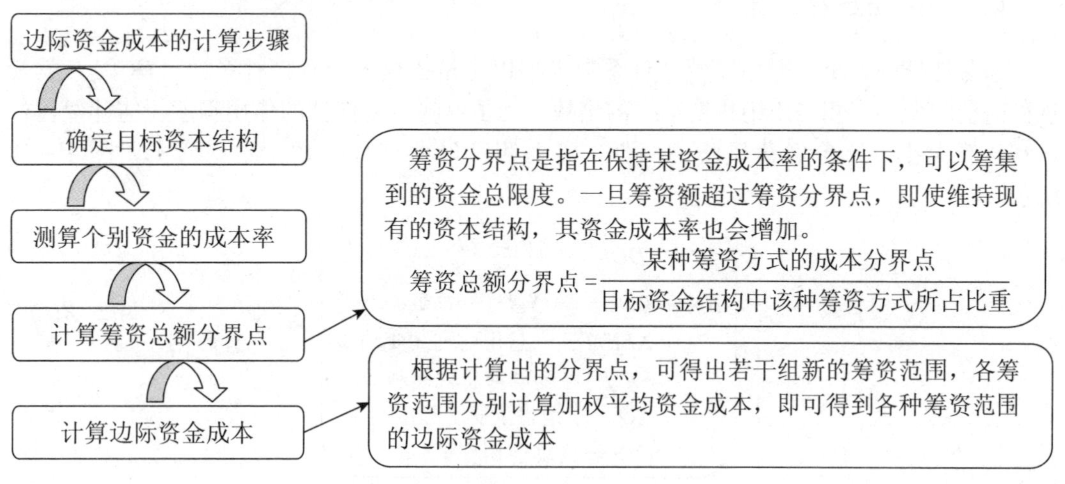

图 4－16　边际资金成本的计算步骤

第二节　杠杆原理

财务管理中的杠杆原理，是指由于固定费用（包括生产经营方面的固定费用和财务方面的固定费用）的存在，当业务量发生较小的变化时，利润会产生较大的变化。财务管理中所研究的杠杆主要有经营杠杆、财务杠杆和复合杠杆等。

一、经营杠杆

（一）经营杠杆的概念

经营杠杆的概念如图 4－17 所示。

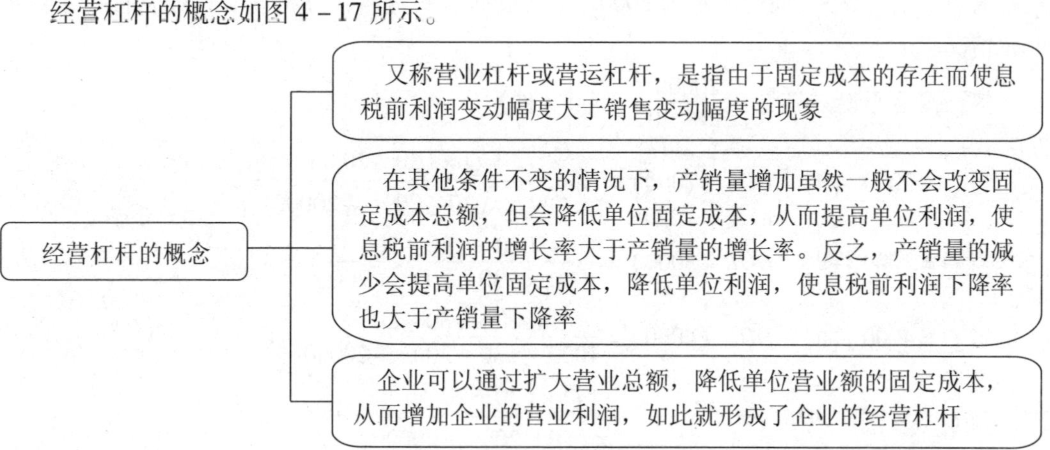

图 4－17　经营杠杆的概念

（二）经营杠杆的度量

经营杠杆的大小一般用经营杠杆系数来加以定量描述。经营杠杆系数（*DOL*），就是息税前利润变动率相当于销售变动率的倍数。为了反映经营杠杆的作用程度，估计经营杠杆利益的大小，评价经营风险的高低，需要测算经营杠杆系数，测算公式如图 4－18 所示。

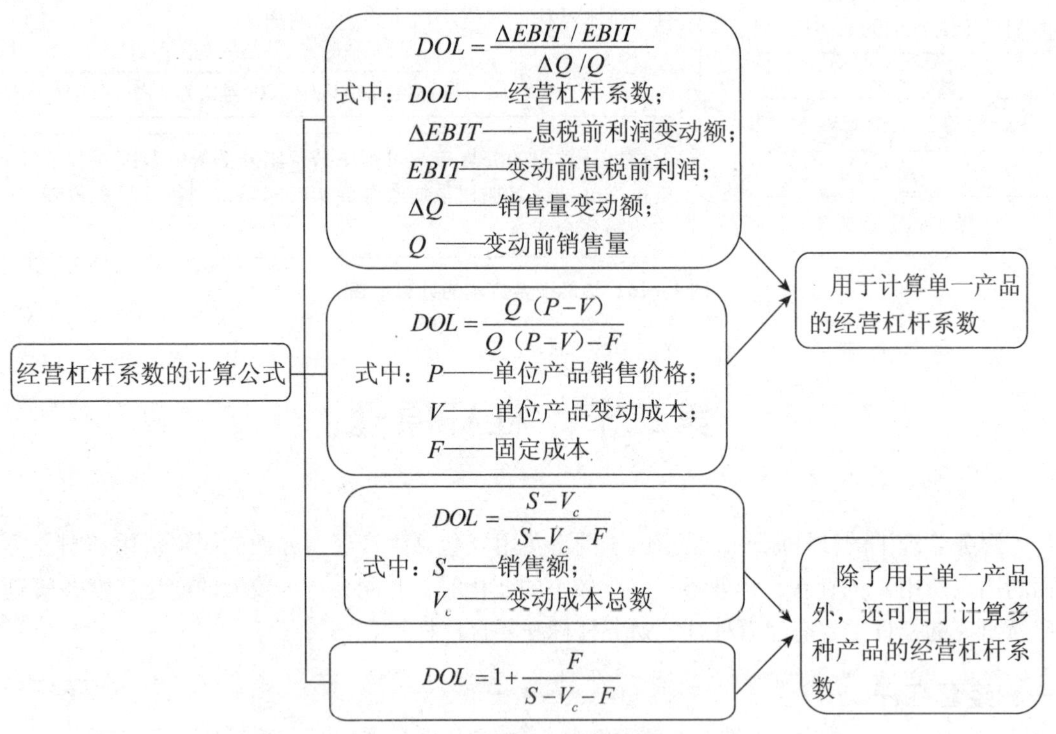

图 4－18 经营杠杆系数的计算公式

【例 4－11】某建筑施工企业附属工业企业生产某产品，每件售价为 30 元，每件变动成本为 20 元，该公司固定成本为 20000 元。根据这些资料，分析该公司经营杠杆系数的变化情况。

解：盈亏平衡点销量 $=\frac{20000}{30-20}=2000$（件）

当 $Q\to 2000$ 件时，$DOL(2000)=\lim\limits_{Q\to 2000}\frac{Q\times(30-20)}{Q\times(30-20)-20000}=\infty$

当 $Q=3000$ 件时，$DOL(3000)=\frac{3000\times(30-20)}{3000\times(30-20)-20000}=3$

当 $Q=4000$ 件时，$DOL(4000)=\frac{4000\times(30-20)}{4000\times(30-20)-20000}=2$

当 $Q\to\infty$ 时，$DOL(\infty)=\lim\limits_{Q\to\infty}\frac{Q\times(30-20)}{Q\times(30-20)-20000}=1$

（三）经营杠杆系数的作用

经营杠杆系数的作用如图4－19所示。

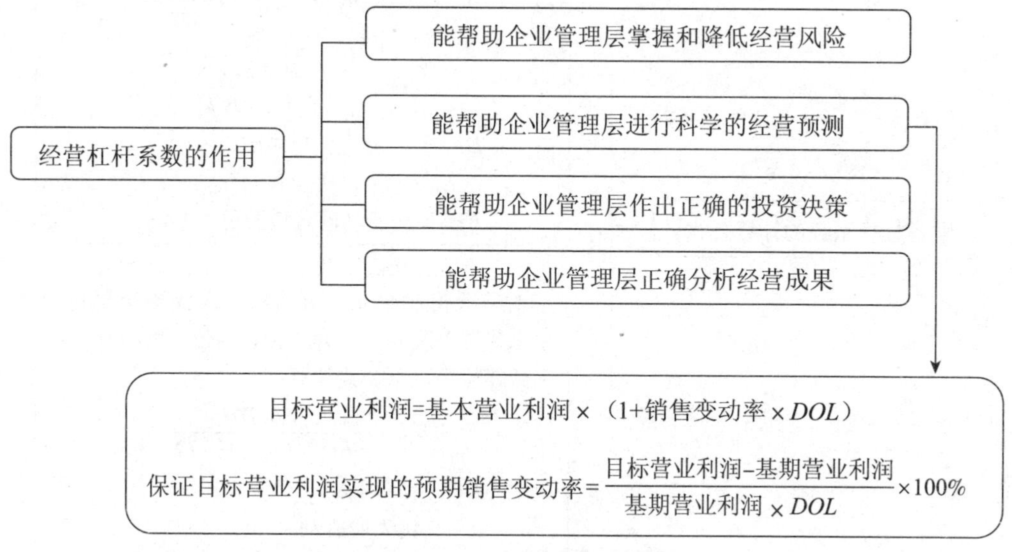

$$目标营业利润=基本营业利润\times(1+销售变动率\times DOL)$$

$$保证目标营业利润实现的预期销售变动率=\frac{目标营业利润-基期营业利润}{基期营业利润\times DOL}\times 100\%$$

图4－19 经营杠杆系数的作用

（四）经营杠杆与经营风险

企业经营风险的大小和经营杠杆有着重要关系。一般来说，在其他因素不变的情况下，固定成本越高，经营杠杆系数越大，经营风险越大。

二、财务杠杆

（一）财务杠杆的概念

企业负债经营，不论利润多少，债务和利息是固定支出的。当利润增大时，每一元利润所负担的利息就会相对减少，从而给权益资本投资者带来更大的收益。这种债务对权益资本投资者收益的影响称为财务杠杆，又称融资杠杆或债务杠杆。当企业的资本结构中债务资本比率较高时，所有者将负担更多的债务资金成本，从而加大财务风险；反之，当债务资本比率较低时，财务风险就小。

（二）财务杠杆的度量

财务杠杆作用的大小通常用财务杠杆系数（*DFL*）表示。在固定成本支出比重不变的情况下，企业的销售量变化会引起息税前盈余发生相应的波动（经营杠杆作用），而息税前盈余的波动最终将导致投资者收益发生怎样的变动，则取决于企业资本结构中债务资本的比重，所以财务杠杆系数是用息税前盈余的波动程度对资本收益率变化的影响程度来表示的。财务杠杆系数越大，表明财务风险越大；财务杠杆系数越小，表明财务风险也就越小。

财务杠杆系数的计算如图 4－20 所示。

财务杠杆系数的计算公式

财务杠杆系数，就是每股利润（税后利润）变动率相当于息税前利润变动率的倍数。其计算公式如下：

$$DFL=\frac{\Delta EPS/EPS}{\Delta EBIT/EBIT}$$

式中：DFL——财务杠杆系数；

ΔEPS——普通股利润变动额；

EPS——变动前普通股每股利润

对非股份制企业，可用税后主权资金利润率来代替每股利润。为了计算简便，财务杠杆系数还可用以下公式计算：

$$DFL=\frac{EBIT}{EBIT-I-d/(1-T)}$$

式中：I—— 债务利息；

d——优先股股利：

$d/(1-T)$——优先股股利税前额

图 4－20 财务杠杆系数的计算

【例 4－12】假设 A、B、C 为三家经营业务相同的企业，其有关资料见表 4－1。

表 4－1 三家经营业务相同的企业的财务情况表

项目＼企业	A	B	C
普通股票	2000000	1500000	1000000
发行股数	2000000	1500000	1000000
债务（年利率）8%	0	500000	1000000
资本总额	2000000	2000000	2000000
息前税前盈余	200000	200000	200000
债务利息	0	40000	80000
税前盈余	200000	160000	120000
所得税（25%税率）	50000	40000	30000
税后盈余	150000	120000	90000
每股普通股盈余	0. 075	0. 08	0. 09
息前税前盈余增加	200000	200000	200000
债务利息	0	40000	80000
税前盈余	400000	260000	320000
所得税（25%税率）	100000	65000	80000
税后盈余	300000	195000	240000

续表

项目 \ 企业	A	B	C
每股普通股盈余	0.15	0.13	0.24
财务杠杆系数	1	1.25	1.67

通过财务杠杆系数试分析三个企业的经营情况。

解：

第一，财务杠杆系数表明的是息前税前盈余增长所引起的每股收益的增长幅度。比如，A 企业的息前税前盈余增长 1 倍时，其每股收益也增长 1 倍（0.15 ÷ 0.075 − 1），B 企业的息前税前盈余增长 1 倍时，其每股收益增长 1.25 倍（0.13 ÷ 0.08 − 1）；C 企业的息前税前盈余增长 1 倍时，其每股收益增长 1.67 倍（0.24 ÷ 0.09 − 1）。

第二，在资本总额、息前税前盈余相同的情况下，负债比率越高，财务杠杆系数越高，财务风险越大，但预期每股收益（投资者收益）也越高。比如，B 企业比起 A 企业来，负债比率高（B 企业资本负债率为 25%，A 企业资本负债率为 0），因此其财务杠杆系数也高（B 企业为 1.25，A 企业为 1），财务风险大，但每股收益也高（B 企业为 0.08 元，A 企业为 0.075 元），C 企业比起 B 企业来，负债比率高（C 企业资本负债率为 50%），财务杠杆系数高（C 企业为 1.67），财务风险大，但每股收益也高（C 企业为 0.09 元）。

（三）财务杠杆系数的作用

财务杠杆系数的作用如图 4－21 所示。

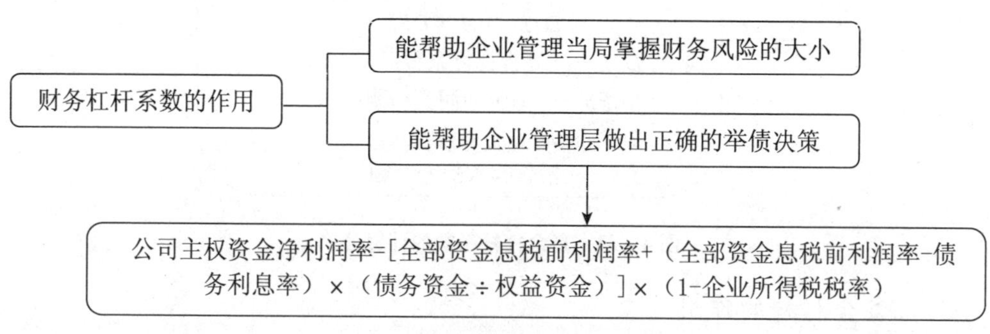

图 4－21　财务杠杆系数的作用

（四）财务杠杆与财务风险

财务风险是由于采取负债筹资方式而引起的债务到期不能偿还的可能性。企业为取得财务杠杆利益，就要增加负债，一旦企业息税前利润下降，不足以补偿固定利息支出，企业的每股利润就会下降得更快。在企业资金结构中，长期负债的比例越大，则企业的财务风险也越大。一般来说，企业的负债越多，所获取的财务杠杆利益就越多，财务杠杆系数就越大，财务风险也就越高。企业所有者欲获取财务杠杆利益，同时也要承担由此而引起的财务风险。因此，企业应该认真权衡利弊。

三、复合杠杆

（一）复合杠杆的概念

从企业利润的产生到利润分配的整个过程来看，既存在着固定生产经营成本，又存在着固定财务费用，这使得普通股每股盈余的变动幅度远远大于业务量的变动率，通常把这种现象叫作复合（或联合）杠杆。

（二）复合杠杆的度量

对于经营杠杆和财务杠杆的综合程度的大小，可以用复合杠杆系数（*DTL*）来计量。复合杠杆系数，也称联合杠杆系数或总杠杆系数，是指每股利润变动率相当于业务量变动率的倍数。

复合杠杆系数的计算如图 4－22 所示。

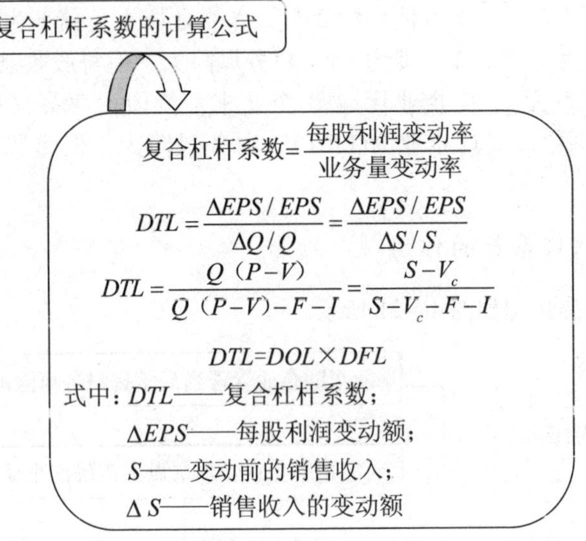

图 4－22　复合杠杆系数的计算公式

（三）复合杠杆的作用

复合杠杆的作用如图 4－23 所示。

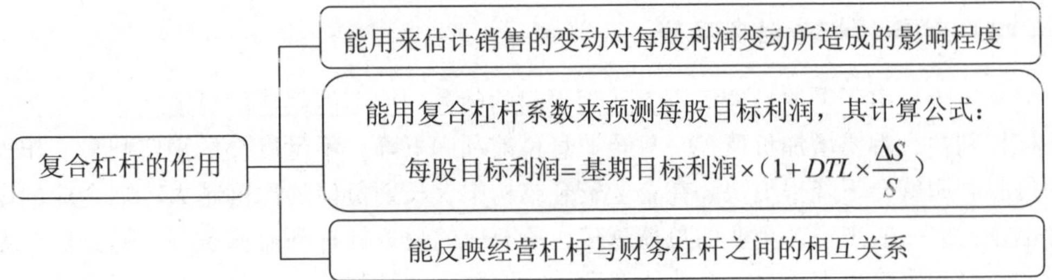

图 4－23　复合杠杆的作用

（四）复合杠杆与企业风险

在复合杠杆的作用下，当企业经济效益好时，每股利润会大幅度上升；当企业效益差时，每股利润会大幅度下降。企业复合杠杆系数越大，每股利润的波动幅度越大。由于复合杠杆作用使每股利润大幅度波动而造成的风险，称为复合风险。在其他因素不变的情况下，复合杠杆系数越大，复合风险越大，复合杠杆系数越小，复合风险越小。

第三节　资金结构

一、资金结构概述

（一）资金结构的概念

资金结构的概念有广义和狭义之分，如图 4－24 所示。

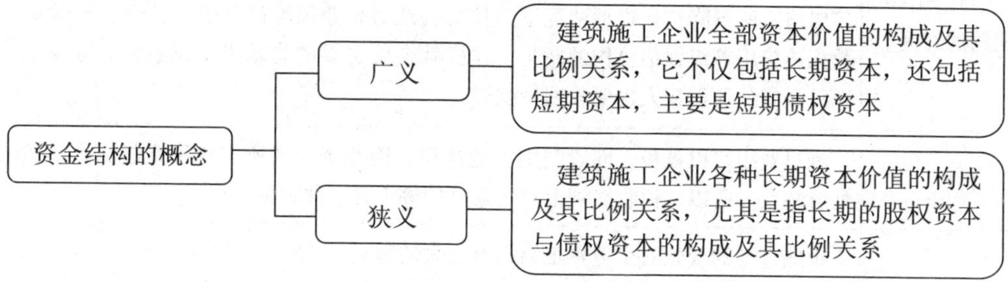

图 4－24　资金结构的概念

建筑施工企业的资本结构是建筑施工企业采用各种筹资方式筹集资金而形成的，筹资方式不同的组合类型决定着建筑施工企业资本结构及其变化。通常情况下，企业都采用债务筹资和权益筹资相组合的筹资方式，由此形成的资金结构又称“搭配资金结构”或“杠杆资金结构”，其搭配比率或杠杆比率（即债务资金比率）表示资金结构中债务资金和权益资金的比例关系。因此，资金结构问题总的来说是债务资金比例问题，即债务资金在资金结构中占有多大的比例。

（二）影响资金结构的因素

影响建筑施工企业资金结构的因素见表 4－2。

表 4－2　建筑施工企业资金结构的影响因素

企业财务状况	建筑施工企业获利能力越强、财务状况越好、变现能力越强，就越有能力负担财务上的风险，其举债筹资就越有吸引力。衡量建筑施工企业财务状况的指标主要有流动比率，利息周转倍数、固定费用周转倍数、投资收益率等

续表

企业资产结构	资产结构会以不同的方式影响企业的筹资方式和资金结构： （1）拥有大量固定资产的建筑施工企业，主要通过长期负债和发行股票筹集资金； （2）拥有较多流动资产的建筑施工企业，更多依赖流动负债筹集资金； （3）资产适用于抵押贷款的建筑施工企业举债额较多
企业产品销售情况	建筑施工企业未来销售额的增长是衡量建筑施工企业每股利润受财务杠杆影响程度的主要指标。如果建筑施工企业的销售额是增长的，当固定费用一定时，适当的负债筹资对每股利润有扩大效应。当然，当销售额增长达到满意水平时，普通股的价格也会上涨，因而对主权资金筹资也是较为有利的。这就需要建筑施工企业在主权资金筹资与负债筹资之间进行权衡，以确定适度的负债筹资水平
投资者和企业管理人员的态度	如果一个企业股权较分散，建筑施工企业所有者会更多地采用发行股票来筹集资金。反之，有的建筑施工企业被少数股东所控制，为了保证少数股东的绝对控制权，多采用优先股或负债方式筹集资金。喜欢冒险的财务管理人员，可能会安排比较高的负债比例；一些持稳健态度的财务人员则使用较少的债务
贷款人与信用评价机构的态度	如果企业运用过高的财务杠杆，并对其前景过于乐观，而贷款人则持不同的态度，认为风险太大，表示不愿意贷款，或者评估机构认为企业潜在风险将会增大，信用等级将有所下降，在这种情况下，社会公众对企业风险的评价，就会比较倾向于贷款人或信用等级评估机构的意见。这样就会使更多的贷款人不愿意向企业贷款，甚至已经贷款的债权人也要收回贷款等
税收	利息费用可以抵税，而股利则不能抵税，因此企业的所得税税率越高，举债的好处就越大。所以，税收客观上对企业负债筹资有一种刺激作用
金融市场动态	金融市场的变化对企业资金结构有很大的影响： （1）金融市场资金紧缺时，往往会使信用等级较低的长期债券无市场可言，长期借款困难，因此急需资金且信用等级较低的企业，便只好放弃长期负债筹资方案，而到股票市场或短期资金市场上去筹措资金。 （2）当金融市场利率偏高而预期有下降趋势时，则企业不便发行长期债券，而宜发行短期债券。如此时股票市场稳定，则企业也可保留一定的负债能力，采用增发股票的方式筹资。当市场利率下降时，再采用长期债券或长期借款的方式筹资。 （3）当市场利率稳定时企业却要以较高利率或接受更加苛刻的限制性条款才能筹措到资金时，则企业应检查其负债比例是否过高，如果过高，就应采取相应措施，调整资金结构，变化筹资方式

二、最佳资金结构决策

（一）最佳资金结构的概念及衡量标准

最佳资金结构的概念及衡量标准如图 4－25 所示。

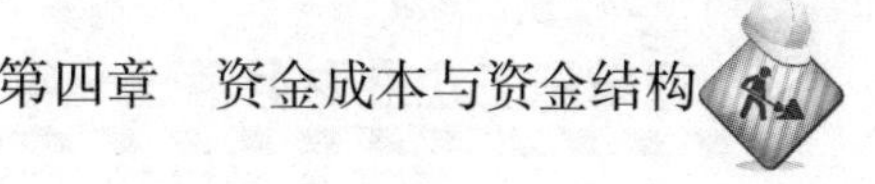

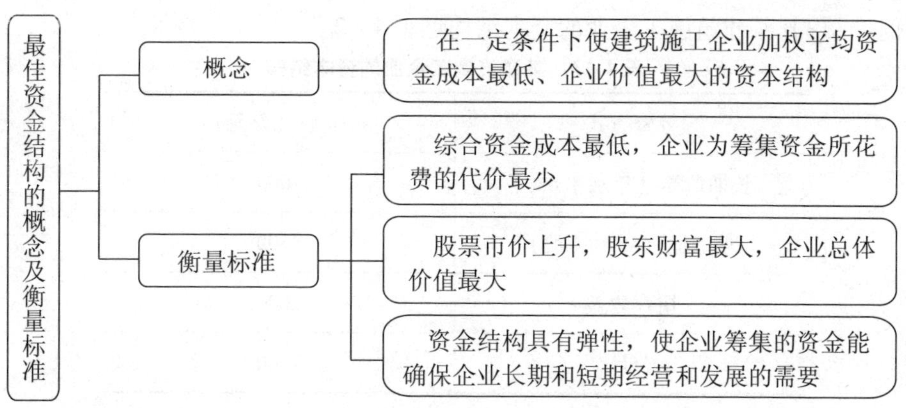

图 4－25　最佳资金结构的概念及衡量标准

（二）最佳资金结构的确定

利用负债资金具有双重作用，适当利用负债，可以降低建筑施工企业资金成本，但当建筑施工企业负债比率太高时，会带来较大的财务风险。为此，建筑施工企业必须权衡财务风险和资金成本的关系，确定最佳资本结构。最佳资金结构的确定方法有每股收益无差别点法、比较资金成本法和企业价值分析法。

1．每股收益无差别点法

判断资本结构合理与否，简单的方法可以通过分析每股收益的变化来衡量。这种方法认为能提高每股收益的资本结构是合理的，反之则不够合理。通过此前的分析，我们已经知道，每股收益的高低不仅受资本结构（总资本中负债比例）的影响，还受到销售水平高低的影响。每股收益分析是利用每股收益的无差别点进行的。所谓每股收益的无差别点，是指每股收益不受融资方式影响的销售水平。根据每股收益无差别点，可以分析判断在什么样的销售水平下适于采用何种资本结构。

采用每股收益无差别点法计算建筑施工企业息税前利润的公式如图 4－26 所示。

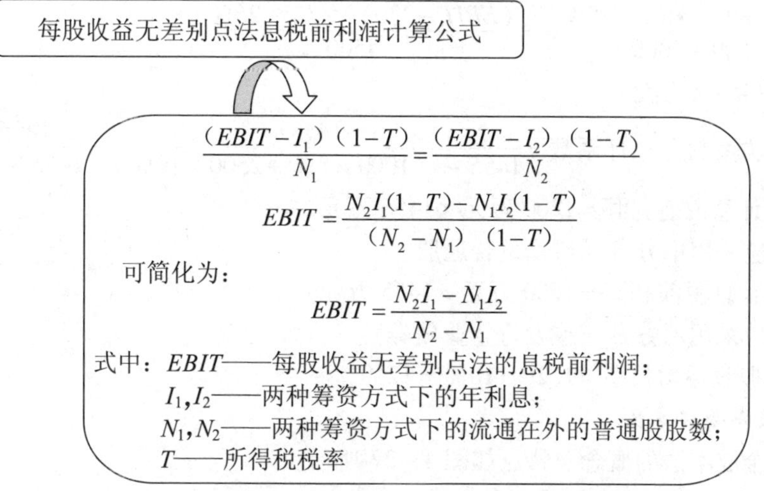

图 4－26　每股收益无差别点法息税前利润计算公式

【例4-13】某建筑施工企业的资本结构见表4-3。

表4-3 某建筑施工企业的资本结构

筹资方式	金额（万元）
长期债券（年利率8%）	1000
普通股（4500万股）	4500
留存收益	2000
合计	7500

因生产经营发展需要，该建筑施工企业2015年初准备增加资金2500万元，现有两个筹资方案可供选择：甲方案为增加发行1000万股普通股，预计每股发行价2.5元；乙方案为按面值发行每年年末付息、票面利率为10%的企业债券2500万元。假定股票与债券的发行费用均可忽略不计，适用的企业所得税税率为25%。

要求：

（1）计算两种筹资方案下每股收益无差别点的息税前利润。

（2）计算处于每股收益无差别点时乙方案的财务杠杆系数。

（3）如果企业预计息税前利润为1200万元，指出该企业应采用的筹资方案。

（4）如果企业预计息税前利润为1600万元，指出该企业应采用的筹资方案。

（5）若公司预计息税前利润在每股收益无差别点增长10%，计算采用乙方案时该企业每股收益的增长幅度。

解：

（1）计算两种筹资方案下每股收益无差别点的息税前利润：

甲方案年利息 $=1000\times 8\%=80$（万元）

乙方案年利息 $=1000\times 8\%+2500\times 10\%=330$（万元）

$$\frac{(EBIT-80)\times(1-25\%)}{4500+1000}=\frac{(EBIT-330)\times(1-25\%)}{4500}$$

$EBIT=1455$（万元）

（2）乙方案财务杠杆系数 $=\dfrac{1455}{1455-(1000\times 8\%+2500\times 10\%)}=\dfrac{1455}{1455-330}=1.29$

（3）预计息税前利润 $=1200$ 万元 <1455 万元

所以，应采用甲方案（或增发普通股）。

（4）预计息税前利润 $=1600$ 万元 >1455 万元

所以，应采用乙方案（或发行企业债券）。

（5）每股收益增长率 $=1.29\times 10\%=12.9\%$

2. **比较资金成本法**

比较资金成本法的概念及特点如图4-27所示。

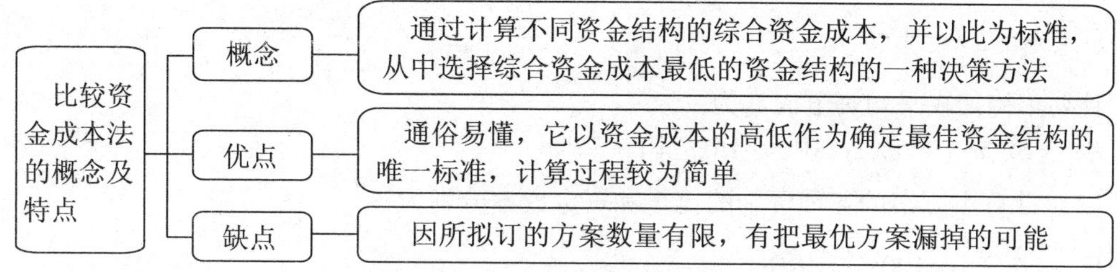

图4－27　比较资金成本法的概念及特点

比较资金成本法的决策过程如图4－28所示。

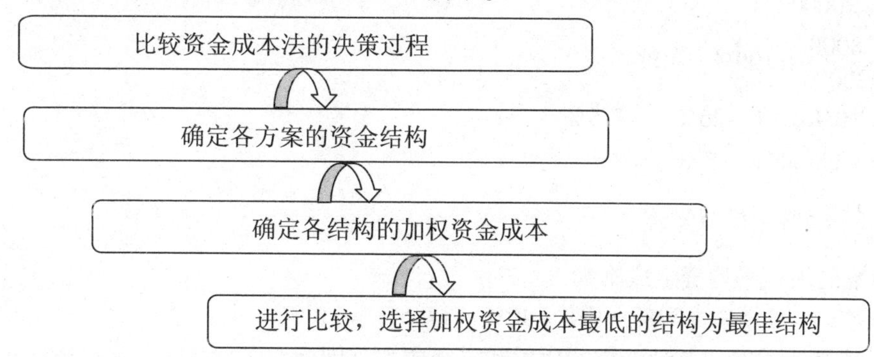

图4－28　比较资金成本法的决策过程

【例4－14】某建筑施工企业原来的资本结构见表4－4。普通股每股面值1元，发行价格10元，目前价格也为10元，2015年期望股利为1元/股，预计以后每年增加股利5%。该企业使用的所得税税率为25%，假设发行的各种证券均无筹资费。

表4－4　某建筑施工企业资本结构

筹资方式	金额（万元）
债券（年利率10%）	8000
普通股（每股面值1元，发行价10元，共800万股）	8000
合计	16000

该企业现拟增资4000万元，以扩大生产经营规模，现有如下两种方案可供选择。

甲方案：增加发行4000万元的债券，由于负债增加，投资人风险加大，债券利率增至12%才能发行，预计普通股股利不变，但由于风险加大，普通股市价降至8元/股。

乙方案：发行债券2000万元，年利率为10%；发行股票200万股，每股发行价10元，预计普通股股利不变。

要求：依据以上资料，分别计算其加权平均资金成本，为企业确定最佳筹资方案。

解：

（1）2015年初各种资金的比重和资金成本分别为：

$$W_B=\frac{8000}{16000}\times100\%=50\%$$

$$W_s=\frac{8000}{16000}\times100\%=50\%$$

$$K_B=10\%\times(1-25\%)=7.5\%$$

$K_s = \frac{1}{10} + 5\% = 15\%$

计划年初加权平均资金成本为：

$K_{W_0} = 50\% \times 7.5\% + 50\% \times 15\% = 11.25\%$

（2）计算甲方案的各种资金的比重和资金成本分别为：

$W_{B_1} = \frac{8000}{20000} \times 100\% = 40\%$

$W_{B_2} = \frac{4000}{20000} \times 100\% = 20\%$

$W_s = \frac{8000}{20000} \times 100\% = 40\%$

$K_{B_1} = 10\% \times (1 - 25\%) = 7.5\%$

$K_{B_2} = 12\% \times (1 - 25\%) = 9\%$

$K_s = \frac{1}{8} + 5\% = 17.5\%$

甲方案的加权平均资金成本为：

$K_{W_1} = 40\% \times 7.5\% + 20\% \times 9\% + 40\% \times 17.5\% = 11.8\%$

（3）计算乙方案的各种资金的比重和资金成本分别为：

$W_B = \frac{2000 + 8000}{200000} \times 100\% = 50\%$

$W_s = \frac{2000 + 8000}{200000} \times 100\% = 50\%$

$K_B = 10\% \times (1 - 25\%) = 7.5\%$

$K_s = \frac{1}{10} + 5\% = 15\%$

乙方案加权平均资金成本为：

$K_{W_2} = 50\% \times 7.5\% + 50\% \times 15\% = 11.25\%$

从以上计算可以看出，乙方案的加权平均资金成本较低，所以应选用乙方案，即该企业应保持原来的资金结构，50%为负债资金，50%为自有资金。

3. **企业价值分析法**

企业价值分析法的概念及特点如图4-29所示。

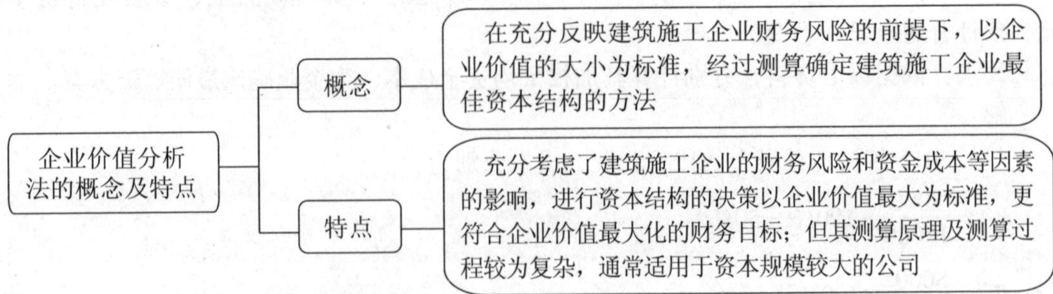

图4-29 企业价值分析法的概念及特点

企业价值的测算如图4-30所示。

企业价值的测算

企业价值等于其长期债务和股票的折现价值之和。这种测算方法相对比较合理，也比较现实。用公式表示如下：

建筑施工企业价值=公司长期债务的现值+公司股票的现值

为了简化起见，假定长期债务的现值等于其面值（或本金），股票的现值按建筑施工企业未来净收益的折现现值计算，计算公式如下：

普通股资金成本率=无风险报酬率+公司的贝他系数×（平均风险股票的必要收益率-无风险报酬率）

由于债务资本的市价最终要向其面值回归，为简化起见，债务资本的市价通常按其面值确定

图 4－30　企业价值的测算

【例 4－15】某建筑施工企业 2014 年息税前利润为 1000 万元，资金全部由普通股资本组成，股票账面价值为 2000 万元，所得税税率为 25%。该企业认为目前的资本结构不合理，准备通过平价发行债券（不考虑筹资费率）购回部分股票的办法予以调整。经过咨询调查，目前的债务资金成本和普通股资金成本的情况见表 4－5。

表 4－5　某建筑施工企业债务资金成本和普通股资金成本的情况

债券的市场价值（万元）	债务资金成本	股票 β 值	无风险报酬率（R_f）	平均风险股票必要报酬率（R_m）
0	—	1.20	10%	12%
200	6%	1.25	10%	12%
400	6%	1.30	10%	12%
600	7%	1.40	10%	12%
800	8%	1.50	10%	12%
1000	9%	1.60	10%	12%

要求：

（1）假设债券的市场价值等于其面值，分别计算各种资本结构时企业的市场价值（精确到整数位），从而确定最佳资本结构。

（2）分别计算各种资本结构时的加权平均资金成本，从而确定最佳资本结构。

解：

（1）各种资本结构下企业的市场价值计算见表 4－6。

表 4－6　各种资本结构下企业的市场价值

债券的市场价值（万元）	股票的市场价值（万元）	企业的市场价值（万元）
0	5645	5645
200	5504	5704
400	5365	5765
600	5140	5740
800	4892	5692
1000	4621	5621

因为在债务为400万元时企业的市场价值最大，所以，债务为400万元的资本结构为最佳资本结构。

（2）最佳资本结构计算见表4-7。

表4-7　最佳资本结构

债券的市场价值（万元）	债务资金成本	普通股成本 $K_s = R_f + \beta(R_m - R_f)$	加权平均资本成本
0	—	12.4%	12.4%
200	6%	12.5%	12.27%
400	6%	12.6%	12.14%
600	7%	12.8%	12.19%
800	8%	13.0%	12.30%
1000	9%	13.2%	12.45%

从表4-5、表4-6中可以看出，在没有债务的情况下，企业价值就是其原有股票的现值。当企业用债务资金部分地替代权益资金时，一开始企业价值上升，加权平均资金成本下降。当债务资金达到400万元时，企业价值最高，加权平均资本成本最低。当债务资金超过400万元时，企业价值下降，加权平均成本上升，可见，债务为400万元时的资本结构是该企业最佳的资本结构。

三、资金结构的调整

（一）资金结构调整的原因

建筑施工企业对资金结构进行调整的原因有很多，其中较常见的如图4-31所示。

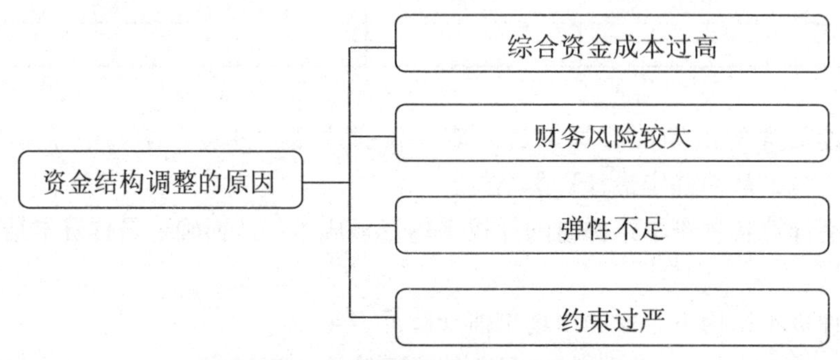

图4-31　资金结构调整的原因

（二）资金结构的弹性

资金结构的弹性，是指资金结构对理财环境和财务目标变动的适应程度以及相应调整的余地和幅度。其大小是判断资金结构是否健全的标志之一。使资金结构具有一定的弹性，是对资金结构进行调整的前提之一。如果弹性不足，企业就很难对其资金结构加以调整；反过来，这也是促使企业调整其资金结构的原因之一。

资金结构的弹性主要表现在如图 4－32 所示的几个方面。

资金结构的弹性的表现
筹资数量的弹性
筹资工具的弹性
筹资方式的弹性
筹资时机的弹性
筹资成本的弹性

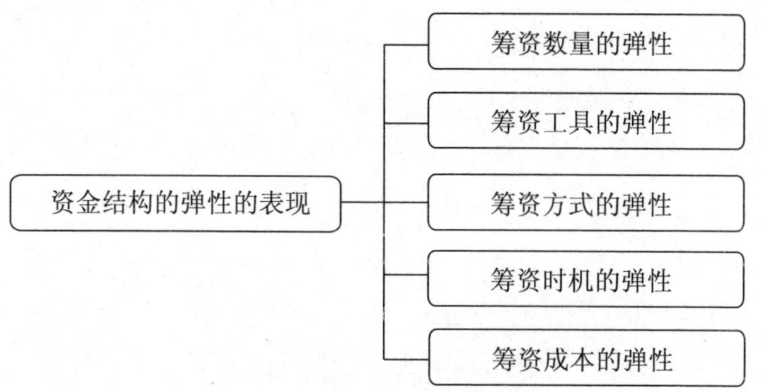

图 4－32　筹资结构的弹性的表现

（三）资金结构调整的方法

资金结构调整的方法主要有三种，如图 4－33 所示。

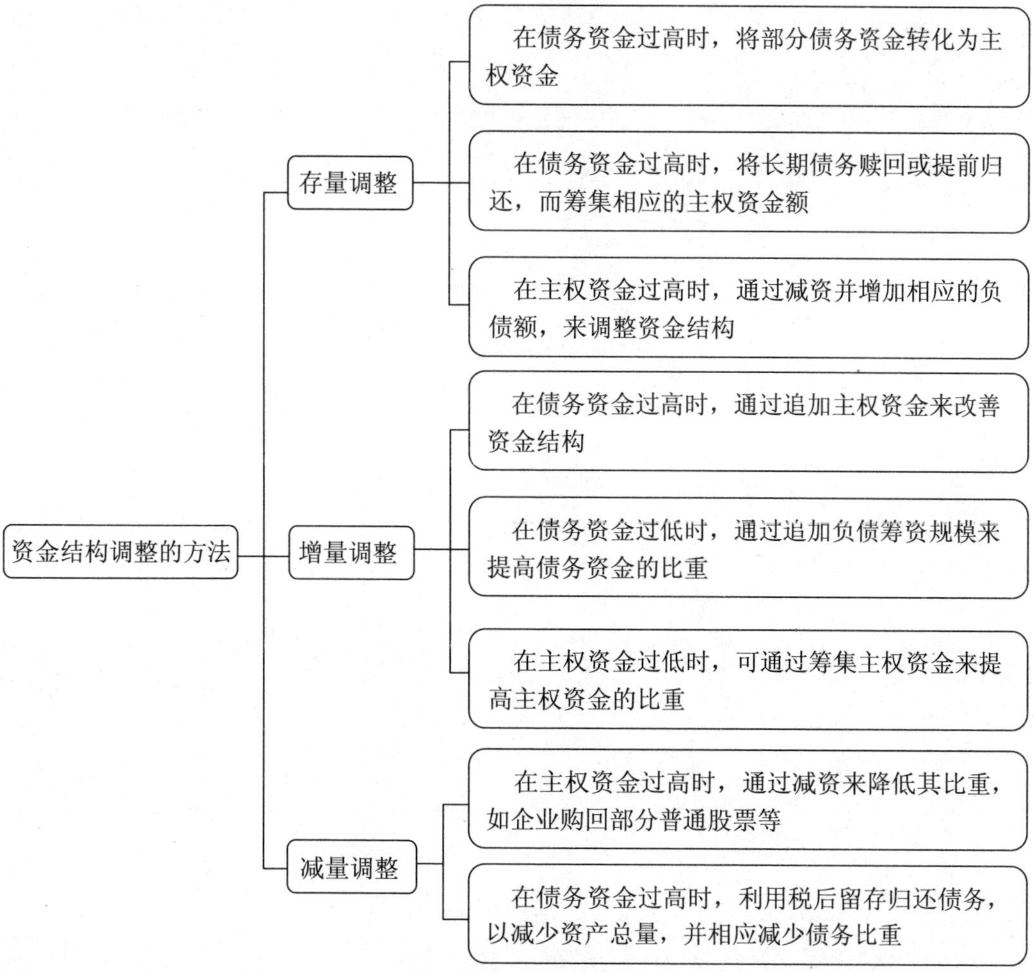

资金结构调整的方法
存量调整
在债务资金过高时，将部分债务资金转化为主权资金
在债务资金过高时，将长期债务赎回或提前归还，而筹集相应的主权资金额
在主权资金过高时，通过减资并增加相应的负债额，来调整资金结构
增量调整
在债务资金过高时，通过追加主权资金来改善资金结构
在债务资金过低时，通过追加负债筹资规模来提高债务资金的比重
在主权资金过低时，可通过筹集主权资金来提高主权资金的比重
减量调整
在主权资金过高时，通过减资来降低其比重，如企业购回部分普通股票等
在债务资金过高时，利用税后留存归还债务，以减少资产总量，并相应减少债务比重

图 4－33　资金结构调整的方法

第五章　流动资产管理

本章导读

在建筑施工企业资产中，流动资产是最活跃的部分，加强流动资产管理无疑是建筑施工企业资产管理的重要内容。近年来，随着国家经济的飞速发展，基础设施建设的日新月异，建筑市场的空前活跃，建筑施工队伍的急速膨胀，建筑市场竞争越来越激烈，内外部环境的影响造成了施工企业普遍存在流动资金紧张的问题。因此，加强建筑施工企业流动资产管理就显得尤为重要。

第一节　流动资产概述

一、流动资产的概念

流动资产是指能够在一年或超过一年的一个施工经营周期内变现或被耗用的资产。流动资产属于建筑施工企业经营过程中短期置存的资产，是企业资产的重要组成部分，其数额大小及构成在一定程度上制约着企业的财务状况，反映了企业的支付与短期偿债能力。

（一）流动资产的内容

流动资产的内容如图5－1所示。

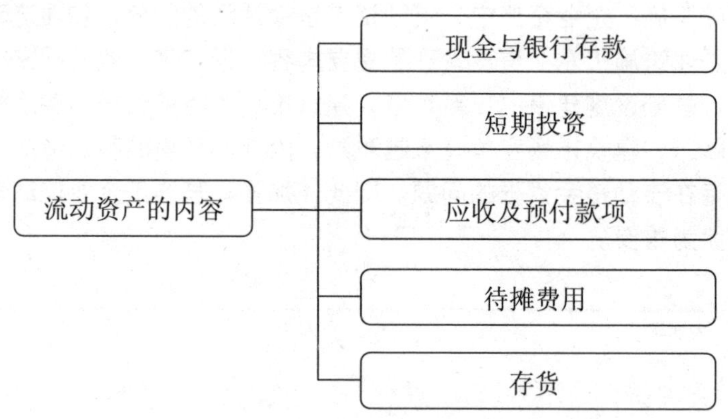

图5－1　流动资产的内容

（二）流动资产的特点

流动资产的特点如图5－2所示。

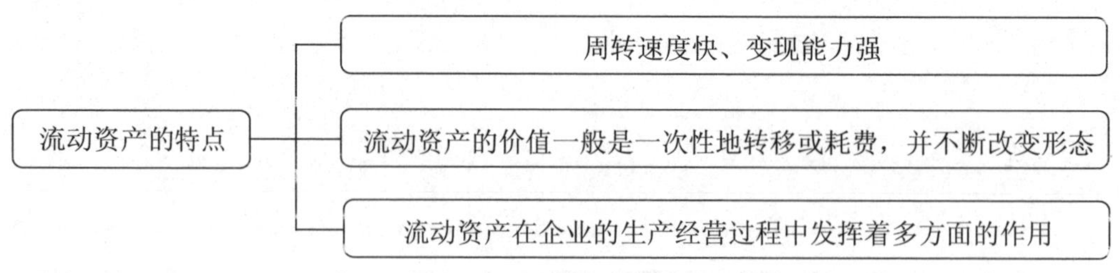

图5－2　流动资产的特点

二、流动资产的分类

对流动资产进行分类，是加强流动资产管理以及评价企业财务状况的需要。流动资产按其流动性的强弱，可分速动资产和非速动资产，如图5－3所示。

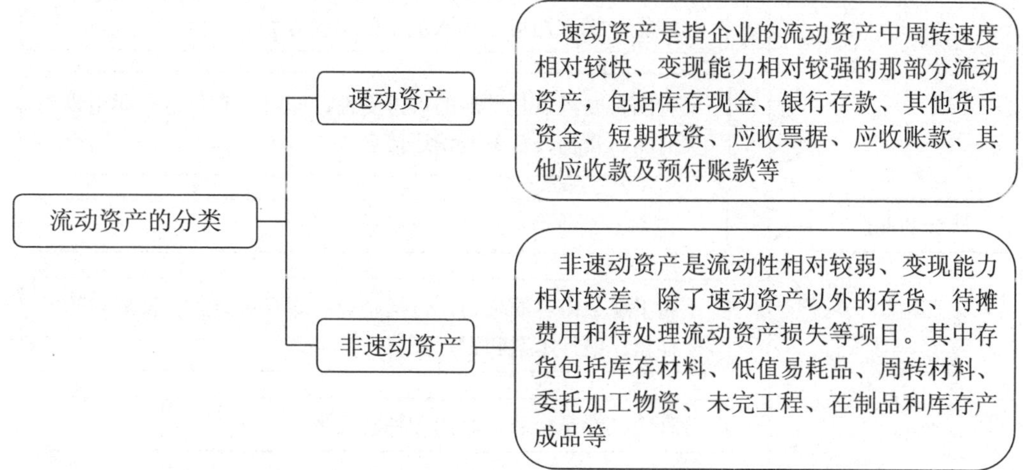

图 5－3　流动资产的分类

三、流动资产的管理要求

为了有计划、合理地运用企业流动资产，保证生产、流通的正常进行，加速流动资金周转，以较少的资金占用取得较大的生产经营成果，就要加强流动资产的管理。对其管理的具体要求如图 5－4 所示。

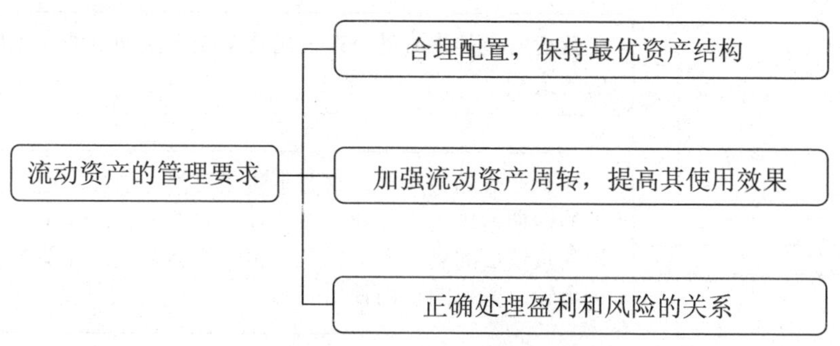

图 5－4　流动资产的管理要求

第二节　现金及营运资金的管理

一、现金及营运资金的概念

（一）现金的概念

现金的概念如图 5－5 所示。

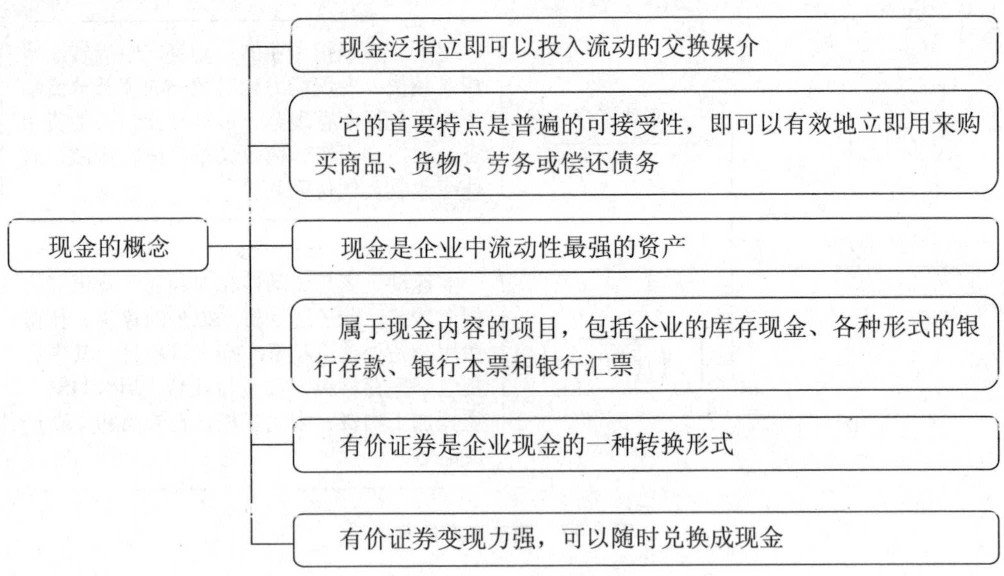

图 5－5　现金的概念

（二）营运资金的概念

营运资金的概念如图 5－6 所示。

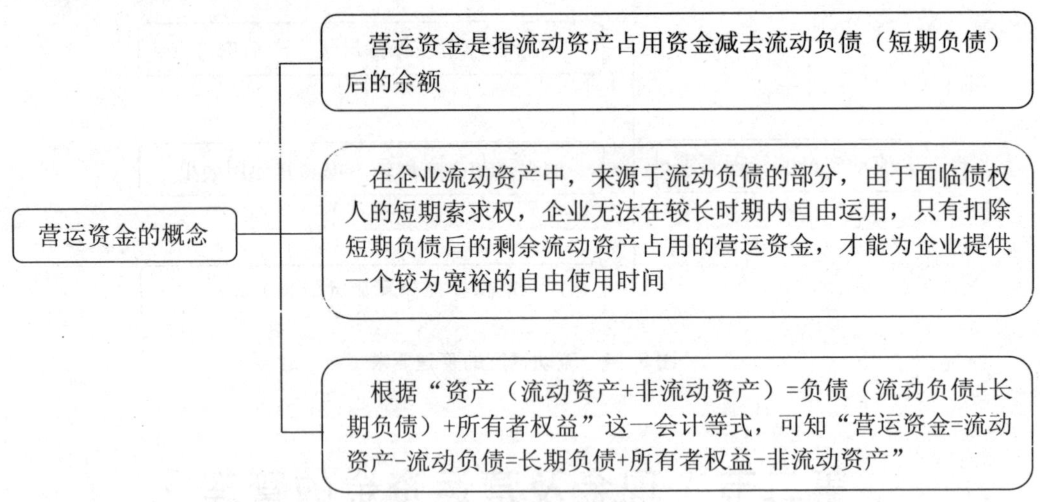

图 5－6　营运资金的概念

二、持有现金的动机

企业持有现金的动机分为三类，如图 5－7 所示。

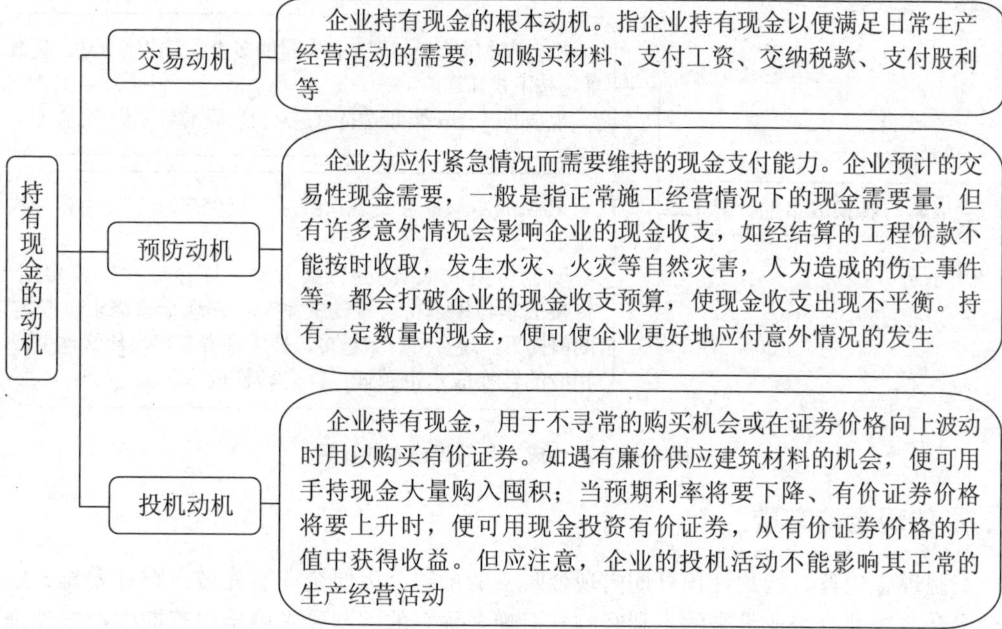

图 5－7　持有现金的动机

三、持有现金的成本

企业持有现金的成本由四个部分构成，如图 5－8 所示。

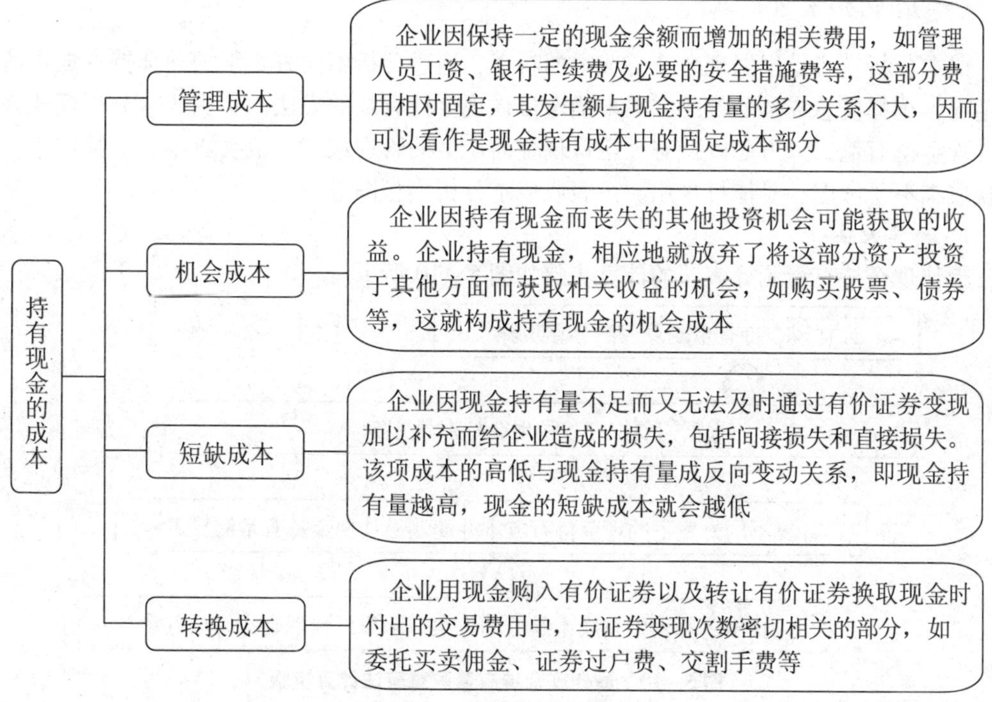

图 5－8　持有现金的成本

机会成本与转换成本的计算如图 5－9 所示。

机会成本与转换成本的计算

机会成本的高低与现金持有量的多少成正比例变动，其数额可按下式计算：

现金的机会成本=现金持有量×机会成本率（投资收益率）

转换成本与证券变现次数成正比例变动，其计算公式如下：

现金转换成本=证券转换次数×证券每次转换费用

转换成本与现金持有量的关系是：在现金总需求量既定的前提下，现金持有量越多，要求证券变现次数就越少，相应的转换成本也越低；反之转换成本越高

图5-9　机会成本与转换成本的计算

四、最佳现金持有量

编制现金预算，能预计预算期内现金收支的余缺，以便企业事先做出财务安排，防止现金多余或短缺给企业带来的不利影响。但现金预算的编制要先确定预算期内期末现金必要余额，即企业最佳现金持有量，特别是在存在有价证券这一准货币的情况下，企业如何处理两者的比例和转换关系，才能既满足企业施工经营的需要，防止现金短缺，又能对多余的现金加以充分利用，取得最佳的现金管理效益。

（一）成本分析模式

成本分析模式是根据现金持有成本的特点，通过分析不同方案下的现金持有成本的构成情况，选择使总成本最低的方案来确定最佳现金持有量的方法。运用成本分析模式确定最佳现金持有量，只考虑因持有一定量现金而产生的管理成本、机会成本和短缺成本，对转换成本不予考虑。具体可采用测算表或成本分析模型图进行。

1. 测算表法

最佳现金持有量测算表法的计算步骤如图5-10所示。

最佳现金持有量测算表法计算步骤

↓

根据需要拟订各种现金持有量方案

↓

计算不同方案下的现金持有成本并编制最佳现金持有量测算表

↓

找出测算表中总成本最低的方案，即为最佳现金持有量方案

图5-10　最佳现金持有量测算表法计算步骤

2. 成本分析模型图法

最佳现金持有量成本分析模型图法的计算如图5-11所示。

最佳现金持有量成本分析模型图法计算步骤

↓

在坐标图中分别描出管理成本线、机会成本线、短缺成本线

↓

根据第一步的结果绘制总成本线

↓

找出总成本线的最低点并由该点向横坐标轴做引线，该引线与横坐标轴的交点即为最佳现金持有量，如下图所示

成本分析模型

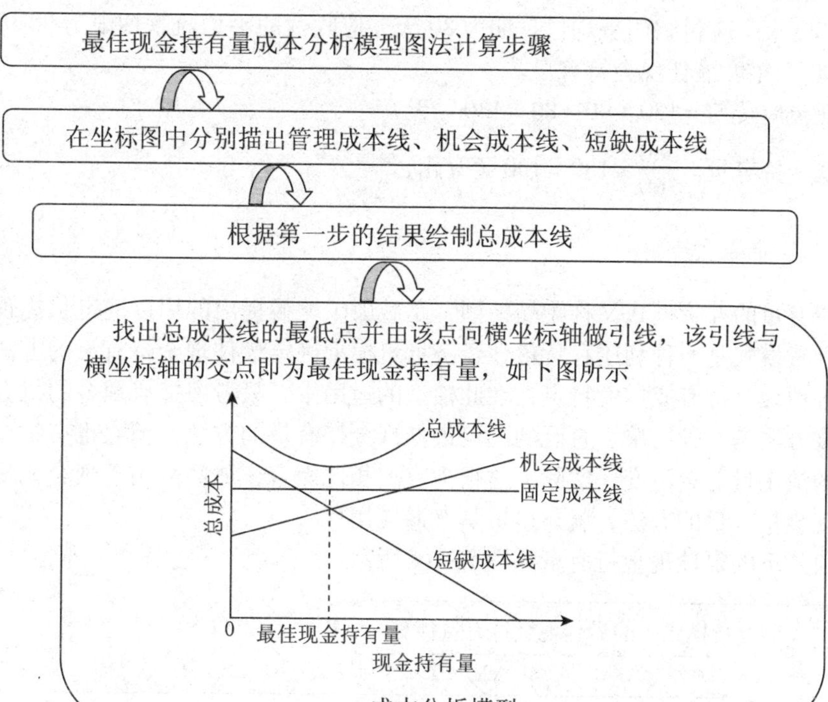

图 5－11　最佳现金持有量成本分析模型图法计算步骤

（二）现金周转期模式

现金周转期模式是根据现金周转期和计划期每天现金需求量确定最佳现金持有量的方法。现金周转期是指企业从购买材料支付现金到销售商品收回现金的时间。现金周转期的相关内容如图 5－12 所示。

现金周转期

- 存货周转期——从原材料购买到制成产品并实现销售的时间
- 应收账款周转期——从产品销售到收回现金的时间，即应收账款的收款天数
- 应付账款周转期——收到原材料到付出现金的时间，即应付账款的付款天数

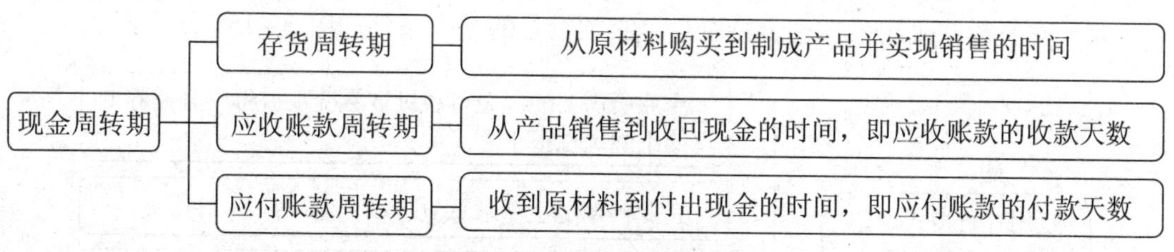

图 5－12　现金周转期的内容

现金周转期模式下最佳现金持有量的计算模型如图 5－13 所示。

现金周转期模式下的最佳现金持有量计算模型

↓

$$最佳现金持有量=\frac{计划年度现金总需求量}{360}\times 现金周转期$$

现金周转期=存货周转期+应收账款周转期−应付账款周转期

图 5－13　现金周转期模式下的最佳现金持有量计算模型

【例 5－1】某建筑施工企业预计 2015 年度现金需求量为 360 万元，该企业的平均存货

周转期为120天，应付款的平均付款期为80天，应收款的平均收款期限为90天，要求计算该企业2015年度最佳现金持有量。

解：现金周转期＝120＋90－80＝130（天）

$$最佳现金持有量 = \frac{360}{360} \times 130 = 130（万元）$$

（三）存货模式

现金持有量的存货模式又称鲍曼模型，是威廉·鲍曼提出的用以确定目标现金持有量的模型。存货模式是一种利用存货最佳经济批量模型确定最佳现金持有量的方法。基于存货模型及各项现金持有成本的特点，在此模型的运用中，只考虑持有现金的机会成本和转换成本。该方法是一种简单、直观的确定最佳现金持有量的方法，但它也有缺点，主要是假定现金的流出量稳定不变，实际上这很少有。相比而言，那些适用于现金流量不确定的控制最佳现金持有量的方法，就显得更具普遍应用性。

存货模式下的最佳现金持有量如图5－14所示。

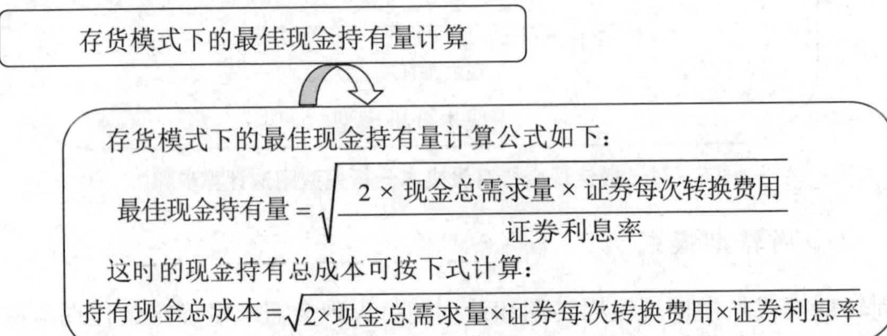

图5－14　存货模式下的最佳现金持有量计算

运用存货模式确定最佳现金持有量，必须具备的基本条件如图5－15所示。

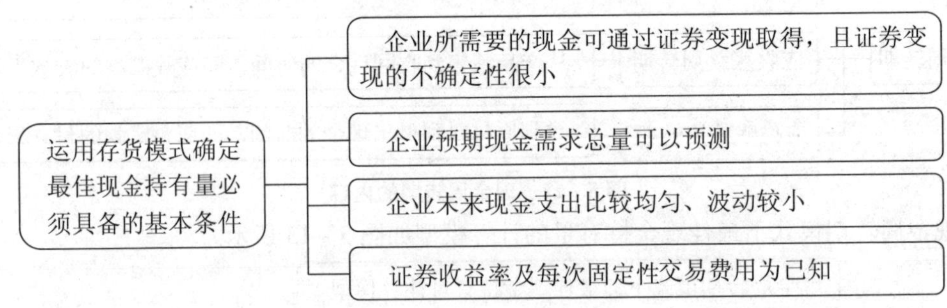

图5－15　运用存货模式确定最佳现金持有量的基本条件

【例5－2】某建筑施工企业预计下月现金支付总量为30万元，且该月现金支付较为均匀，企业每次转换有价证券的固定费用为600元。所持有价证券的年利率为10%，要求计算最佳现金持有量和现金持有总成本。

$$解：最佳现金持有量 = \sqrt{\frac{2 \times 300000 \times 600}{10\%}} = 60000（元）$$

现金持有总成本 = $\sqrt{2\times300000\times600\times10\%}$ = 6000（元）

五、现金的日常管理

（一）完善现金收支的内部管理制度

完善现金收支的内部管理制度如图 5－16 所示。

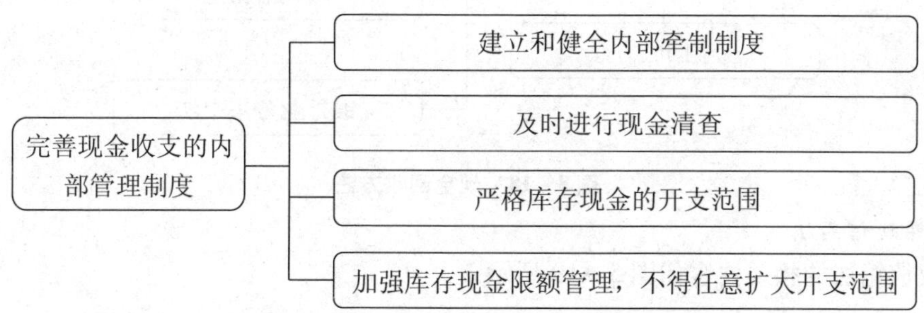

图 5－16　完善现金收支的内部管理制度

（二）现金收支管理

现金收支管理的相关内容如图 5－17 所示。

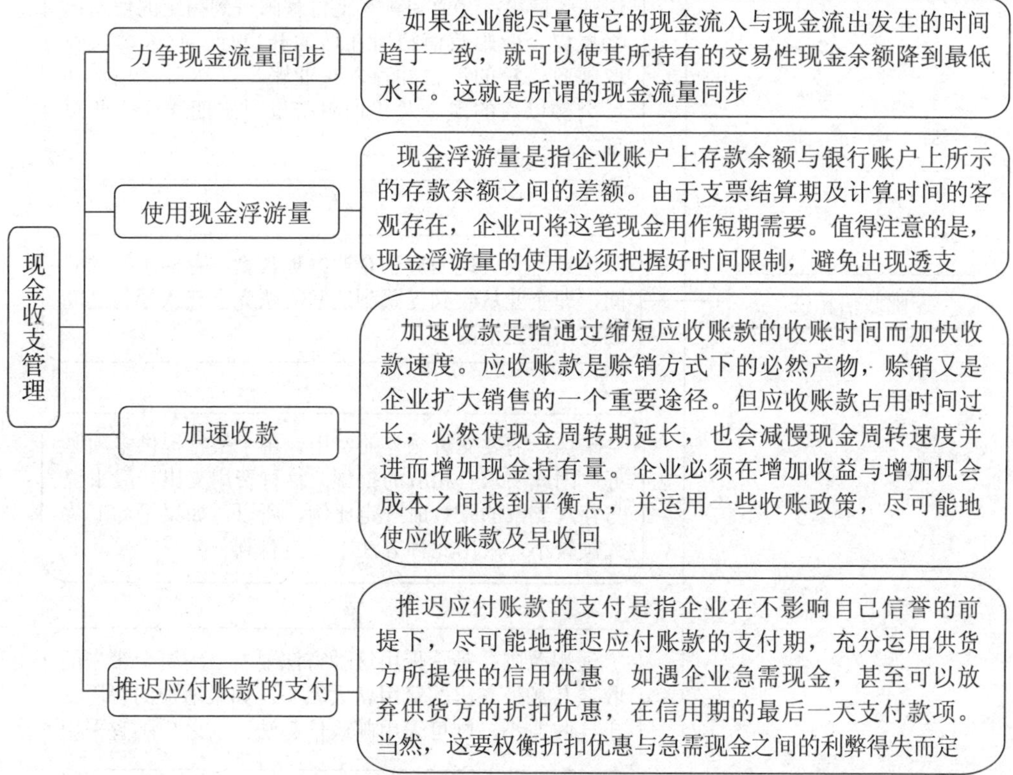

图 5－17　现金收支管理

（三）现金回收管理

现金回收管理的目的是尽快收回现金，加速现金的周转。为此，建筑施工企业应根据成本与收益比较原则选用适当方法加速账款的收回。现金回收的方法主要有邮政信箱法和银行业务集中法，如图 5－18 所示。

现金回收方法
邮政信箱法
银行业务集中法

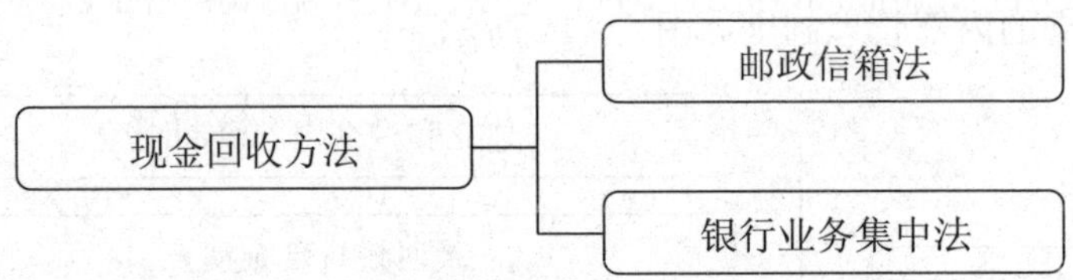

图 5－18　现金回收方法

1. 邮政信箱法

邮政信箱法的相关内容如图 5－19 所示。

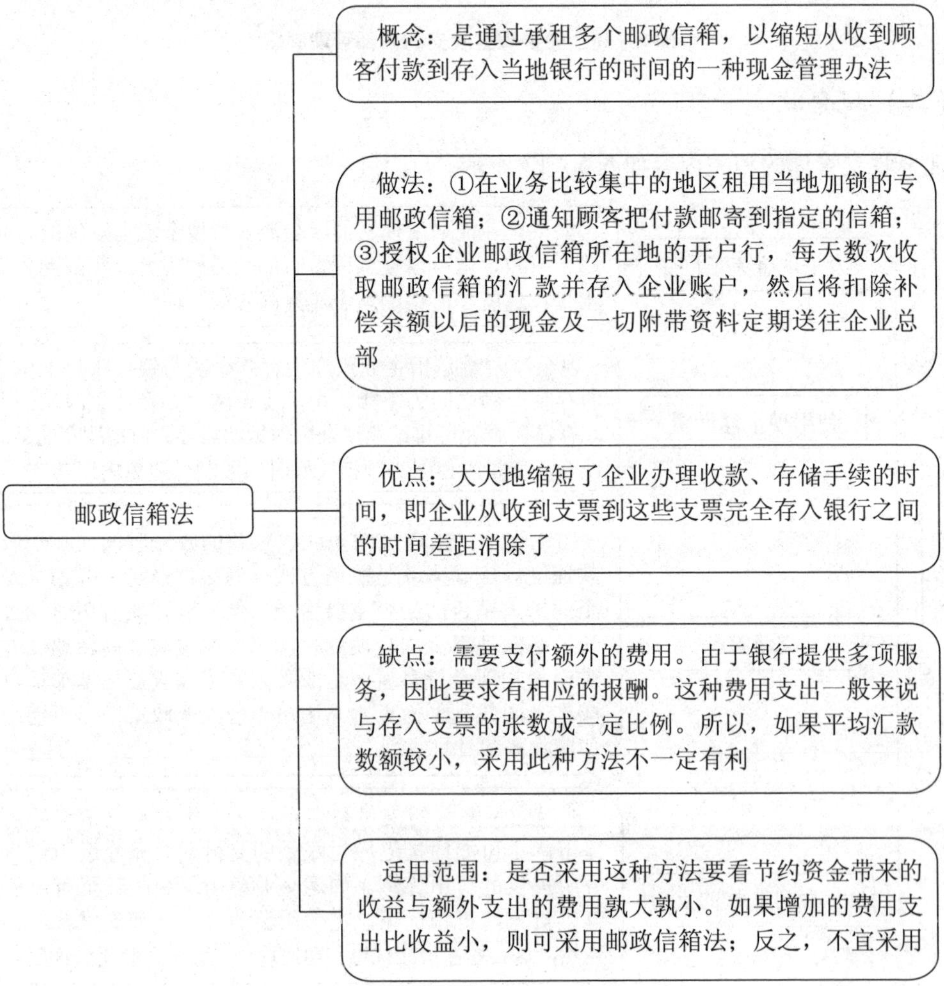

邮政信箱法
概念：是通过承租多个邮政信箱，以缩短从收到顾客付款到存入当地银行的时间的一种现金管理办法
做法：①在业务比较集中的地区租用当地加锁的专用邮政信箱；②通知顾客把付款邮寄到指定的信箱；③授权企业邮政信箱所在地的开户行，每天数次收取邮政信箱的汇款并存入企业账户，然后将扣除补偿余额以后的现金及一切附带资料定期送往企业总部
优点：大大地缩短了企业办理收款、存储手续的时间，即企业从收到支票到这些支票完全存入银行之间的时间差距消除了
缺点：需要支付额外的费用。由于银行提供多项服务，因此要求有相应的报酬。这种费用支出一般来说与存入支票的张数成一定比例。所以，如果平均汇款数额较小，采用此种方法不一定有利
适用范围：是否采用这种方法要看节约资金带来的收益与额外支出的费用孰大孰小。如果增加的费用支出比收益小，则可采用邮政信箱法；反之，不宜采用

图 5－19　邮政信箱法

2. 银行业务集中法

银行业务集中法的相关内容如图 5－20 所示。

银行业务集中法

- 概念：是通过建立多个账户收款中心来加速现金流转的方法
- 做法：①企业以服务地区和各销售区的账单数量为依据，设立若干个收款中心，并指定一个收款中心（通常是设在企业总部所在地的收账中心）的账户为集中银行；②企业通知客户将货款送到最近的收款中心而不必送到企业总部；③收款中心将每天收到的货款存到当地银行，然后再把多余的现金从地方银行汇入集中银行——企业开立主要存款账户的商业银行
- 优点：①账单和货款邮寄时间可大大缩短；②支票兑现时间可缩短
- 缺点：①每个收款中心的地方银行都要求有补偿余额，而补偿余额是一种闲置的不能使用的资金。设立的中心越多，补偿余额也越多，闲置的资金也越多；②设立收款中心需要一定的人力和物力，花费较多
- 适用范围：企业应在权衡利弊得失的基础上作出是否采用银行业务集中法的决策，这需要计算分散收账收益净额：
  分散收账收益净额=（分散收账前应收账款投资额-分散收账后应收账款投资额）×企业综合资金成本率-应增收收账中心每年增加费用额

图 5－20　银行业务集中法

第三节　应收款项的管理

一、应收账款概述

（一）应收账款的概念

应收账款是企业在建造和销售产品、提供劳务的过程中附带提供商业信用，采取延期收款、赊销等结算、销售方式而产生的应向发包建设单位等客户收取的款项。施工企业的应收账款主要指施工企业在施工经营活动中，依据价款确认书或合同规定而向发包方、分包方主张的债权。

（二）应收账款的种类

建筑施工企业产生的应收账款的种类如图 5－21 所示。

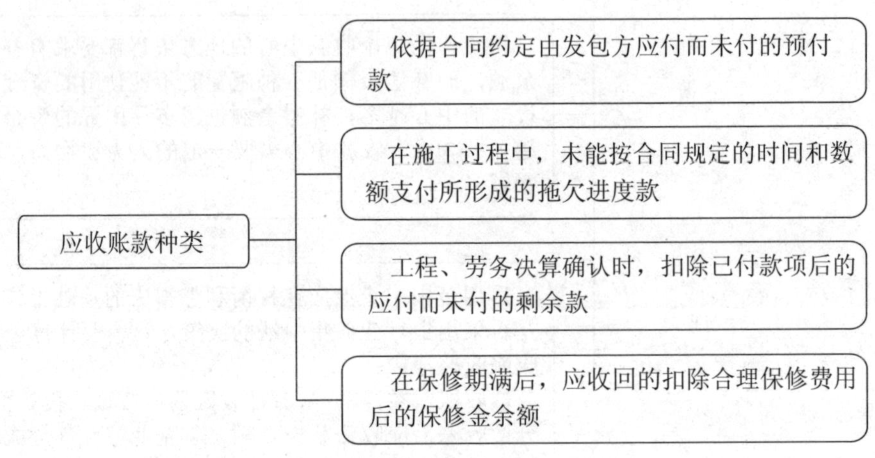

图 5－21　应收账款种类

（三）应收账款产生的原因

企业产生应收账款的原因如图 5－22 所示。

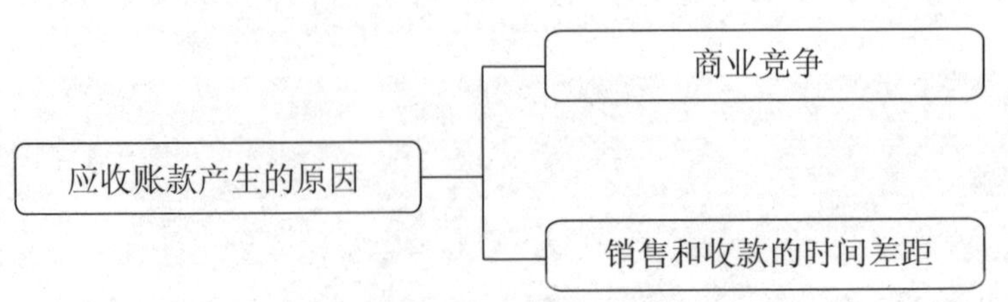

图 5－22　应收账款产生的原因

（四）应收账款的功能

应收账款的功能如图 5－23 所示。

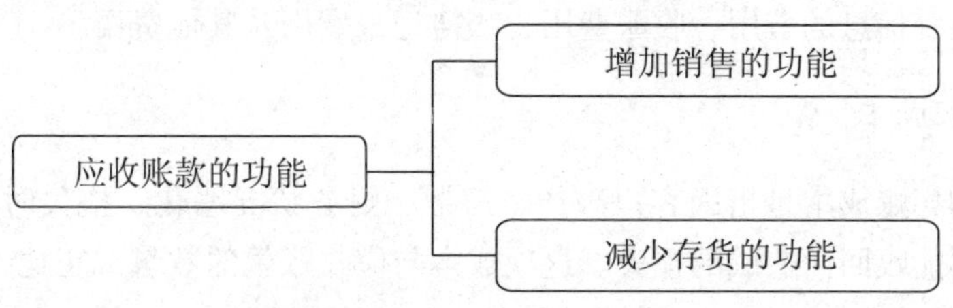

图 5－23　应收账款的功能

二、应收账款的成本

建筑施工企业在采取赊销方式促进销售、减少存货的同时，会因持有应收账款而付出一定的代价，主要包括机会成本、管理成本、坏账成本，但同时也会因销售增加而产生一定的收益。

（一）机会成本

机会成本是指因进行应收账款投资而丧失其他投资机会可能获取的收益。其计算方法如图 5－24 所示。

机会成本的计算

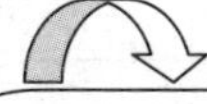

机会成本的计算公式为：

应收账款机会成本=维持赊销业务所需要的资金×资金成本率

式中：资金成本率一般可按有价证券利息率计算；维持赊销业务所需要的资金数量可按以下步骤计算：

（1）计算应收账款平均余额：

$$应收账款平均余额=\frac{年赊销额}{360}\times平均收账天数=平均每日赊销额\times平均收账天数$$

式中：平均收账天数一般按客户各自赊销额占总赊销额比重为权数的所有客户收账天数的加权平均数计算。

（2）计算维持赊销业务所需要的资金：

$$维持赊销业务所需要的资金=应收账款平均余额\times\frac{变动成本}{销售收入}=平均每日赊销额\times变动成本率$$

上式假设建筑施工企业的成本水平保持不变（即单位变动成本不变，固定成本总额不变），那么随着赊销业务的扩大，只有变动成本随之上升

图 5－24　机会成本的计算

（二）管理成本

应收账款的管理成本是指企业对应收账款进行管理而耗费的支出，如对客户的资信调查费用、收集各种信息的费用、收账费用、账簿记录费用及其他费用。

（三）坏账成本

应收账款的坏账成本是指因客户破产、解散、财务状况恶化、拖欠时间较长等原因，导致应收账款不能收回而造成的损失。这项成本与应收账款的数量成正比，可按如下公式计算：

坏账成本 = 应收账款平均余额 × 坏账损失率

三、建筑施工企业应收账款管理决策

（一）信用期间

信用期间的概念及确定方法如图 5－25 所示。

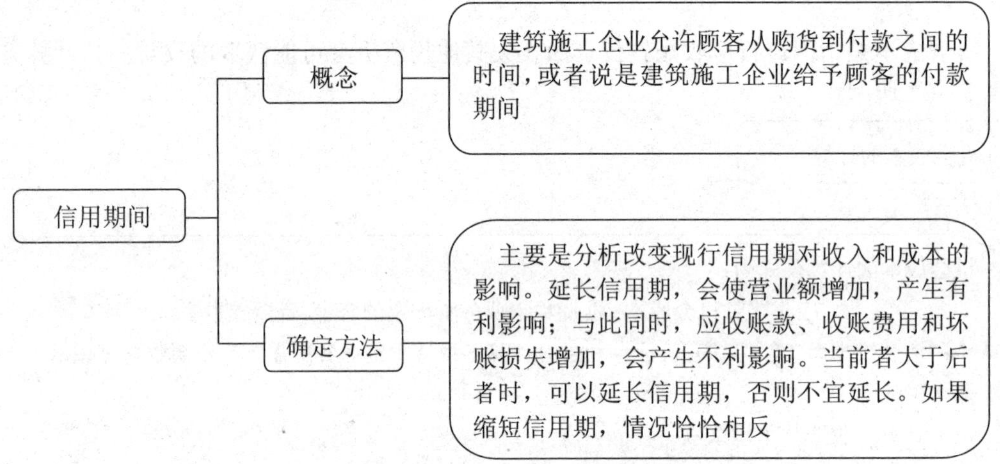

图 5－25　信用期间的概念及确定方法

【例 5－3】某建筑施工企业现在的信用条件是：信用期限为 30 天，提前付款无现金折扣。公司拟将信用期限放宽为 90 天，提前付款仍无现金折扣。公司所要求的投资报酬率为 20%。其他有关资料见表 5－1。请判断放宽信用期限是否可行。

表 5－1　某建筑施工企业相关信息

项目	信用期限	
	30 天	90 天
销售量/台	3000	3600
销售收入/万元	4500	5400

续表

项目	信用期限	
	30 天	90 天
销售成本/万元	—	—
变动成本（单位变动成本 1.2 万元）	3600	4320
固定成本/万元	450	450
销售毛利/万元	450	630
可能发生的收账费用/万元	27	36
可能发生的坏账损失/万元	23	81

解：

（1）计算延长信用期限增加的收益：

延长信用期限增加的收益 = 信用期限为 90 天时的销售毛利 − 信用期限为 30 天时的销售毛利 = 630 − 450 = 180（万元）

（2）计算延长信用期限使应收账款占用资金增加的利息：

应收账款应计利息 = 应收账款占用资金 × 资金成本率

应收账款占用资金 = 应收账款平均余额 × 变动成本率

应收账款平均余额 = 日销售额 × 平均收现期

信用期限为 30 天时的应收账款应计利息 $=\frac{4500}{36}\times 30\times\frac{3600}{4500}\times 20\% = 60$（万元）

信用期限为 90 天时的应收账款应计利息 $=\frac{5400}{36}\times 90\times\frac{4320}{5400}\times 20\% = 216$（万元）

延长信用期限使应收账款占用资金增加的利息 = 216 − 60 = 156（万元）

（3）计算收账费用和坏账损失的增加：

收账费用的增加 = 36 − 27 = 9（万元）

坏账损失的增加 = 81 − 23 = 58（万元）

（4）计算延长信用期限的净收益：

延长信用期限的净收益 = 180 − (156 + 9 + 58) = −43（万元）

由以上计算结果得出结论，由于延长信用期限所增加的收入小于所增加的成本，所以不应放宽信用期限。

（二）信用标准

信用标准是企业同意向发包建设单位等客户提供商业信用而提出的基本要求或者说对客户信用要求的最低标准。通常以预期的坏账损失率做出判别标准。企业如将信用标准定得过高，将使许多客户达不到所设定的标准而被企业商业信用拒之门外，这虽有利于降低违约风险及收账费用，但会影响企业市场竞争能力的提高和经营收入的扩大。相反，如果用较低的信用标准，虽有利于企业扩大工程承包和产品销售，提高市场竞争能力和占有率，但要冒较大的坏账损失风险并发生较多的收账费用。因此，企业应根据自身情况和目标客户的具体信用情况，确定合理的客户信用标准。

1. 信用标准的评估

建筑施工企业在设定某一顾客的信用标准时，往往要先评估他失信的可能性。一般而言，资信越好的客户的坏账风险越小，因而可以使用较宽松的信用标准。判断客户的资信程度可运用“5C”系统，即对客户的信用品质（Character）、偿付能力（Capacity）、资本（Capital）、抵押品（Collateral）、经济状况（Condition）五个方面进行综合分析与评价，具体如图 5－26 所示。

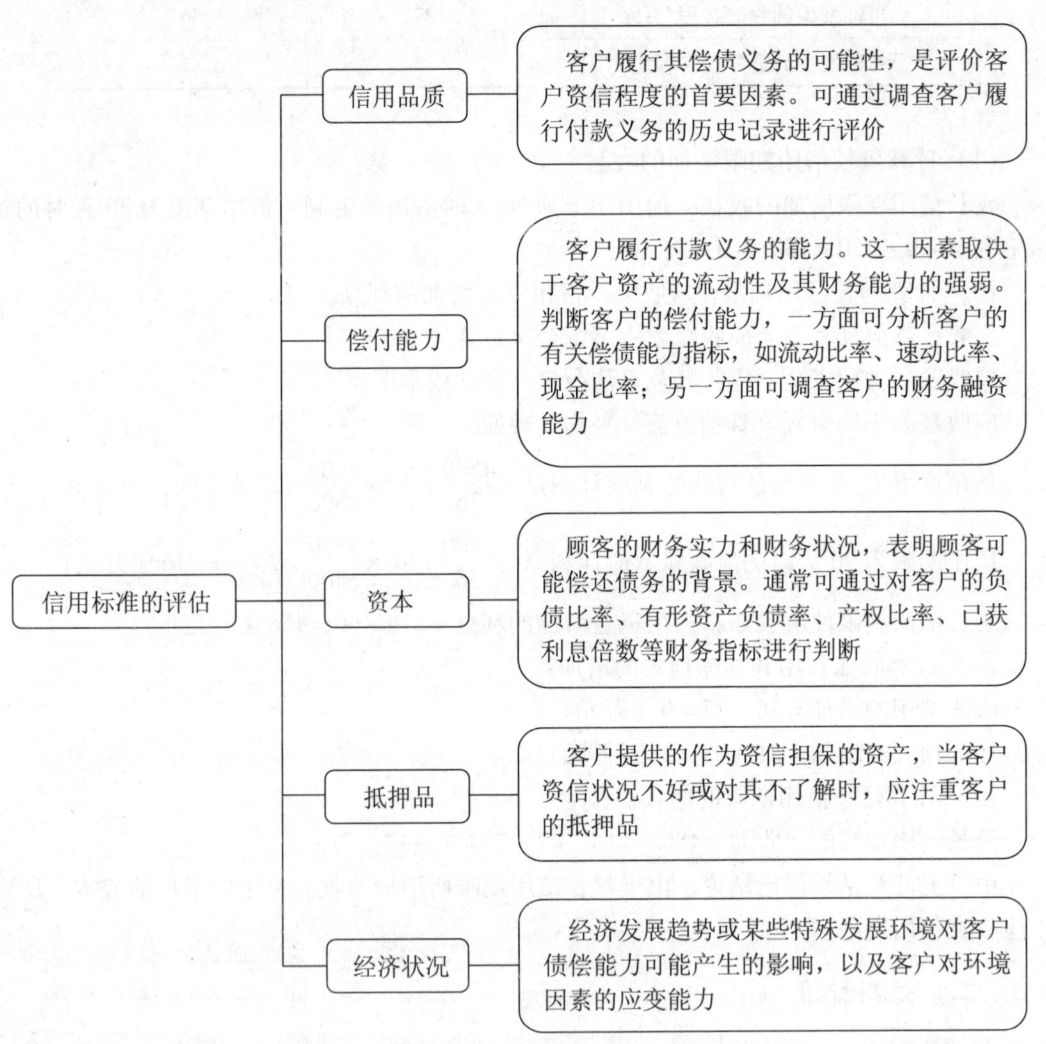

图 5－26　信用标准的评估

2. 信用标准分析步骤

信用标准的分析步骤如图 5－27 所示。

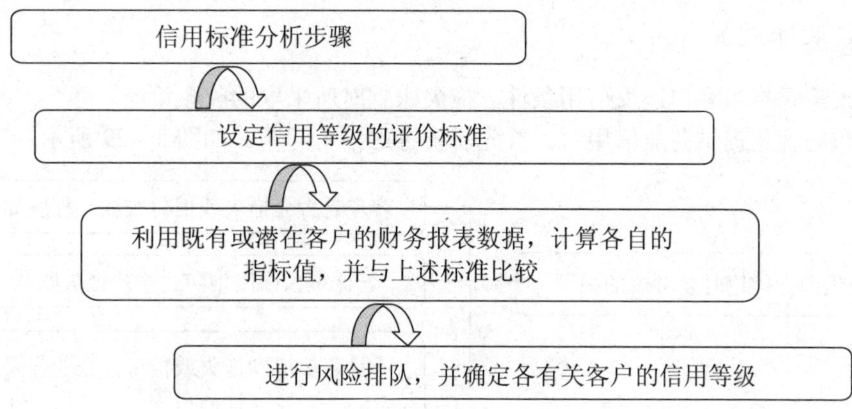

图 5－27　信用标准分析步骤

（三）现金折扣政策

现金折扣政策的相关内容如图 5－28 所示。

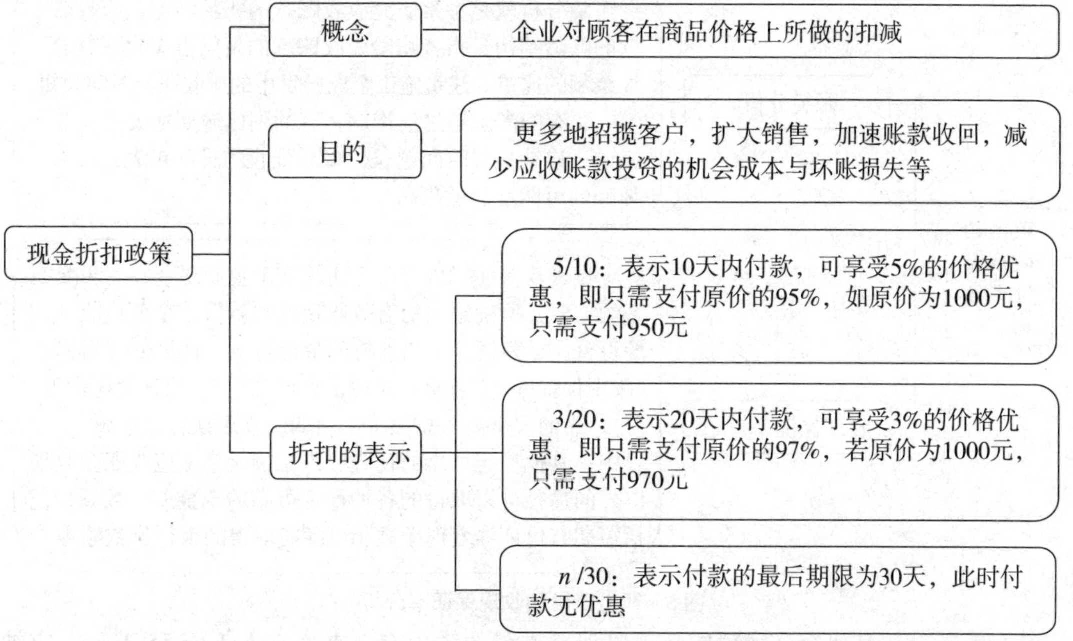

图 5－28　现金折扣的概念、目的及表示方法

企业究竟应当制定多长的现金折扣期限以及给予客户何种程度的现金折扣优惠，在进行决策时必须将其与信用期限及加速收款所得到的收益、付出的现金折扣成本结合起来考虑。因为同延长信用期限一样，采用现金折扣方式在刺激销售的同时，也要付出一定的成本代价，即给予客户现金折扣造成的价格损失。如果加速收款带来的机会收益能够绰绰有余地补偿现金折扣成本，企业就可以采取现金折扣或进一步加大当前的折扣优惠。当然，如果加速收款的机会收益不能补偿现金折扣成本的话，现金折扣优惠条件便被认为是不恰当的。

（四）收账政策

收账政策是指当客户违反借用条件、拖欠账款时所采取的收账策略。

企业在向客户提供商业信用时，首先需要考虑三个问题，如图 5－29 所示。

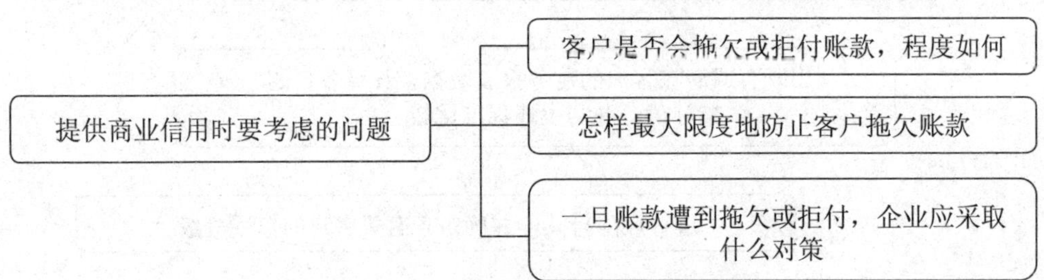

图 5－29　提供商业信用时要考虑的问题

企业为客户提供了商业信用后，还要对其应收账款进行跟踪，对其账龄和收现保证率进行分析，以便及时回收账款。账龄和收现保证率分析的相关内容如图 5－30 所示。

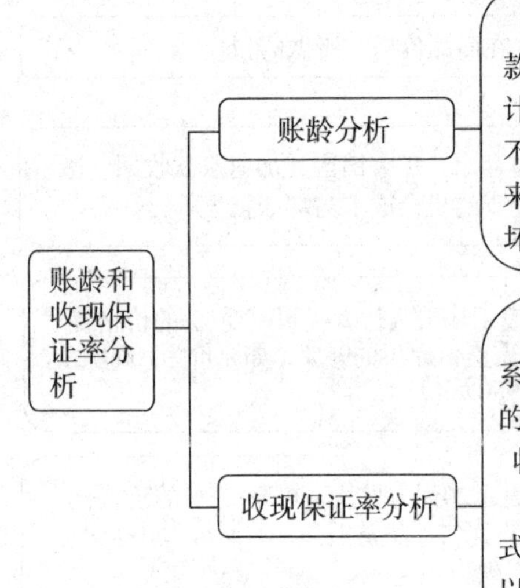

账龄分析就是考察研究应收账款的账龄结构。应收账款的账龄结构是指各账龄应收账款的余额占应收账款总计余额的比重。建筑施工企业已发生的应收账款时间长短不一，有的尚未超过信用期，有的则已逾期拖欠。一般来说，逾期拖欠时间越长，账款催收的难度越大，成为坏账的可能性也就越高

应收账款保证率是为适应建筑施工企业现金收支匹配关系的需要，所确定出的有效收现的账款应占全部应收账款的百分比，是两者应当保持的最低比例。计算公式为：

收现保证率=（当期必要现金支付总额-当期其他稳定可靠的现金流入总额）÷当期应收账款总计金额

式中：其他稳定可靠的现金流入总额是指从应收账款收现以外的途径可以取得的各种稳定可靠的现金流入数额，包括短期有价证券变现净额、可随时取得的银行贷款额等

图 5－30　账龄和收现保证率分析

【例 5－4】某建筑公司预期必须以现金支付的款项有：支付工人工资 55 万元，应纳税款 35 万元，支付应付账款 60 万元，其他现金支出 5 万元。预计该期稳定的现金收回款是 70 万元。记载在该期“应收账款”明细期末账上的客户有 A（欠款 80 万元）、B（欠款 100 万元）和 C（欠款 20 万元），试计算该建筑公司应收账款收现保证率。

解：当期现金支付总额 $=55+35+60+5=155$（万元）

当期应收账款总计金额 $=80+100+20=200$（万元）

应收账款收现保证率 $=\dfrac{155-70}{200}\times 100\%=42.5\%$

根据上述计算结果表明，该企业当期必须收回应收账款的 42.5%，才能最低限度保证当

期必要的现金支出，否则企业便有可能出现支付危机。为此，企业应定期计算应收账款实际收现率，看其是否达到了既定的控制标准，如果发现实际收现率低于应收账款收现保证率，应查明原因，采取相应措施，确保企业有足够的现金满足同期必需的现金支付要求。

四、应收账款的日常管理

应收账款日常管理的相关内容如图 5－31 所示。

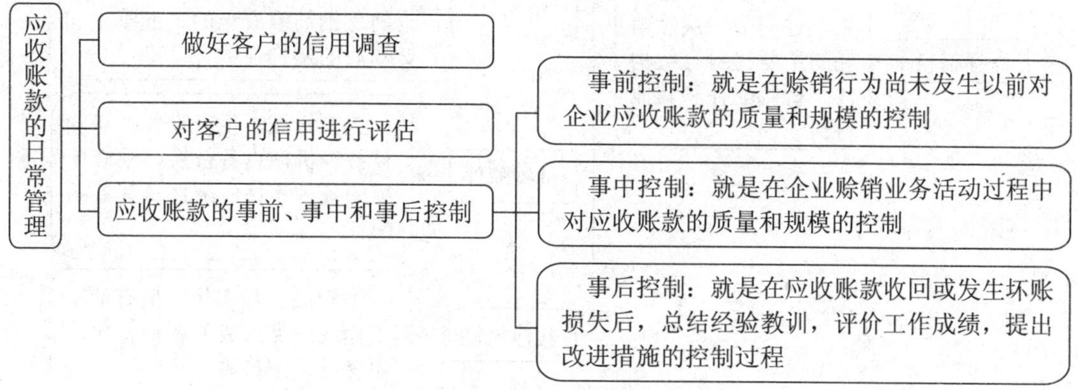

图 5－31　应收账款的日常管理

第四节　存货管理

一、存货的内容及分类

存货是指建筑施工企业在日常生产经营过程中持有以备出售或者耗用的各种资产。这些资产有的处于生产过程中，有的处于原材料、构配件或产成品状态。

建筑施工企业存货的内容如图 5－32 所示。

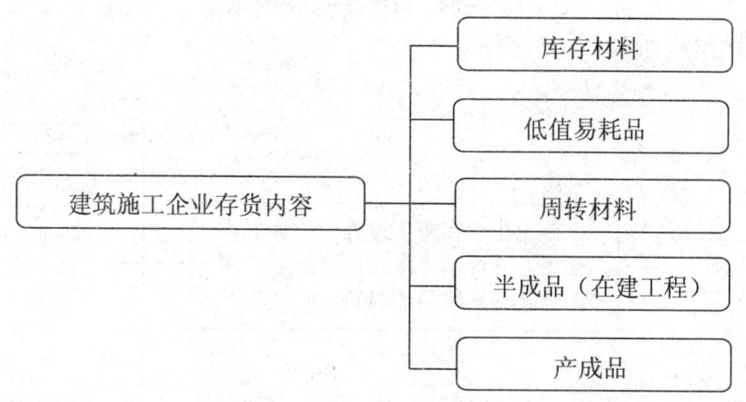

图 5－32　建筑施工企业存货内容

其中库存材料的具体内容如图 5－33 所示。

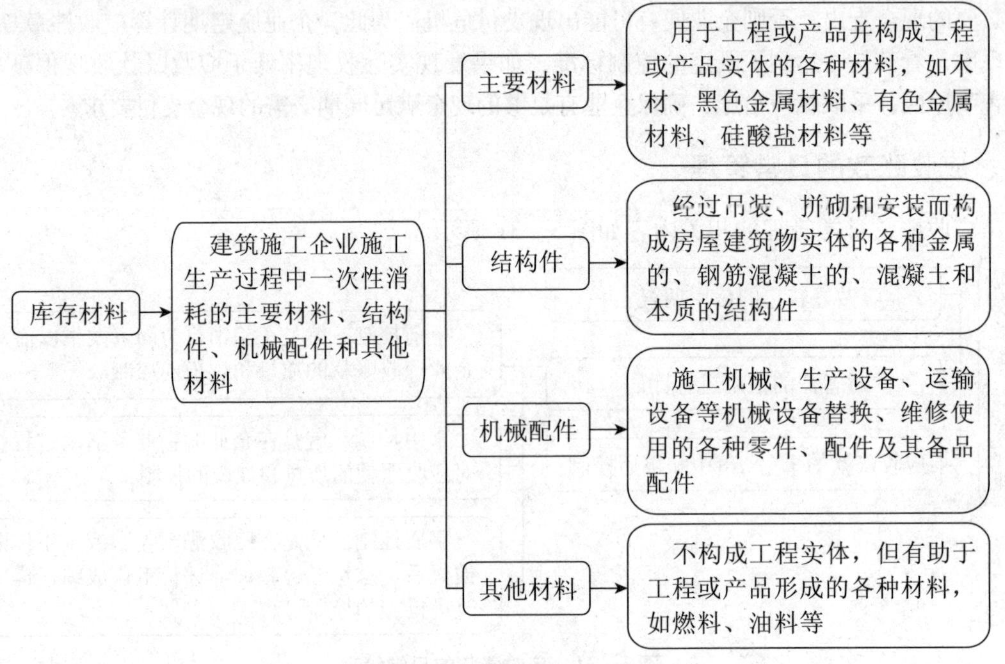

图 5－33　库存材料的组成

低值易耗品的组成如图 5－34 所示。

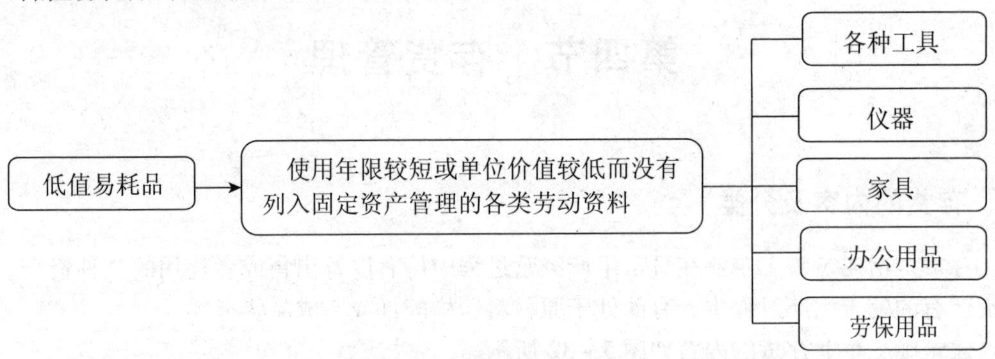

图 5－34　低值易耗品的组成

周转材料的组成如图 5－35 所示。

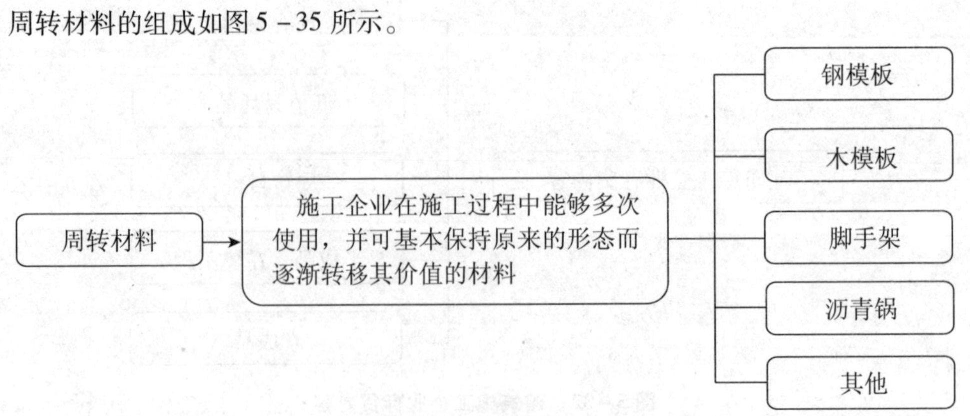

图 5－35　周转材料的组成

二、存货管理目标

建筑施工企业存货管理的目标如图 5 – 36 所示。

存货管理目标
保证生产建设或销售的连续性需要
出自进货价格的考虑
争取获得买卖价差（投机收益）

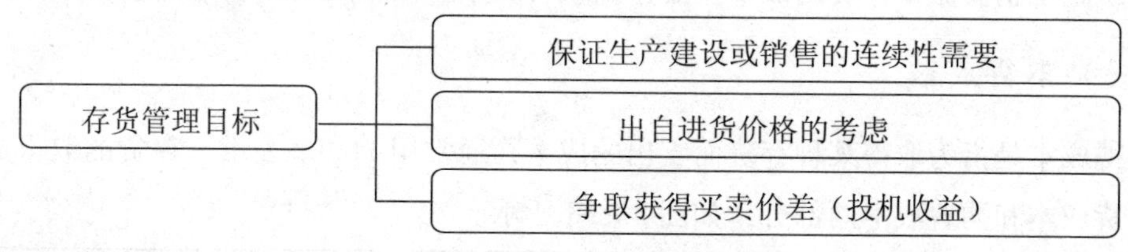

图 5 – 36　存货管理目标

三、存货管理中的风险

存货管理中的风险主要包括经营风险、财务风险和合规风险，其具体内容如图 5 – 37 所示。

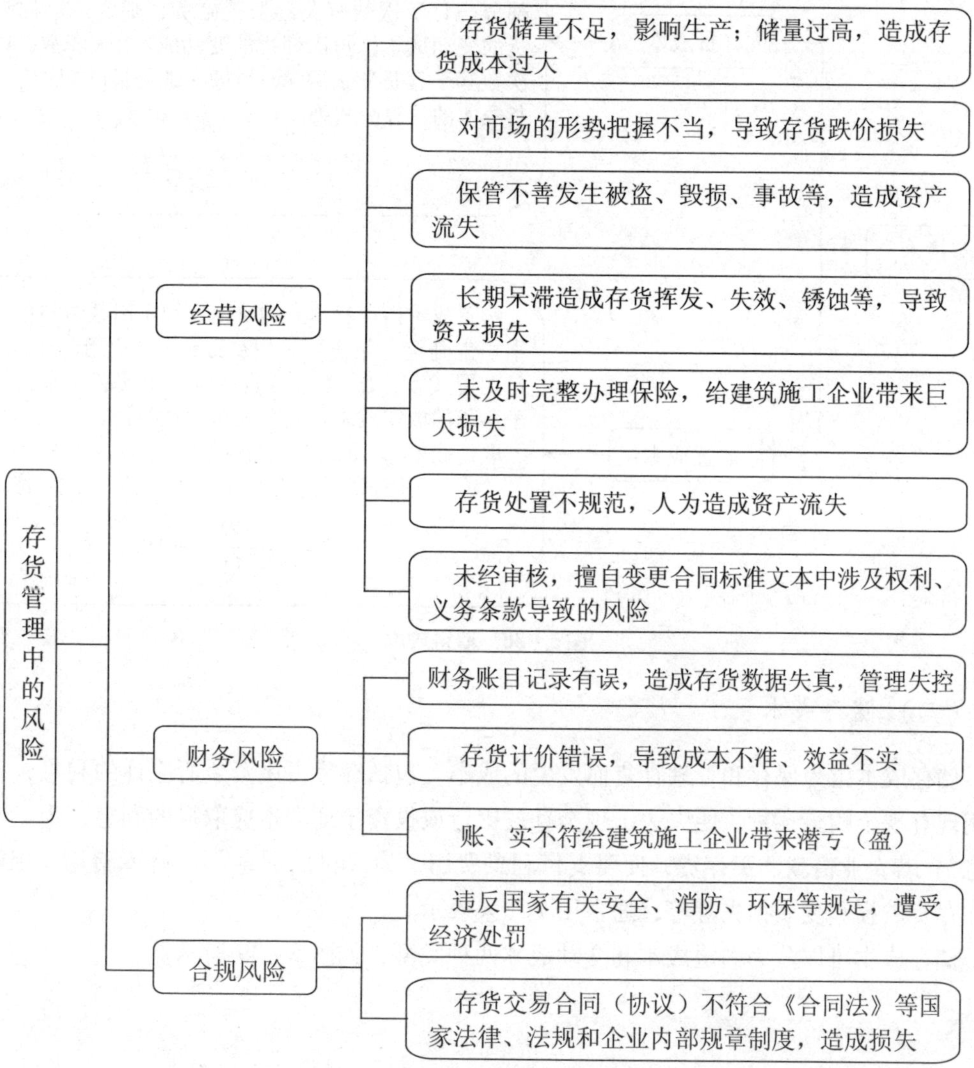

存货管理中的风险
经营风险
存货储量不足，影响生产；储量过高，造成存货成本过大
对市场的形势把握不当，导致存货跌价损失
保管不善发生被盗、毁损、事故等，造成资产流失
长期呆滞造成存货挥发、失效、锈蚀等，导致资产损失
未及时完整办理保险，给建筑施工企业带来巨大损失
存货处置不规范，人为造成资产流失
未经审核，擅自变更合同标准文本中涉及权利、义务条款导致的风险
财务风险
财务账目记录有误，造成存货数据失真，管理失控
存货计价错误，导致成本不准、效益不实
账、实不符给建筑施工企业带来潜亏（盈）
合规风险
违反国家有关安全、消防、环保等规定，遭受经济处罚
存货交易合同（协议）不符合《合同法》等国家法律、法规和企业内部规章制度，造成损失

图 5 – 37　存货管理中的风险

四、建筑施工企业储备存货的有关成本

建筑施工企业储备存货的成本主要包括取得成本、储存成本和缺货成本三种。

（一）取得成本

取得成本是指为取得某种存货而支出的成本，通常用 TC_a 来表示。存货的取得成本又分为订货成本和购置成本两部分，如图 5－38 所示。

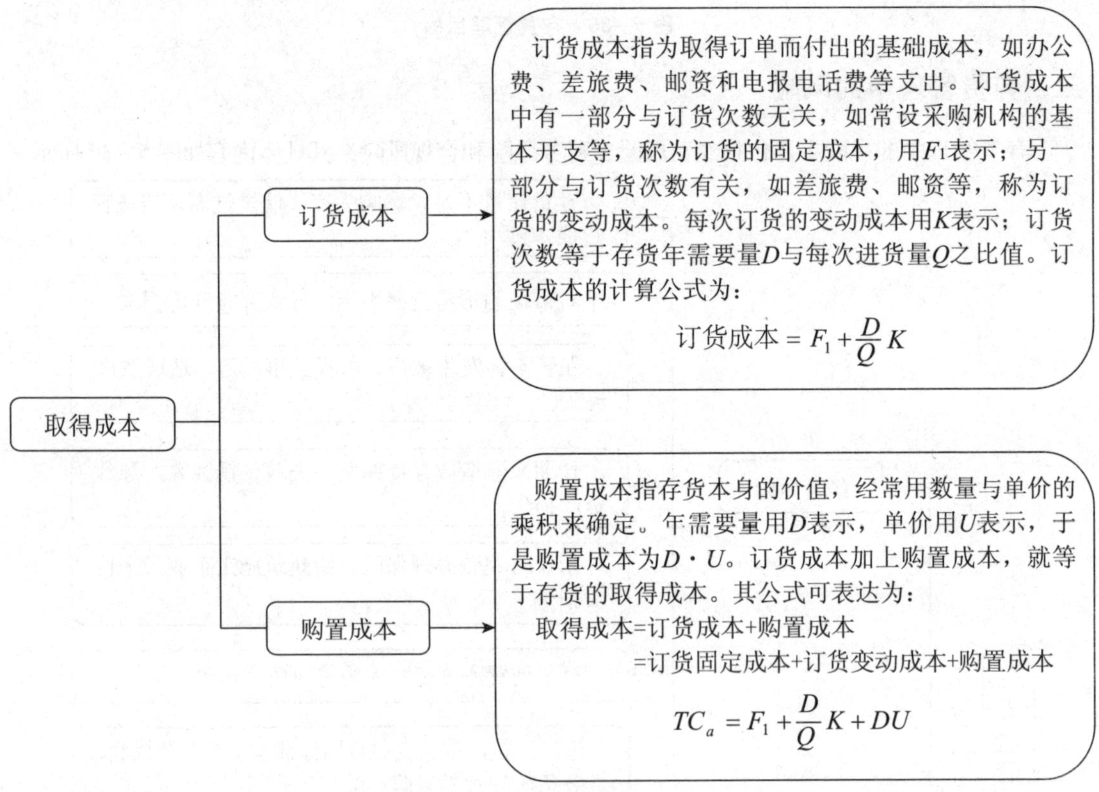

图 5－38　取得成本

（二）储存成本

储存成本指为保存和管理存货而发生的成本，包括存货占用资金所应计的利息（若企业用现有现金购买存货，便失去了现金存放银行或投资于证券本应取得的利息，为“放弃利息”；若企业借款购买存货，便要支付利息费用，为“付出利息”）、仓库费用、保险费用、存货破损和变质损失等等，通常用 TC_c 来表示。

储存成本可以分为固定成本和变动成本两种类型，如图 5－39 所示。

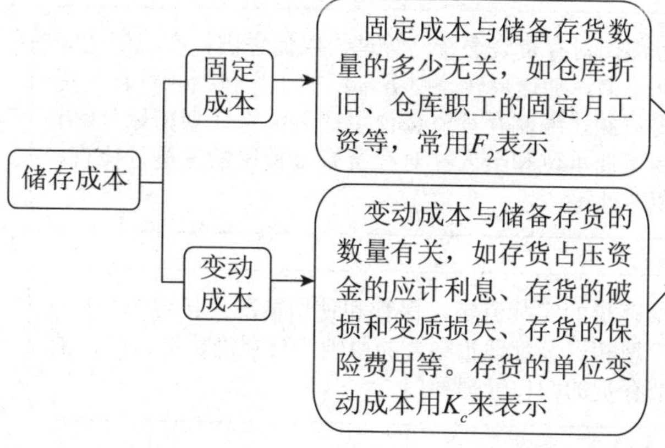

图 5－39　储存成本

（三）缺货成本

缺货成本指由于存货供应中断而造成的损失，包括材料供应中断造成的停工损失、产成品库存缺货造成的拖欠发货损失和丧失销售机会的损失（还应包括需要主观估计的商誉损失）；如果生产企业以紧急采购代用材料解决库存材料中断之急，那么缺货成本表现为紧急额外购入成本（紧急额外购入的开支会大于正常采购的开支）。缺货成本用 TC_s 表示。

如果以 TC 来表示储备存货的总成本，其计算公式为：

$$TC = TC_a + TC_c + TC_s = F_1 + \frac{D}{Q}K + DU + F_2 + K_c\frac{Q}{2} + TC_s$$

企业存货的最优化，即是使上式的 TC 值最小。

五、存货管理的常用方法

（一）经济批量与最佳订货周期的确定

存货管理的一项重大内容，就是要确定存货成本最低时的采购批量，即经济批量，又称经济订货量。经济批量的确定可以借助存货基本数学模型，而存货基本数学模型的建立和使用一般都有前提条件。因此，经济批量的确定方法不止一种，常见的有经济订货量基本模型和改进模型、图示法、公式法等。

建筑施工企业在一定时期的存货总需求量已知的情况下，当经济批量确定后，就能够进一步确定最佳订货次数和订货周期。

（二）归口分级管理

存货归口分级管理的主要内容如图 5－40 所示。

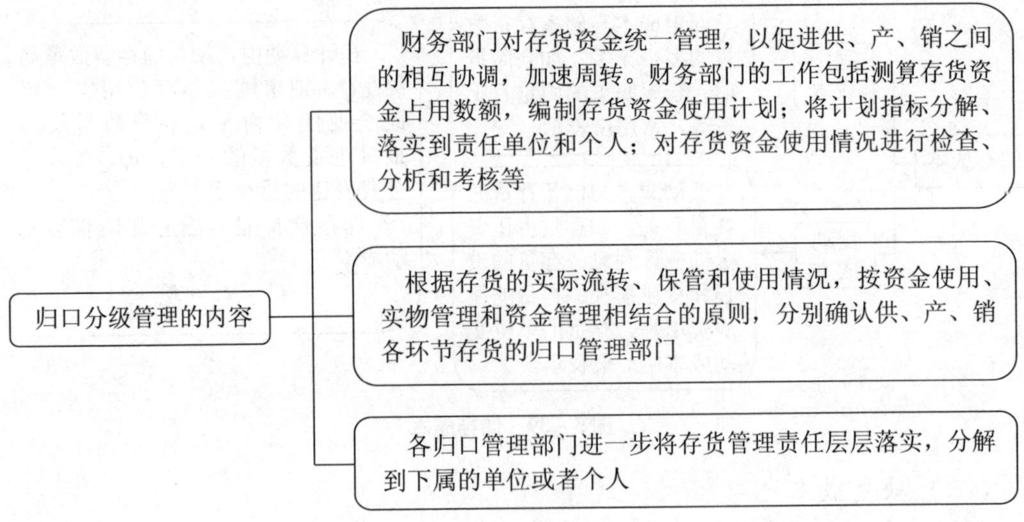

图 5－40　归口分级管理的内容

（三）存货质量管理

存货质量管理的相关内容如图 5－41 所示。

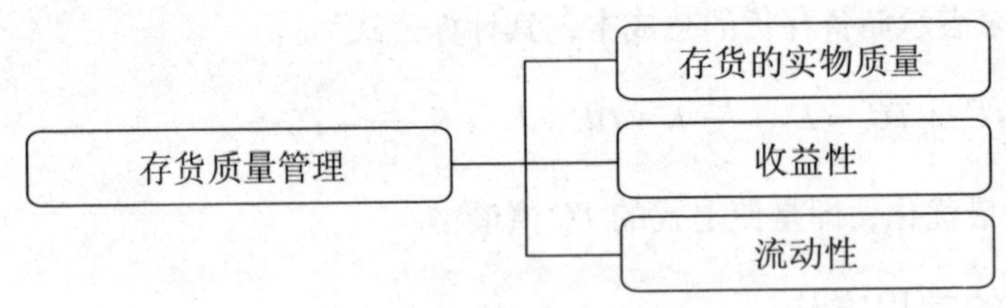

图 5－41　存货质量管理

（四）存货 ABC 分类管理

1. 存货 ABC 分类管理的概念

存货 ABC 分类管理就是按照一定的标准，将企业的存货划分为 A、B、C 三类，分别实行分品种重点管理、分类别一般控制和按总额灵活掌握的存货管理方法。运用到建筑施工企业，对工程项目施工材料的管理，就是对施工所使用的各种材料，按其用量大小、用资金多少，结合重要程度分成 A、B、C 三类，每类采取不同的管理办法。

建筑施工企业存货 ABC 分类的标准如图 5－42 所示。

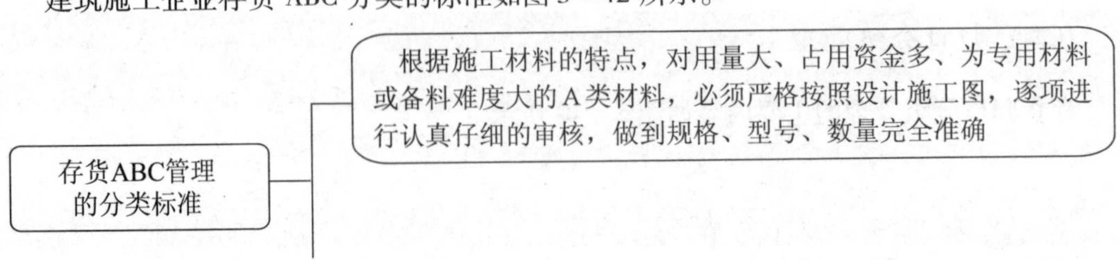

存货ABC管理的分类标准

对处于中间状态的通用主材、资金占用属中等的辅材等B类材料，估料时一般按常规的计算公式和预算定额确定

对资金占用少、用量小、比较次要的C类材料，可采用较为简便的系数调整办法加以估计

图5-42　存货ABC管理的分类标准

2. 存货ABC分类管理的应用步骤

存货ABC分类管理的应用步骤如图5-43所示。

存货ABC分类管理的应用步骤

计算每一种存货在一定时间（一般为一年）内的资金占用额

计算每一种存货占用资金在全部存货资金总额中的比例，并按大小顺序排列，编成表格

根据事先确定的标准把重要的材料划为A类，把一般的材料划为B类，把不重要的材料划为C类。一般使A类材料种类占存货种类总数的10%左右，但占用的资金占材料总资金的70%左右；使B类材料种类占材料种类总数的20%左右，占用的资金占材料总资金的20%左右；使C类材料种类占材料种类总数的70%左右，占用的资金占材料总资金的10%左右，如下图所示

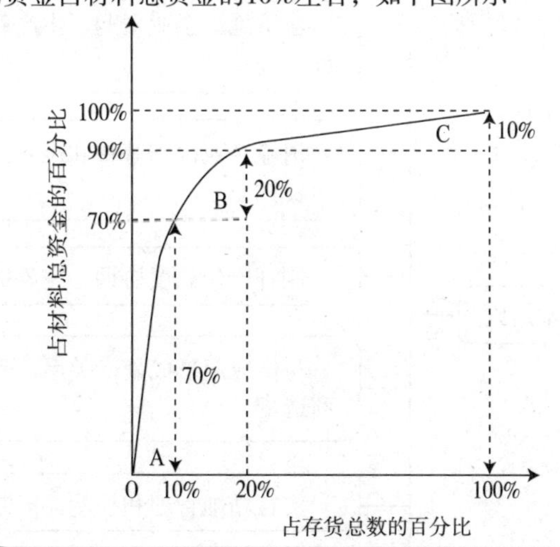

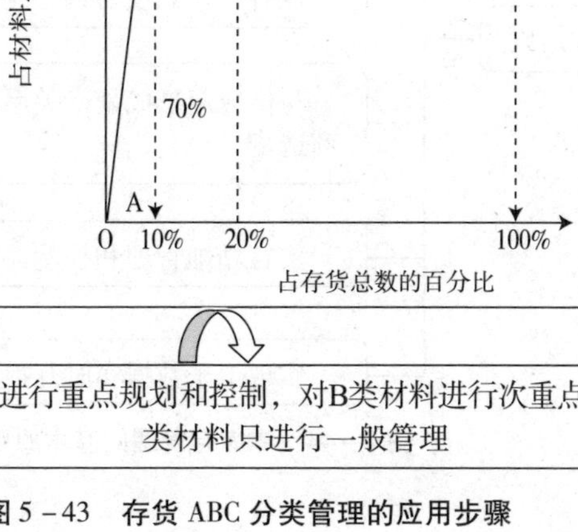

对A类材料进行重点规划和控制，对B类材料进行次重点管理，对C类材料只进行一般管理

图5-43　存货ABC分类管理的应用步骤

【例5－5】某建筑施工企业一工程项目部共有材料25种，占用资金800000元，各种材料的归类情况详见表5－2。试采用存货ABC分类法管理材料。

表5－2　材料ABC分析表

类别	品种数量	种类比重（%）	资金数额（元）	资金比重（%）
A类存货	3	12	580000	72.5
B类存货	7	28	172000	21.5
C类存货	15	60	48000	6
合计	25	100	800000	100

解：根据以上分类，该项目部对A、B、C三类材料的不同控制措施如下：

（1）A类材料品种少，资金占用大，是材料管理的重点。对于A类材料要实行分品种重点规划和管理，科学确定经济订货批量，经常检查其库存情况，严格控制库存数量，对材料的收、发、存进行详细记录，定期盘点，并努力加快其周转速度。

（2）C类材料品种繁多，资金占用较少，一般可采用比较简化的方法进行管理，通常采用总额控制的方式。可根据经验确定其资金占用量，或者规定一个订货点，当材料低于这个订货点时就组织进货。

（3）B类材料介于A、C两类材料之间，实行次重点管理，一般可按材料类别进行控制。可适当放宽经济批量，尽量节约人力、物力，以降低其成本。

（五）零库存管理

零库存管理的基本原则如图5－44所示。

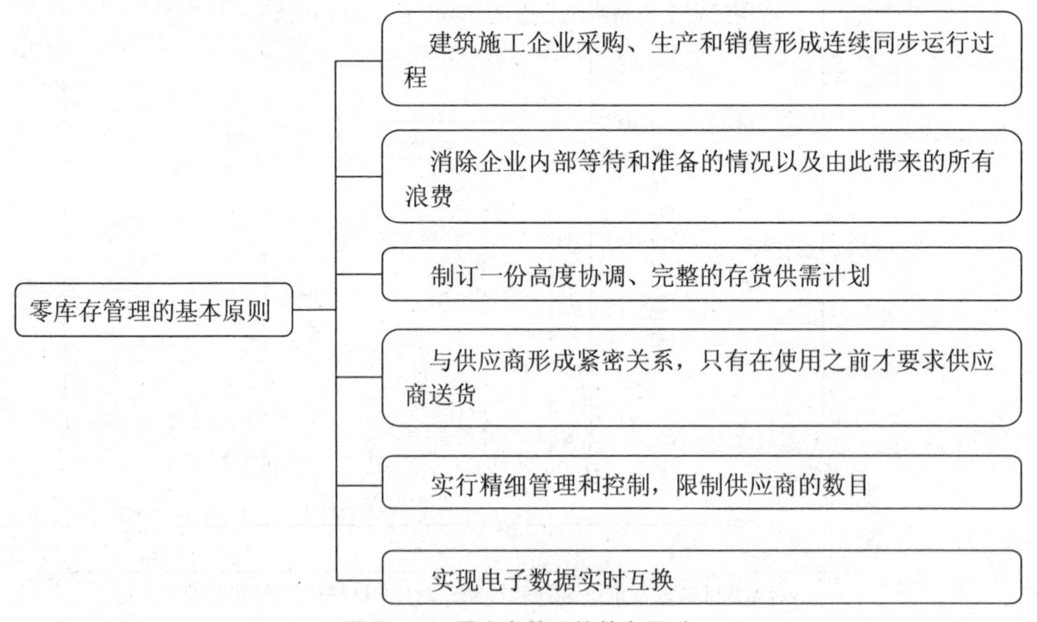

图5－44　零库存管理的基本原则

在建筑施工企业实践中，绝对的零库存是理想状态，基本难于实现，但这种存货管理理念仍应得到重视和应用。

六、建筑施工企业存货决策

建筑施工企业的存货决策主要用经济订货量的基本模型来进行，随着经济的发展，在基本模型的基础上又进行了扩展。

（一）经济订货量基本模型

1. 经济订货量基本模型的假设条件

经济订货量基本模型的假设条件如图 5－45 所示。

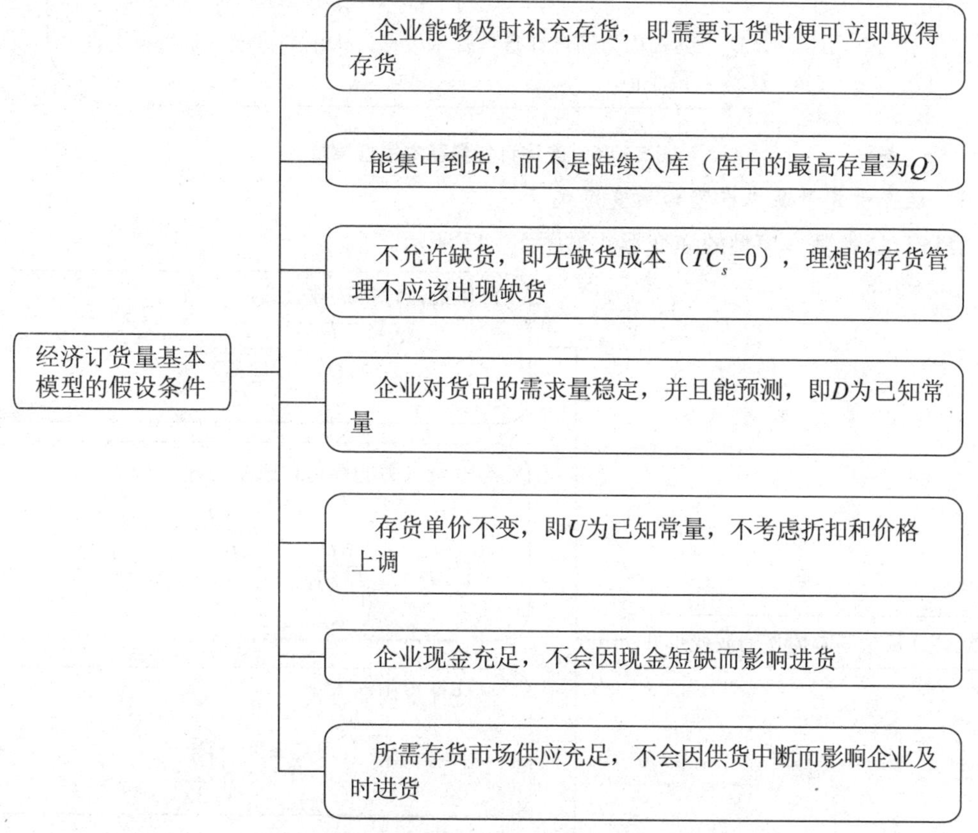

图 5－45　经济订货量基本模型的假设条件

2. 经济订货量基本模型的演算

经济订货量基本模型的演算如图 5－46 所示。

经济订货量基本模型演算

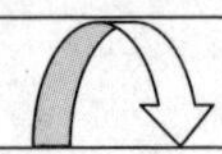

设定了上述假设后，存货总成本的公式可以简化为：

$$TC=F_1+\frac{D}{Q}K+DU+F_2+K_c\frac{Q}{2}$$

当 F_1、K、D、U、F_2、K_c 为常数量时，TC 的大小取决于 Q。为了求出 TC 的极小值，对其进行求导演算，可得出下列公式：

$$Q^*=\sqrt{\frac{2KD}{K_c}}$$

这一公式称为经济订货量基本模型，求出的每次订货批量可使 TC 达到最小值

图 5－46　经济订货量基本模型演算

3. **经济订货量基本模型的演变形式**

经济订货量基本模型的演变形式如图 5－47 所示。

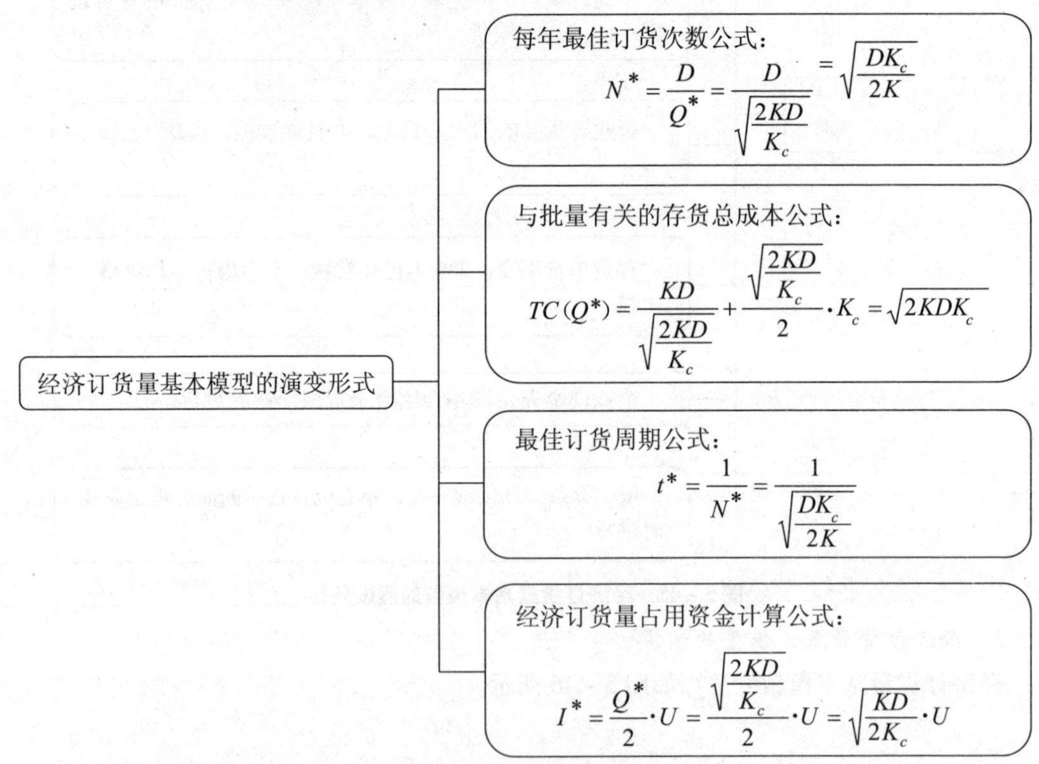

图 5－47　经济订货量基本模型的演变形式

【例 5－6】某建筑施工企业每年耗用某种建筑材料 3600 千克，该材料单位成本 10 元/千克，单位存储成本为 2 元/千克，一次订货成本 25 元/千克。分别计算该企业的经济订

货量、年最佳订货次数、存货总成本、最佳订货周期、经济订货占用资金。

解：经济订货量 $Q^*=\sqrt{\frac{2KD}{K_c}}=\sqrt{\frac{2\times3600\times25}{2}}=300$（千克）

年最佳订货次数 $N^*=\frac{D}{Q^*}=\frac{3600}{300}=12$（次）

存货总成本 $TC_{(Q^*)}=\sqrt{2KDK_c}=\sqrt{2\times25\times3600\times2}=600$（元）

最佳订货周期 $t^*=\frac{1}{N^*}=\frac{1}{12}$（年）$=1$（个月）

经济订货占用资金 $I^*=\frac{Q^*}{2}\cdot U=\frac{300}{2}\times10=1500$（元）

（二）基本模型的扩展

1. 订货提前期

一般情况下，建筑施工企业的存货不能做到随用随时补充，因此不能等存货用完再去订货，而需要在没有用完时提前订货。在提前订货的情况下，企业再次发出订货单时，库中尚有的存货库存量，称为再订货点，用 R 来表示。它的数量等于交货时间（L）和每日平均需用量（d）的乘积，即 $R=L\cdot d$。

【例5－7】接【例5－6】，假如企业从订货日至到货期的时间间隔为10天，每日存货需要量为10千克/天，求再订货点。

解：$R=L\cdot d=10\times10=100$（千克）

即企业在尚存100千克存货时，就应当再次订货，等到下批订货到达时（10天后），原有库存刚好用完。此时，有关存货的每次订货批量、订货次数、订货间隔时间等并无变化，与存货瞬时补充时相同。订货提前期的情形如图5－48所示。这就是说，订货提前期对经济订货量并无影响，只不过在达到再订货点（库存100千克）时即发出订货单罢了。

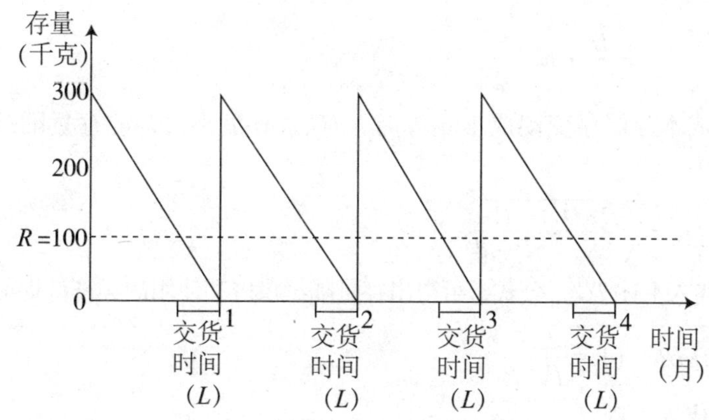

图5－48 存货提前期的情形

2. 存货陆续供应和使用

在建立基本模型时，是假设存货一次全部入库，故存货增加时存量变化为一条垂直的直线。事实上，各批存货可能陆续入库，使存量陆续增加。尤其是产品入库和在产品转移，几乎总是陆续供应和陆续耗用的。在这种情况下，需要对图 5－48 的基本模型做一些修改。

【例 5－8】某建筑施工企业甲零件的年需用量 D 为 3600 件，每日送货量 P 为 30 件，每日耗用量 d 为 10 件，单价 U 为 10 元，一次订货成本 K 为 25 元，单位储存变动成本 K_c 为 2 元。存货数量的变动如图 5－49 所示。求该企业甲零件的经济订货量和存货总成本。

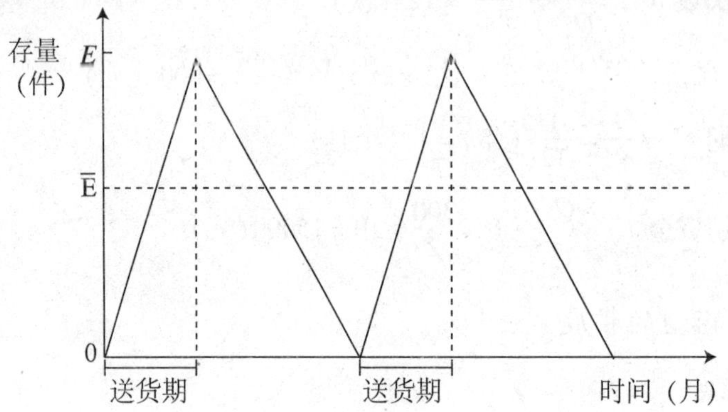

图 5－49　某建筑施工企业甲零件的存量变动

解：设每批订货数为 Q。由于每日送货量为 P，故该批货全部送达所需的日期数为 Q/P，称为送货期，故：

$$送货期内耗用量 = \frac{Q}{P} \cdot d$$

$$最高库存量 = Q - \frac{Q}{P} \cdot d$$

$$平均库存量 = \frac{1}{2}\left(Q - \frac{Q}{P} \cdot d\right)$$

$$存货总成本\ TC_{(Q)} = \frac{D}{Q} \cdot K + \frac{1}{2}\left(Q - \frac{Q}{P} \cdot d\right) \cdot K_c$$

$$= \frac{D}{Q} \cdot K + \frac{Q}{2}\left(1 - \frac{d}{P}\right) \cdot K_c$$

在订货变动成本与储存变动成本相等时，$TC_{(Q)}$ 有最小值，故存货陆续供应和使用的经济订货量公式为：

$$经济订货量\ Q^* = \sqrt{\frac{2KD}{K_c} \cdot \frac{P}{P-d}}$$

将这一公式代入上述 $TC_{(Q)}$ 公式，可得出存货陆续供应和使用的经济订货量总成本公式：

$$TC_{(Q^*)} = \sqrt{2KDK_c\left(1 - \frac{d}{P}\right)}$$

将上述数据代入，则：

$$经济订货量\ Q^* = \sqrt{\frac{2 \times 25 \times 3600}{2} \times \frac{30}{30-10}} = 367\text{（件）}$$

$$TC_{(Q^*)} = \sqrt{2 \times 25 \times 3600 \times 2 \times \left(1 - \frac{10}{30}\right)} = 490\text{（元）}$$

3. **保险储备**

按照某一订货批量（如经济订货批量）和再订货点发出订单后，如果需求增大或送货延迟，就会发生缺货或供货中断。为防止由此造成的损失，就需要多储备一些存货以备应急之需，称为保险储备（安全存量）。这些存货在正常情况下不动用，只有当存货过量使用或送货延迟时才动用。保险储备如图 5－50 所示。

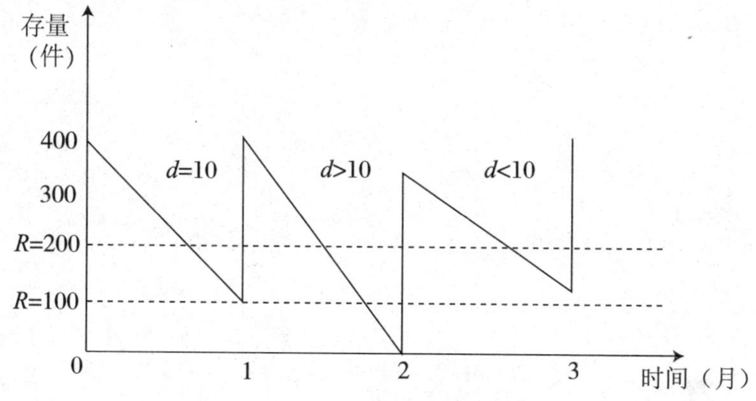

图 5－50　保险储备示意图

图 5－49 中年需用量 D 为 3600 件，已计算出经济订货量为 300 件，每年订货 12 次。又知全年平均日需求量 d 为 10 件，平均每次交货时间 L 为 10 天。为防止需求变化引起缺货损失，设保险储备量 B 为 100 件，再订货点 R 由此而相应提高为：

R＝交货时间×平均日需求＋保险储备＝$L \cdot d + B = 10 \times 10 + 100 = 200$（件）

在第一个订货周期里，$d=10$，不需要动用保险储备；在第二个订货周期内，$d>10$，需求量大于供货量，需要动用保险储备；在第三个订货周期内，$d<10$，不仅不需动用保险储备，正常储备亦未用完，下次存货即已送到。

如果设与此有关的总成本为 TC（S，B），缺货成本为 C_S，保险储备成本为 C_B，则：

$TC(S, B) = C_S + C_B$

设单位缺货成本为 K_u，一个订货周期中可能的平均缺货量为 S，年订货次数为 N，保险储备量为 B，存货的单位储存成本为 K_c，则：

$C_S = K_u \cdot S \cdot N$

$C_B = B \cdot K_c$

$TC(S, B) = K_u \cdot S \cdot N + B \cdot K_c$

七、建筑施工企业材料的管理

建筑施工企业材料的管理如图 5－51 所示。

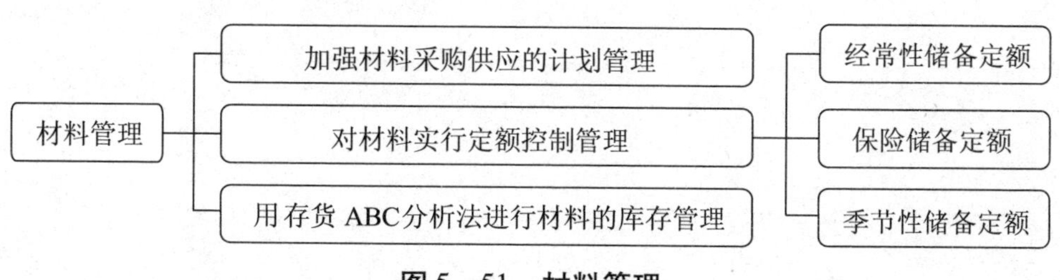

图 5－51　材料管理

第六章　固定资产管理

本章导读

对于建筑施工企业来说，固定资产主要包括使用寿命超过一个会计年度的，与施工相关的机械设备还有与经营相关的基础设备等有形资产。固定资产不仅是建筑施工企业技术装备水平的体现，同时也反映了企业的生产经营能力。在企业的管理中加强固定资产管理，对于提高企业固定资产使用效率、保障企业固定资产的安全完整具有非常重要的意义。

第一节　固定资产管理概述

一、固定资产的概念及特征

固定资产，是指同时具有下列特征的有形资产：

（1）为生产商品、提供劳务、出租或经营管理而持有的。

（2）使用寿命超过一个会计年度。使用寿命，是指建筑施工企业使用固定资产的预计期间，或者该固定资产所能生产产品或提供劳务的数量。

符合固定资产特征和确认条件的有形资产，应当确认为固定资产；不符合的确认为存货。

其中，“出租”不包括作为投资性房地产的以经营租赁方式租出的建筑物。备品备件和维修设备通常确认为存货，但某些备品备件和维修设备需要与相关固定资产组合发挥效用，应当确认为固定资产。

建筑施工企业应当根据《企业会计准则第 4 号——固定资产》的规定，结合本单位的实际情况，制定固定资产目录，包括每类或每项固定资产的使用寿命、预计净残值、折旧方法等并编制成册，经股东大会或董事会、经理会议或类似机构批准，按照法律、行政法规等的规定报送有关各方备案。

固定资产目录一经确定不得随意变更。如需变更，仍应履行上述程序，并按《企业会计准则第 28 号——会计政策、会计估计变更和差错更正》处理。

二、固定资产的分类

建筑施工企业固定资产的种类有很多，如图 6－1 所示。

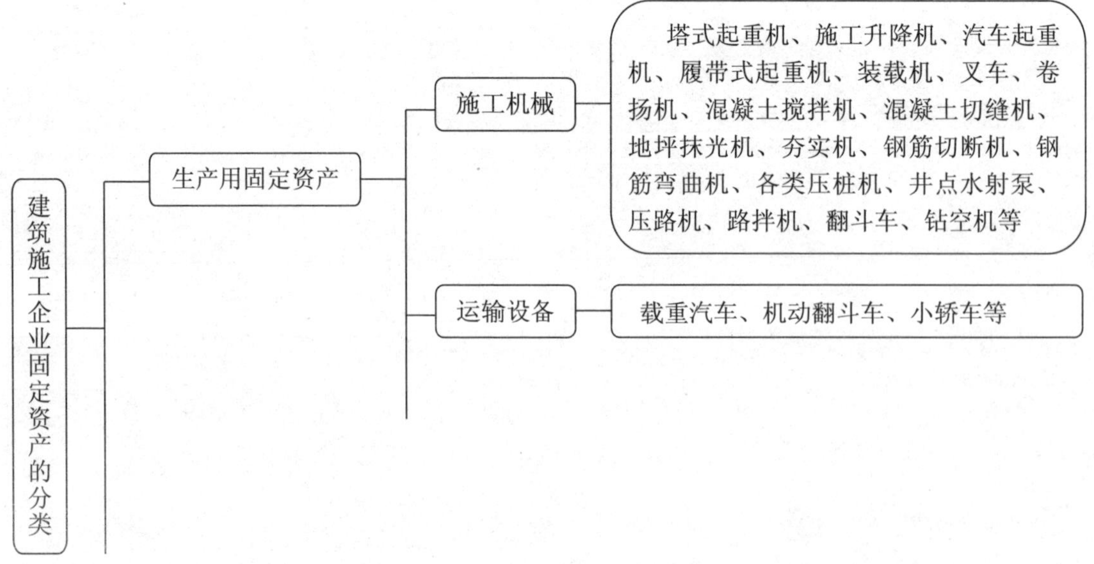

建筑施工企业固定资产的分类
生产用固定资产
生产设备
空压机、钢筋对焊机、电焊机、气体保护焊机、变截面焊接机、木工圆盘机、木工压刨机、铣榫机、清洗机、普通车床、牛头刨床、钻床、锯床、平面磨床、剪板机、钢管矫直机、柴油发电机组、汽油发电机、单梁起重机、桥式起重机、电动冲模机、电动玻璃吸吊机、铝门窗同步组角机、塑窗双角机、压力机（冲床）、H型钢自动组立机、H型钢矫正机、H型钢切断机、多头直条气割机、喷砂机、H型钢抛丸清理机、相贯线切割机、铣边机、校平机、折弯机、冲剪机、檩条机、液压矫正机等
仪器设备
经纬仪、全站仪、水准仪、测距仪、垂准仪、温湿控制仪、烘干机等
非生产用固定资产
职工宿舍、学校、幼儿园、职工食堂、医院等单位使用的房屋、设备等
经营租赁租出固定资产
建筑施工企业因闲置使用或专门用于对外经营出租的机械设备、运输工具等
未使用固定资产
尚未投入使用的各类固定资产
不需要使用固定资产
生产经营活动中无须使用的各类已使用过的固定资产
融资租赁租入的固定资产
以融资租赁方式租入的各类固定资产

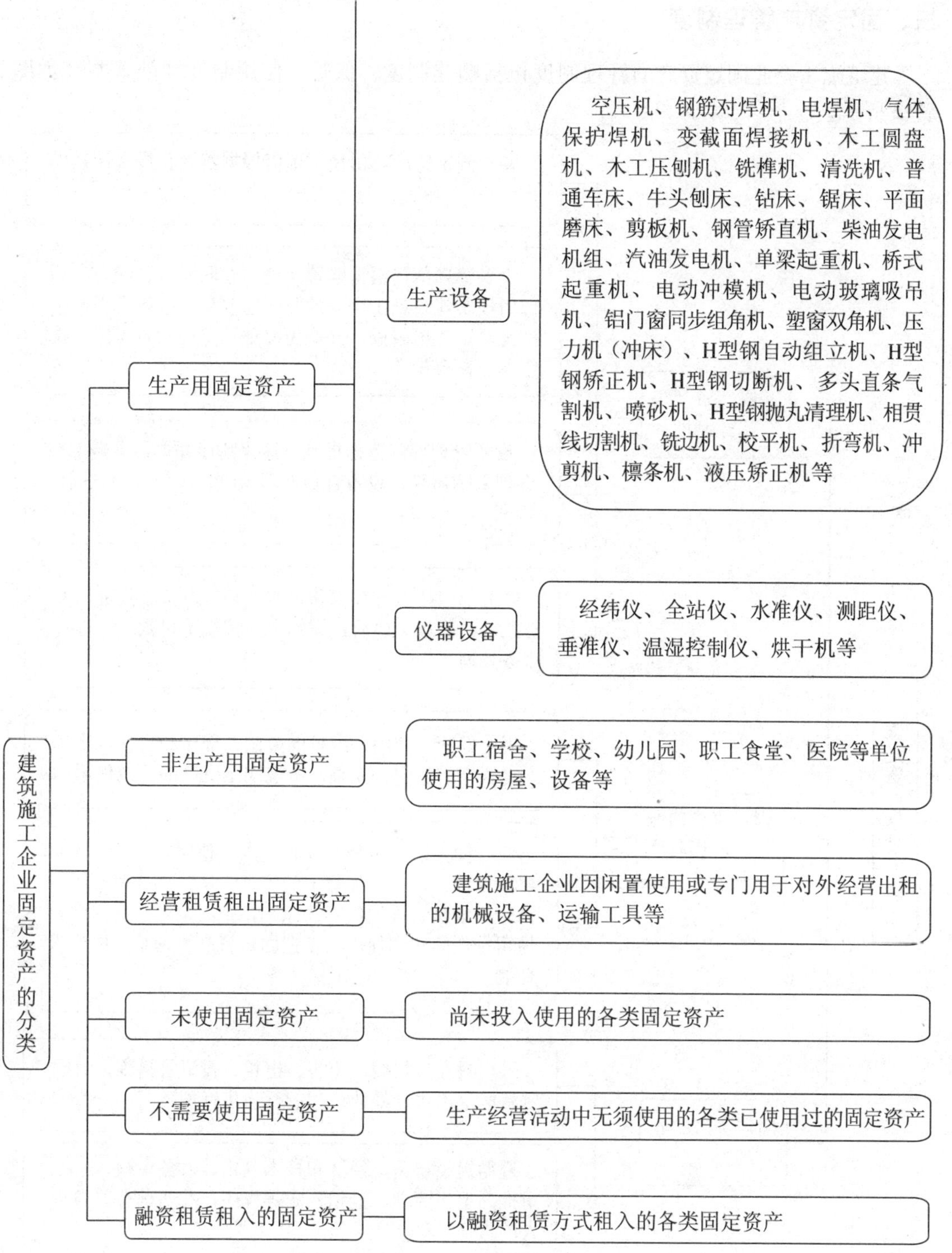

图 6－1　固定资产的分类

三、固定资产管理制度

建筑施工企业固定资产的管理制度包括购建制度，保管、使用制度和处置制度如图6－2所示。

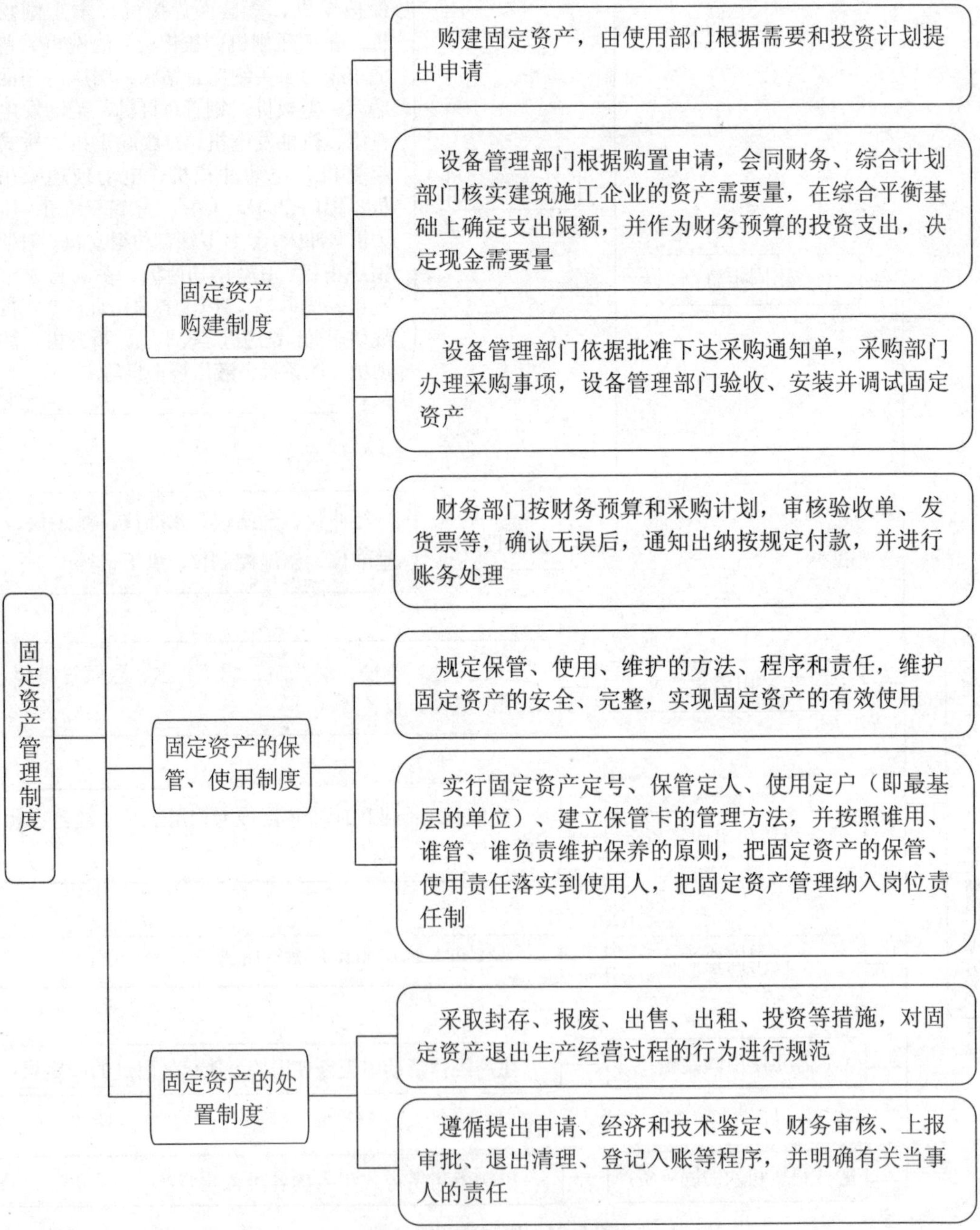

- 固定资产管理制度
  - 固定资产购建制度
    - 购建固定资产，由使用部门根据需要和投资计划提出申请
    - 设备管理部门根据购置申请，会同财务、综合计划部门核实建筑施工企业的资产需要量，在综合平衡基础上确定支出限额，并作为财务预算的投资支出，决定现金需要量
    - 设备管理部门依据批准下达采购通知单，采购部门办理采购事项，设备管理部门验收、安装并调试固定资产
    - 财务部门按财务预算和采购计划，审核验收单、发货票等，确认无误后，通知出纳按规定付款，并进行账务处理
  - 固定资产的保管、使用制度
    - 规定保管、使用、维护的方法、程序和责任，维护固定资产的安全、完整，实现固定资产的有效使用
    - 实行固定资产定号、保管定人、使用定户（即最基层的单位）、建立保管卡的管理方法，并按照谁用、谁管、谁负责维护保养的原则，把固定资产的保管、使用责任落实到使用人，把固定资产管理纳入岗位责任制
  - 固定资产的处置制度
    - 采取封存、报废、出售、出租、投资等措施，对固定资产退出生产经营过程的行为进行规范
    - 遵循提出申请、经济和技术鉴定、财务审核、上报审批、退出清理、登记入账等程序，并明确有关当事人的责任

图6－2　固定资产管理制度

四、固定资产管理要求

建筑施工企业固定资产的管理要求如图6－3所示。

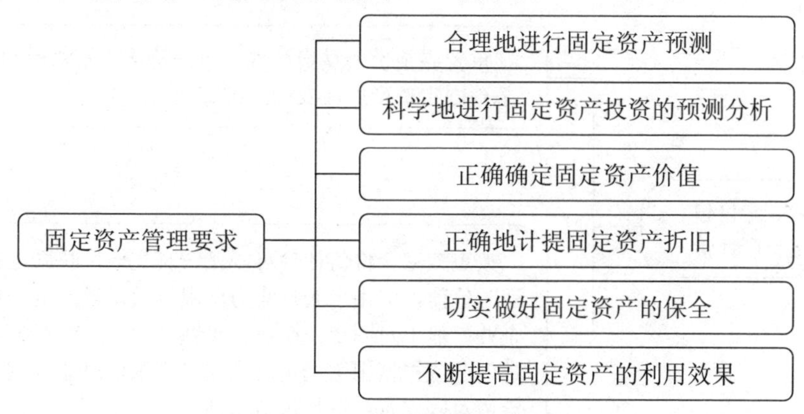

图6－3　固定资产管理要求

第二节　固定资产计价

固定资产计价，即以货币形式对固定资产进行的价值计算，借以反映企业所拥有的固定资产价值，并在一定程度上反映企业的生产能力，以及固定资产的价值补偿状况，实现对固定资产的价值管理。

一、按原始价值对固定资产计价

按原始价值对固定资产计价的相关内容如图6－4所示。

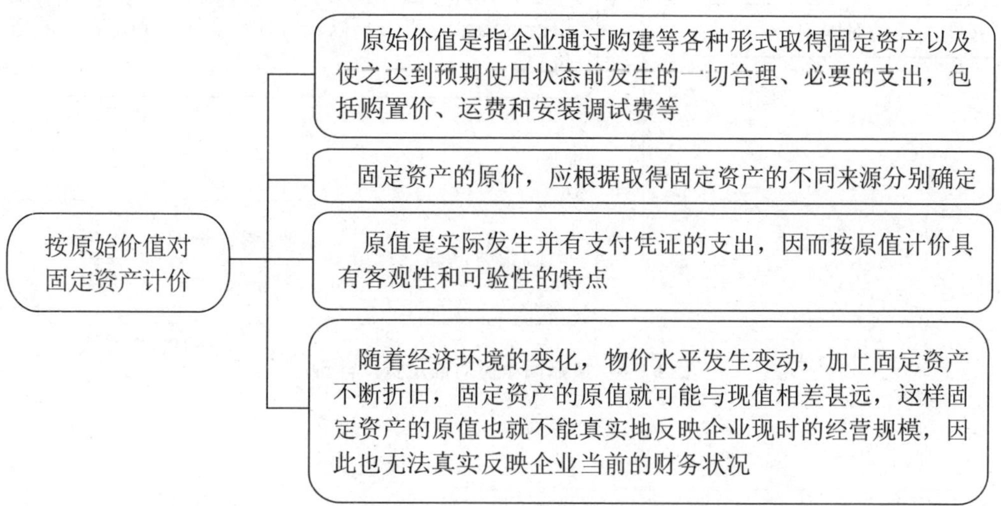

图6－4　按原始价值对固定资产计价

二、按重置完全价值对固定资产计价

按重置完全价值对固定资产进行计价的相关内容如图 6－5 所示。

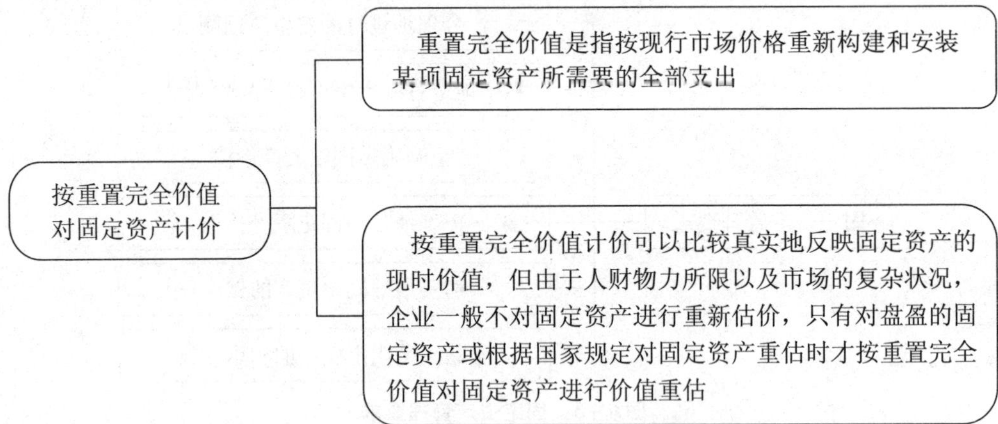

图 6－5 按重置完全价值对固定资产计价

三、按账面净值对固定资产计价

按账面净值对固定资产计价的相关内容如图 6－6 所示。

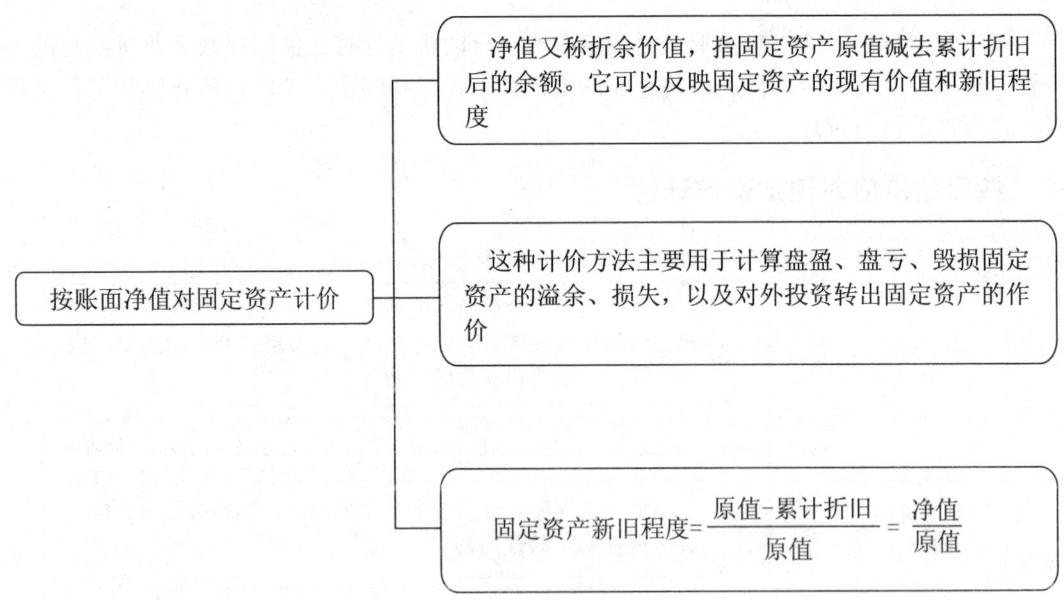

图 6－6 按账面净值对固定资产计价

第三节　固定资产投资管理

一、固定资产投资的特点

建筑施工企业固定资产投资的特点如图6－7所示。

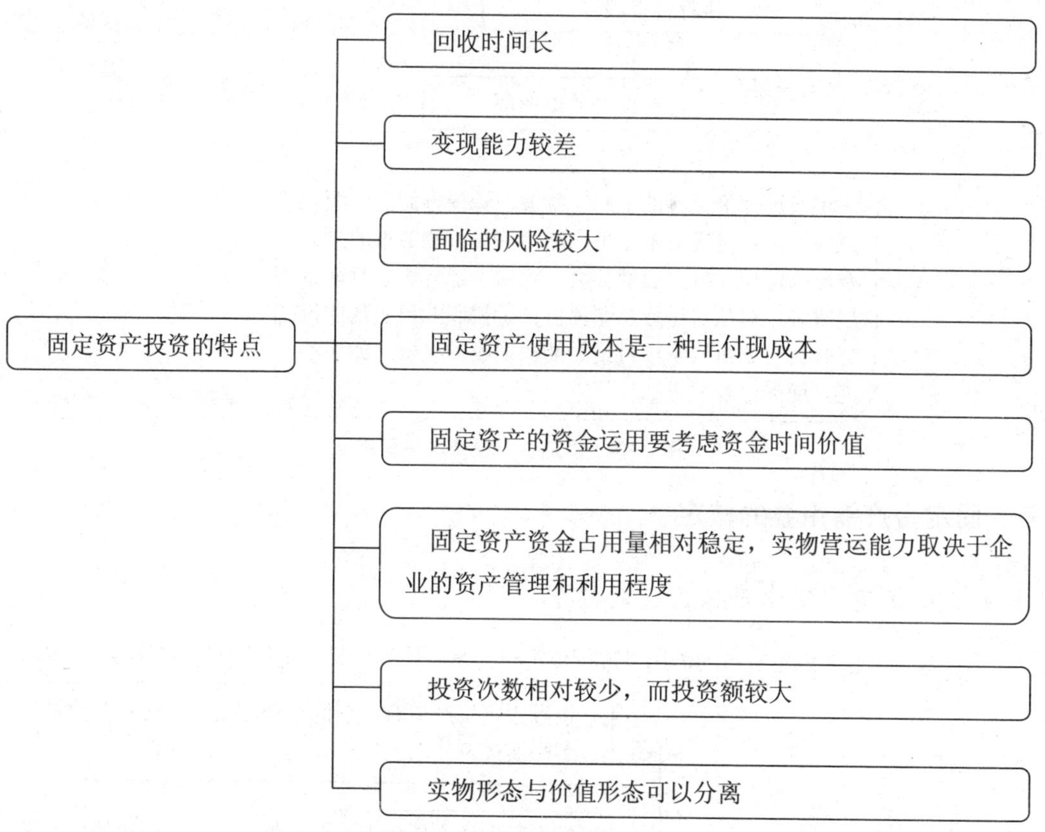

图6－7　固定资产投资的特点

二、固定资产投资决策程序

建筑施工企业固定资产投资决策程序如图6－8所示。

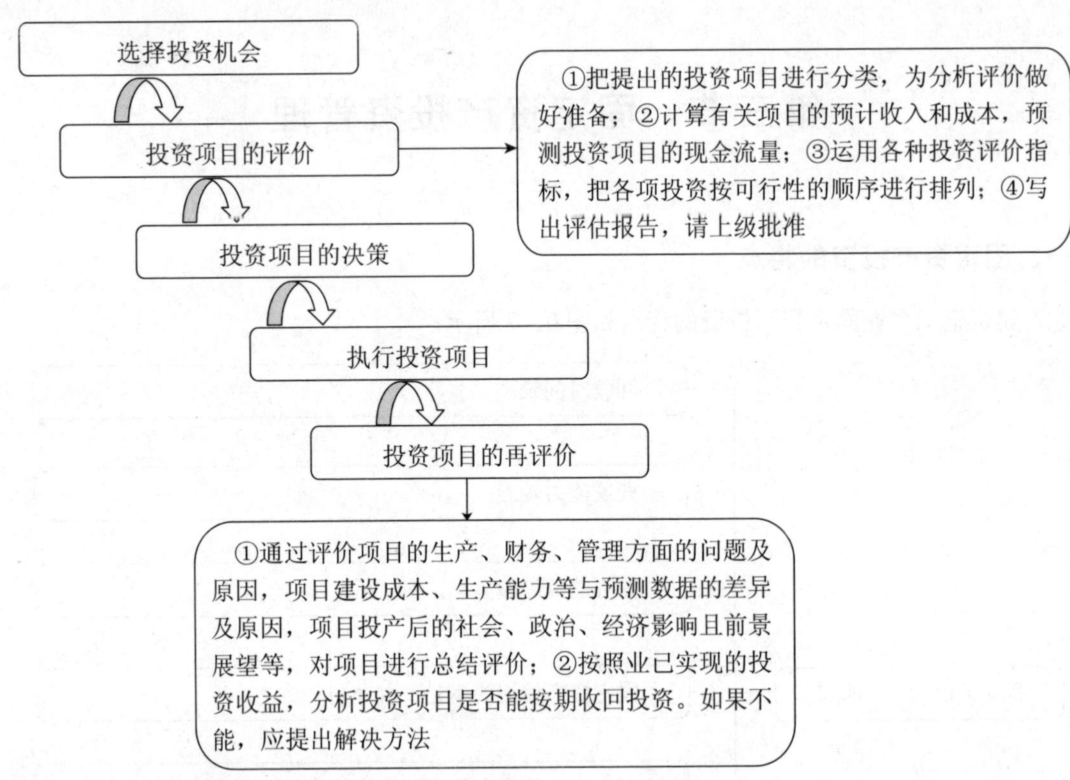

图 6－8　固定资产投资决策程序

三、固定资产需用量的核定

（一）核定固定资产需用量的要求

建筑施工企业对固定资产的需用量进行核定时，需要使其满足一定的要求，如图 6－9 所示。

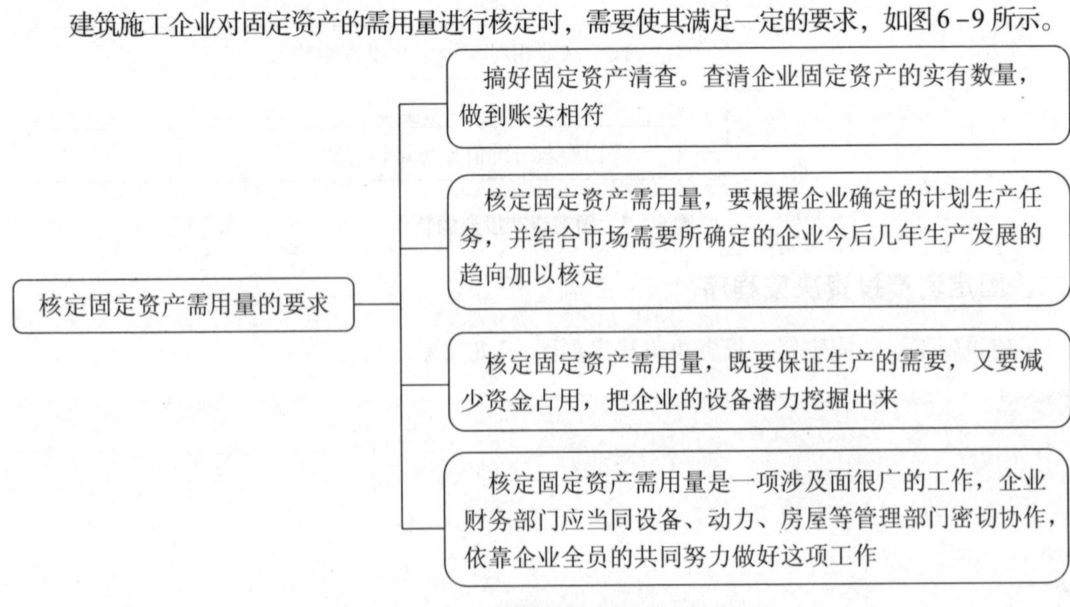

图 6－9　核定固定资产需用量的要求

（二）核定固定资产需用量的基本方法

固定资产需用量核定的基本方法有三种，如图6-10所示。

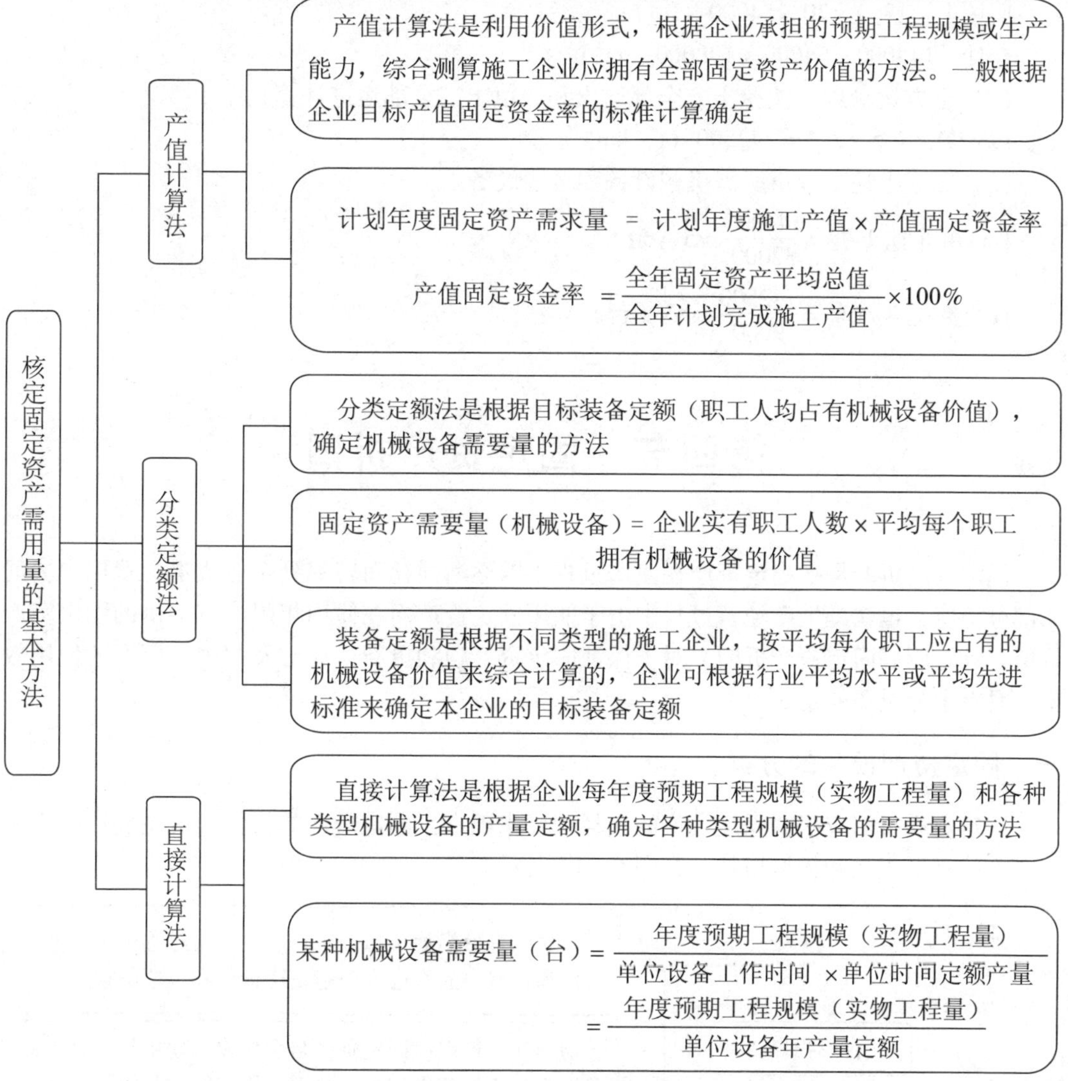

图6-10　核定固定资产需用量的基本方法

【例6-1】某建筑公司年度计划施工产值为30000万元，目标产值固定资金率为57%，计算该公司固定资产需用量。

解：固定资产需用量＝30000×57%＝17100（万元）

【例6-2】某建筑施工企业本年计划完成施工产值为18000万元。根据历史资料测算，每10万元施工产值中的土方工程量为110m^3，其中，挖土工程量为80m^3，回填土工程量为30m^3。土方平均运距2.5km，土容量1.5t/m^3。假设挖土机斗容量在1m^3以下，单斗挖土机年产量定额为32000m^3/台，1t自卸翻斗车年定额货运量为9000（t·km）/台，则完成上述工程量所需机械设备和运输设备为多少？

解：

（1）土方工程量：

挖土：$1800\times80=144000$（m^3）

回填土：$1800\times30=54000$（m^3）

合计：$144000+54000=198000$（m^3）

（2）土方运输量（按挖土方全部运出和回填土方全部运进计算）：

$198000\times1.5\times2.5=742500$（t·km）

（3）完成上述工程量所需机械设备和运输设备：

$1m^3$ 单斗挖土机 $=\frac{144000}{32000}\approx5$（台）

1t 自卸翻斗汽车 $=\frac{742500}{9000}\approx83$（台）

第四节　固定资产折旧

固定资产折旧是指固定资产在使用过程中因逐渐损耗而转移到企业成本、费用中去的那部分价值，也就是生产经营过程中由于使用固定资产而在使用年限内应摊销的固定资产价值。管好用好固定资产折旧，对于保证固定资产顺利更新，充分发挥固定资产的使用效率，具有十分重要的意义。

一、固定资产损耗的分类

固定资产折旧应根据固定资产的损耗程度来确定。固定资产的损耗程度主要取决于固定资产的有形损耗和无形损耗，如图 6－11 所示。

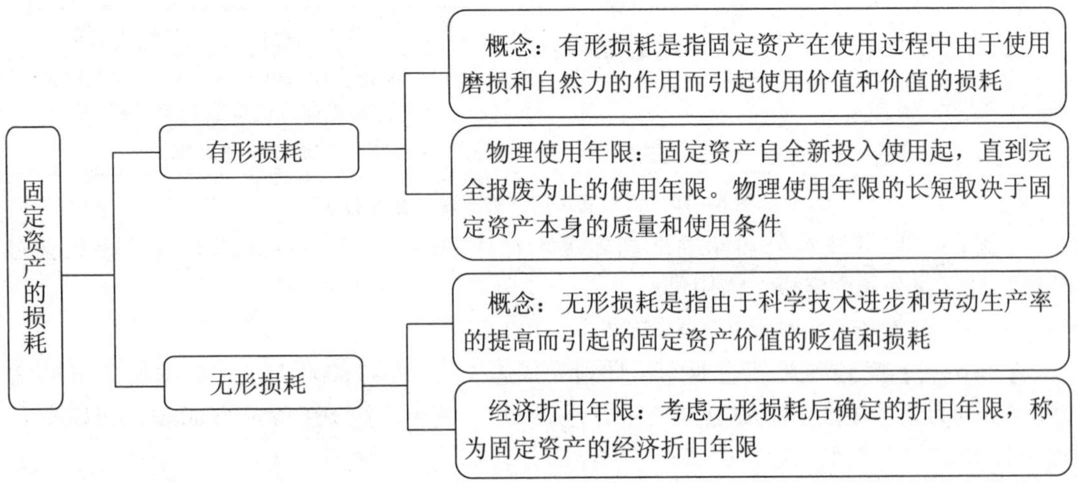

图 6－11　固定资产损耗的分类

二、固定资产折旧计提范围

计提折旧的固定资产包括如图 6－12 所示的内容。

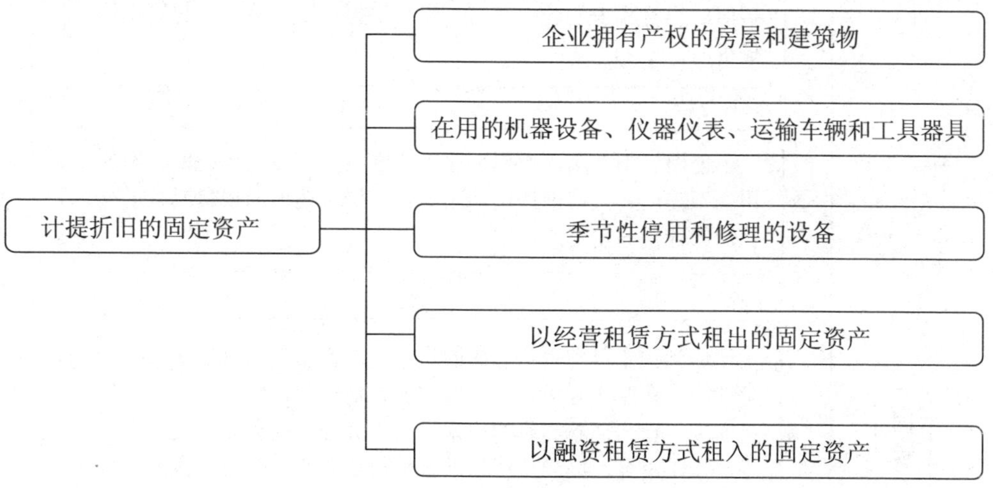

图 6－12　计提折旧的固定资产

不计提折旧的固定资产范围如图 6－13 所示。

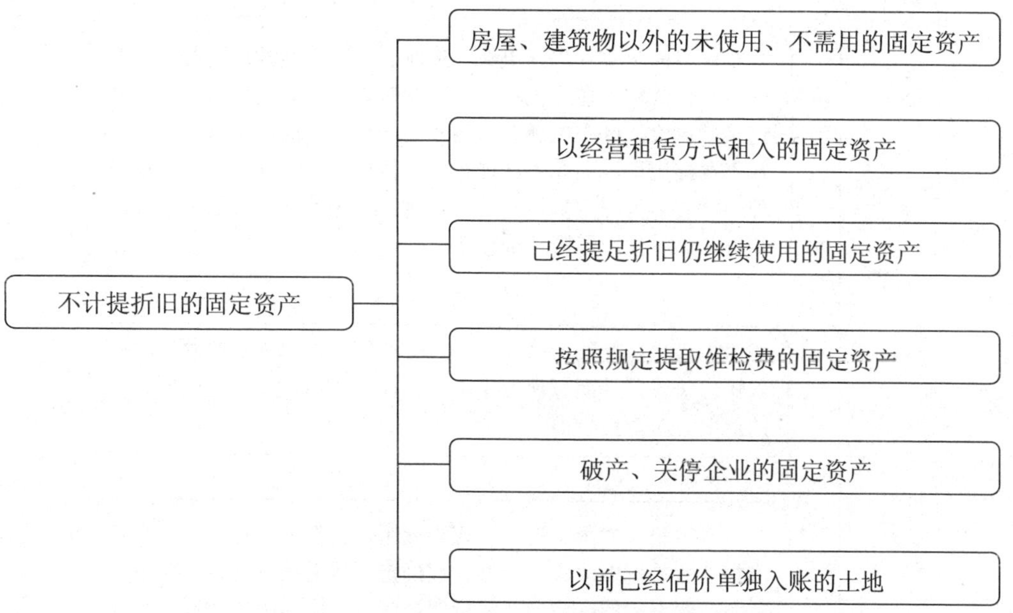

图 6－13　不计提折旧的固定资产

建筑施工企业对固定资产计提折旧时应注意的问题如图 6－14 所示。

固定资产计提折旧应注意的问题

按月计提折旧。固定资产应当按月计提折旧，并根据用途分别计入相关资产的成本或当期费用。企业在实际计提固定资产折旧时，当月增加的固定资产，当月不提折旧，从下月起计提折旧；当月减少的固定资产，当月仍提折旧，从下月起停止计提折旧

不使用、不需用、大修理停用的固定资产应计提折旧。不使用、不需用、大修理停用的固定资产仍存在无形损耗或有形损耗，应计提固定资产折旧

已达到预定可使用状态的固定资产，在年度内办理竣工决算手续的，按照实际成本调整原来的暂估价值，并调整已计提的折旧额，作为调整当月的成本、费用处理。如果在年度内尚未办理竣工决算，应当按照估计价值暂估入账，并计提折旧；待办理了竣工决算手续后，再按照实际成本调整原来的暂估价值，调整原已计提的折旧

企业对固定资产进行更新改造时，应将更新改造的固定资产的账面价值转入在建工程，并在此基础上确定更新改造后的固定资产原价。处于更新改造过程而停止使用的固定资产，因已转入在建工程，因此不计提折旧，待更新改造项目达到预期可使用状态转为固定资产后，再按重新确定的折旧方法和该项固定资产尚可使用年限计提折旧

对于接受捐赠的旧固定资产，企业应当按照规定的固定资产入账价值、预计尚可使用年限、预计净残值，以及企业所选用的折旧方法计提折旧

融资性租入的固定资产，应当采用与自有应计提折旧固定资产相一致的折旧政策。能够合理确定租赁期届满时将会取得租赁资产所有权的，应当在租赁资产尚可使用年限内计提折旧；无法合理确定租赁期届满时能否取得租赁资产所有权的，应当在租赁期与租赁资产尚可使用年限两者中较短的那个期间内计提折旧

图 6－14　固定资产计提折旧应注意的问题

不计提折旧的固定资产应注意的问题如图 6－15 所示。

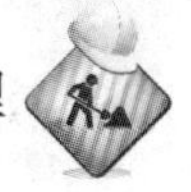

固定资产不计提折旧应注意的问题

- 已提足折旧继续使用的固定资产。固定资产提足折旧后，不论能否继续使用，均不再提取折旧。提足折旧是指已经提足该项固定资产应提的折旧总额。应提的折旧总额为固定资产原价减去预计残值
- 提前报废的固定资产。固定资产提前报废，即使该项固定资产没有提足折旧，也不再补提折旧

图 6－15　固定资产不计提折旧应注意的问题

三、固定资产折旧计提影响因素

固定资产折旧计提的影响因素主要有三个，如图 6－16 所示。

固定资产折旧计提影响因素

- 固定资产的原值或账面净值
- 固定资产预计使用年限
- 固定资产预计净残值

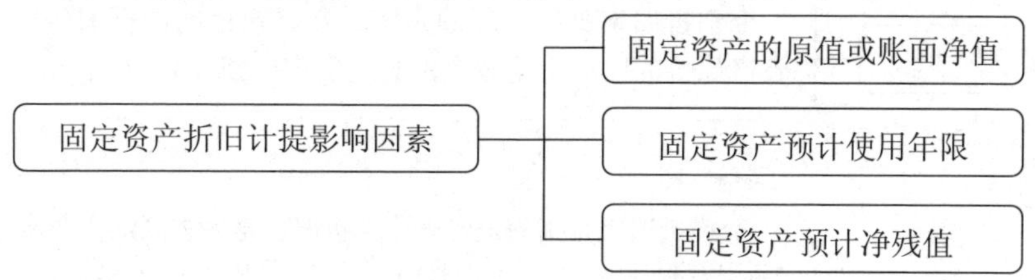

图 6－16　固定资产折旧计提影响因素

四、固定资产折旧方法

常用的固定资产折旧方法有年限平均法、工作量法和加速折旧法三种。

（一）年限平均法

1. 年限平均法的计算

年限平均法计提折旧的计算如图 6－17 所示。

年限平均法的计算

年限平均法又称直线法，是将固定资产的折旧均衡地分摊到各期的方法。采用这种方法计算的每期折旧额均是等额的。其计算公式如下：

$$年折旧率 = \frac{1-预计净残值率}{预计使用年限} \times 100\%$$

$$月折旧率 = \frac{年折旧率}{12}$$

$$年折旧额 = 固定资产原值 \times 年折旧率$$

$$月折旧额 = \frac{年折旧额}{12}$$

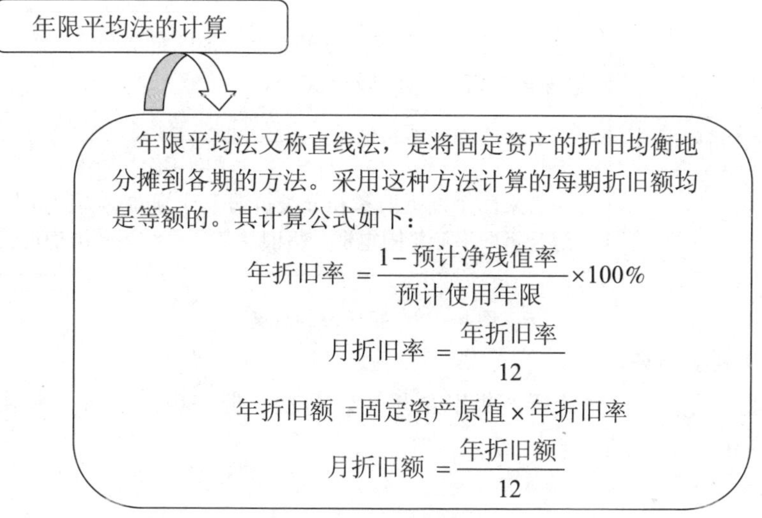

图 6－17　年限平均法的计算

【例6－3】某建筑施工企业新购一台设备，原价为180000元，预计可使用10年，按照有关规定，该设备报废时的净残值率为3%。采用平均年限法计算该设备的折旧率和折旧额。

解：年折旧率 $=\frac{1-3\%}{10}\times100\%=9.7\%$

年折旧额 $=180000\times9.7\%=17460$（元）

月折旧额 $=\frac{17460}{12}=1455$（元）

2. 折旧率的分类

折旧率可分为个别折旧率、分类折旧率和综合折旧率三种，如图6－18所示。

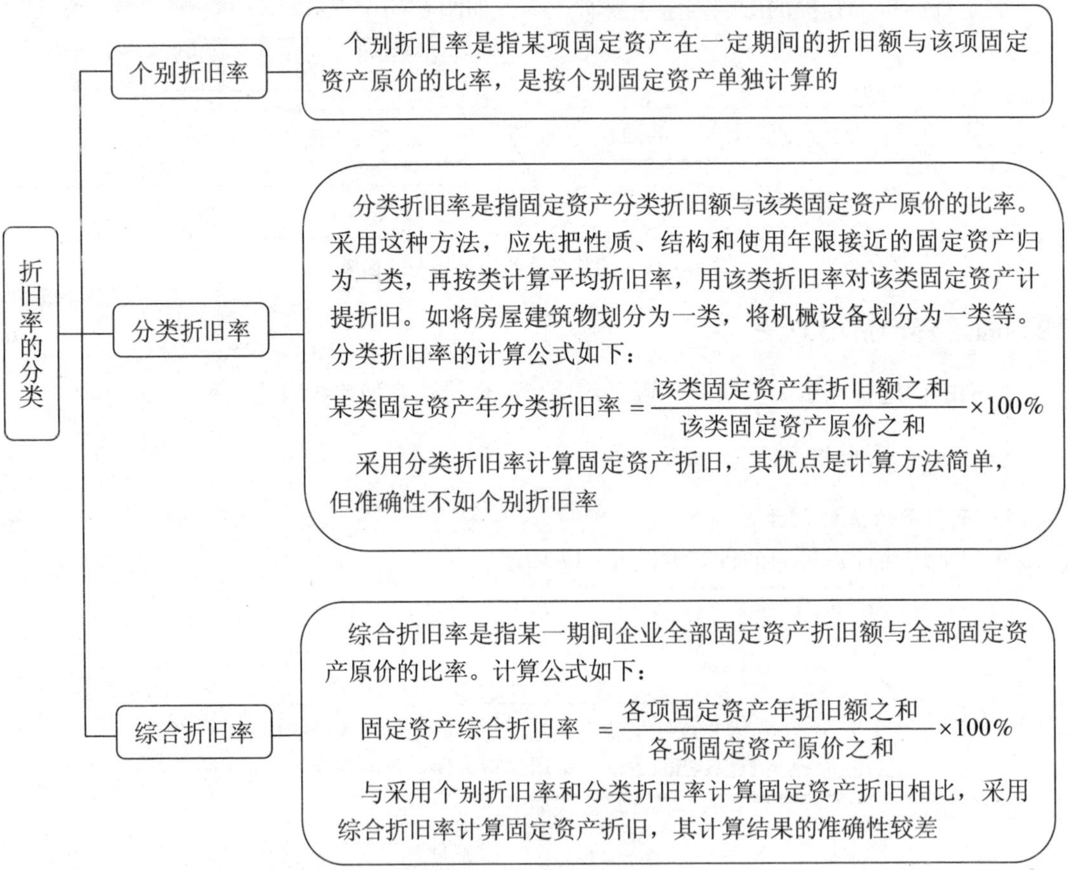

折旧率的分类

个别折旧率：个别折旧率是指某项固定资产在一定期间的折旧额与该项固定资产原价的比率，是按个别固定资产单独计算的

分类折旧率：分类折旧率是指固定资产分类折旧额与该类固定资产原价的比率。采用这种方法，应先把性质、结构和使用年限接近的固定资产归为一类，再按类计算平均折旧率，用该类折旧率对该类固定资产计提折旧。如将房屋建筑物划分为一类，将机械设备划分为一类等。分类折旧率的计算公式如下：

$$某类固定资产年分类折旧率=\frac{该类固定资产年折旧额之和}{该类固定资产原价之和}\times100\%$$

采用分类折旧率计算固定资产折旧，其优点是计算方法简单，但准确性不如个别折旧率

综合折旧率：综合折旧率是指某一期间企业全部固定资产折旧额与全部固定资产原价的比率。计算公式如下：

$$固定资产综合折旧率=\frac{各项固定资产年折旧额之和}{各项固定资产原价之和}\times100\%$$

与采用个别折旧率和分类折旧率计算固定资产折旧相比，采用综合折旧率计算固定资产折旧，其计算结果的准确性较差

图6－18　折旧率的分类

3. 年限平均法的评价

采用年限平均法计算固定资产折旧虽然比较简便，但它也存在着一些明显的局限性，如图6－19所示。

年限平均法的局限性

固定资产在不同使用年限提供的经济效益是不同的。一般来讲，固定资产在其使用前期工作效率相对较高，所带来的经济利益也就多；而在其使用后期，工作效率一般呈下降趋势，因而，所带来的经济利益也就逐渐减少。平均年限法不考虑这一事实，明显是不合理的

固定资产在不同的使用年限发生的维修费用也不一样。固定资产的维修费用将随着其使用时间的延长而不断增大，而年限平均法也没有考虑这一因素

当固定资产各期的负荷程度相同时，各期应分摊相同的折旧费，这时采用年限平均法计算折旧是合理的。但是，若固定资产各期负荷程度不同，采用年限平均法计算折旧时，则不能反映固定资产的实际使用情况，提取的折旧数与固定资产的损耗程度也不相符

图 6－19　年限平均法的局限性

（二）工作量法

工作量法计提折旧的计算如图 6－20 所示。

工作量法的计算

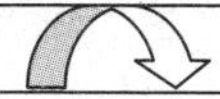

工作量法是根据实际工作量计提折旧额的一种方法。这种方法弥补了平均年限法只重使用时间，不考虑使用强度的缺点，其计算公式为：

$$单位工作量折旧额=\frac{固定资产原价\times(1-净残值率)}{预计总工作量}$$

某项固定资产月折旧额=该项固定资产当月工作量×单位工作量折旧额

图 6－20　工作量法的计算

【例 6－4】某建筑施工企业的一台大型施工机械的原价为 280000 元，预计该机器使用年限为 10 年，运转 7 万小时，其报废时的净残值率为 2%。本月满负荷运转，共运转 720 小时。计算该机器的月折旧额。

解：$每小时折旧额=\frac{280000\times(1-2\%)}{70000}=3.92$（元/小时）

本月折旧额 = 720 × 3.92 = 2822.4（元）

（三）加速折旧法

加速折旧法又称为快速折旧法或递减折旧法。其特点是在固定资产有效使用年限的前期多提折旧，后期则少提折旧，从而相对加快折旧的速度，以使固定资产成本在有效使用年限中加快得到补偿。

加速折旧的计提方法有多种，常用的有双倍余额递减法和年数总和法两种。

1. 双倍余额递减法

双倍余额递减法计提折旧的计算如图 6－21 所示。

双倍余额递减法的计算

双倍余额递减法是在不考虑固定资产残值的情况下，根据每期期初固定资产账面余额和双倍的直线法折旧率计算固定资产折旧的一种方法。计算公式为：

$$年折旧率=\frac{2}{预计的折旧年限}\times 100\%$$

$$月折旧率=\frac{年折旧率}{12}$$

$$月折旧额=固定资产账面净值\times 月折旧率$$

由于双倍余额递减法不考虑固定资产的净残值收入，因此，在应用这种方法时必须注意不能使固定资产的账面折余价值降低到它的预计净残值收入以下，即实行双倍余额递减法计提折旧的固定资产，应当在其固定资产折旧年限到期以前两年内，将固定资产净值扣除预计净残值后的余额平均摊销

图 6－21　双倍余额递减法的计算

【例 6－5】某建筑施工企业有一台蒸汽打桩机，原值为 30000 元，规定的折旧年限为 5 年，预计净残值 800 元。按双倍余额递减法计算其每年的折旧额。

解：$年折旧率=\frac{2}{5}\times 100\%=40\%$

$第一年折旧额=30000\times 40\%=12000$（元）

$第二年折旧额=(30000-12000)\times 40\%=7200$（元）

$第三年折旧额=(30000-12000-7200)\times 40\%=4320$（元）

$第四年、第五年每年折旧额=(30000-12000-7200-4320-800)\div 2=2840$（元）

2. 年数总和法

年数总和法计提折旧的计算如图 6－22 所示。

年数总和法的计算

年数总和法又称合计年限法。计算公式如下：

$$年折旧率=\frac{尚可使用年限}{预计使用年限的年数总和}\times100\%$$

或：

$$年折旧率=\frac{预计使用年限-已使用年限}{预计使用年限\times(预计使用年限+1)\div2}\times100\%$$

$$月折旧率=\frac{年折旧率}{12}$$

月折旧额=（固定资产原值－预计净残值）×月折旧率

图6－22　年数总和法的计算

【例6－6】承【例6－5】，采用年数总和法计算各年折旧额。

解：

（1）$第一年年折旧率=\frac{5}{5+4+3+2+1}=\frac{5}{15}$

$第二年年折旧率=\frac{4}{5+4+3+2+1}=\frac{4}{15}$

$第三年年折旧率=\frac{3}{5+4+3+2+1}=\frac{3}{15}$

$第四年年折旧率=\frac{2}{5+4+3+2+1}=\frac{2}{15}$

$第五年年折旧率=\frac{1}{5+4+3+2+1}=\frac{1}{15}$

（2）$第一年年折旧额=(30000-800)\times\frac{5}{15}\approx9733$（元）

$第二年年折旧额=(30000-800)\times\frac{4}{15}\approx7787$（元）

$第三年年折旧额=(30000-800)\times\frac{3}{15}=5840$（元）

$第四年年折旧额=(30000-800)\times\frac{2}{15}\approx3893$（元）

$第五年年折旧额=(30000-800)\times\frac{1}{15}\approx1947$（元）

第五节　固定资产的日常管理

一、实行固定资产归口分级管理

固定资产归口分级管理的相关内容如图 6－23 所示。

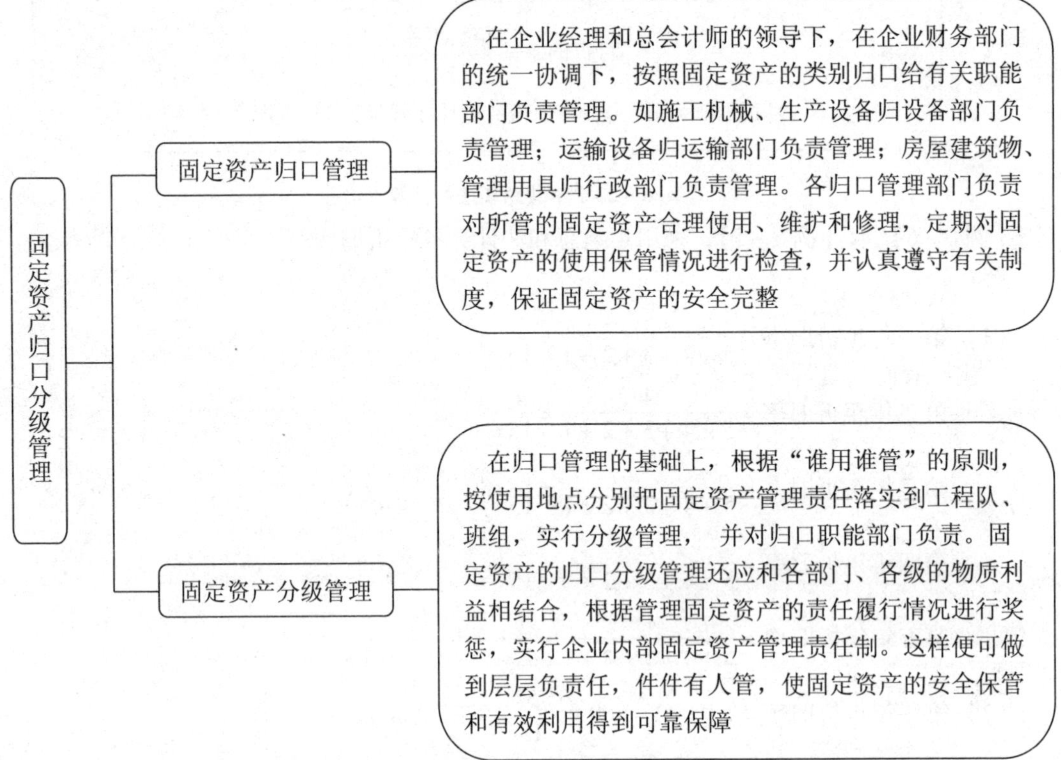

图 6－23　固定资产归口分级管理

二、对固定资产利用效果进行考核

企业使用的资金中固定资产所占的比重一般较大，因而固定资产利用效果的好坏关系整个企业资金的利用效果，所以企业要注重固定资产的合理使用，尽可能发挥现有固定资产的使用潜能，不断提高固定资产的利用效果，减少资金占用。由于固定资产的货币表现是固定资金，因此固定资产利用效果的考核主要是通过固定资金产值率和固定资金利润率两个指标进行计算分析，从而揭示固定资产使用中存在的问题，改进资产利用情况。

用现有的固定资产完成尽可能多的建筑安装工程，就可减少资金占用。因此，在固定资产管理工作中，必须根据施工生产任务查定企业所需的固定资产，调配处理那些多余或不适用、不需用的固定资产，同时用好、维修好固定资产，提高固定资产的完好率和利用率。此外，在重新购建固定资产时，必须进行技术经济分析和财务效益分析，优选经济上合理的技术，使企业以较少的固定资产投资，取得较大的经济效益。

固定资产利用效果的考核指标如图 6－24 所示。

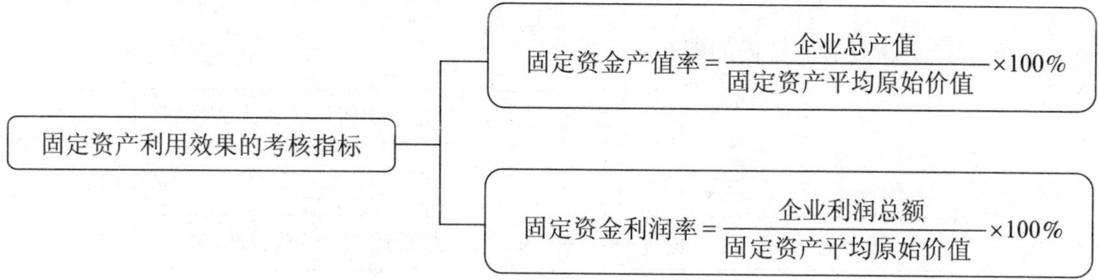

图 6－24　固定资产利用效果的考核指标

三、重视固定资产的价值管理和风险管理

要准确地反映企业现有固定资产的真实价值，从而揭示企业资产总额的客观价值，则市场价值无疑是最为恰当的一个标准，因此从稳健原则出发，计提固定资产减值准备，合理地计算企业固定资产账面价值与市场价值的差距，并确认差额为企业损失，是企业固定资产价值管理和风险管理的一项重要内容。

应当计提减值准备的固定资产种类如图 6－25 所示。

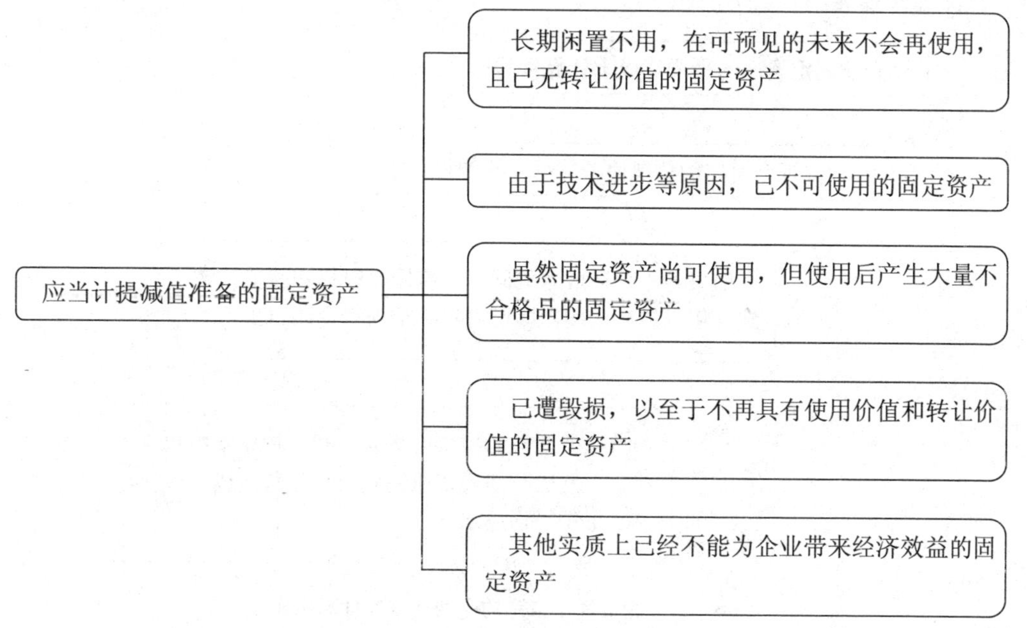

图 6－25　应当计提减值准备的固定资产

四、固定资产更新管理

（一）固定资产更新改造的管理

固定资产更新改造的管理如图 6 – 26 所示。

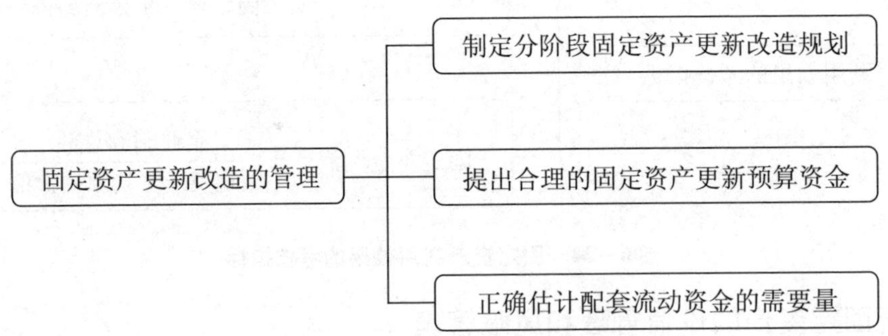

图 6 – 26　固定资产更新改造的管理

（二）固定资产更新改造决策

1. 计算固定资产的平均年成本

企业固定资产的平均年成本是与该资产相关的现金流出的总现值与年金现值系数的比值。其计算步骤如图 6 – 27 所示。

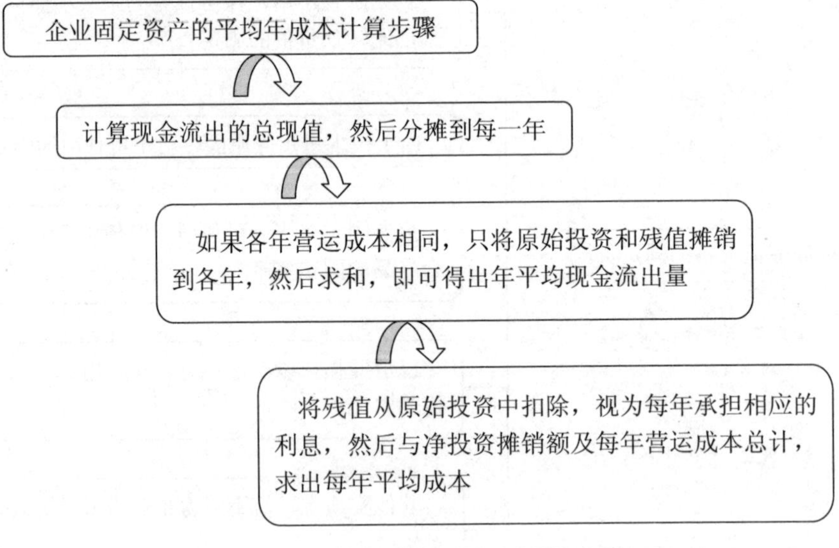

图 6 – 27　企业固定资产的平均年成本计算步骤

2. 根据固定资产更新的主要原因进行固定资产更新改造决策

在确定固定资产更新改造决策时，要根据固定资产更新的不同原因进行分别处理，如图 6 – 28 所示。

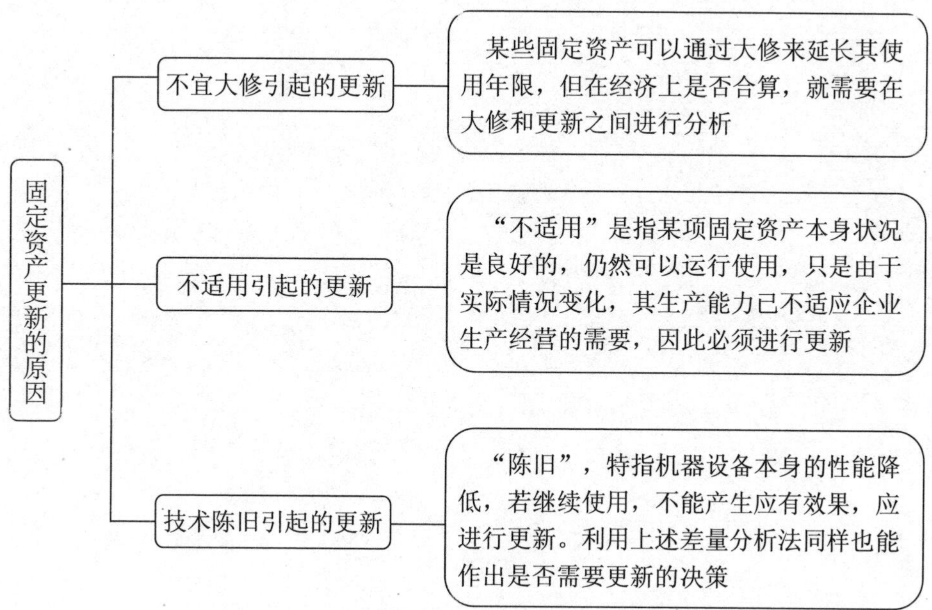

图 6－28　造成正常固定资产更新的原因

【例 6－7】某建筑施工企业有一台设备可以通过大修继续使用 3 年，预计大修费用为 4 万元。大修后还需日常维护，其营运成本为 1500 元/年；若报废，更新设备需 13 万元，预计使用年限为 12 年，每年营运成本为 800 元，假定公司的资金成本率为 14%，问该企业应选择哪个方案？

解：

（1）计算大修理方案的平均年成本：

投资摊销额 $=40000/PVIF_{14\%,3}=40000/2.322=17226.53$（元/年）

营运成本 $=1500$（元/年）

平均年成本 $=17226.53+1500=18726.53$（元/年）

（2）计算更新投资方案的平均年成本：

投资摊销额 $=130000/PVIF_{14\%,12}=130000/5.66=22968.2$（元/年）

营运成本 $=800$（元/年）

平均年成本 $=22968.20+800=23768.2$（元/年）

根据上述计算，可以发现大修理方案的年平均成本更低。因此，该建筑公司应选择大修理方案。

第七章　无形资产管理

本章导读

建筑施工企业的无形资产如企业资质等级、经营业绩、各种优质工程奖、企业定额、所掌握的各种新工艺、新技术、新结构、新材料的施工工艺和技术以及具有丰富施工管理经验和掌握关键施工技术的人力资源等。这些无形资产在建筑施工企业的生产经营活动中发挥着非常重要的作用。

长期以来，建筑施工企业非常重视有形资产的管理，而对无形资产的管理则不够重视。许多建筑施工企业，不懂得企业无形资产的重大价值，允许其他企业或个人通过低价挂靠或无偿联营等形式共享企业无形资产使用价值的现象非常普遍。

在建筑施工企业，尤其是建筑施工企业集团内部，存在较为严重的资质共享问题，即母公司的资质，各子公司可以共同享用，但由于各子公司在利益取向上有所不同，一旦某个子公司出现“声誉”问题，往往会波及整个集团。

因此现代施工企业必须转变管理观念，加强对企业无形资产的管理。建筑施工企业应当建立健全无形资产的管理制度，根据其层次类别的不同，进行分类管理；通过各种渠道，充分利用无形资产，实现超额收益；建立财务监控体系，防止资产权益受损。

第一节　无形资产概述

一、建筑施工企业无形资产的内涵

建筑施工企业无形资产的内涵如图 7－1 所示。

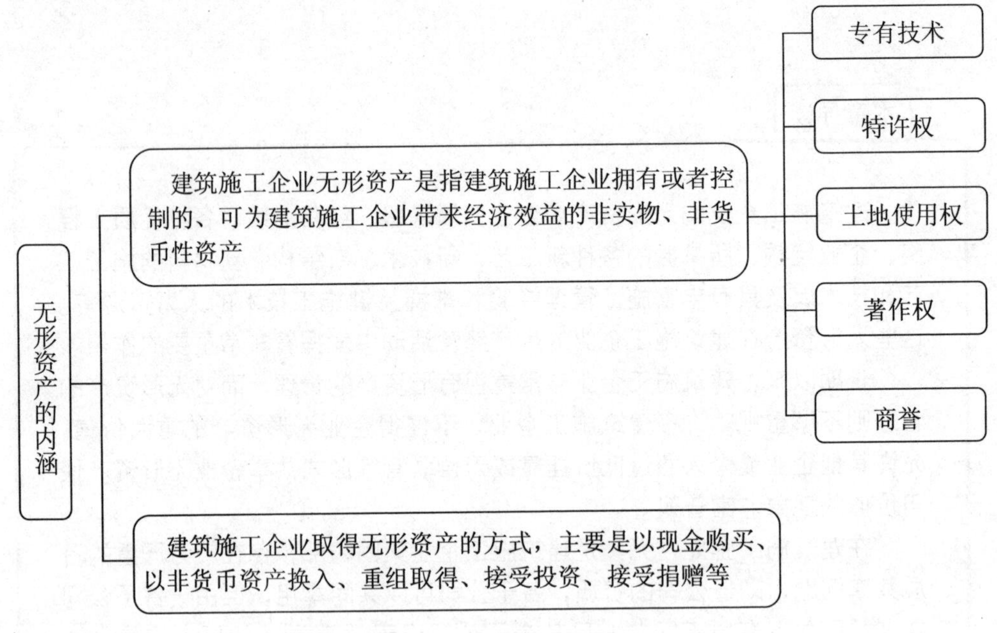

图 7－1　无形资产的内涵

二、建筑施工企业无形资产的特征

无形资产的特征如图 7－2 所示。

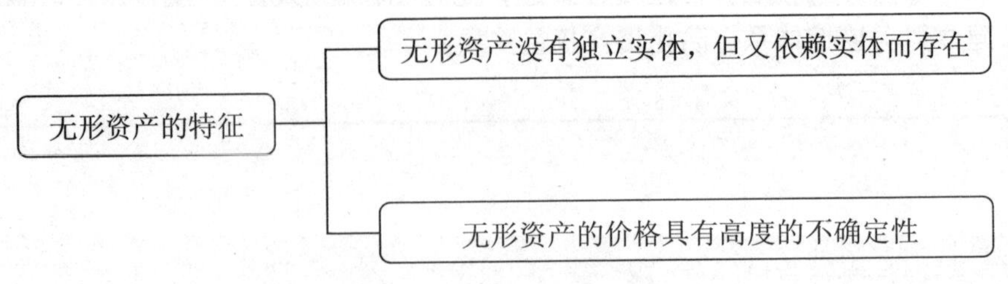

图 7－2　无形资产的特征

三、无形资产的分类

根据不同的分类标准，可将无形资产分为不同的种类，如图 7－3 所示。

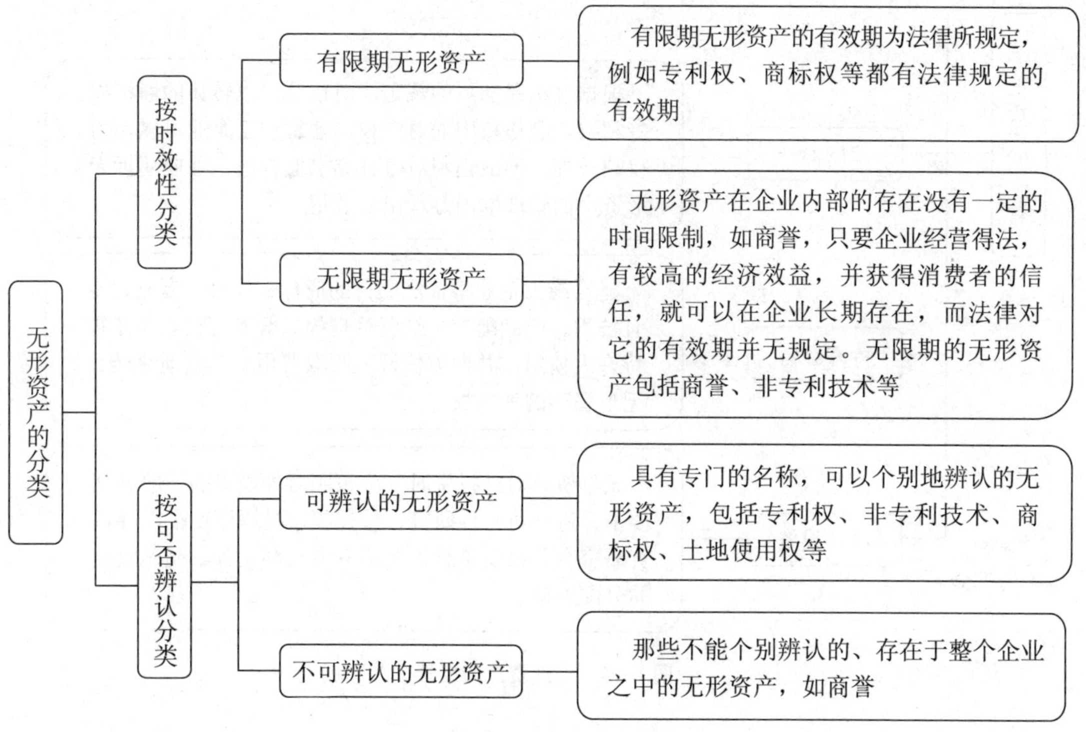

图7－3 无形资产的分类

第二节 无形资产的经营

建筑施工企业无形资产的经营方式大致可分为五种，如图7－4所示。

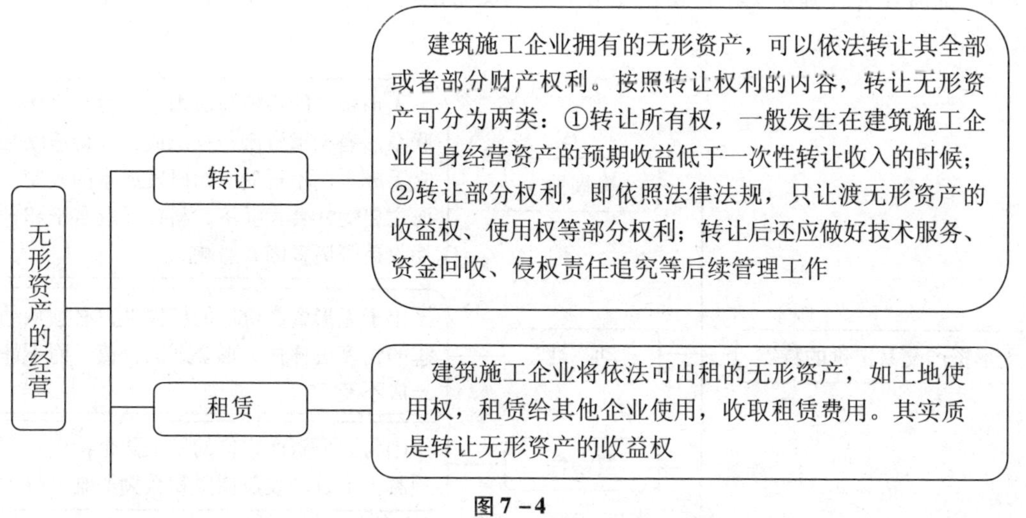

图7－4

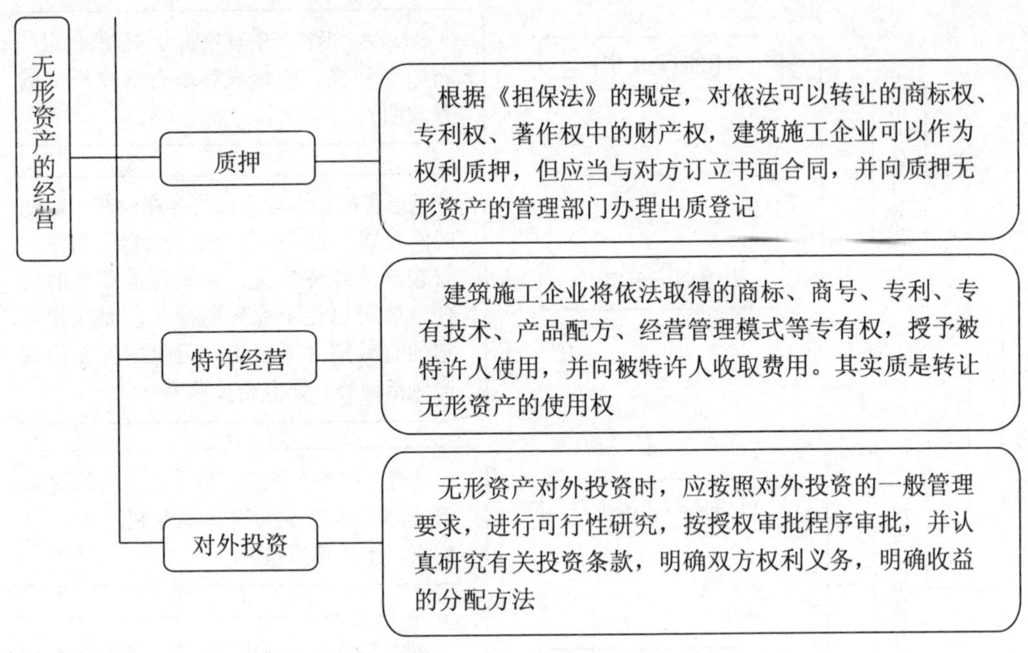

图7－4　无形资产的经营

第三节　无形资产的交易定价

一、无形资产交易定价的特点

建筑施工企业无形资产发生转让、租赁、质押、授权经营、连锁经营、对外投资等情形时，都需要合理确定交易价格。无形资产的交易定价具有模糊性、动态性、复杂性等特点，如图7－5所示。

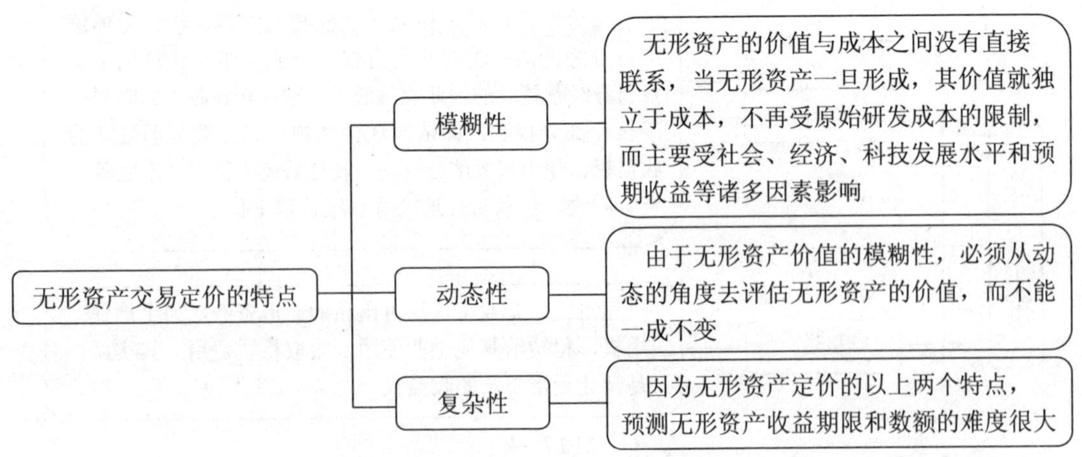

图7－5　无形资产交易定价的特点

二、合理确定无形资产的交易定价

（一）综合考虑多种因素

要合理确定无形资产的公允价值，需要细致地分析和考虑各种因素，如图7－6所示。

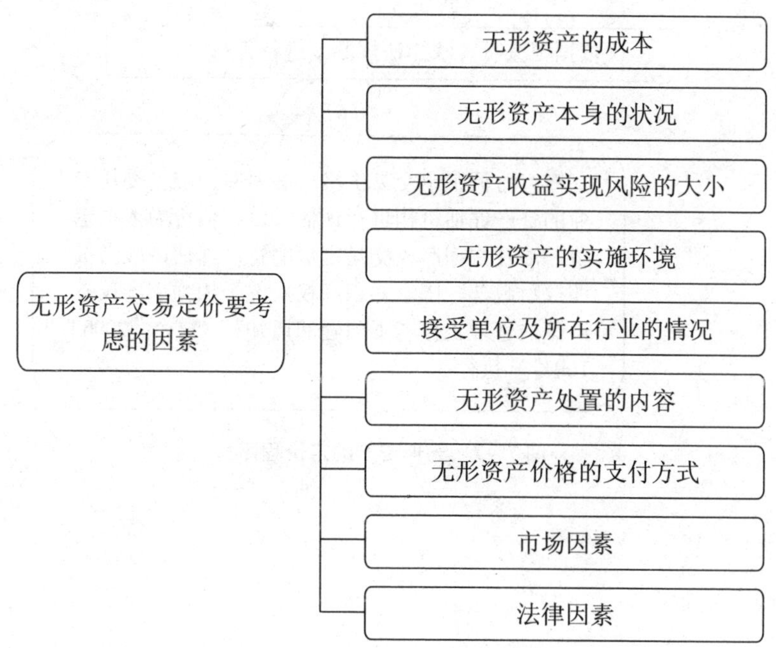

图7－6　无形资产交易定价要考虑的因素

（二）规范定价程序

无形资产的定价程序如图7－7所示。

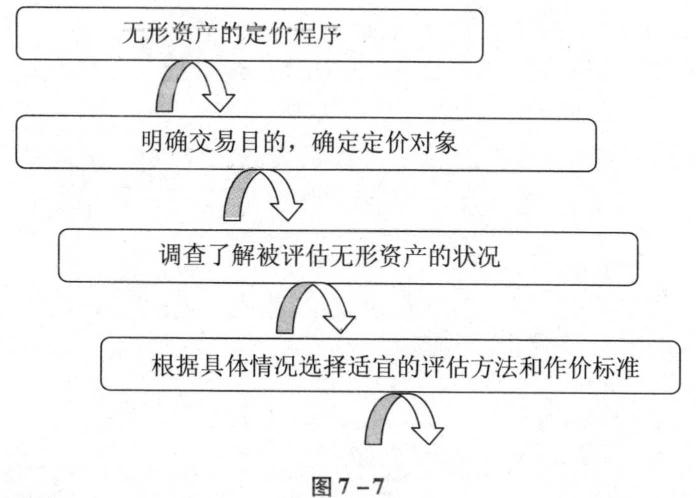

图7－7

收集与无形资产评估有关的其他资料，判断资料的充分性及可靠性

依据国家有关法律法规制度进行评估

双方协调确定交易价格。必要时，应当委托专业的资产评估机构进行评估，以评估价为依据定价。涉及知识产权交易定价的资产评估，应当按照《财政部、国家知识产权局关于加强识产权资产评估管理工作若干问题的通知》（财企［2006］109号）执行

图 7－7　无形资产的定价程序

第八章　证券投资管理

本章导读

建筑施工企业的证券投资与固定资产投资不同。建筑施工企业将资金投资于固定资产，直接用于生产建设活动，属于直接投资，而证券投资是施工企业将资金投放于有价证券等金融资产，这些资金收回后再投入生产建设活动，因此又称为间接投资。

随着我国证券市场的发展和完善，投资品种将日益增多，有价证券投资管理已成为建筑施工企业财务管理的一个重要内容。科学地进行证券投资管理，能增加建筑施工企业收益，降低风险，有利于建筑施工企业财务管理目标的实现。

第一节　证券投资概述

一、证券和证券投资的概念

（一）证券的含义

证券是有价证券的简称，有价证券是指票面载有一定金额，代表财产所有权或债权，可以有偿转让的凭证。

有价证券的构成如图 8－1 所示。

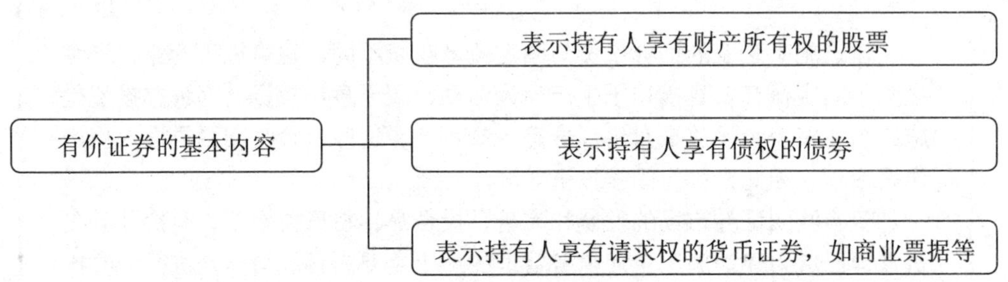

图 8－1　有价证券的基本内容

（二）证券的基本特征

证券有法律和书面两种特征，如图 8－2 所示。

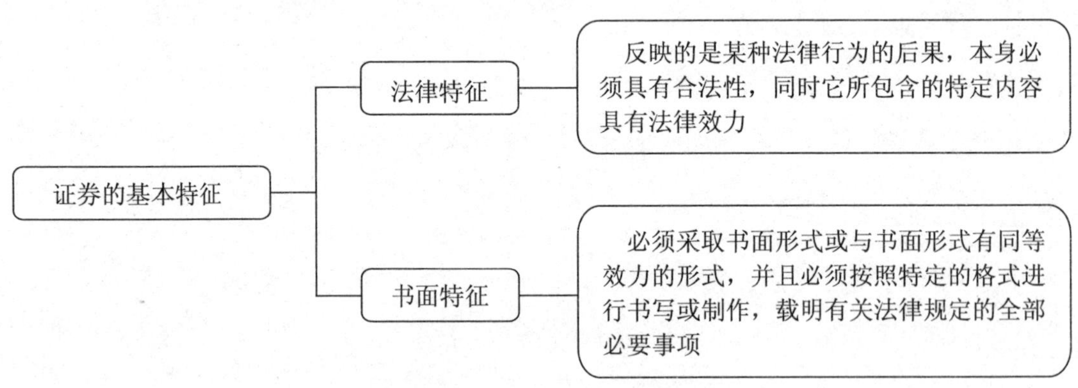

图 8－2　证券的基本特征

（三）可供建筑施工企业投资的证券

可供建筑施工企业投资的证券有以下几种类型，如图 8－3 所示。

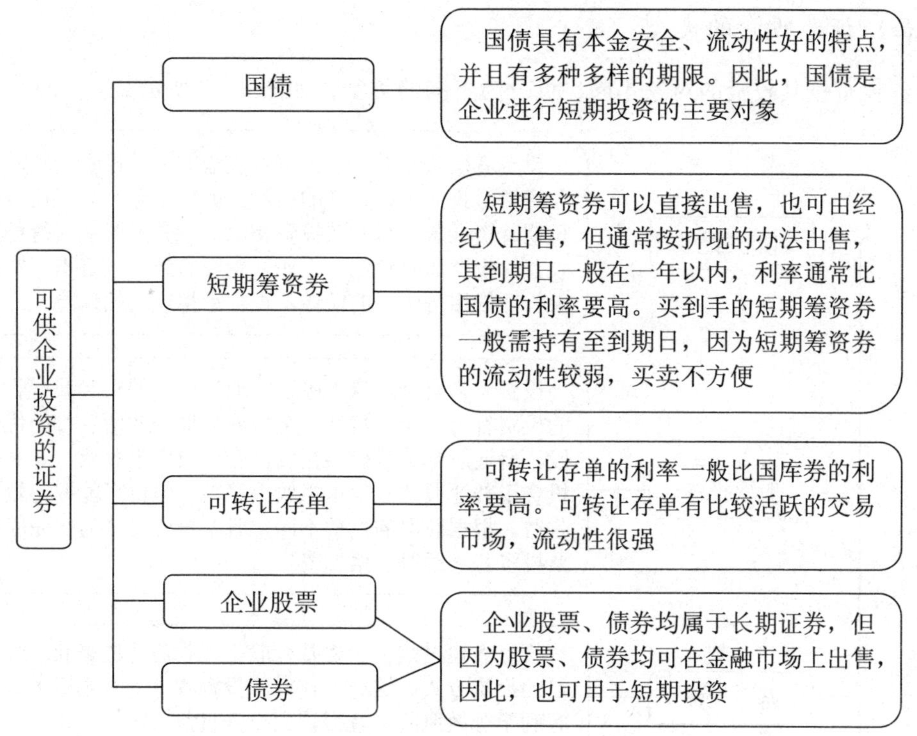

图 8－3　可供企业投资的证券

（四）证券投资的特征

证券投资具有三大特征，如图 8－4 所示。

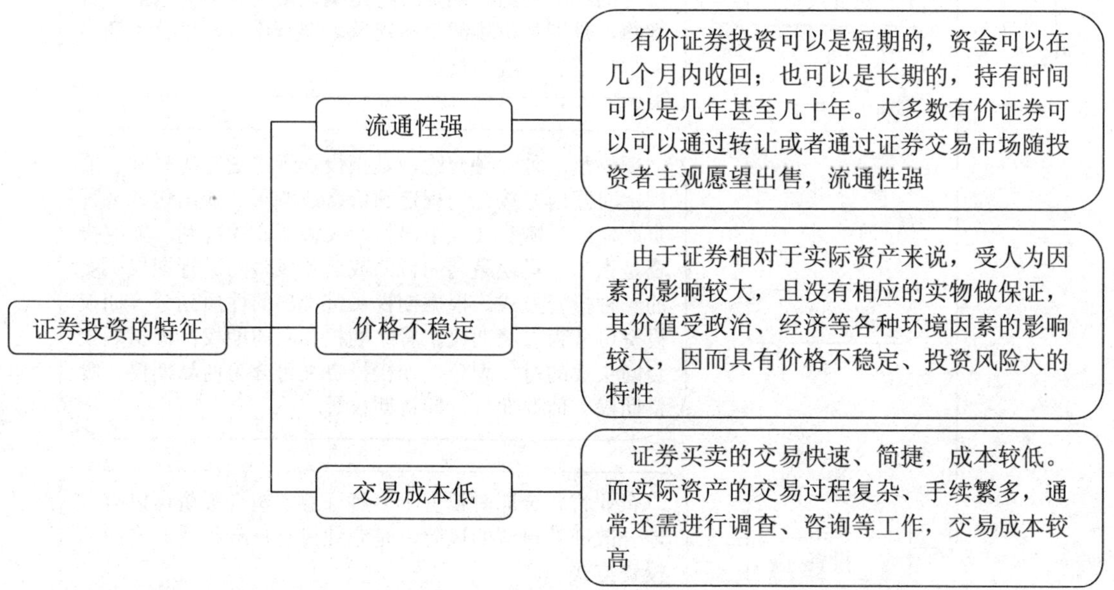

图 8－4　证券投资的特征

（五）证券投资的类型

证券投资按其投资的对象不同，可分为不同的类型，如图 8－5 所示。

- 证券投资的特征
  - 债券投资：投资者购买债券，取得资金收益的一种投资活动。企业将资金投向各种各样的债券，如国库券、公司债券和短期筹资券等。与股票投资相比，债券投资能获得稳定收益，投资风险较低。当然，也应看到，投资于一些期限长，信用等级低的债券，也会承担较大的风险
  - 股票投资：投资者将资金投资于股票，通过股票的买卖获得收益的投资行为。企业将其资金投向其他企业所发行的优先股、普通股都属于股票投资。企业投资于股票，尤其是投资于普通股票，要承担较大风险，但也可能取得较高收益。根据股票的性质不同，股票投资可分为优先股股票投资和普通股股票投资
  - 基金投资：投资者通过购买投资基金股份或收益凭证来获取收益的投资方式。这种方式可使投资者享受专家服务，有利于分散风险，获得较大投资收益
  - 期货投资：投资者通过买卖期货合约躲避价格风险或赚取利润的一种投资方式。期货合约是指为在将来一定时期以指定价格买卖一定数量和质量的商品而由商品交易所制定的统一的标准合约。期货合约是确定期货交易关系的一种契约，是期货市场的交易对象。期货投资可以分为商品期货投资和金融期货投资
  - 期权投资：期权是一种金融合约，是指投资者在指定的时刻（或规定时间内）按合约规定的价格或购买（或出售）某种资产，或不购买（或不出售）某种资产的权利。期权投资是指为了实现赢利的目的或避免风险而进行期权买卖的一种投资方式。根据期权买进卖出的性质划分，期权投资可分为看涨期权、看跌期权和双向期权；根据期权合同买卖的对象划分，期权投资又可分为商品期权、股票期权、债券期权、期货期权等
  - 证券组合投资：企业将资金同时投资于多种证券，组合投资可以有效地分散证券投资的风险，是企业进行证券投资时常用的投资方式

图 8－5　证券投资的类型

二、企业进行证券投资的目的

建筑施工企业进行证券投资的目的主要体现为如图 8－6 所示的几个方面。

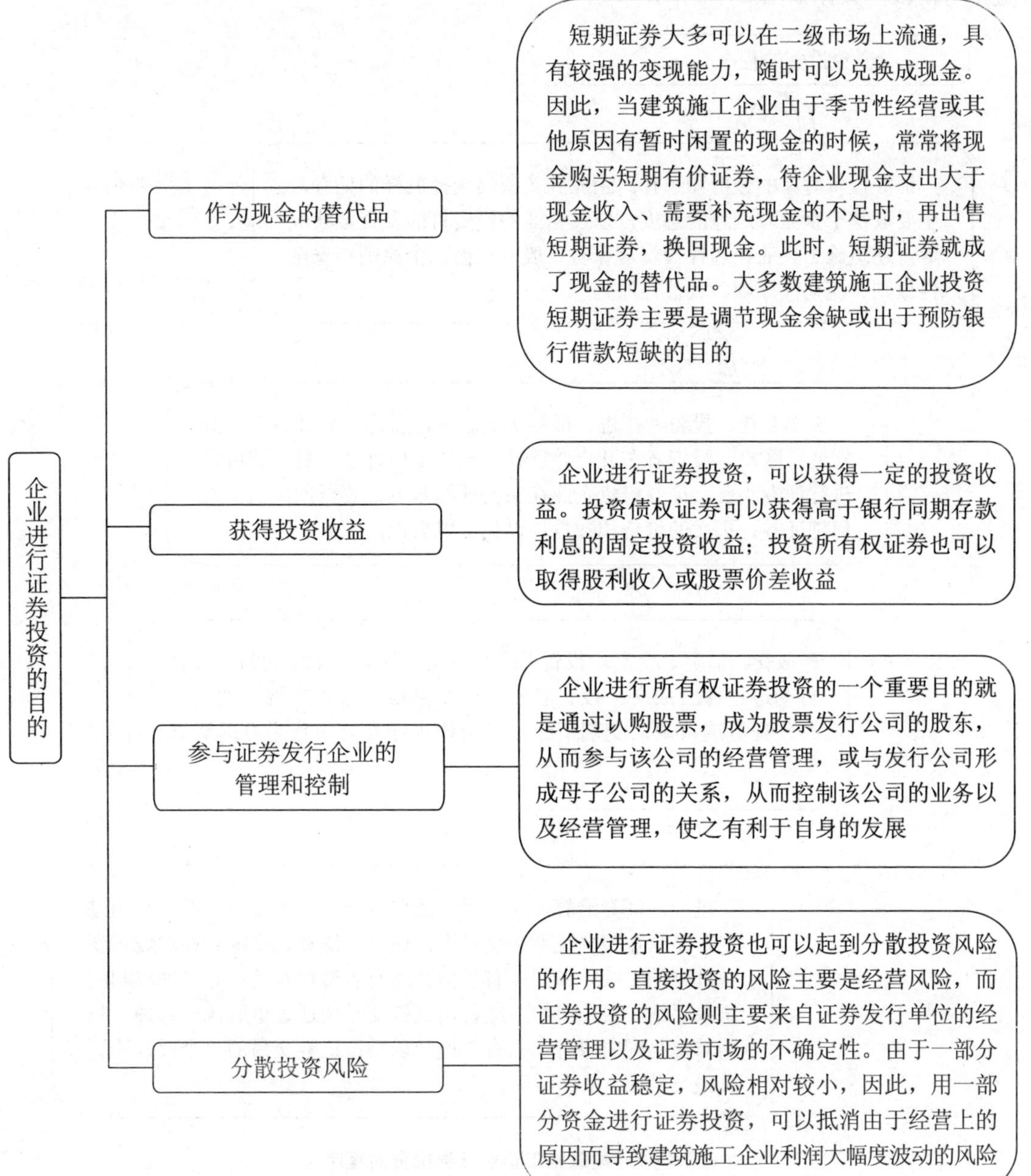

图 8－6　企业进行证券投资的目的

三、证券投资的程序

证券投资的程序，包括证券投资对象的分析和选择，买卖委托，成交、清算、交割，过户等阶段。具体如图 8－7 所示。

证券投资的程序

证券投资对象的分析和选择。企业究竟应当选择怎样的证券，主要取决于企业对风险的态度，以及企业的投资目的及资金状况等。建筑施工企业在选择投资对象时一般应遵循三个原则：安全性原则、流动性原则、收益性原则

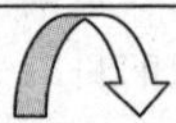

买卖委托。投资者在进行证券买卖之前，首先要到证券公司开立证券账户。投资者在开户并选择好投资于何种证券后，就可以进行证券买卖，证券投资企业在买卖证券时一定要再次确认买卖何种证券、买卖的价格和数量，以免出现失误

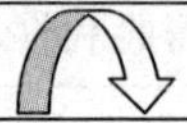

成交、清算、交割。投资者进行买卖委托后，电脑交易系统会自动进行撮合成交。投资者收到成交单后，必须在规定期限内办理证券或价款的交割手续，目前均由证券公司代为办理清算、交割

过户。证券清算、交割后，还要办理过户手续。证券交易的过户，是指在记名证券的交易中，成交、清算、交割后办理股东变更登记的手续，即原所有者向新所有者转移有关证券全部权利的记录手续。目前过户手续，由证券交易所通过电脑统一办理，与清算交易同时进行。只有在过户以后，证券交易的整个过程才算是最终结束

图 8－7　建筑施工企业证券投资的程序

第二节　债券投资管理

一、债券投资的种类

债券是发行者为筹集资金向债权人发行的在约定时间支付一定比例的利息、并在到期时偿还本金的一种有价证券。施工企业选择债券时，要对各种债券的特性加以比较。债券按投资对象不同可分为三个大的类别，如图 8－8 所示。

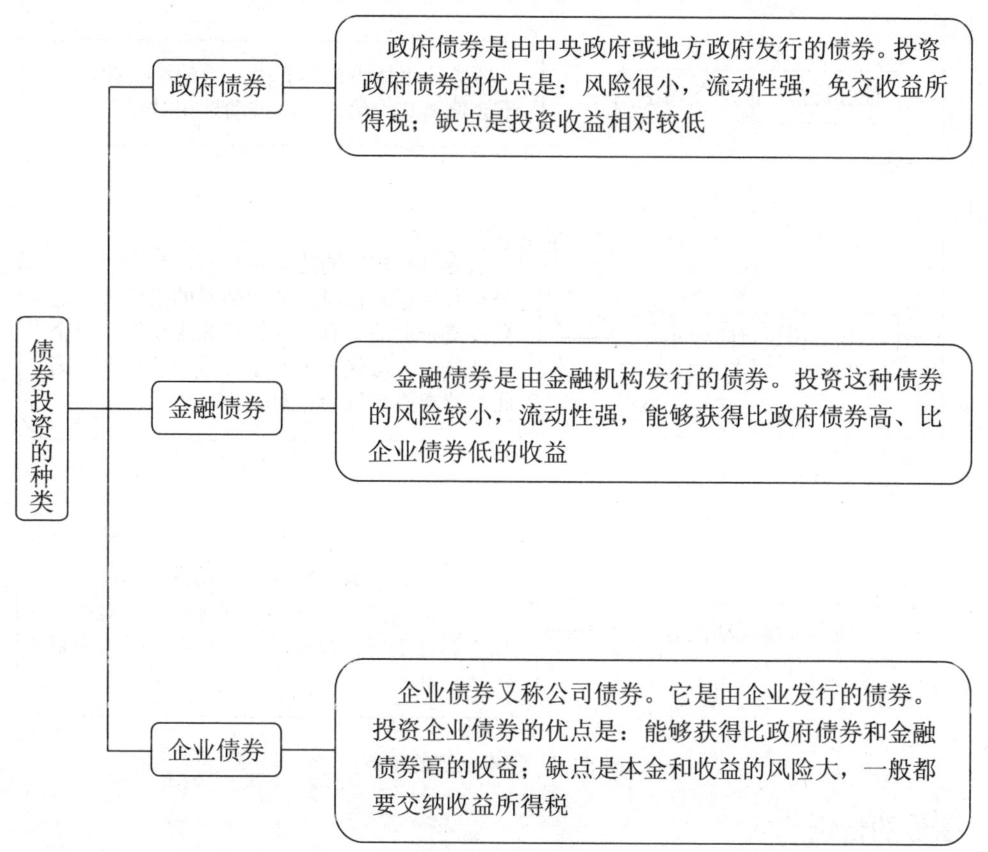

图 8－8　债券投资的种类

二、债券投资的特点

相对于股票而言，债券投资具有以下特点，如图 8－9 所示。

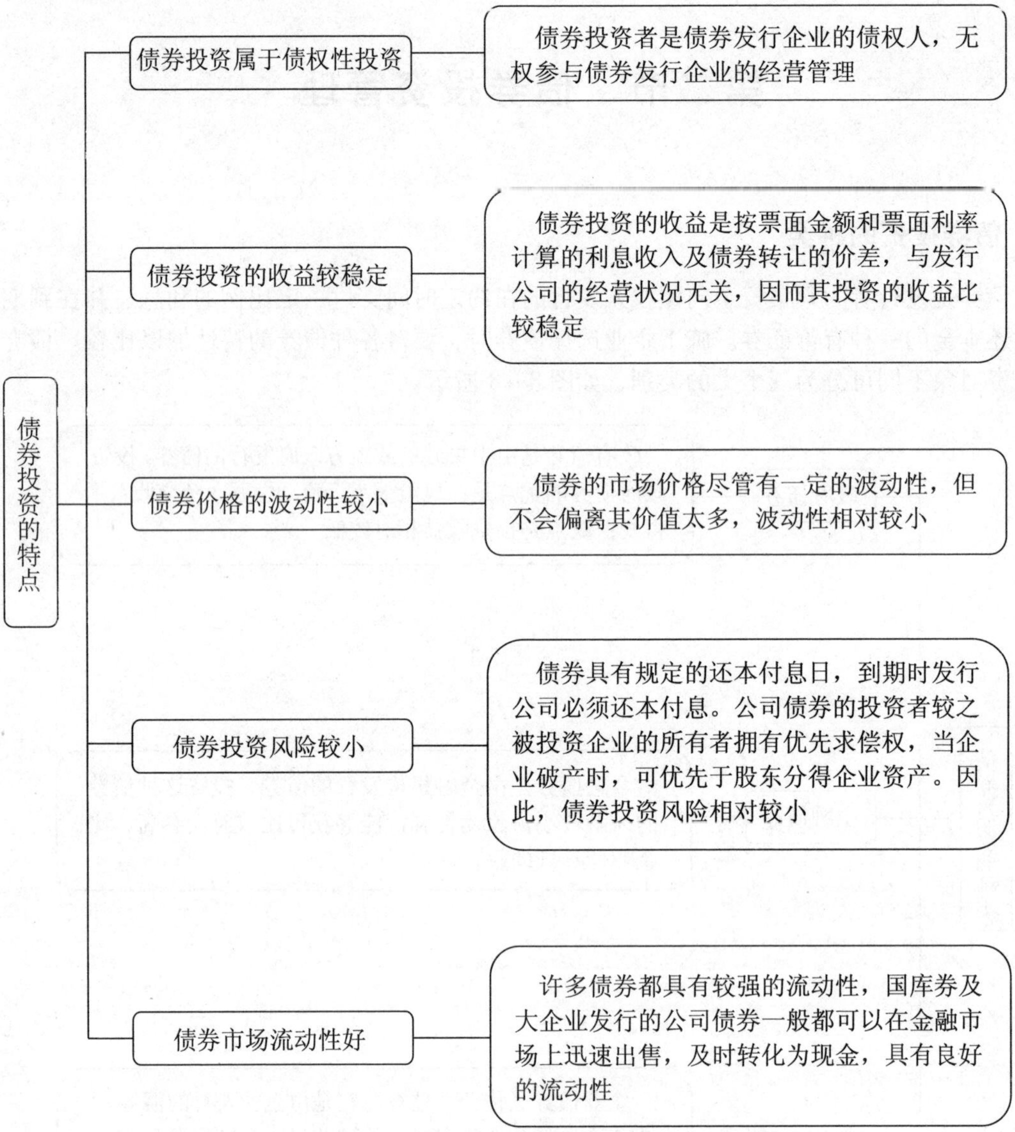

债券投资的特点	分项	说明
	债券投资属于债权性投资	债券投资者是债券发行企业的债权人，无权参与债券发行企业的经营管理
	债券投资的收益较稳定	债券投资的收益是按票面金额和票面利率计算的利息收入及债券转让的价差，与发行公司的经营状况无关，因而其投资的收益比较稳定
	债券价格的波动性较小	债券的市场价格尽管有一定的波动性，但不会偏离其价值太多，波动性相对较小
	债券投资风险较小	债券具有规定的还本付息日，到期时发行公司必须还本付息。公司债券的投资者较之被投资企业的所有者拥有优先求偿权，当企业破产时，可优先于股东分得企业资产。因此，债券投资风险相对较小
	债券市场流动性好	许多债券都具有较强的流动性，国库券及大企业发行的公司债券一般都可以在金融市场上迅速出售，及时转化为现金，具有良好的流动性

图8－9　债券投资的特点

三、债券的估价

建筑施工企业进行债券投资必须分析债券本身的价值。只有债券的价值大于债券的价格时，才可以购买。

（一）复利计息到期还本的债券估价模型

复利计息到期还本的债券估价模型如图8－10所示。

复利计息到期还本的债券估价模型

这种债券是国际市场上最常见的公司债券，按照票面承诺的付息期及利率每期支付利息，到期一次性归还本金。该种债券的估价应该考虑到投资人每期所获得的利息和到期所取得的终值（票面面值）的折现值总和。因此其估价模型为：

$$P=F\times(P/F,\ K,\ n)+I\times(P/A,\ K,\ n)$$

式中：P——债券价格；
F——债券面值；
I——每年利息；
K——市场利率；
n——付息总期数

图 8-10 复利计息到期还本的债券估价模型

【例 8-1】某建筑施工企业要购入甲公司发行的债券，该债券面值为 1000 元，票面利率为 8%，每年支付一次利息，到期一次还本的 5 年期债券，债券发行时的市场利率为 10%，则该企业债券价格为多少时才能进行投资？

解：$P=1000\times(P/F,\ 10\%,\ 5)+1000\times8\%\times(P/A,\ 10\%,\ 5)$
$=1000\times0.6209+80\times3.7908$
$=924.16$（元）

只有该债券的价格低于 924.16 元时，该企业才能投资。

（二）一次还本付息且不计复利的债券估价模型

一次还本付息且不计复利的债券估价模型如图 8-11 所示。

一次还本付息且不计复利的债券估价模型

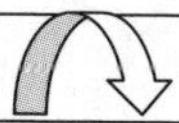

这是我国企业债券最经常采用的还本付息方式。这类债券的估价应该是对债券到期日投资人所能获得的全部收益（包括历年利息总和和债券面值）的折现。因此其估价模型为：

$$P=\frac{F+F\times i\times n}{(1+K)^{n}}=(F+F\times i\times n)\times(P/F,\ K,\ n)$$

式中：P——债券价格；
F——债券面值；
K——市场利率；
n——付息总期数；
i——票面利率

图 8-11 一次还本付息且不计复利的债券估价模型

【例 8-2】某建筑施工企业拟购买甲公司发行的一次还本付息的企业债券，债券面值为1000元，期限为5年，票面利率为10%，市场利率为8%，不计复利，则债券发行价格为多少时才能购买？

解：$P=(1000+1000\times10\%\times5)\times(P/F,8\%,5)$

$=1500\times0.6806$

$=1020.9$（元）

只有该债券的价格低于1020.9元时，该企业才能购买。

（三）零票面利率债券的估价模型

零票面利率债券的估价模型如图8－12所示。

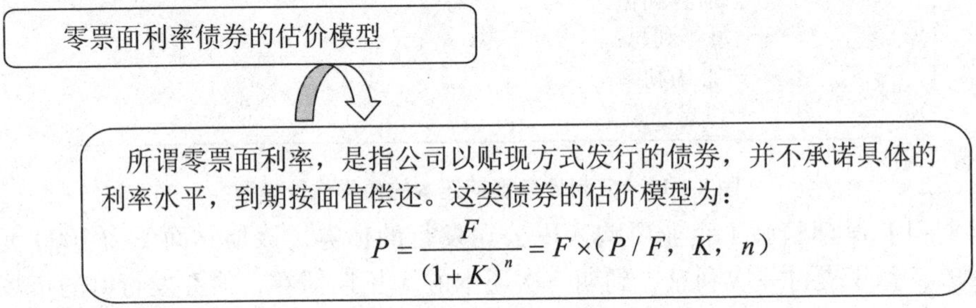

零票面利率债券的估价模型

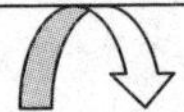

所谓零票面利率，是指公司以贴现方式发行的债券，并不承诺具体的利率水平，到期按面值偿还。这类债券的估价模型为：

$$P=\frac{F}{(1+K)^n}=F\times(P/F,K,n)$$

图8－12 零票面利率债券的估价模型

【例8－3】某建筑施工企业欲购买甲公司发行的债券，该债券以折价发行，期内不计利息，到期按面值偿还，债券面值为1000元，期限为5年，市场利率为8%，则债券的价格为多少时建筑施工企业才能进行购买？

解：$P=1000\times(P/F,8\%,5)$

$=1000\times0.6806$

$=680.6$（元）

则该债券的价格只有低于680.6元时，企业才能购买。

四、债券的收益率

（一）债券收益的来源

债券收益有两种主要来源，如图8－13所示。

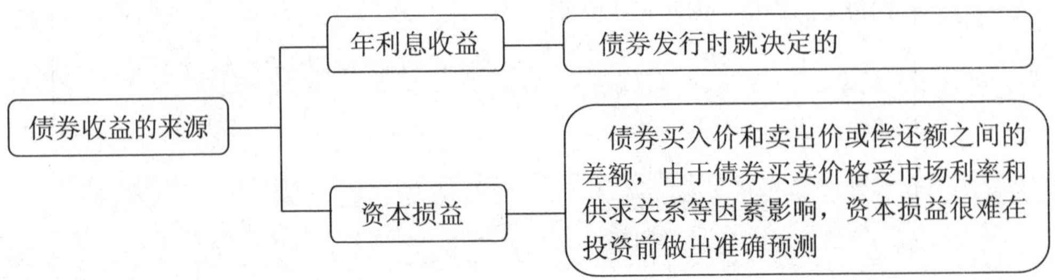

图8－13 债券收益的来源

（二）影响债券收益的因素

影响债券收益的因素如图 8－14 所示。

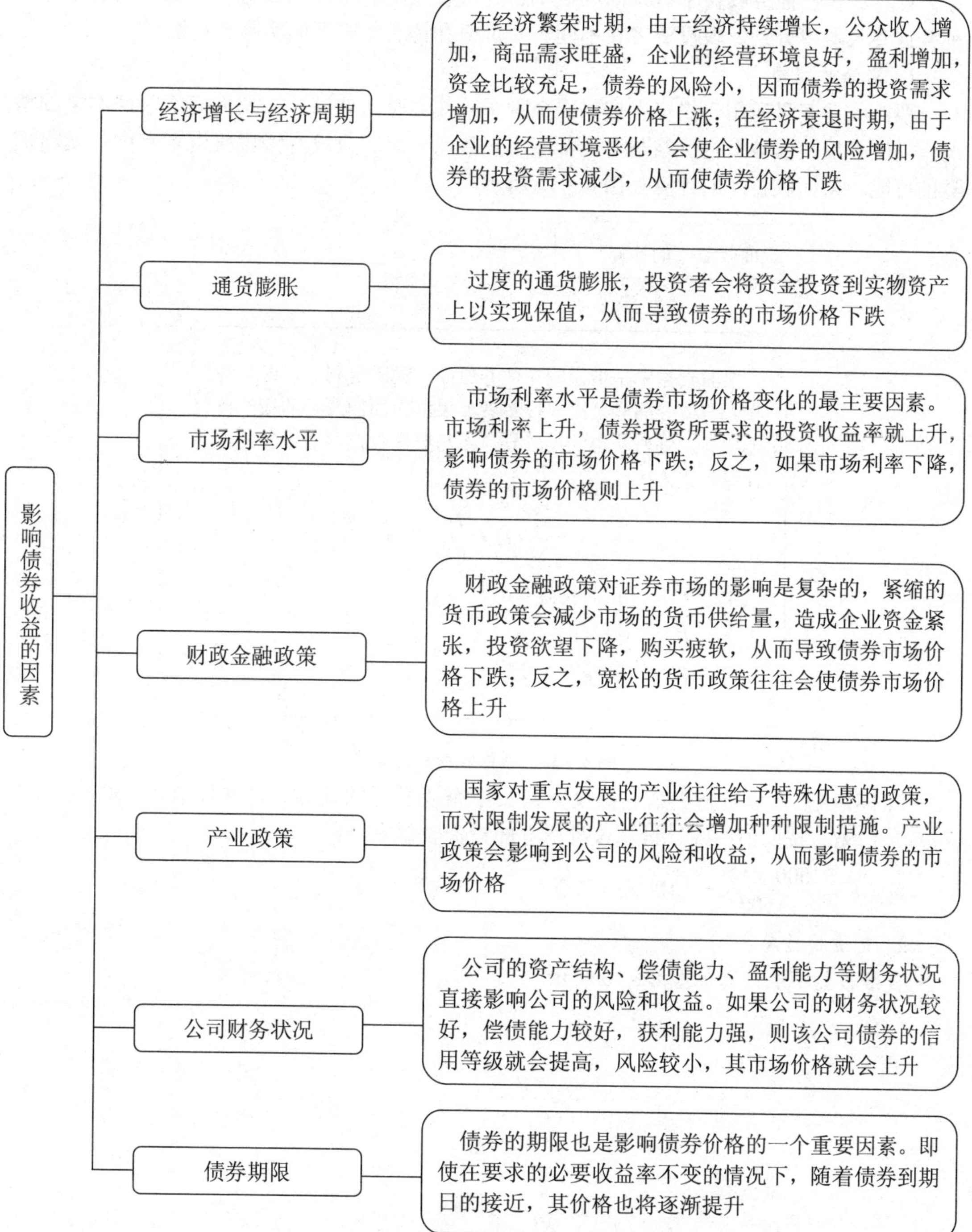

图 8－14　影响债券收益的因素

（三）债券收益率的计算

债券收益率是指在一定时期内所得的收益与投入本金的比率。债券收益率一般以年利率为计算单位。债券收益率有票面收益率、直接收益率、持有期收益率和到期收益率等多种，这些收益率分别反映投资者在不同买卖价格和持有年限下的实际收益水平。

1. 票面收益率

票面收益率只适用于投资者按票面金额买入债券直至期满并按票面面额收回本金的情况，它没有反映债券发行价格与票面金额不一致的可能，也没有考虑投资者有中途卖出债券的可能。票面收益率的计算如图8－15所示。

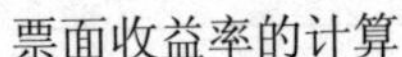

票面收益率的计算

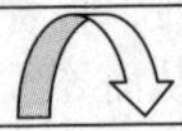

票面收益率是指印制在债券票面上的固定利率，即年利息收入与债券面额之比。投资者如果将按面额发行的债券持有至期满，则所获得的投资收益率与票面收益率是一致的。其计算公式为：

$$K=\frac{I}{V}\times 100\%$$

式中：K——票面收益率；

I——债券年利息；

V——债券买入价

图8－15　票面收益率的计算

【例8－4】某建筑施工企业拟投资购买甲企业发行的债券，债券面值为1500元，年利率为12%，按面值购入，计算该批债券的投资收益率。

解：$K=\frac{1500\times 12\%}{1500}\times 100\%=12\%$

2. 直接收益率

直接收益率的计算如图8－16所示。

直接收益率的计算

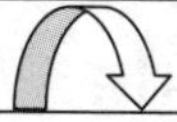

直接收益率又称本期收益率、当前收益率，指债券的年利息收入与买入债券的实际价格之比。债券的买入价格也称债券全价，可以是发行价格，也可以是流通市场的交易价格，它可能等于债券面额，也可能高于或低于债券面额。其计算公式为：

$$K=\frac{I}{S}\times 100\%$$

式中：K—— 直接收益率、本期收益率、当前收益率；

I—— 债券年利息；

S—— 债券买入价，即发行价格或流通市场的交易价格

图 8-16　直接收益率的计算

【例 8-5】某建筑施工企业投资购买甲企业发行的债券，债券面值为 1500 元，年利率为 12%，按溢价购入，其购买价格为 1600 元，计算该批债券的投资收益率。

解：$K=\frac{1500\times 12\%}{1600}\times 100\%=11.25\%$

3. **持有期收益率**

持有期收益率的计算如图 8-17 所示。

持有期收益率的计算

持有期收益率指买入债券后持有一段时间，在债券到期前将其出售而得到的收益率。它包括持有债券期间的利息收入和资本损益。其计算公式为：

$$K=\frac{I+(P-S)/n}{S}\times 100\%$$

式中：K—— 持有期收益率；

I—— 债券年利息；

P—— 债券卖出价；

S—— 债券买入价；

n—— 持有年限

图 8-17　持有期收益率的计算

【例 8-6】某建筑施工企业于 2010 年 1 月 1 日以 1400 元的价格购买了甲公司于 2008

年发行的面值为1200元、利率为10%、每年1月1日支付一次利息的10年期公司债券，2015年1月1日，公司以1600元的价格将债券卖出，计算该企业持有该批债券的收益率。

解：$K=\frac{1200\times10\%+(1600-1400)\div5}{1400}\times100\%=11.43\%$

4. 到期收益率

到期收益率的计算如图8－18所示。

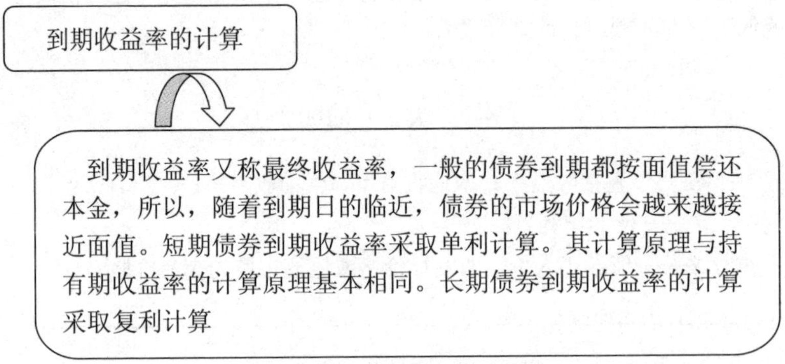

到期收益率的计算

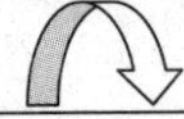

到期收益率又称最终收益率，一般的债券到期都按面值偿还本金，所以，随着到期日的临近，债券的市场价格会越来越接近面值。短期债券到期收益率采取单利计算。其计算原理与持有期收益率的计算原理基本相同。长期债券到期收益率的计算采取复利计算

图8－18　到期收益率的计算

【例8－7】某建筑施工企业于2013年1月1日以107元的价格购买了2009年发行的5年期国库券，2014年1月1日到期，该国库券面值为100元，利率为10%，每年1月1日支付一次利息，计算企业持有该批国库券的到期收益率。

解：$K=\frac{100\times10\%+(100-107)\div1}{107}\times100\%=2.8\%$

【例8－8】某建筑施工企业于2014年1月1日以1050元的价格购买了甲公司于2011年1月1日发行的面值为1000元，票面利率为10%，期限为5年的公司债券，若该批债券为到期一次还本付息债券，计算其到期收益率。

解：由于该债券于2015年12月31日到期，持有期为2年，则有：

$1050=1000\times(1+5\times10\%)\times(P/F,i,2)=1500\times(P/F,i,2)$

得 $(P/F,i,2)=1050/1500=0.7000$

查1元复利现值系数表，有如下结果：

当 $i=15\%$ 时，$(P/F,i,2)=0.7561>0.7000$

当 $i=20\%$ 时，$(P/F,i,2)=0.6944<0.7000$

$$i=15\%+\frac{0.7561-0.7000}{0.7561-0.6944}\times(20\%-15\%)=19.55\%$$

持有该债券的到期收益率为19.55%。

五、债券投资的评价

（一）债券投资的优点

债券投资的优点如图8－19所示。

债券投资的优点
本金安全性高
与股票相比，债券投资风险比较小。政府发行的债券有国家财力做后盾，其本金的安全性非常高，通常被视为无风险证券。企业债券的持有者拥有优先求偿权，即当企业破产时，优先于股东分得企业资产，因此，其本金损失的可能性较小
收入稳定性强
债券票面一般都标有固定利息率，债券的发行人有按时支付利息的法定义务。因此，在正常情况下，投资于债券都能获得比较稳定的收入
市场流动性好
许多债券都具有较好的流动性。政府及大企业发行的债券一般都可在金融市场上迅速出售，流动性很好

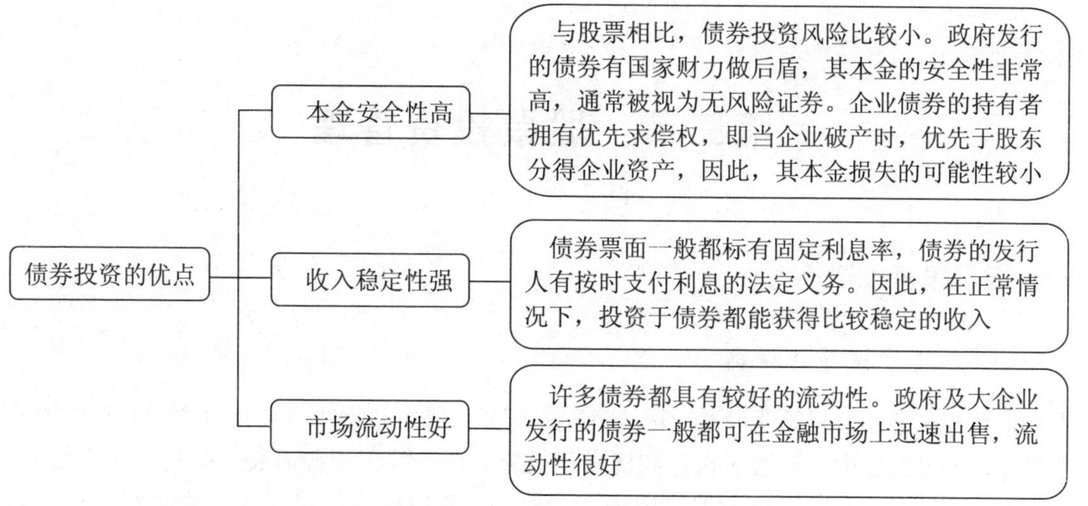

图 8－19　债券投资的优点

（二）债券投资的风险

债券投资的风险如图 8－20 所示。

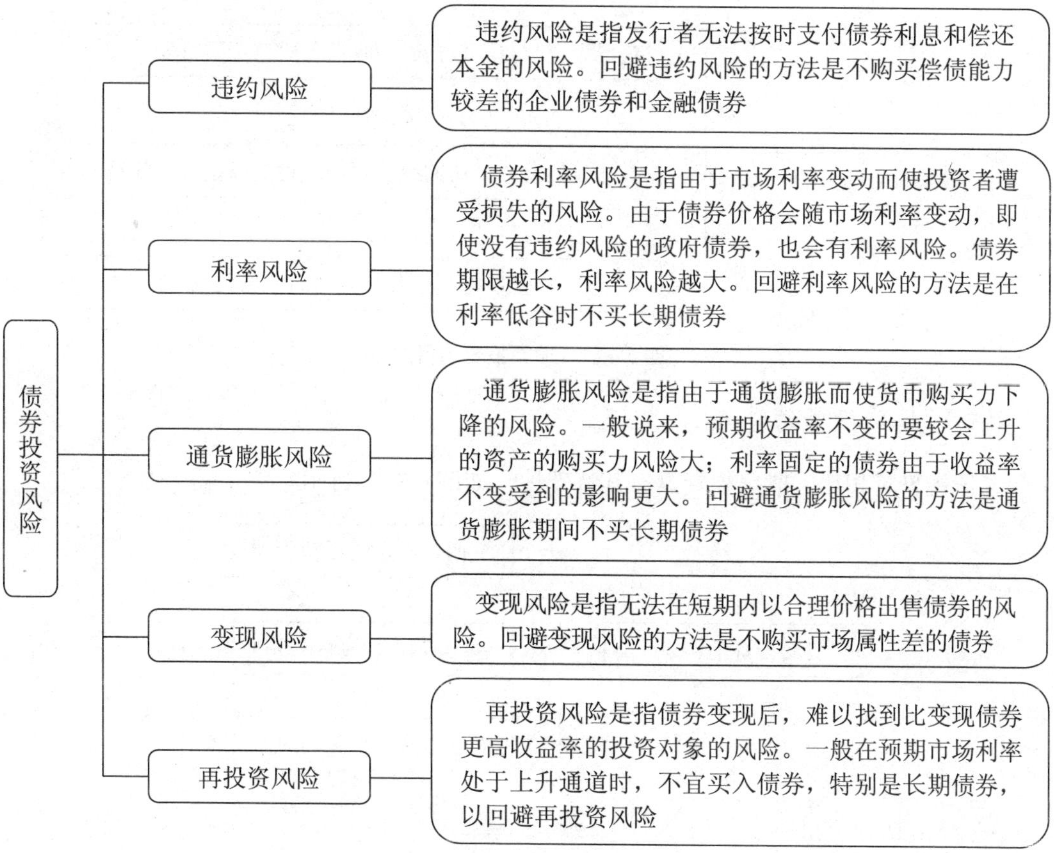

债券投资风险
违约风险
违约风险是指发行者无法按时支付债券利息和偿还本金的风险。回避违约风险的方法是不购买偿债能力较差的企业债券和金融债券
利率风险
债券利率风险是指由于市场利率变动而使投资者遭受损失的风险。由于债券价格会随市场利率变动，即使没有违约风险的政府债券，也会有利率风险。债券期限越长，利率风险越大。回避利率风险的方法是在利率低谷时不买长期债券
通货膨胀风险
通货膨胀风险是指由于通货膨胀而使货币购买力下降的风险。一般说来，预期收益率不变的要较会上升的资产的购买力风险大；利率固定的债券由于收益率不变受到的影响更大。回避通货膨胀风险的方法是通货膨胀期间不买长期债券
变现风险
变现风险是指无法在短期内以合理价格出售债券的风险。回避变现风险的方法是不购买市场属性差的债券
再投资风险
再投资风险是指债券变现后，难以找到比变现债券更高收益率的投资对象的风险。一般在预期市场利率处于上升通道时，不宜买入债券，特别是长期债券，以回避再投资风险

图 8－20　债券投资的风险

第三节　股票投资管理

一、股票投资概述

（一）股票投资的种类

股票投资是指通过认购股票，成为股票发行公司股东并收取股利收益或价差收益的投资活动。股票投资分为普通股投资和优先股投资。企业投资于普通股，股利收入不稳定，投资于优先股可以获得固定的股利收入，因此，普通股股票价格比优先股股票价格波动大。投资普通股风险相对要大。

（二）股票投资的目的

建筑施工企业进行股票投资的目的如图 8－21 所示。

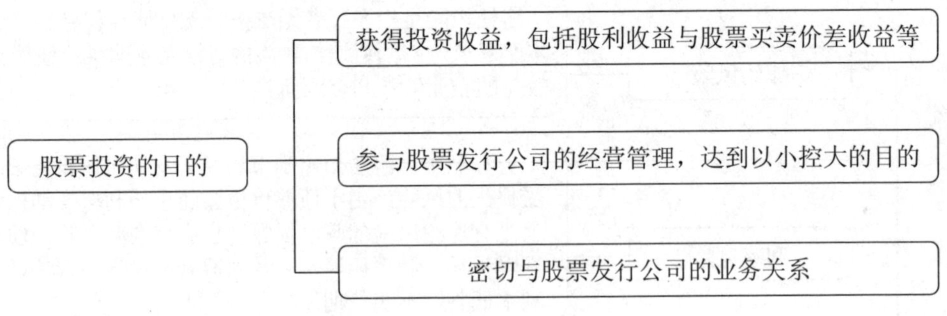

图 8－21　股票投资的目的

（三）股票投资的特点

与债券投资相比，股票投资具有其特殊性，如图 8－22 所示。

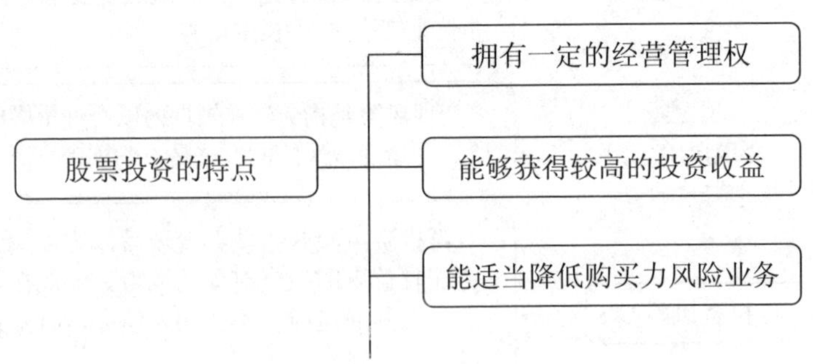

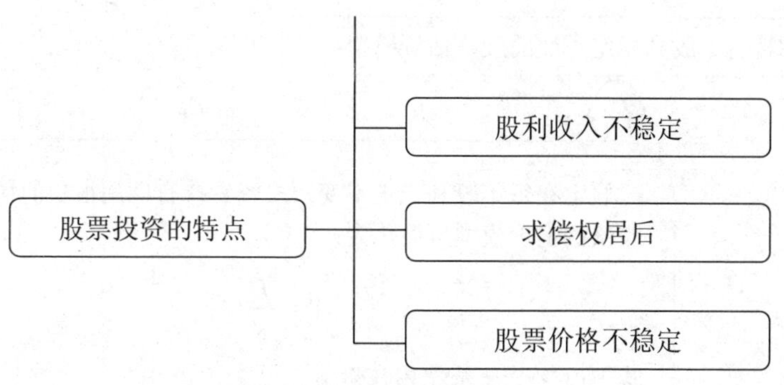

图 8－22 股票投资的特点

二、股票投资估价

（一）股票估价的基本模型

股票估价的基本模型如图 8－23 所示。

股票估价的基本模型

通常情况下，投资者投资于股票，不仅希望得到股利收入，而且希望在未来出售股票时能从股票价格的上涨中得到好处。此时的股票估价模型为：

$$V=\sum_{t=1}^{n}\frac{d_t}{(1+K)^t}+\frac{V_n}{(1+K)^n}$$

式中：V—— 股票内在价值：

V_n—— 未来出售时预计的股票价格；

K—— 投资人要求的必要资金收益率；

d_t—— 第 t 期的预期股利；

n—— 预计持有股票的期数

图 8－23 股票估价的基本模型

（二）长期持有、股利稳定不变的股票估价模型

长期持有、股利稳定不变的股票估价模型如图 8－24 所示。

长期持有、股利稳定不变的股票估价模型

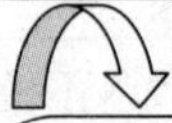

假定在每年股利稳定不变，投资者持有期间很长的情况下，股票的估价模型可简化为：

$$V = \frac{D}{K}$$

式中：V—— 般票内在价值；

D—— 每年固定股利；

K—— 投资人要求的必要资金收益率

图 8－24 长期持有、股利稳定不变的股票估价模型

(三) 长期持有、股利固定增长的股票估价模型

长期持有、股利固定增长的股票估价模型如图 8－25 所示。

长期持有、股利固定增长的股票估价模型

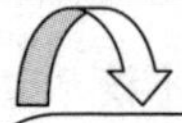

如果一个公司的股利不断增长，投资者的投资期限又非常长，则股票的估价就更难了，只能计算近似数。其计算公式为：

$$V = \frac{D_0 \times (1+g)}{K-g}$$

或：

$$V = \frac{D_1}{K-g}$$

式中：D_0—— 上年股利；

g —— 每年股利比上年增长率；

D_1—— 下一年的预期利润

图 8－25 长期持有、股利固定增长的股票估价模型

【例 8－9】甲建筑施工企业欲购买某公司发行的普通股股票，该股票上年每股股利为 0.3 元，预计以后每年以 7% 的增长率增长，该企业经分析后，认为必须得到 10% 以上（含 10%）的报酬率，才能购买该公司发行的股票，则该种股票的价值应为多少？

解：$V = \frac{0.3 \times (1+7\%)}{10\% - 7\%} = 10.7$（元）

该股票价格在 10.7 元以下时，甲企业才能购买该公司的股票。

三、股票的收益率

（一）股票收益的来源

股票的收益是指投资者从购入股票开始到出售股票为止整个持有股票期间的收入，这种收益由股息和资本利得两方面组成。

（二）影响股票投资收益的因素

影响股票投资收益的因素见表 8－1。

表 8－1　影响股票投资收益的因素

宏观经济形势	当经济增长启动时，敏感的投资者会对经济发展和公司的发展前景持有好的预期，开始购买股票，使股票价格上涨。在经济发展繁荣景气时期，更多的投资者都普遍看好经济发展趋势，股市的牛市就会到来；而当经济增长到顶峰并开始走向衰退时，明智的投资者就会退出股市，股票价格将会下跌。因此，经济发展周期在股市上会得到充分的反映，它直接影响股市发展的大趋势
通货膨胀	通货膨胀对股市的影响十分复杂。一般来说，适度的通货膨胀不会对经济发展产生破坏作用，反而对证券市场的发展还有利。但过度的通货膨胀必然会造成经济环境恶化，对经济发展有极大的破坏作用，从而对证券市场也是不利的
利率和汇率的变化	通常来说，利率上升既会增加公司成本，减少公司利润，又会提高投资者的预期收益率，从而使股票价格下跌；反之，则会使股票价格上涨。汇率的变化也会影响股票价格。如果本国货币贬值，可能会导致资金流出本国，从而使股票价格下跌。但汇率的变化对国际性程度低的市场影响较小，对国际性程度高的市场影响较大
经济政策	股票市场比较敏感的经济政策主要有货币政策、财政政策和产业政策。货币政策和财政政策都是调节宏观经济的主要手段。一般来说，紧缩的货币政策和财政政策会使股票价格下跌，而宽松的货币政策和财政政策会使股票价格上涨
公司因素	公司因素主要包括公司的行业发展前景、市场占有率、公司经营状况、公司财务状况、盈利能力和股利政策等因素。这一因素主要影响某一特定公司的股票价格。对公司因素的了解，可以通过对该公司公布的年度财务报告分析来获得

续表

市场因素	市场因素的影响是指股票市场本身的组织、运作及市场参与者的活动对股市的影响。市场因素一般包括证券主管机构对证券市场的干预程度、市场的成熟程度、市场的投机操作行为、投资者的素质高低和市场效率等
政治因素	股票价格除受经济、技术等因素的影响外，还受到政治因素的影响。如国内外政治形势的变化、国家法律与政策的变化、国际关系的改变等都会对股市产生影响，从而影响股票价格

（三）股票收益率的计算

1. 本期收益率

本期收益率的计算如图 8-26 所示。

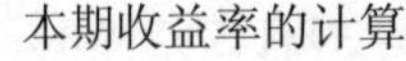

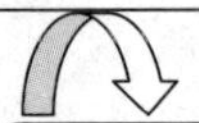

本期收益率是指股份公司以现金派发股利与本期股票价值的比率。其计算公式为：

$$K=\frac{d}{V}\times 100\%$$

式中：K—— 本期收益率；

d—— 年现金股利；

V—— 本期股票价值

图 8-26 本期收益率的计算

【例 8-10】某建筑施工企业在 2014 年 1 月 1 日以 500 万元的价格投资购买某种股票 200 万股，当年每股分得现金股利 1.2 元，2015 年 1 月 1 日该股票价值为 750 万元，计算该企业投资购买股票本期所取得的收益率。

解：$K=\frac{1.2\times 200}{750}=32\%$

2. 持有期收益率

持有期收益率的计算如图 8-27 所示。

持有期收益率的计算

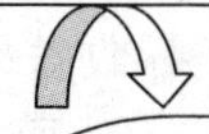

持有期收益率是指投资者买入股票持有一定时期后又卖出该股票，在投资者持有该股票期间的收益率。如投资者持有股票时间不超过1年，不用考虑资金时间价值，其持有期收益率计算公式应为：

$$K=\frac{(P-S)/n+d}{V}\times 100\%$$

式中：K—— 持有期收益率；

P—— 股票出售价格；

S—— 股票购买价格；

n—— 持有年限；

d—— 年现金股利；

V—— 本期股票价格。

如投资者持有股票时间超过1年，则需要考虑资金时间价值。其持有期收益率计算公式应为：

$$V=\sum_{t=1}^{n}\frac{D_t}{(1+K)^t}+\frac{P}{(1+K)^n}$$

式中：V—— 股票的购买价格；

P—— 股票的出售价格；

D_t—— 股票投资报酬（各年获得的股利）；

n—— 投资期限；

K—— 持有期收益率

图 8－27　股票持有期收益率的计算

【例 8－11】某建筑施工企业在 2011 年 5 月 1 日投资 550 万元购买甲上市公司的股票 100 万股，在以后 3 年中，每年的 4 月 31 日各分得现金股利 0.3 元/股、0.5 元/股、1.3 元/股，在第 3 年 4 月 31 日将股票以每股 5.5 元的价格全部出售，请计算此公司投资股票所取得的投资收益率。

解：根据题意采用插值法计算，见表 8－2。

表 8－2　测算收益率

年份	股利及出售股票的现金流量	测试 16%		测试 14%		测试 12%	
		系数	现值	系数	现值	系数	现值
2012	30	0.8621	25.863	0.8772	26.316	0.8929	26.787
2013	50	0.7432	37.16	0.7695	38.475	0.7972	39.860
2014	680	0.6407	435.676	0.6750	459.00	0.7118	484.024
合计	—	—	498.70	—	523.79	—	550.67

在表 8－2 中，按 16% 的收益率进行测算得到 498.70 万元的现值，小于原来 550 万元的投资额，则可知实际收益率要低于 16%；再进行第二次测算，将收益率调到 14%，得到 523.79 万元的现值，小于原来 550 万元的投资额，则可知实际收益率要低于 14%；再进行第三次测算，将收益率调到 12%，得到 500.67 万元的现值，比原来的投资额 550 万元大，则该项投资的投资收益率应在 12%～14%，由插值法计算可得：

$$i = i_1 + \frac{\beta_1 - a}{\beta_1 - \beta_2} \times (i_2 - i_1)$$

$$= 12\% + \frac{550.67 - 550}{550.67 - 523.79} \times (14\% - 12\%)$$

$$= 12.05\%$$

该企业投资甲上市公司股票所取得的投资收益率为 12.05%。

第四节　基金投资

一、投资基金概述

（一）投资基金的概念

投资基金是一种利益共享、风险共担的集合投资方式，即通过发行基金股份或收益凭证等有价证券聚集众多不确定投资者的出资，交由专业投资机构经营运作，以回避投资风险并谋取投资收益的证券投资工具。

投资基金的称谓各有不同，美国称为共同基金或互惠基金，也称为投资公司，英国和我国香港地区称为单位信托基金，日本和我国台湾地区称为证券投资信托基金。尽管称谓各异，但投资基金的组成框架及操作过程基本上是相同的。

（二）投资基金的组织与运作

投资基金的组织与运作相关内容如图 8－28 所示。

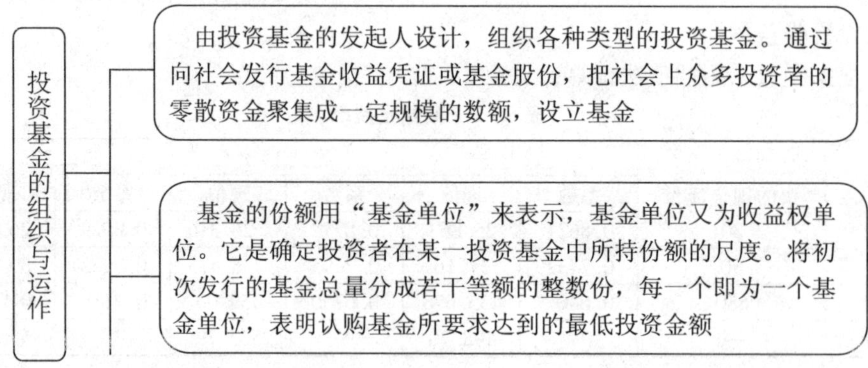

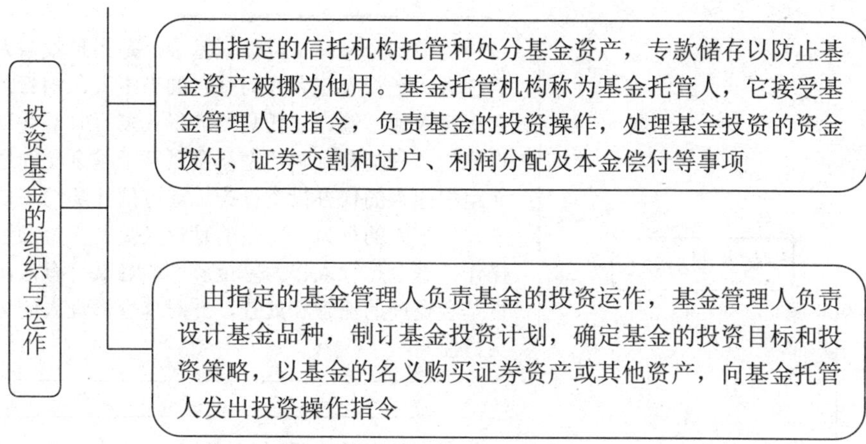

图 8－28　投资基金的组织与运作

（三）投资基金的评价

相比于债券和股票，投资基金有其特有的优缺点，如图 8－29 所示。

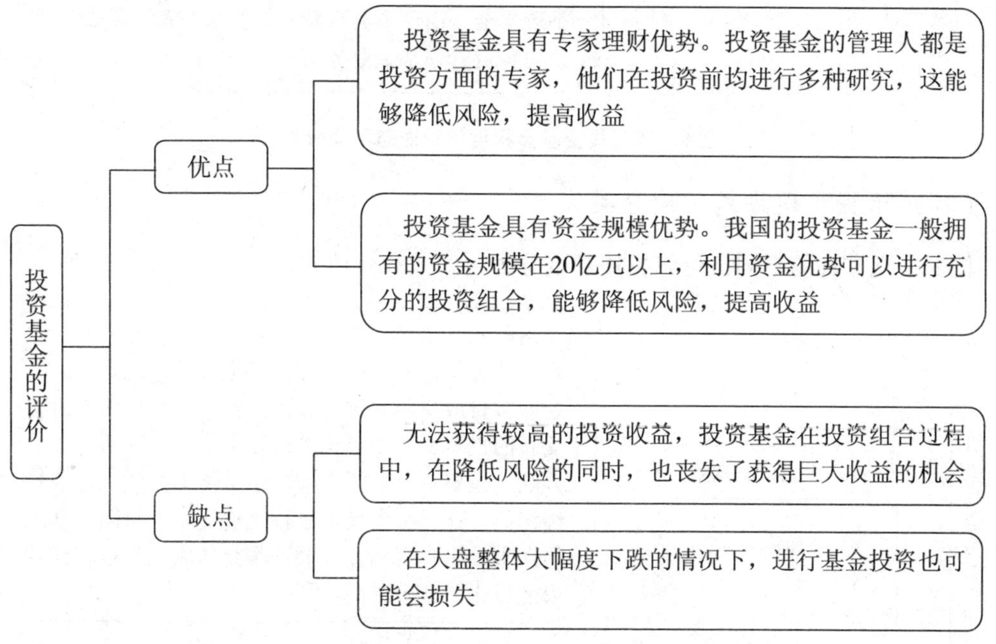

图 8－29　投资基金的评价

二、投资基金的种类

根据不同的分类标准，投资基金可以划分为不同的类型。

（一）根据组织形态不同分类

根据组织形态的不同，可分为契约型基金和公司型基金，具体内容如图 8－30 所示。

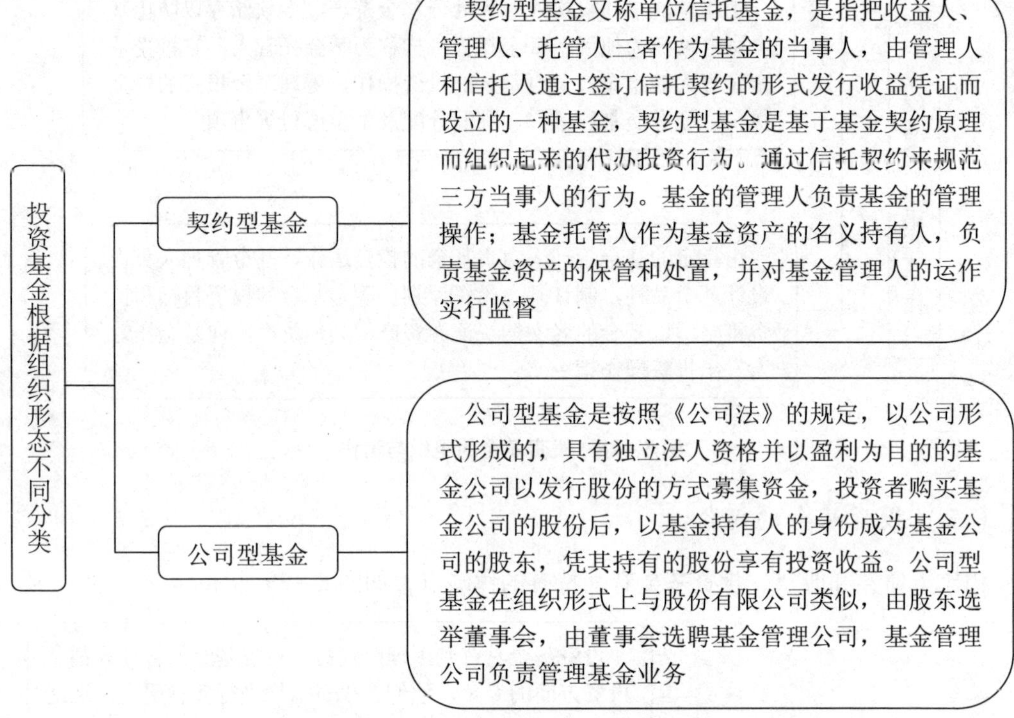

图8－30　投资基金根据组织形态不同分类

（二）根据变现方式不同分类

根据变现方式的不同，可将投资基金分为封闭式和开放式两种，如图8－31所示。

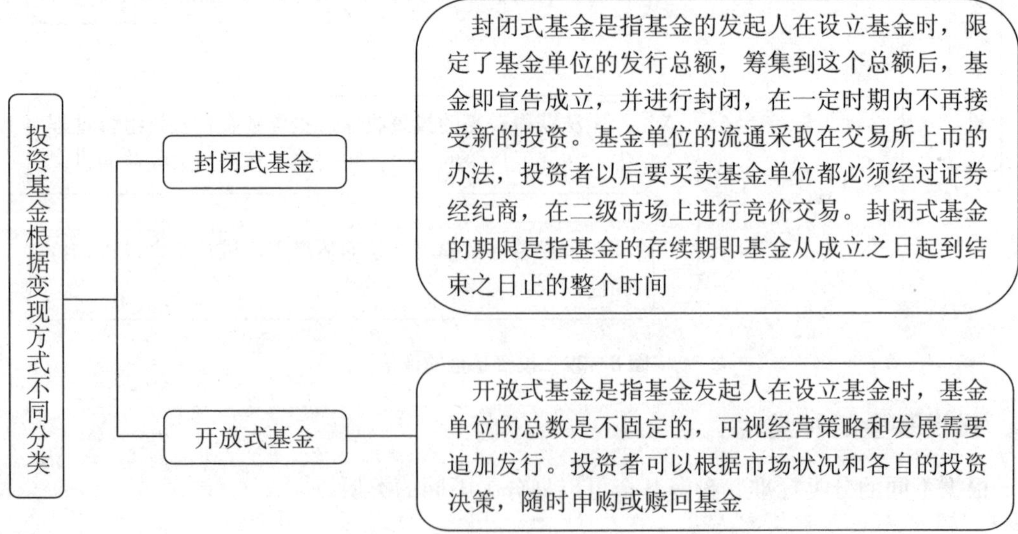

图8－31　投资基金根据变现方式不同分类

（三）根据投资标的不同分类

投资基金根据投资标的不同，其分类如图8－32所示。

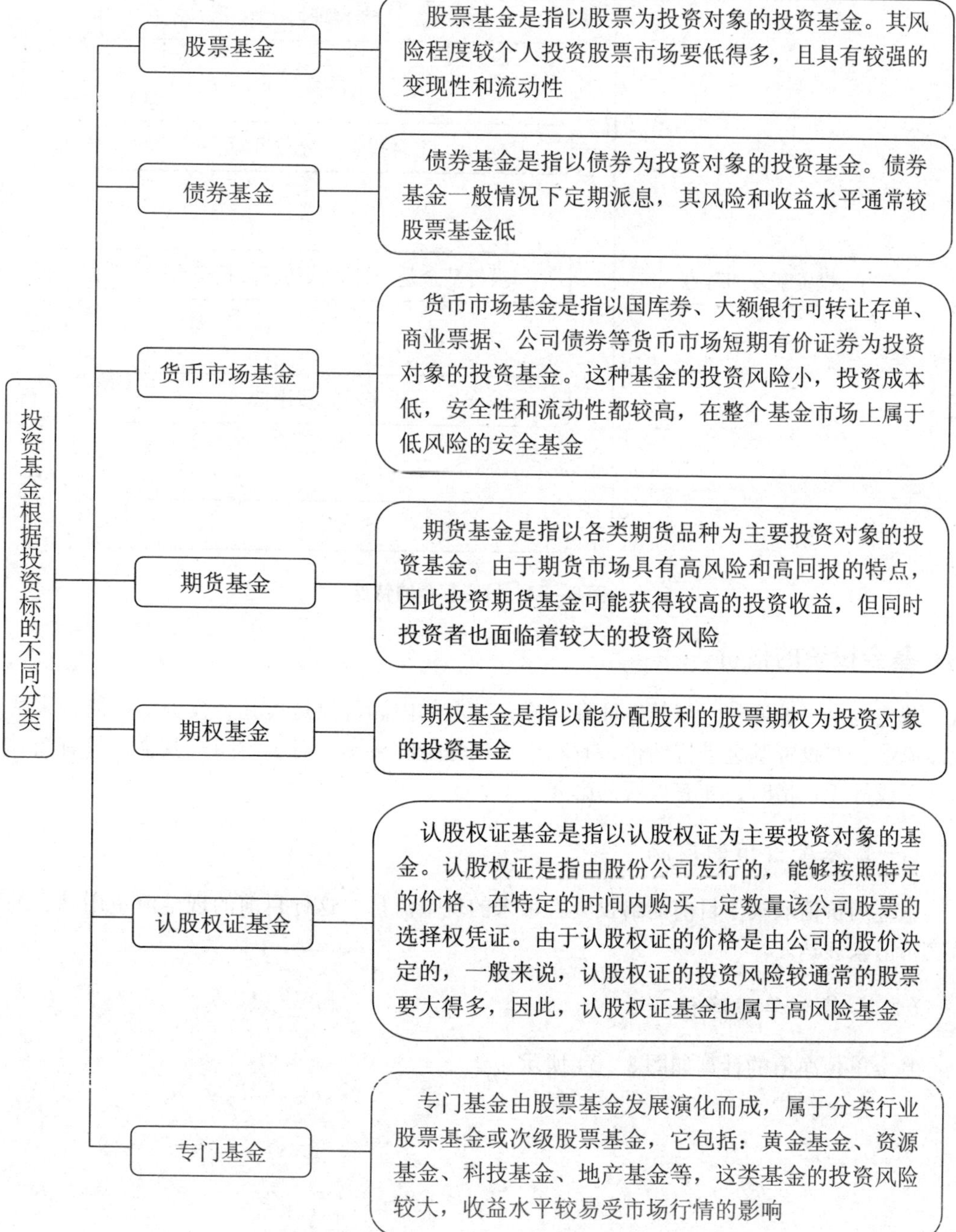

图8－32 投资基金根据投资标的不同分类

三、投资基金的特点

投资基金的特点如图 8－33 所示。

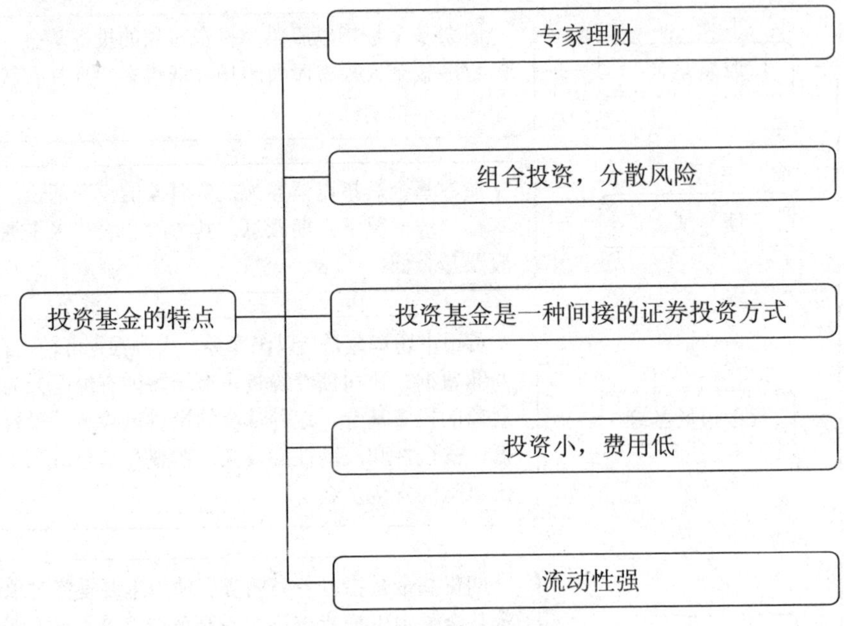

图 8－33　投资基金的特点

四、基金投资的估价

基金也是一种证券，与其他证券一样，基金的内涵价值是指基金投资上所能带来的现金净流量。对投资基金进行估价，有利于投资基金的买卖。对于封闭式基金，只有当其价值高于或等于价格时，才有投资的必要。

（一）基金价值的内涵

基金的价值取决于目前能给投资者带来的现金流量，这种目前的现金流量用基金的净资产价值来表达。

（二）基金单位净值

基金单位净值的计算如图 8－34 所示。

基金单位净值的计算

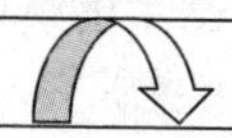

基金单位净值是指某时点上某一投资基金每一基金份额实际代表的价值。基金单位净值的计算公式是：

$$基金单位净值=\frac{基金净资产价值总额}{基金单位总份额}=\frac{基金资产总额-基金负债总额}{基金单位总份额}$$

基金净资产价值是指基金资产总值减去负债后的价值。基金资产总值是指基金所拥有的各类证券的价值、银行存款本息、基金应收的申购基金款以及其他投资所形成的价值总和。这里，基金总资产的价值并不是资产总额的账面价值，而是指资产总额的市场价值。基金的负债包括以基金名义对外的融资借款，应付投资者的分红，基金应付给基金管理人的首次认购费、经理费用等

图 8－34　基金单位净值的计算

（三）基金的报价

基金净资产价值是衡量一只基金经营好坏的主要指标，也是基金份额交易价格的内在价值和计算依据。一般情况下，基金份额交易价格与净资产价值趋于一致，即净资产价值增长，基金价格也随之提高。

基金的报价情况如图 8－35 所示。

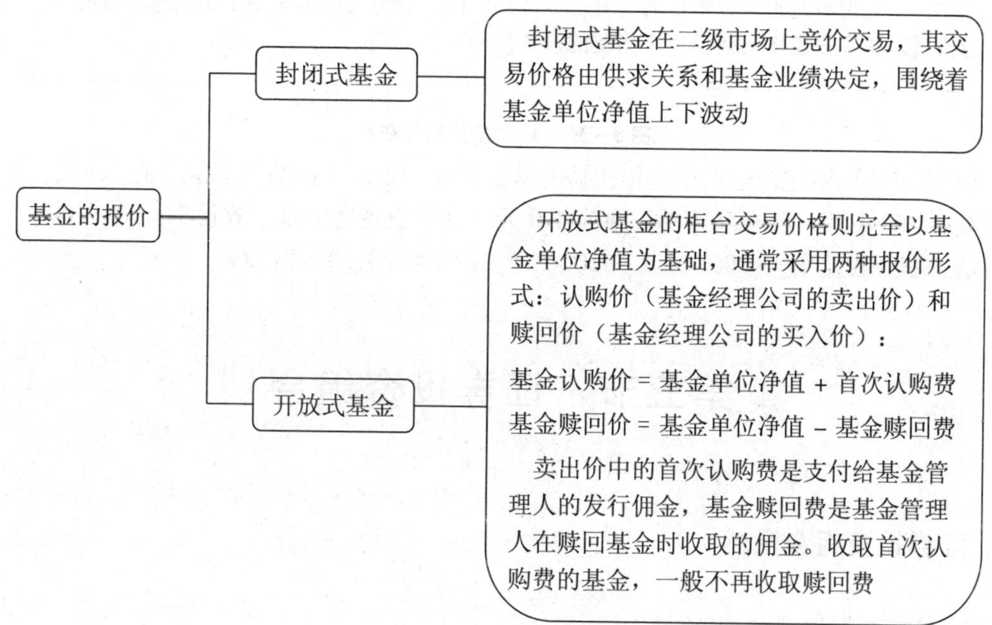

图 8－35　封闭式基金和开放式基金的报价方式

【例 8－12】甲基金公司目前基金资产账面价值为 1000 万元，负债账面价值为 500 万

元，基金资产目前的市场价值为1700万元，基金份额为1000万份，假设公司收取首次认购费，认购费率为基金资产净值的3%，不再收取赎回费。求该基金的认购价和赎回价。

解：该基金公司基金净资产价值总额＝1700－500＝1200（万元）

基金单位净值＝1200÷1000＝1.2（元/份）

基金认购价－1.2＋1.2×3%－1.236（元/份）

基金赎回价＝1.2（元/份）

（四）基金投资的收益率

基金投资的收益率计算如图8－36所示。

基金投资的收益率计算

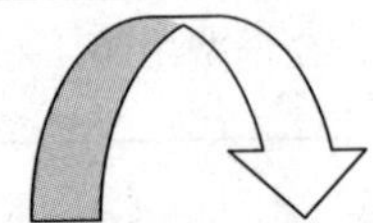

基金收益率是指某一投资者所拥有的基金净资产的增值与其期初基金净资产值的比值。它用以反映基金增值的情况和基金投资者权益的增值情况

基金收益率

$$=\frac{\text{年末持有股份数}\times\text{年末基金单位净值}-\text{年初持有股份数}\times\text{年初基金单位净值}}{\text{年初持有股份数}\times\text{年份基金单位净值}}$$

式中：持有份数是指基金单位的持有份数。年初的基金单位净值相当于是购买基金的本金投资，基金收益率也就相当于简便的投资报酬率

图8－36　基金投资的收益率

【例8－13】甲建筑施工企业年初持有基金500万股，年初基金单位净值3.5元；年末持有基金800万股，年末基金单位净值4.0元。计算投资者的基金收益率。

解：基金收益率＝(800×4.0－500×3.5)÷(500×3.5)＝82.9%

第五节　证券投资组合

一、证券投资组合概述

（一）证券投资组合的概念

投资者在进行证券投资时，不是将所有的资金都投向某一证券，而是有选择地投向一组证券，这种对于投资若干不同风险与收益的证券形成的证券组，被称为证券投资组合。

（二）证券投资组合的优点

相比投资于单一证券，证券投资组合的优点比较明显，如图 8－37 所示。

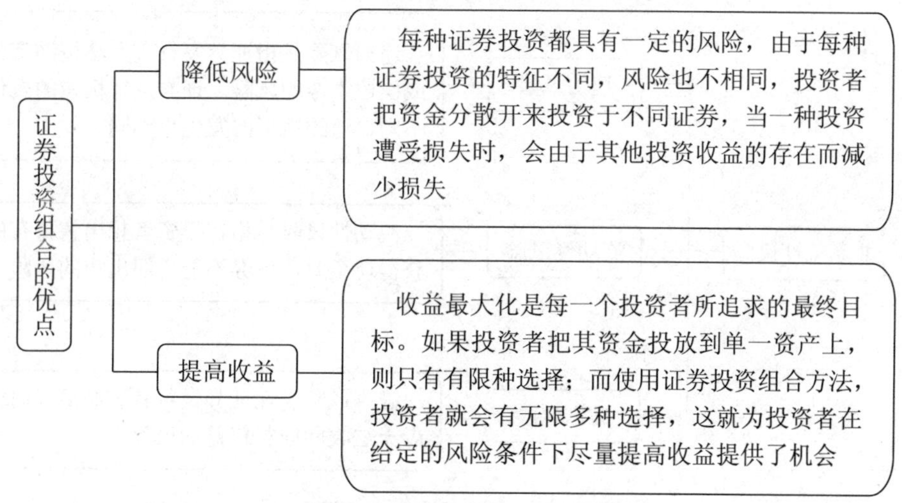

图 8－37　证券投资组合的优点

二、证券投资组合的风险与风险收益

（一）证券投资组合的风险

证券投资组合的风险由系统性风险和非系统性风险组成，具体内容如图 8－38 所示。

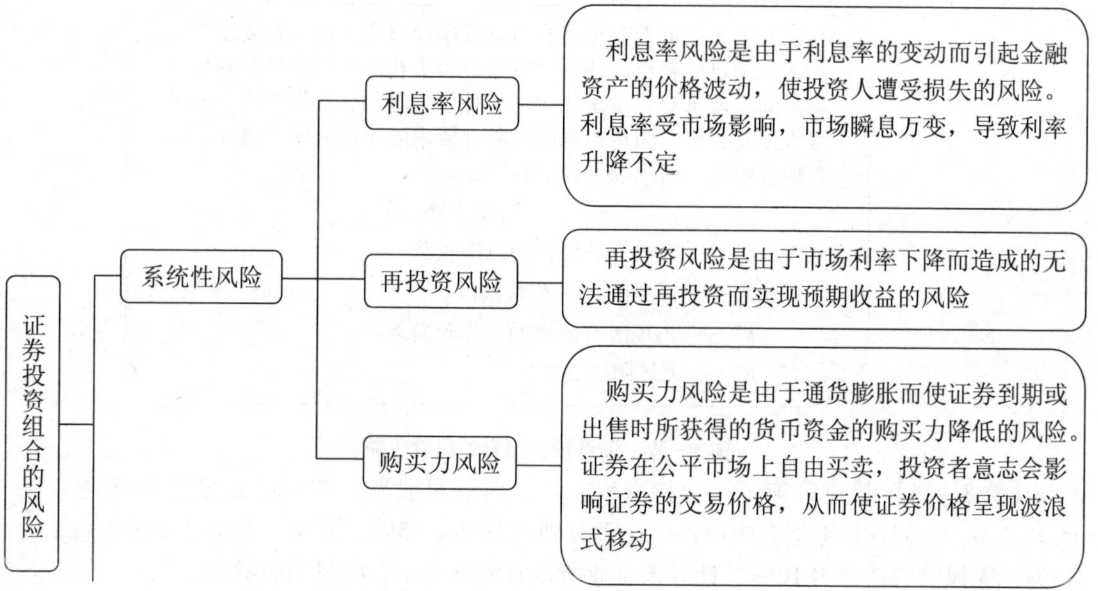

图 8－38

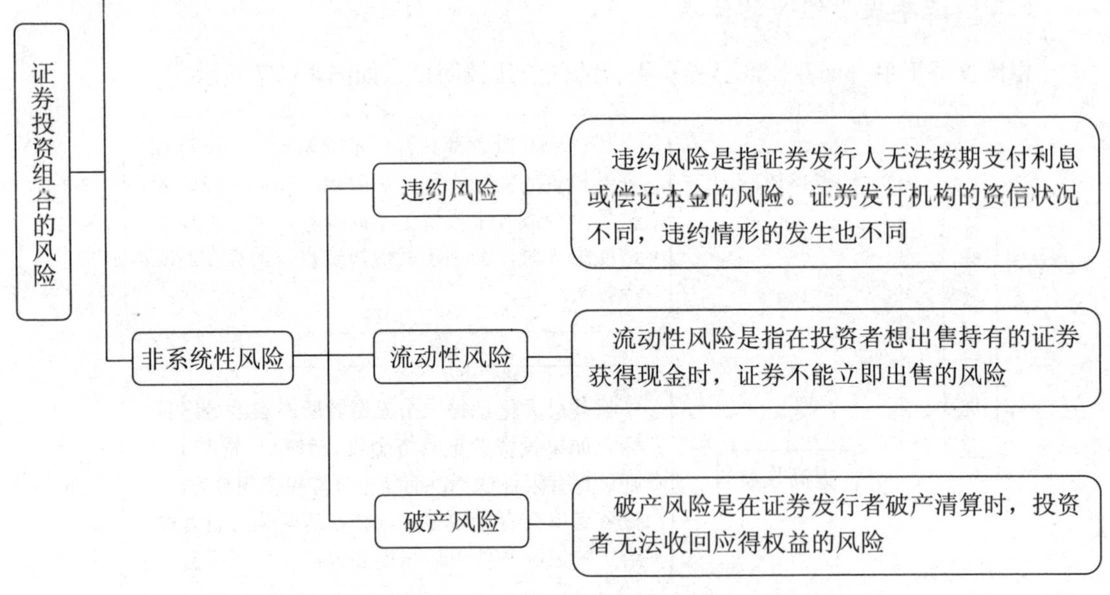

图 8－38　证券投资组合的风险

（二）证券投资组合的风险收益

证券投资组合的风险收益如图 8－39 所示。

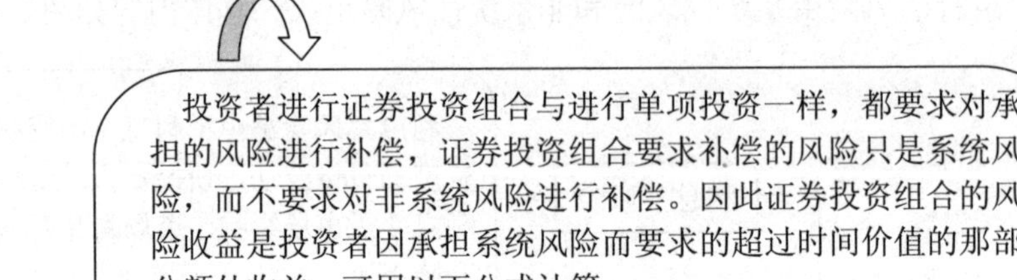

投资者进行证券投资组合与进行单项投资一样，都要求对承担的风险进行补偿，证券投资组合要求补偿的风险只是系统风险，而不要求对非系统风险进行补偿。因此证券投资组合的风险收益是投资者因承担系统风险而要求的超过时间价值的那部分额外收益。可用以下公式计算：

$$R_p=\beta_p\times(K_m-R_f)$$

式中：R_p——证券投资组合的风险收益；

β_p——证券组合的 β 系数；

K_m——市场所有股票的平均收益率；

R_f——无风险收益率

图 8－39　证券投资组合的风险收益

【例 8－14】某建筑施工企业持有甲、乙、丙三只股票，它们的 β 系数分别是 2.0、0.5、1.0，它们在证券组合中所占的比重分别为 60%、15%、25%，股票的市场收益率为 15%，无风险收益率为 10%，计算该企业所持有的证券组合的风险收益率。

解：

（1）确定证券组合的 β 系数：

$\beta = 2.0 \times 60\% + 0.5 \times 15\% + 1.0 \times 25\% = 1.525$

（2）计算该证券投资组合的风险收益率：

$R_p = 1.525 \times (15\% - 10\%) = 7.625\%$

三、证券投资组合的策略

证券投资组合的策略大致可分为三种，如图 8－40 所示。

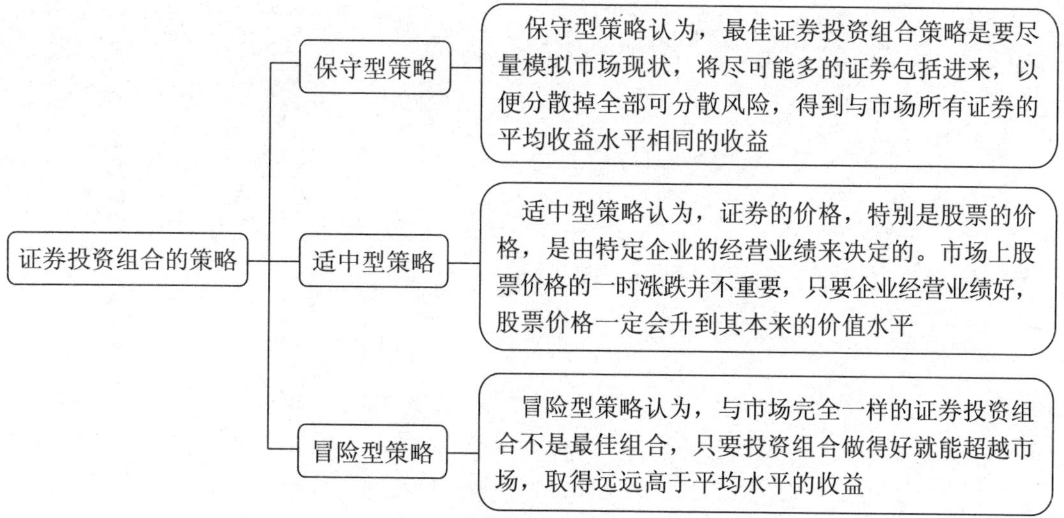

图 8－40　证券投资组合的策略

四、证券投资组合的方法

投资者进行证券投资组合的方法如图 8－41 所示。

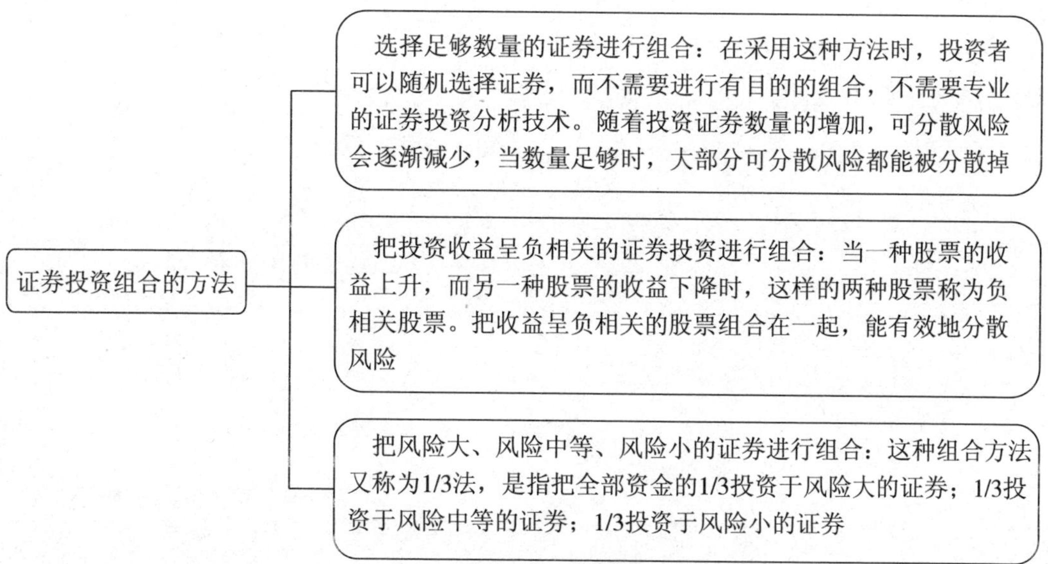

图 8－41　证券投资组合的方法

第九章　成本和费用管理

本章导读

随着市场经济的不断发展，以建设工程招投标为主要特征的建筑市场已经形成。市场的竞争突出体现在造价竞争上，建筑施工企业要想生存和发展，就必须走加强企业管理、降耗节能、内部挖潜的路子，通过降低成本，把影响企业成本的各项耗费控制在计划范围之内，以增强建筑施工企业的市场适应能力和竞争能力，最终实现经济效益的最大化。

建筑施工企业项目管理具有点多、线长、面广的特点，其成本管理控制有别于一般的工业企业，其特点可概括为：一是产品的不可移动性，二是买方事先已确定，三是产品的生产周期较长，四是每个产品的造价都不相同。这就给建筑施工企业的成本管理带来了很大的难度。针对以上特点，建筑施工企业成本管理的重点应落实在项目上。只有加强建筑施工企业项目成本管理，才能有效地控制好成本，实现利润的最大化，达到企业预期目标，为企业争取更多的发展空间，不断提高企业在市场上的竞争力。

第一节　建筑施工企业成本管理

一、成本管理的概念

建筑施工企业成本管理是指将建筑施工企业在生产经营过程中发生的费用，通过一系列方法，进行预测、决策、核算、分析、控制、考核等科学管理工作，其主要目的是降低成本，提高建筑施工企业的经济效益。

二、成本管理的原则

建筑施工企业成本管理的原则如图 9 –1 所示。

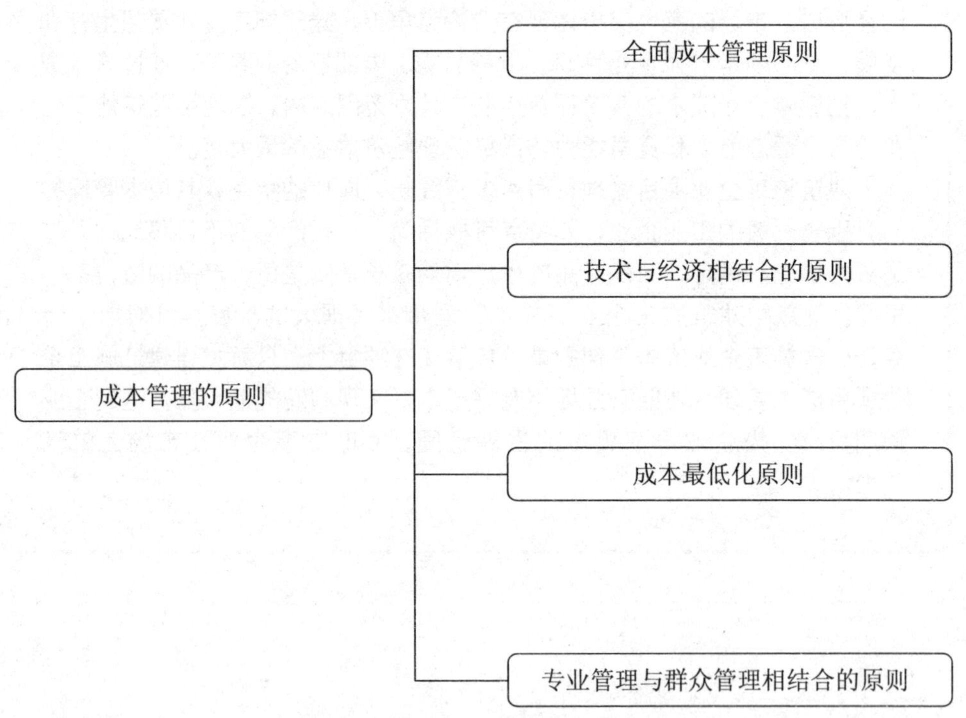

图 9 –1　成本管理的原则

三、成本管理的内容

建筑施工企业成本管理的内容如图 9 –2 所示。

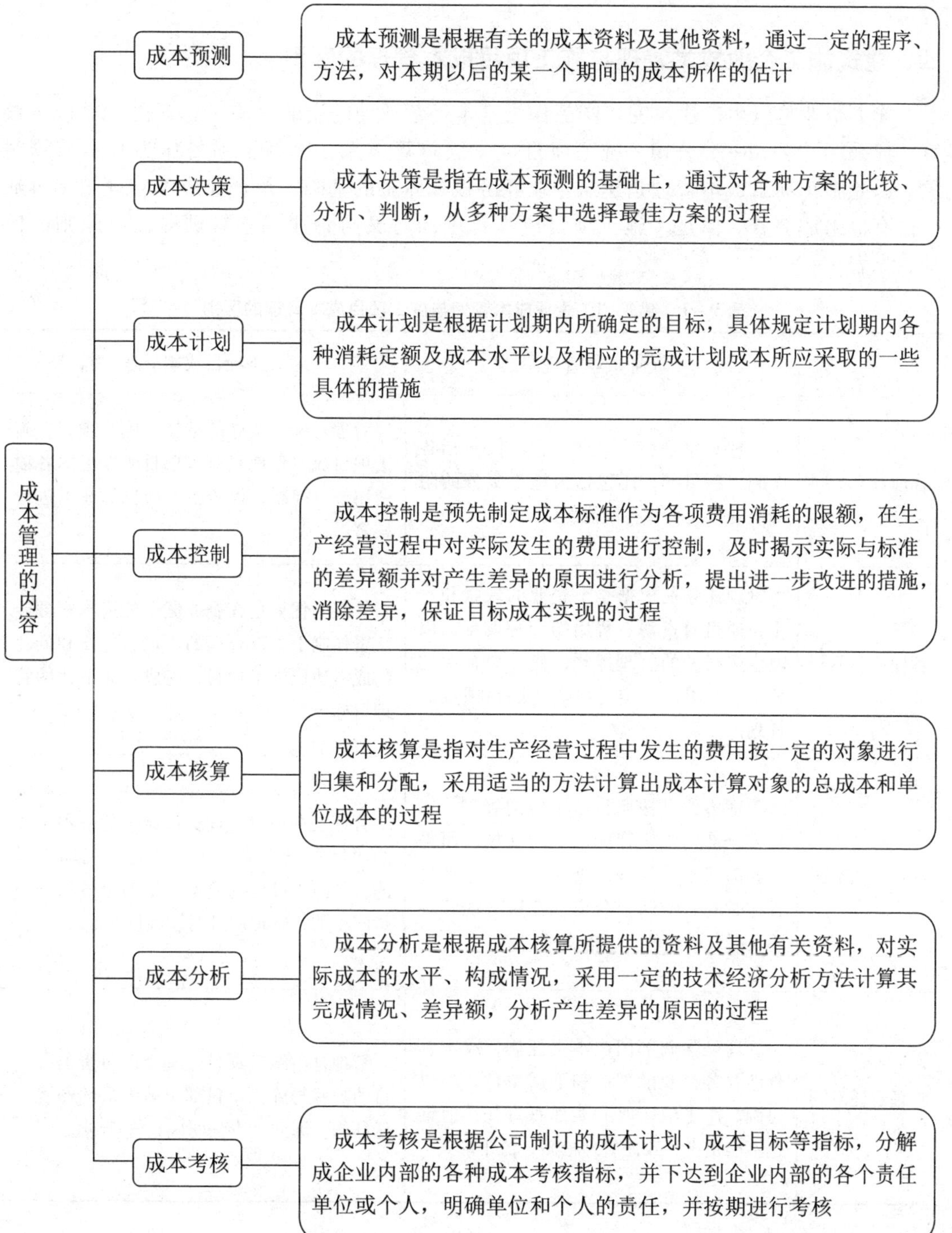
成本管理的内容
成本预测
成本预测是根据有关的成本资料及其他资料，通过一定的程序、方法，对本期以后的某一个期间的成本所作的估计
成本决策
成本决策是指在成本预测的基础上，通过对各种方案的比较、分析、判断，从多种方案中选择最佳方案的过程
成本计划
成本计划是根据计划期内所确定的目标，具体规定计划期内各种消耗定额及成本水平以及相应的完成计划成本所应采取的一些具体的措施
成本控制
成本控制是预先制定成本标准作为各项费用消耗的限额，在生产经营过程中对实际发生的费用进行控制，及时揭示实际与标准的差异额并对产生差异的原因进行分析，提出进一步改进的措施，消除差异，保证目标成本实现的过程
成本核算
成本核算是指对生产经营过程中发生的费用按一定的对象进行归集和分配，采用适当的方法计算出成本计算对象的总成本和单位成本的过程
成本分析
成本分析是根据成本核算所提供的资料及其他有关资料，对实际成本的水平、构成情况，采用一定的技术经济分析方法计算其完成情况、差异额，分析产生差异的原因的过程
成本考核
成本考核是根据公司制订的成本计划、成本目标等指标，分解成企业内部的各种成本考核指标，并下达到企业内部的各个责任单位或个人，明确单位和个人的责任，并按期进行考核

图 9－2　成本管理的内容

四、建筑施工企业成本管理与施工项目成本管理的区别

施工企业是以生产建筑安装产品作为基本经营活动的企业，施工企业的产品成本核算一般采用“公司—分公司—施工项目”三级核算体系，以施工项目作为基本核算对象。因此施工项目成本管理是建筑企业经济核算体系的基础，是企业成本管理中不可缺少的有机组成部分。但是，施工项目成本管理同时又与企业成本管理存在着原则的区别，见表9－1。

表9－1　建筑施工企业成本管理与施工项目成本管理的区别

	企业成本管理	施工项目成本管理
管理对象不同	管理对象是整个企业，它不仅包括各个施工项目部，还包括为施工服务的附属企业以及企业各职能部门	管理对象是具体的某一个施工项目，施工项目成本管理只对该项目所发生的各项费用予以控制，仅对施工项目的成本进行核算
管理任务不同	管理任务是根据整个企业的现状和水平，通过对资源、费用的合理调配，以及生产任务的合理摊派，使整个企业的成本、费用在一定时期内控制在预定的计划内	管理的任务是在企业健全的成本管理经济责任制下，以合理的工期、优质和低耗的成本建成施工项目，完成企业下达的管理目标
管理方式不同	管理方式是按照行政手段的管理，层次多，部门多，管理也不在现场，而是由各部门参与管理，成本管理与施工过程在时间和空间上分离，容易出现管理不及时、不到位、不落实的现象	管理是在项目经理责任制下的一项重要的项目管理职能，它是在施工现场进行的，与施工过程的质量、工期等各项管理是同步的，管理应及时、到位
管理责任不同	管理是强调部门成本责任制，成本管理涉及各个职能部门和下属单位，难以协调。往往在管理上谁都有责任，但谁也不能负责，致使管理松懈，流于形式	管理是由施工项目经理全面负责的，项目的盈亏与施工项目部全体人员的经济责任挂钩。因此，责任明确，管理到位

第二节 建筑施工项目成本管理

一、施工项目成本

（一）施工项目成本的概念

施工项目成本的概念如图9－3所示。

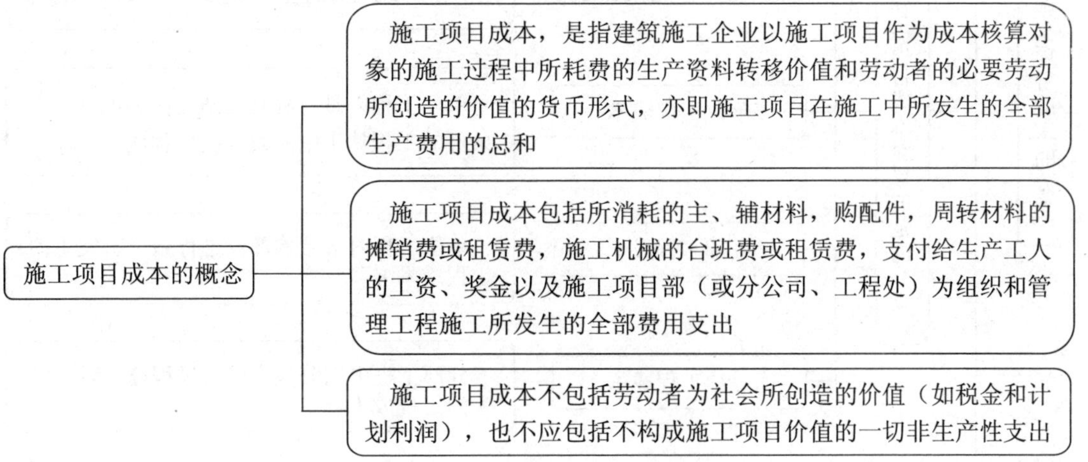

图9－3 施工项目成本的概念

（二）施工项目成本的分类

按照不同的标准，可将施工项目成本分为不同的类型，如图9－4所示。

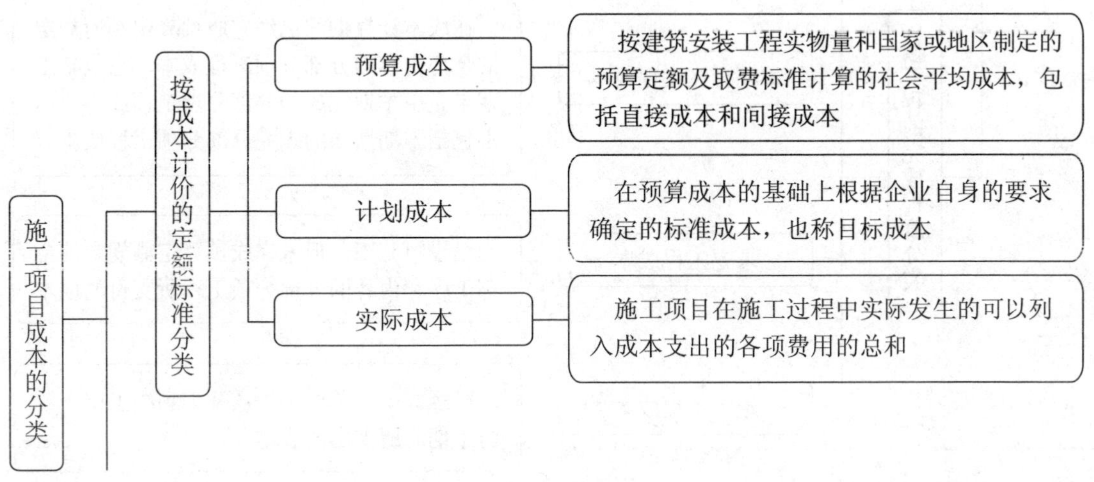

图9－4

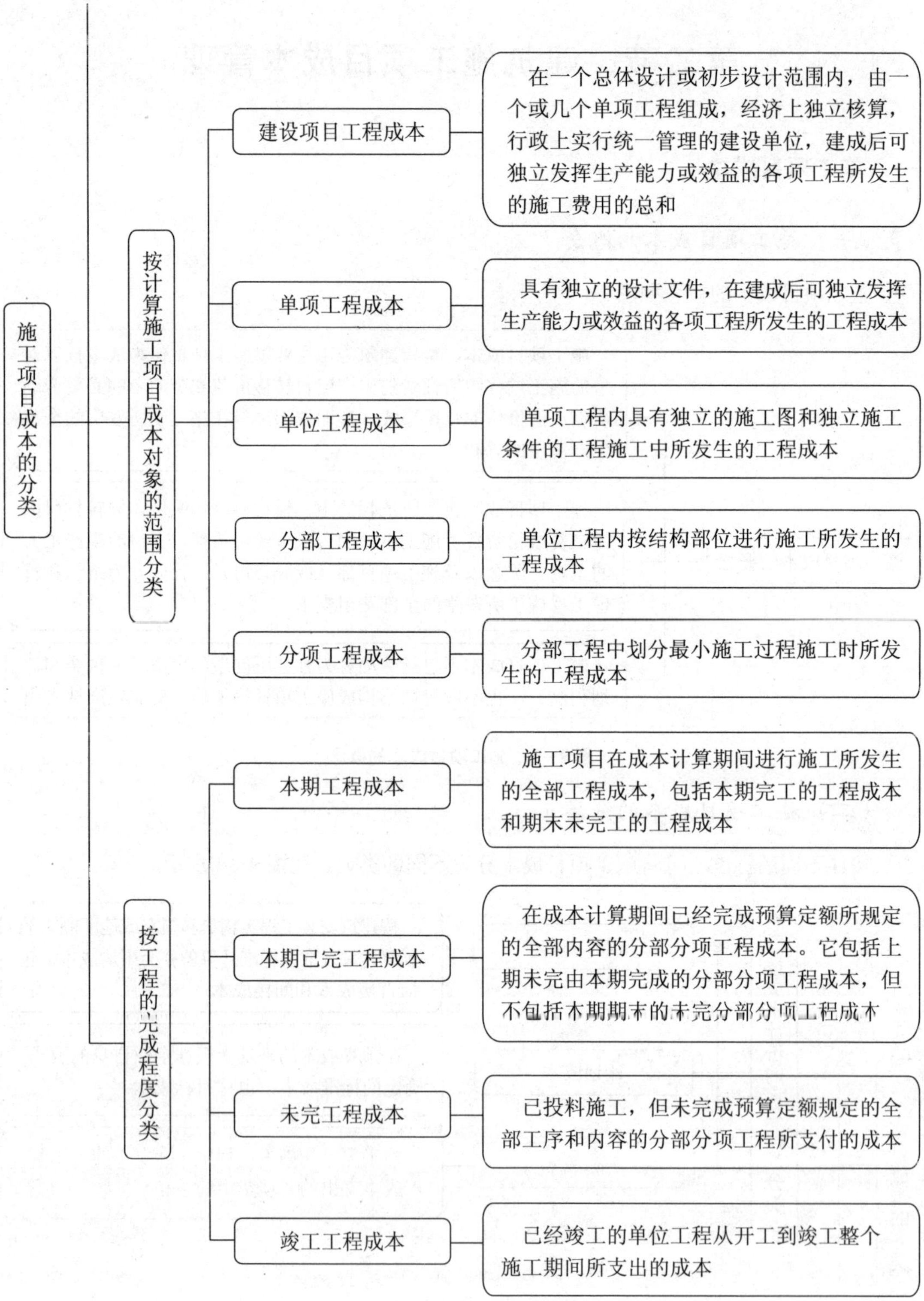

- 施工项目成本的分类
  - 按计算施工项目成本对象的范围分类
    - 建设项目工程成本：在一个总体设计或初步设计范围内，由一个或几个单项工程组成，经济上独立核算，行政上实行统一管理的建设单位，建成后可独立发挥生产能力或效益的各项工程所发生的施工费用的总和
    - 单项工程成本：具有独立的设计文件，在建成后可独立发挥生产能力或效益的各项工程所发生的工程成本
    - 单位工程成本：单项工程内具有独立的施工图和独立施工条件的工程施工中所发生的工程成本
    - 分部工程成本：单位工程内按结构部位进行施工所发生的工程成本
    - 分项工程成本：分部工程中划分最小施工过程施工时所发生的工程成本
  - 按工程的完成程度分类
    - 本期工程成本：施工项目在成本计算期间进行施工所发生的全部工程成本，包括本期完工的工程成本和期末未完工的工程成本
    - 本期已完工程成本：在成本计算期间已经完成预算定额所规定的全部内容的分部分项工程成本。它包括上期未完由本期完成的分部分项工程成本，但不包括本期期末的未完分部分项工程成本
    - 未完工程成本：已投料施工，但未完成预算定额规定的全部工序和内容的分部分项工程所支付的成本
    - 竣工工程成本：已经竣工的单位工程从开工到竣工整个施工期间所支出的成本

图 9－4　施工项目成本的分类

（三）施工项目成本的构成

施工项目在施工中所发生的全部生产费用，如消耗的主、辅材料，周转材料的摊销费或租赁费，支付给生产工人的工资、奖金以及项目经理一级为组织和管理工程施工所发生的全部费用支出构成了项目的成本。明确项目成本的构成，对施工项目成本的计划管理和控制有着极大的作用。

1. **直接成本**

直接成本是指施工过程中耗费的构成工程实体或有助于工程形成，并可以直接计入成本核算对象的各项支出，如图 9－5 所示。

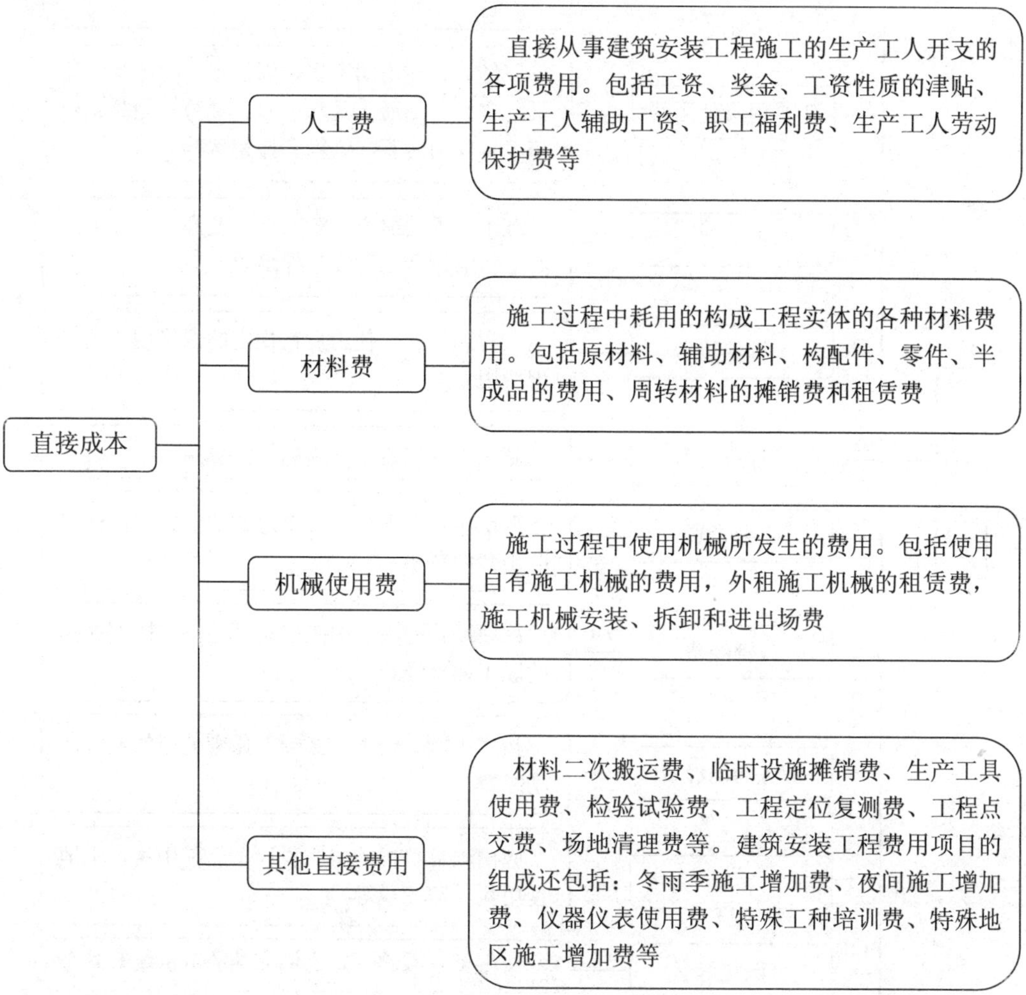

直接成本
- 人工费：直接从事建筑安装工程施工的生产工人开支的各项费用。包括工资、奖金、工资性质的津贴、生产工人辅助工资、职工福利费、生产工人劳动保护费等
- 材料费：施工过程中耗用的构成工程实体的各种材料费用。包括原材料、辅助材料、构配件、零件、半成品的费用、周转材料的摊销费和租赁费
- 机械使用费：施工过程中使用机械所发生的费用。包括使用自有施工机械的费用，外租施工机械的租赁费，施工机械安装、拆卸和进出场费
- 其他直接费用：材料二次搬运费、临时设施摊销费、生产工具使用费、检验试验费、工程定位复测费、工程点交费、场地清理费等。建筑安装工程费用项目的组成还包括：冬雨季施工增加费、夜间施工增加费、仪器仪表使用费、特殊工种培训费、特殊地区施工增加费等

图 9－5　直接成本的构成

2. **间接成本**

间接成本是指施工项目部为施工准备、组织和管理施工生产所发生的、与成本核算对象相关联的全部施工间接支出。间接成本的具体构成如图 9－6 所示。

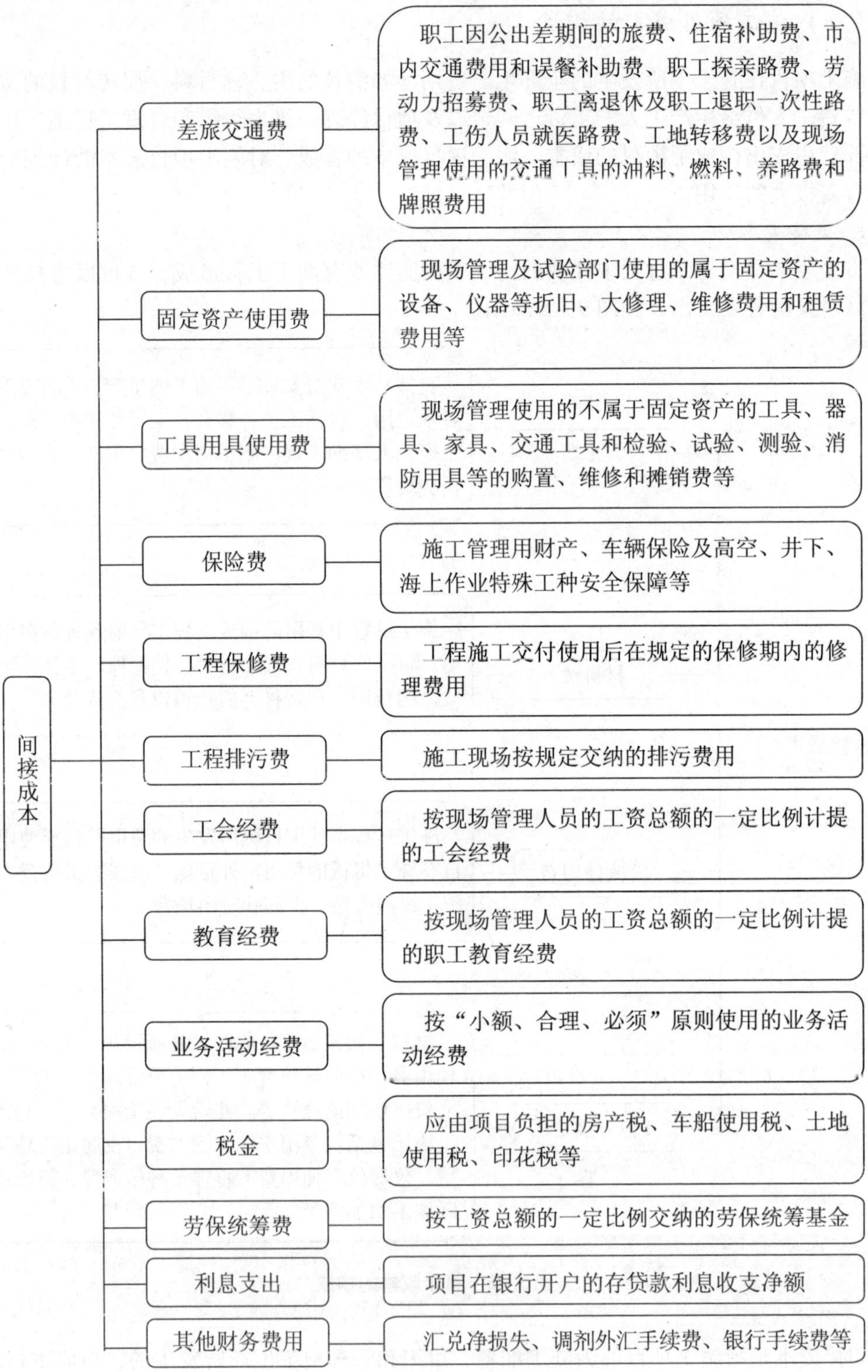

间接成本

差旅交通费	职工因公出差期间的旅费、住宿补助费、市内交通费用和误餐补助费、职工探亲路费、劳动力招募费、职工离退休及职工退职一次性路费、工伤人员就医路费、工地转移费以及现场管理使用的交通工具的油料、燃料、养路费和牌照费用
固定资产使用费	现场管理及试验部门使用的属于固定资产的设备、仪器等折旧、大修理、维修费用和租赁费用等
工具用具使用费	现场管理使用的不属于固定资产的工具、器具、家具、交通工具和检验、试验、测验、消防用具等的购置、维修和摊销费等
保险费	施工管理用财产、车辆保险及高空、井下、海上作业特殊工种安全保障等
工程保修费	工程施工交付使用后在规定的保修期内的修理费用
工程排污费	施工现场按规定交纳的排污费用
工会经费	按现场管理人员的工资总额的一定比例计提的工会经费
教育经费	按现场管理人员的工资总额的一定比例计提的职工教育经费
业务活动经费	按“小额、合理、必须”原则使用的业务活动经费
税金	应由项目负担的房产税、车船使用税、土地使用税、印花税等
劳保统筹费	按工资总额的一定比例交纳的劳保统筹基金
利息支出	项目在银行开户的存贷款利息收支净额
其他财务费用	汇兑净损失、调剂外汇手续费、银行手续费等

图9-6 间接成本的构成

（四）工程成本性态

1. 工程成本性态分析

成本性态也称成本习性，它是指成本的变动同工程量变动之间的内在联系。这种联系具体表现为工程量的某种变动同与其相应的成本的某种变动之间具有一定的依存性。成本性态分析就是研究成本与工程量之间的依存性，考查不同类别的成本和工程量之间的特定数量关系，把握工程量的变动对于各类成本变动的影响。可见，成本性态分析就是将成本按其与工程量的关系进行适当的分类。

施工项目成本的构成如图 9－7 所示。

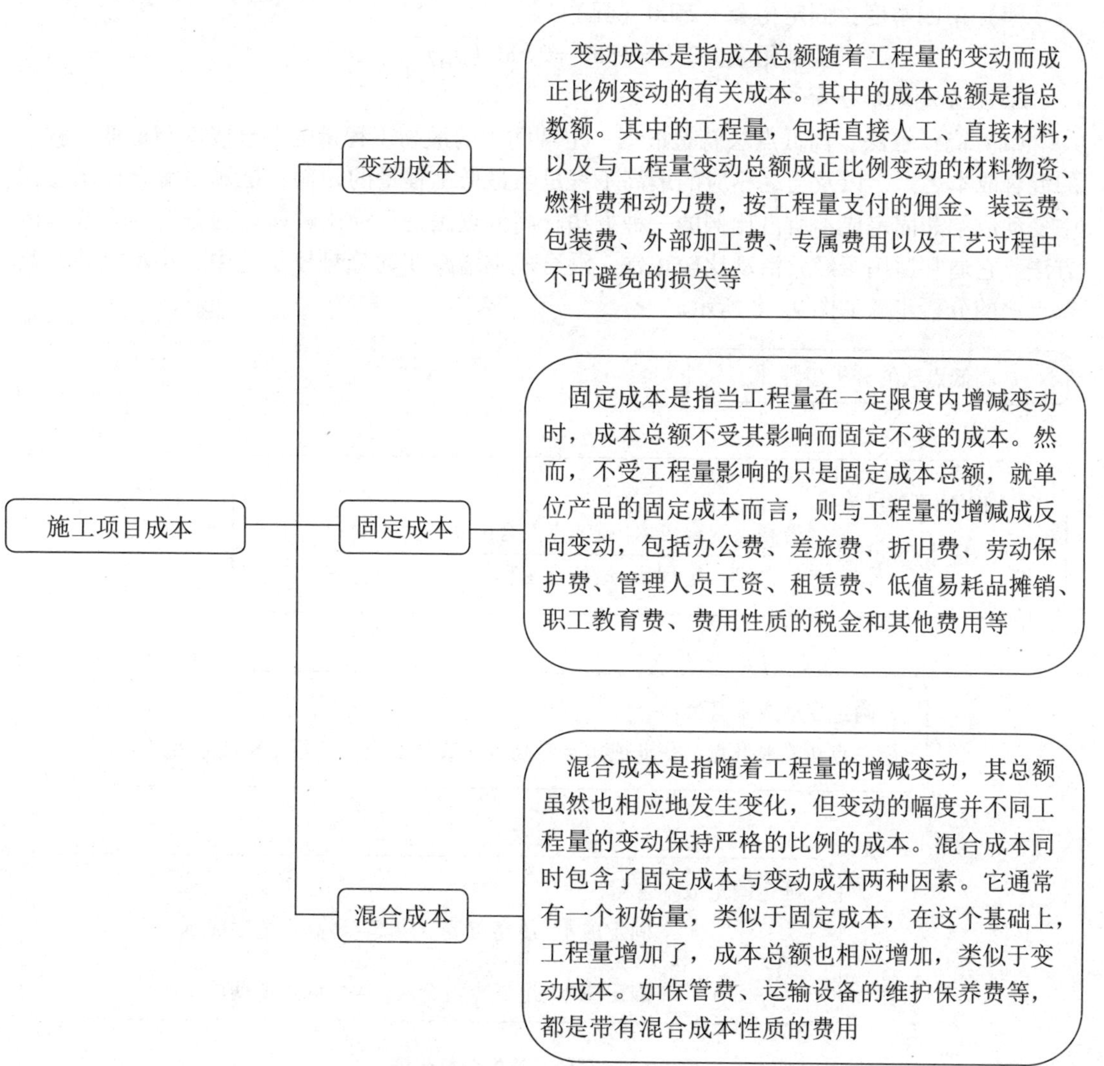

图 9－7　施工项目成本

【例 9－1】某建筑施工企业为某工程租用运送材料卡车一辆，租约规定租金同时按两种标准计算。每季支付固定租金 2500 元，此外卡车按行程支付租金 2.0 元/千米。设该卡车第一季度行驶1000千米，第二季度行驶1200千米，第三季度行驶1250千米，第四季度行驶1350千米。计算各季度的固定租金和变动租金。

解：

（1）第一季度：固定租金 = 2500（元）

变动租金 = 2.0 × 1000 = 2000（元）

（2）第二季度：固定租金 = 2500（元）

变动租金 = 2.0 × 1200 = 2400（元）

（3）第三季度：固定租金 = 2500（元）

变动租金 = 2.0 × 1250 = 2500（元）

（4）第四季度：固定租金 = 2500（元）

变动租金 = 2.0 × 1350 = 2700（元）

2. 混合成本的分解

（1）高低点法。高低点法就是根据一定期间内的最高工程量的混合成本与最低工程量的混合成本之差，以及与之相应的最高工程量与最低工程量的差额，推算出混合成本总额中变动成本和固定成本所占比例的一种方法。高低点法是一种比较简便的分解混合成本的方法，它通常适用于经营活动比较正常，混合成本增减变动趋势较小的中、小型企业。高低点法的分析步骤如图9－8所示。

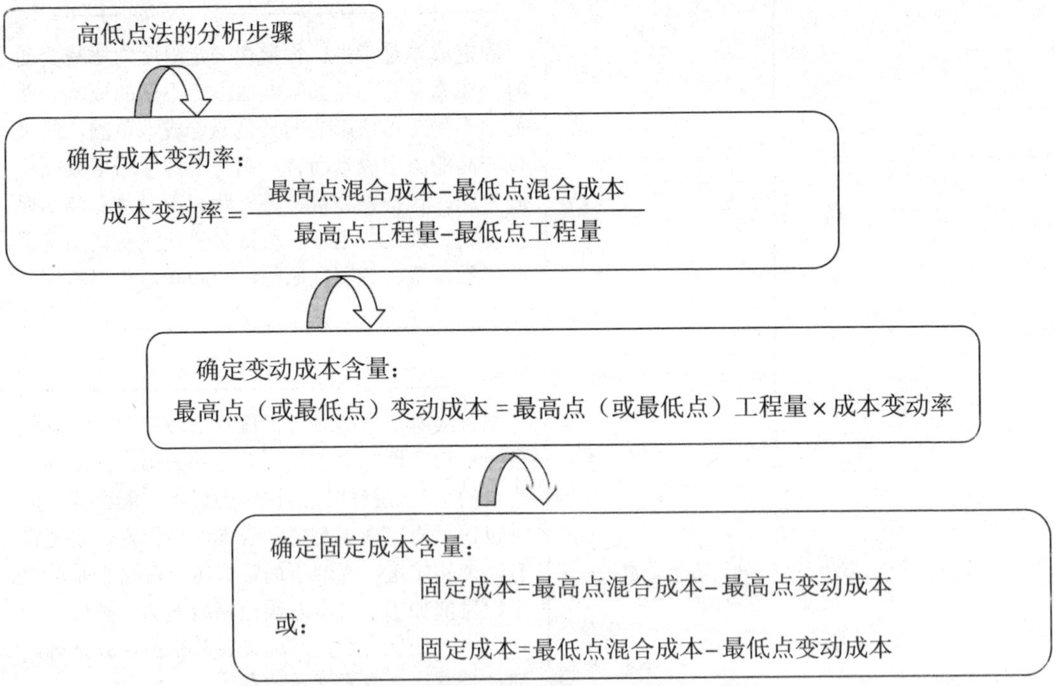

高低点法的分析步骤

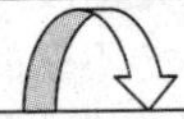

确定成本变动率：

$$成本变动率=\frac{最高点混合成本-最低点混合成本}{最高点工程量-最低点工程量}$$

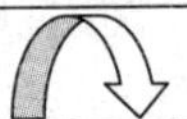

确定变动成本含量：

最高点（或最低点）变动成本 = 最高点（或最低点）工程量 × 成本变动率

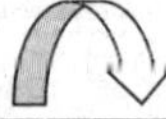

确定固定成本含量：

固定成本=最高点混合成本－最高点变动成本

或：

固定成本=最低点混合成本－最低点变动成本

图9－8 高低点法的分析步骤

【例9－2】某建筑公司为某施工项目本期与上期的混合成本额——电费支出和工程量的有关资料见表9－2。

根据表中资料，将混合成本——电费支出进行分解。

表9－2 电费支出和工程量统计表

项目＼时间	上期	本期	本期与上期差异
工程量/米^3	1520	1970	450
电费支出/元	2380	2920	540

解：成本变动率 $=\frac{540}{450}=1.2$（元/米^3）

固定成本 $=2920-1970\times1.2=556$（元）

变动成本 $=2920-556=2364$（元）

即该施工项目本期电费支出中固定成本为556元，变动成本为2364元。

（2）散布图法。散步图法就是在以横轴代表工程量、纵轴代表成本的直角坐标系中，将一定期间内的工程量和与之相应的混合成本的坐标点标示其中，然后通过目测，于坐标点中确定可近似地反映工程量与混合成本之间相互依存关系的平均趋势直线，借以区分混合成本中固定成本和变动成本含量的一种方法。散布图法的基本步骤如图9－9所示。

散布图法的基本步骤

建立以横轴代表工程量、纵轴代表成本的直角坐标系

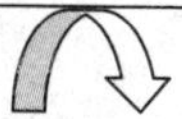

根据工程量和混合成本的有关数据，在直角坐标系上确定相应的坐标点

用目测法在各坐标点之间画一条近似反映混合成本的平均趋势直线

确定固定成本和变动成本含量

图9－9 散布图法的基本步骤

【例9－3】某工程租用运送材料卡车一辆，2014年全年各月行驶里程及维护保养费支出情况见表9－3。要求采用散布图法将混合成本——维护保养费进行分解。

表9－3 卡车行驶里程及维护保养费支出表

时间	行驶里程/千米	维护保养费支出/元
1月	800	3240
2月	840	3312
3月	750	3150
4月	900	3420
5月	950	3510

续表

时间	行驶里程/千米	维护保养费支出/元
6 月	820	3276
7 月	1020	3636
8 月	1000	3600
9 月	800	3240
10 月	1300	4140
11 月	950	3510
12 月	1200	3960

解：

①建立直角坐标轴，以横轴 x 代表工作量（在这里为行驶里程），纵轴 y 代表成本（在这里为维护保养费支出）。

②根据表 9－3 列示的工作量和混合成本的有关数据，在直角坐标系上确定相应的坐标点。

③通过目测，在各点之间画出一条近似反映混合成本的平均变动趋势的直线，该直线与纵轴相交之处，即维护保养费的固定成本部分，如图 9－10 所示。

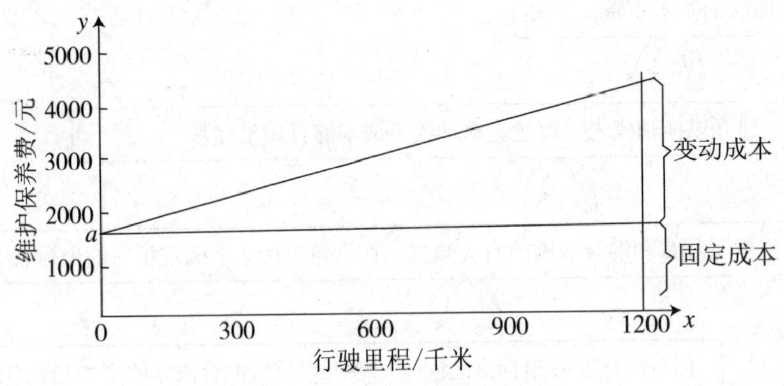

图 9－10　散布图

设固定成本为 a，从图 9－10 上可以看出 $a=1800$ 元。

④图 9－10 反映混合成本平均变动趋势的直线的斜率即为成本变动率，设其为 b，则据此可写出该直线的方程式：

$$y=a+bx$$

$$b=\frac{y-a}{x}=\frac{4140-1800}{1300}=\frac{2340}{1300}=1.8\ （元/千米）$$

上述结果表明，当行驶里程为 1300 千米，混合成本——卡车的维护保养费为 4140 元时，其中所含固定成本为 1800 元，成本变动率为 1.8 元/千米，变动成本为 2340 元（1300 千米×1.8 元/千米）。

（3）回归分析法。回归分析法是将工程量和混合成本分别作为自变量和因变量，通过对反映两者在一定期间内的一系列历史观测数据的处理，建立起描述工程量和混合成本相互关系的回归方程式，借以确定混合成本中固定成本和变动成本含量的一种数理统计方法。

回归分析法的分析步骤如图 9－11 所示。

回归分析法的分析步骤

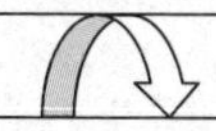

回归直线标准公式：

$$y=a+bx \quad (1)$$

对式（1）求总和：

$$\sum y = na + b\sum x^2 \quad (2)$$

将上式等号两边用 z 加权，得：

$$\sum xy = a\sum x + b\sum x^2 \quad (3)$$

将式（2）移项，得：

$$a = \frac{\sum y - b\sum x}{n} \quad (4)$$

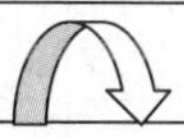

将式（2）、式（3）两式联立，组成一个二元二次方程组：

$$\begin{cases} \sum y = na + b\sum x^2 \\ \sum xy = a\sum x + b\sum x^2 \end{cases}$$

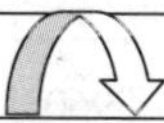

将式（4）代入式（3），整理得：

$$b = \frac{n\sum xy - \sum x\sum y}{n\sum x^2 - (\sum x)^2}$$

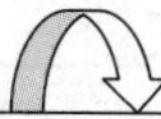

采用回归分析法，x与y之间必须基本上保持线性联系，即相关关系。相关关系，是指两个变量x和y之间相关程度及其方向的系数。设该系数为r，则：

$$r = \frac{n\sum_{i=1}^{n} x_i y_i - \sum_{i=1}^{n} x_i \sum_{i=1}^{n} y_i}{\sqrt{n\sum_{i=1}^{n} x_i^2 - (\sum_{i=1}^{n} x_i)^2} \cdot \sqrt{n\sum_{i=1}^{n} y_i^2 - (\sum_{i=1}^{n} y_i)^2}}$$

图 9－11　回归分析法的分析步骤

【例9-4】接【例9-9】，要求采用回归分析法将混合成本——维护保养费进行分解。

解：

（1）对表9-3中的数据进行延伸加工，得表9-4。

表9-4 行驶里程、维修保养费支出及相关数据表

时间 n	行驶里程 x/千米	维修、保养费支出 y/元	xy	x^2	y^2
1月	800	3240	2592000	640000	10497600
2月	840	3312	2782080	705600	10969344
3月	750	3150	2362500	562500	9922500
4月	900	3420	3078000	810000	11696400
5月	950	3510	3334500	902500	12320100
6月	820	3276	2686320	672400	10732176
7月	1020	3636	3708720	1040400	13220496
8月	1000	3600	3600000	1000000	12960000
9月	800	3240	2592000	640000	10497600
10月	1300	4140	5382000	1690000	17139600
11月	950	3510	3334500	902500	12320100
12月	1200	3960	4752000	1440000	15681600
Σ	11330	41994	40204620	11005900	147957516

（2）根据表9-4的有关数据，求出相关系数 r：

$$r=\frac{n\sum xy-\sum x\sum y}{\sqrt{n\sum x^2-(\sum x)^2}\sqrt{n\sum y^2-(\sum y)^2}}\approx 1$$

由于 $r\approx 1$，说明变量 x 与 y 之间具有完全的正相关，存在着线性关系，可用直线 $y=a+bx$ 来描述其变动的趋势。

（3）根据表9-4的有关数据，求出 a 与 b 的值：

$$a=\frac{\sum y-b\sum x}{n}=1800\text{（元）}$$

$$b=\frac{n\sum xy-\sum x\sum y}{n\sum x^2-(\sum x)^2}=1.8\text{（元/千米）}$$

上述结果说明，该工程所租用的这辆运送材料卡车，2014年度各月维护保养费中的固定成本为1800元，成本变动率为1.8元/千米。

二、施工项目成本预测

（一）施工项目成本预测的概念

成本预测是根据成本特性以及有关信息资料，运用定量分析和定性分析的方法，对成本水平及其变动趋势做出的科学的测算和判断，它可以为企业的成本决策和编制成本计划提供数据和信息。

（二）施工项目成本预测的作用

施工项目成本预测的作用如图9－12所示。

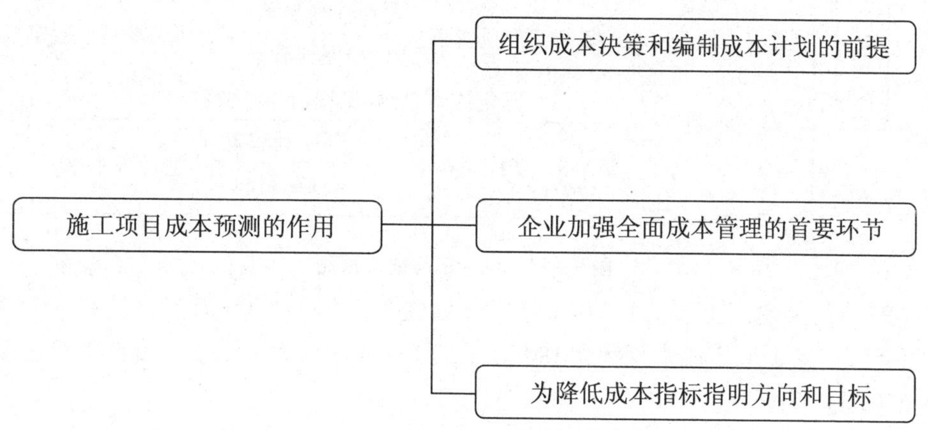

图9－12　施工项目成本预测的作用

（三）施工项目成本预测的方法

施工项目成本预测可分为综合工程成本预测和单位工程成本预测两种方法。

1. 综合工程成本预测

综合工程成本预测的计量如图9－13所示。

【例9－5】某建筑工程企业2014年度的税费率为3.3%，根据测算固定成本总额为180万元，变动成本率为72%，据此测算该企业2014年度的保本点工程收入。

解：保本点的工程收入 $=\frac{180}{1-72\%-3.3\%}=728.74$（万元）

该企业在现有成本水平下，要想保证企业不亏损，2014年度至少应承担728.74万元的工程任务。

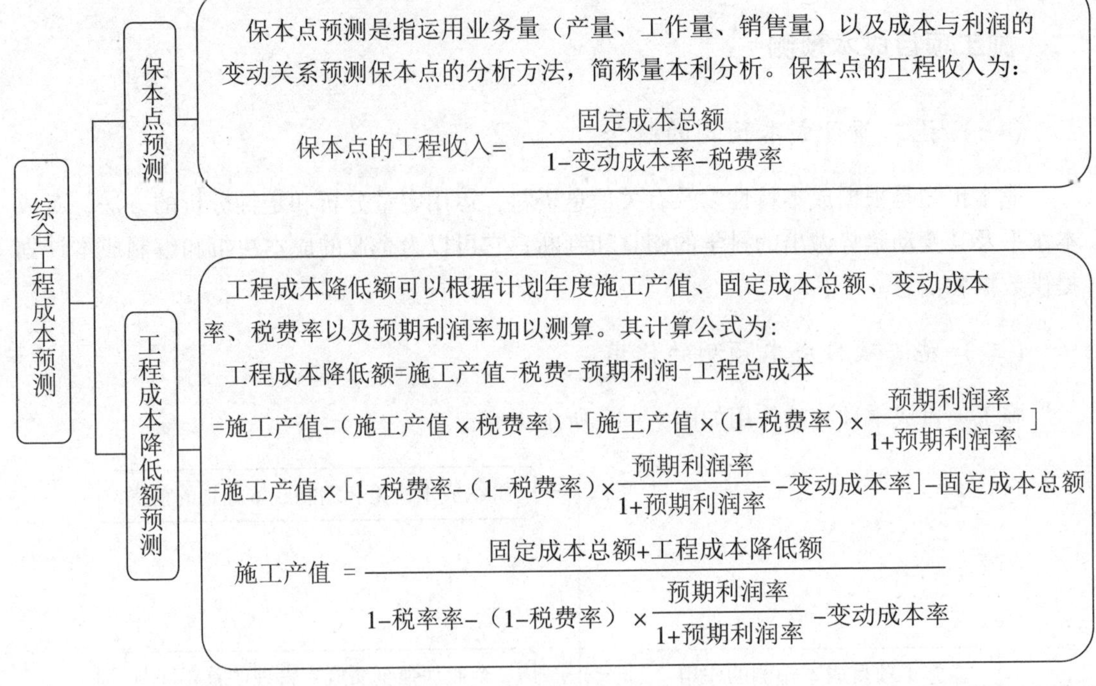

图 9－13　综合工程成本预测

【例 9－6】某建筑工程公司 2014 年度计划施工产值为 1500 万元，税费率为 3.3%，预期利润率为 7%，固定成本总额为 180 万元，变动成本率为 72%，据此测算该企业 2014 年度的工程成本降低额。

$$\text{解：工程成本降低额} = 1500 \times \left[1 - 3.3\% - (1 - 3.3\%) \times \frac{7\%}{1 + 7\%} - 72\%\right] - 180 = 96\ (\text{万元})$$

该企业 2014 年度在完成 1500 万元工程任务的情况下，可以使工程成本降低 96 万元。

【例 9－7】接【例 9－6】，该企业要完成 100 万元工程成本降低额，在固定费用和变动费用不能消减的情况下，只能采取增加工程任务的措施，请计算该企业需将施工产值增加到多少。

$$\text{解：施工产值} = \frac{180 + 100}{1 - 3.3\% - (1 - 3.3\%) \times \dfrac{7\%}{1 + 7\%} - 72\%} = 1523.74\ (\text{万元})$$

2014 年度该企业要完成 100 万元工程成本降低额，在固定费用和变动费用水平不变的情况下，至少应完成 1523.74 万元的工程任务。

2. *单位工程成本预测*

单位工程成本预测是一定期间综合工程成本预测的基础，以工期预测为目标，实现工期与成本的最优组合。单位工程保本工期应以固定成本分配与单位工程应负担的固定成本额相当为原则。单位工程成本预测的计算如图 9－14 所示。

单位工程成本预测

单位工程保本工期（天）的计算公式为：

$$单位工程保本工期=\frac{单位工程预算成本-单位工程变动成本}{人日固定成体\times施工人数}$$

式中：单位工程预算成本是指签订单位工程合同的预算成本；单位工程变动成本包括直接材料、直接人工、变动机械费和其他直接费等；人日固定成本是指按施工定员标准在施工期内每人每日应负担的固定成本，可按以下公式计算：

$$人日固定成本=\frac{预测期内固定成本总额}{建筑安装生产人员平均人数\times预测期施工天数}$$

目标工期应是在保证工程质量、挖掘内部节约潜力和提高劳动生产率的基础上，取得工期和成本的最优组合。其计算公式为：

$$单位工程目标工期=\frac{单位工程预算成本-（单位工程变动成本+单位工程目标成本降低额）}{人日固定成本\times施工人数}$$

$$=\frac{单位工程预算成本-（单位工程变动成本+单位工程目标成本降低额）}{日施工固定成本}$$

单位工程目标成本降低额=（单位工程预算成本-单位工程变动成本）-（日施工固定成本×单位工程目标工期）

单位工程目标成本降低额=日施工固定成本×（保本工期-目标工期）

图9-14　单位工程成本预测

【例9-8】某建筑工程公司承建某单位办公大楼工程，该工程预算成本为1500万元，年有效施工天数为240天，合同工期为180天，经测算，该工程变动成本为900万元，人日分配固定成本为0.012元，施工生产人数为150人，计算该工程保本工期。

解：保本工期$=\frac{1500-900}{0.012\times150}=333$（天）

该工程的保本工期为333天，工程应在333天以内完工，否则企业就会亏损。

【例9-9】接【例9-8】，计算该工程比合同工期提前40天的单位工程目标成本降低额。

解：单位工程目标成本降低额$=(1500-900)-(0.012\times150)\times(180-40)=348$（万元）

该工程若能提前40天完工，则可降低成本348万元。

【例9-10】接【例9-9】，若该企业要完成350万元的单位工程目标成本降低额，其目标工期应为多少天？

解：单位工程目标工期$=\frac{1500-(900+350)}{0.012\times150}=139$（天）

三、施工项目成本计划

（一）施工项目成本计划的概念

施工项目成本计划是指建筑施工企业在计划期内（年、季、月）规定的工程的生产耗费和成本水平，并据之以确定工程成本较预算成本的降低额和降低率，以及为保证成本计划实施的降低成本的措施计划。

（二）施工项目成本计划的作用

施工项目成本计划的作用如图 9－15 所示。

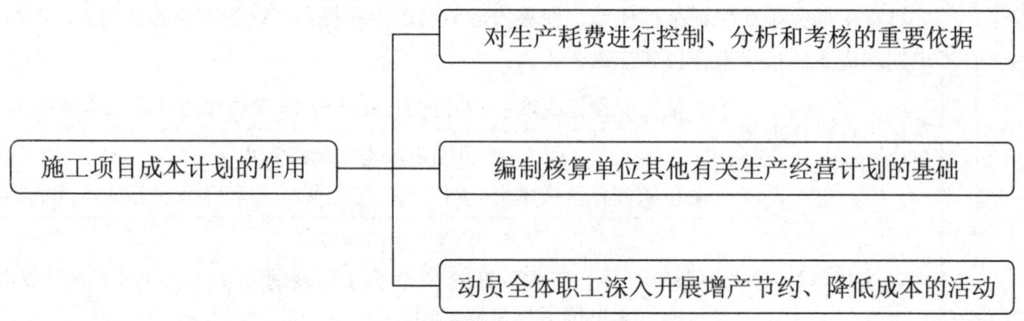

图 9－15　施工项目成本计划的作用

（三）施工项目成本计划编制的原则

施工项目成本计划编制的原则如图 9－16 所示。

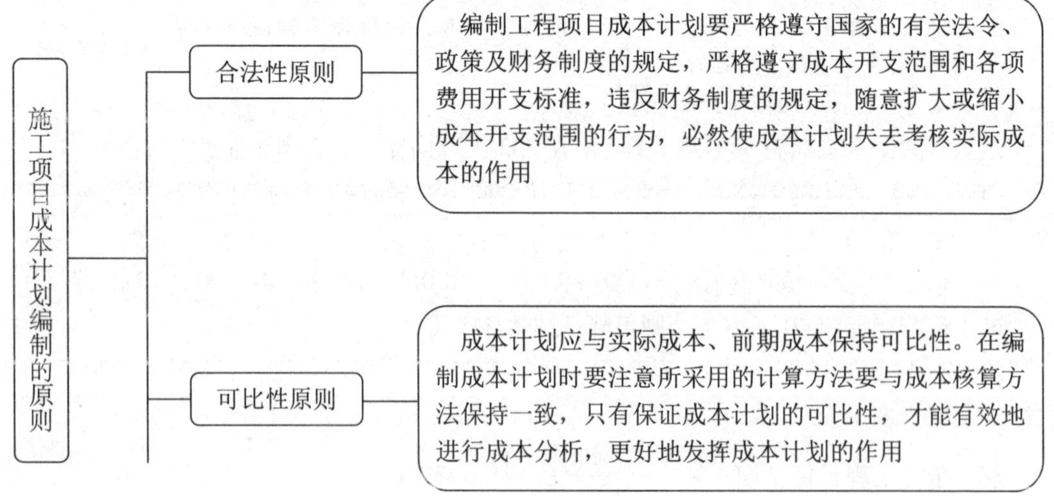

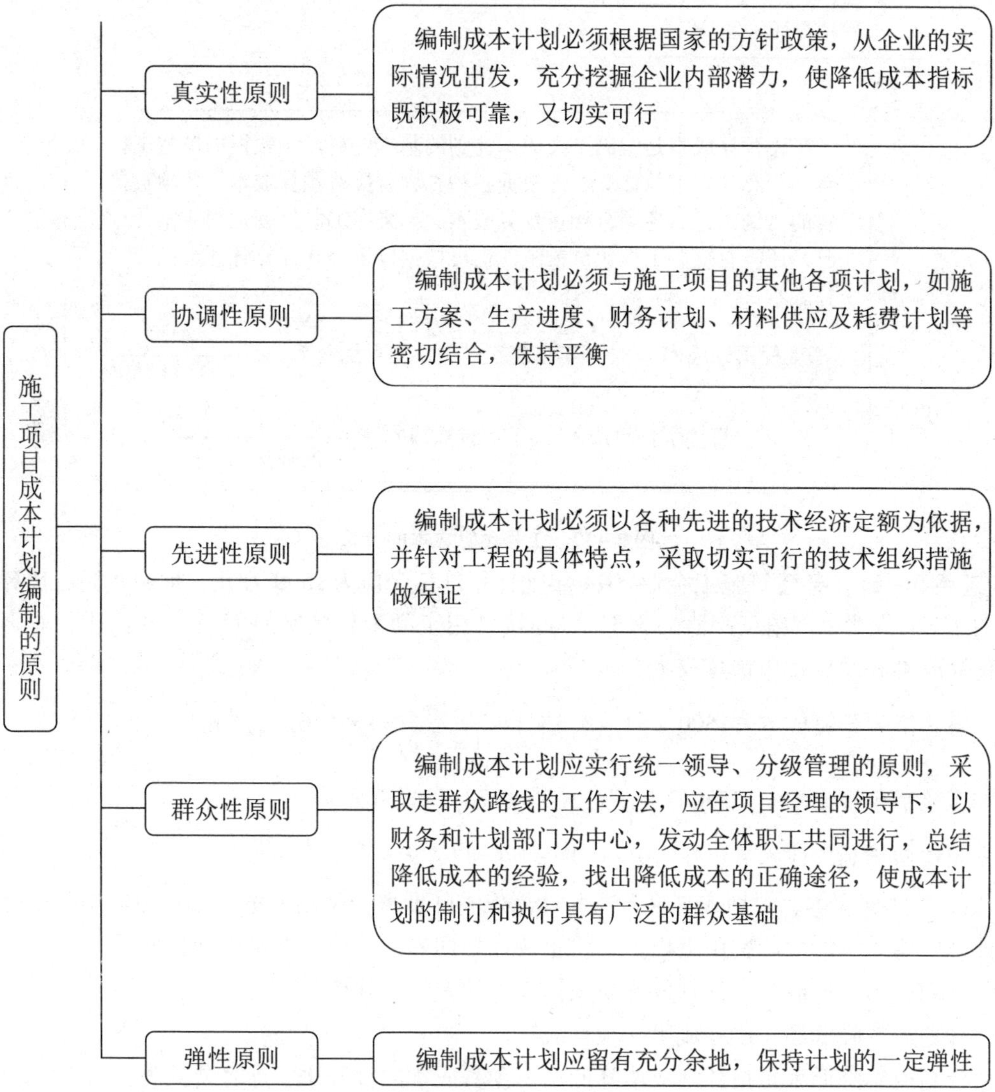

施工项目成本计划编制的原则	原则	内容
	真实性原则	编制成本计划必须根据国家的方针政策，从企业的实际情况出发，充分挖掘企业内部潜力，使降低成本指标既积极可靠，又切实可行
	协调性原则	编制成本计划必须与施工项目的其他各项计划，如施工方案、生产进度、财务计划、材料供应及耗费计划等密切结合，保持平衡
	先进性原则	编制成本计划必须以各种先进的技术经济定额为依据，并针对工程的具体特点，采取切实可行的技术组织措施做保证
	群众性原则	编制成本计划应实行统一领导、分级管理的原则，采取走群众路线的工作方法，应在项目经理的领导下，以财务和计划部门为中心，发动全体职工共同进行，总结降低成本的经验，找出降低成本的正确途径，使成本计划的制订和执行具有广泛的群众基础
	弹性原则	编制成本计划应留有充分余地，保持计划的一定弹性

图 9－16　施工项目成本计划编制的原则

（四）施工项目成本计划的编制方法

1. 工程成本计划

（1）工程预算成本。工程预算成本的计算如图 9－17 所示。

工程预算成本的计算

工程预算成本是编制工程成本计划的基本资料，一般根据单位工程合同预算成本汇总计算，再根据各种工程直接费预算成本中各项直接费的比例来计算各项直接费预算成本。如果在编制年度工程成本计划时，还没有编制工程预算成本，也可根据以下公式计算各项直接费预算成本：

$$工程预算成本=计划年度施工产值\times(1-税费率)\times\frac{1}{1+预期利润率}$$

$$直接费预算成本=工程预算成本\times\frac{1}{1+间接费用定额}$$

图9-17　工程预算成本的计算

【例9-11】某建筑施工企业2014年度计划施工产值为1500万元，预期利润占预算成本的7%，税费率占施工产值的3.3%，间接费用定额为直接费的15%，计算该企业直接费预算成本和间接费用预算成本。

解：$工程预算成本=1500\times(1-3.3\%)\times\frac{1}{1+7\%}=1355.61$（万元）

$直接费预算成本=1355.61\times\frac{1}{1+15\%}=1178.79$（万元）

$间接费用预算成本=1178.79\times15\%=176.82$（万元）

（2）计划成本、计划成本降低额和计划成本降低率。计划成本又称目标成本，是指成本计划中所列示的生产费用支出，反映企业计划期内预计的成本水平和目标。

计划成本降低额是指计划成本与预算成本的差额。计算公式为：

计划成本降低额=计划成本-预算成本

计划成本降低率是指计划成本降低额占预算成本的百分比。计算公式为：

$$计划成本降低率=\frac{计划成本降低额}{预算成本}\times100\%$$

降低成本指标的计算如图9-18所示。

【例9-12】某建筑工程公司2015年度，预算人工费为150万元，计划劳动生产率增长13%，平均工资增长9%，计算该公司人工费计划降低额。

解：$人工费计划降低率=1-\frac{1+9\%}{1+13\%}=3.54\%$

$人工费计划降低额=150\times3.54\%=5.31$（万元）

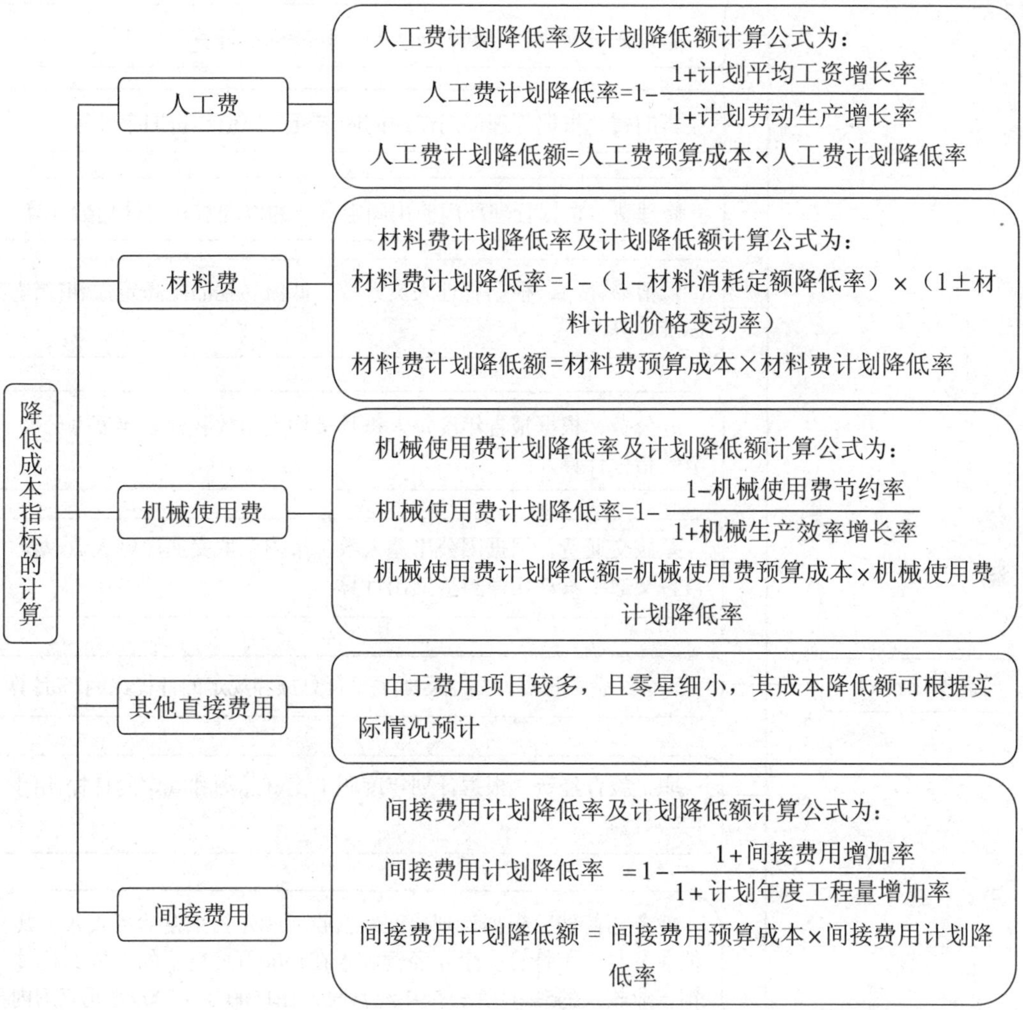

降低成本指标的计算

- **人工费**：人工费计划降低率及计划降低额计算公式为：

$$人工费计划降低率=1-\frac{1+计划平均工资增长率}{1+计划劳动生产增长率}$$

人工费计划降低额=人工费预算成本×人工费计划降低率

- **材料费**：材料费计划降低率及计划降低额计算公式为：

材料费计划降低率=1-（1-材料消耗定额降低率）×（1±材料计划价格变动率）

材料费计划降低额=材料费预算成本×材料费计划降低率

- **机械使用费**：机械使用费计划降低率及计划降低额计算公式为：

$$机械使用费计划降低率=1-\frac{1-机械使用费节约率}{1+机械生产效率增长率}$$

机械使用费计划降低额=机械使用费预算成本×机械使用费计划降低率

- **其他直接费用**：由于费用项目较多，且零星细小，其成本降低额可根据实际情况预计

- **间接费用**：间接费用计划降低率及计划降低额计算公式为：

$$间接费用计划降低率=1-\frac{1+间接费用增加率}{1+计划年度工程量增加率}$$

间接费用计划降低额=间接费用预算成本×间接费用计划降低率

图9-18　降低成本指标的计算

【例9-13】某建筑工程公司2015年度，预算材料费为800万元，计划年度材料消耗较定额降低4%，材料计划价格较预算价格上涨3%，计算该公司材料费计划降低额。

解：材料费计划降低率 = 1 - (1 - 4%) × (1 + 3%) = 1.12%

材料费计划降低额 = 800 × 1.12% = 8.96（万元）

【例9-14】某建筑工程公司2015年度，间接费用预算成本为150万元，计划年度工程量较上年增加25%，间接费用较上年增加8%，计算该公司间接费用计划降低额。

$$解：间接费用计划降低率 = 1 - \frac{1+8\%}{1+25\%} = 13.6\%$$

间接费用计划降低额 = 150 × 13.6% = 20.4（万元）

2. 期间费用计划

期间费用包括管理费用、财务费用和销售费用。

（1）管理费用计划。管理费用计划如图9-19所示。

管理费用计划

- 管理人员薪酬，根据定员人数、薪酬标准计算
- 折旧费，根据管理部门使用的固定资产原值和折旧率计算
- 修理费，根据管理部门使用固定资产的修理费开支计划数计算
- 低值易耗品，根据管理人员人数、低值易耗品配备定额和摊销标准计算
- 办公费，根据报告年度每人每月平均支出数和计划年度办公费节约指标计算
- 差旅交通费，根据因公出差人数、市内领取交通津贴人数以及自备交通工具耗用燃料等支出计算
- 工会经费，根据计划年度职工工资总额和规定的计提比例2%计算
- 职工教育经费，根据计划年度职工工资总额和规定的计提比例1.5%计算
- 业务招待费，根据计划年度经营收入（包括主营业务收入、其他业务收入）计算。全年经营收入在1500万元以下的，按不超过年营业收入的5‰计算；全年经营收入在1500万~5000万元范围内的，按不超过年营业收入的3‰计算；全年经营收入在5000万~1亿元范围内的，按不超过年营业收入的2‰计算；全年经营收入在1亿元以上的，按不超过年营业收入的1‰计算
- 税费，按规定支付的税种和税费率计算
- 无形资产摊销，按无形资产原值和规定摊销年限计算
- 劳动保险费，根据计划年度离退休职工人数和报告年度每个离退休职工平均支出数计算

图9－19　管理费用计划

(2) 财务费用计划。建筑施工企业在计划年度如有银行借款和发行债券的，应根据银行借款的利率计算利息支出，根据债券面值和发行手续费率计算金融机构手续费等，最终算出财务费用计划数。

(3) 销售费用计划。建筑施工企业在计划年度内算出为销售产品和提供劳务所发生的应由企业负担的运输费、装卸费、包装费、保险费和广告费等。

四、施工项目成本控制

(一) 施工项目成本控制的意义及目的

工程项目成本控制是工程项目成本管理的重要环节。工程项目成本控制是在满足工程承包合同条款要求的前提下，根据工程项目的成本计划，对项目生产过程中所发生的各种费用支出，采取一系列的措施来进行严格的监督和控制，及时纠正偏差，总结经验，把各项生产费用控制在计划成本的范围之内，以保证成本目标的实现。工程项目成本控制的目的在于降低项目成本，提高经济效益。

(二) 施工项目成本控制的原则

施工项目成本控制的原则如图 9－20 所示。

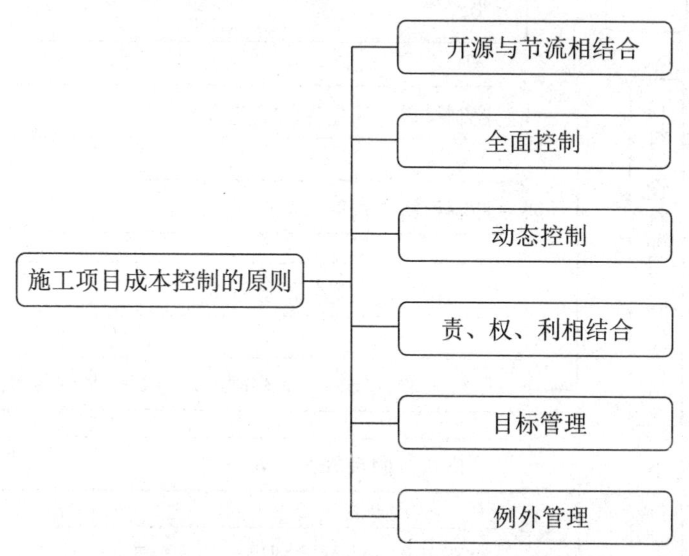

图 9－20　施工项目成本控制的原则

(三) 施工项目成本控制的对象

施工项目成本控制的对象如图 9－21 所示。

施工项目成本控制的对象
工程项目成本形成过程
工程项目的职能部门、施工队和生产班组
分部分项工程
对外经济合同

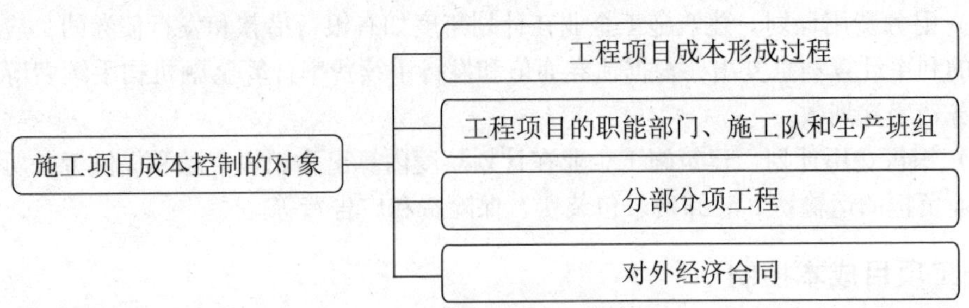

图 9－21　施工项目成本控制的对象

（四）施工项目成本控制的内容

施工项目成本控制的相关内容如图 9－22 所示。

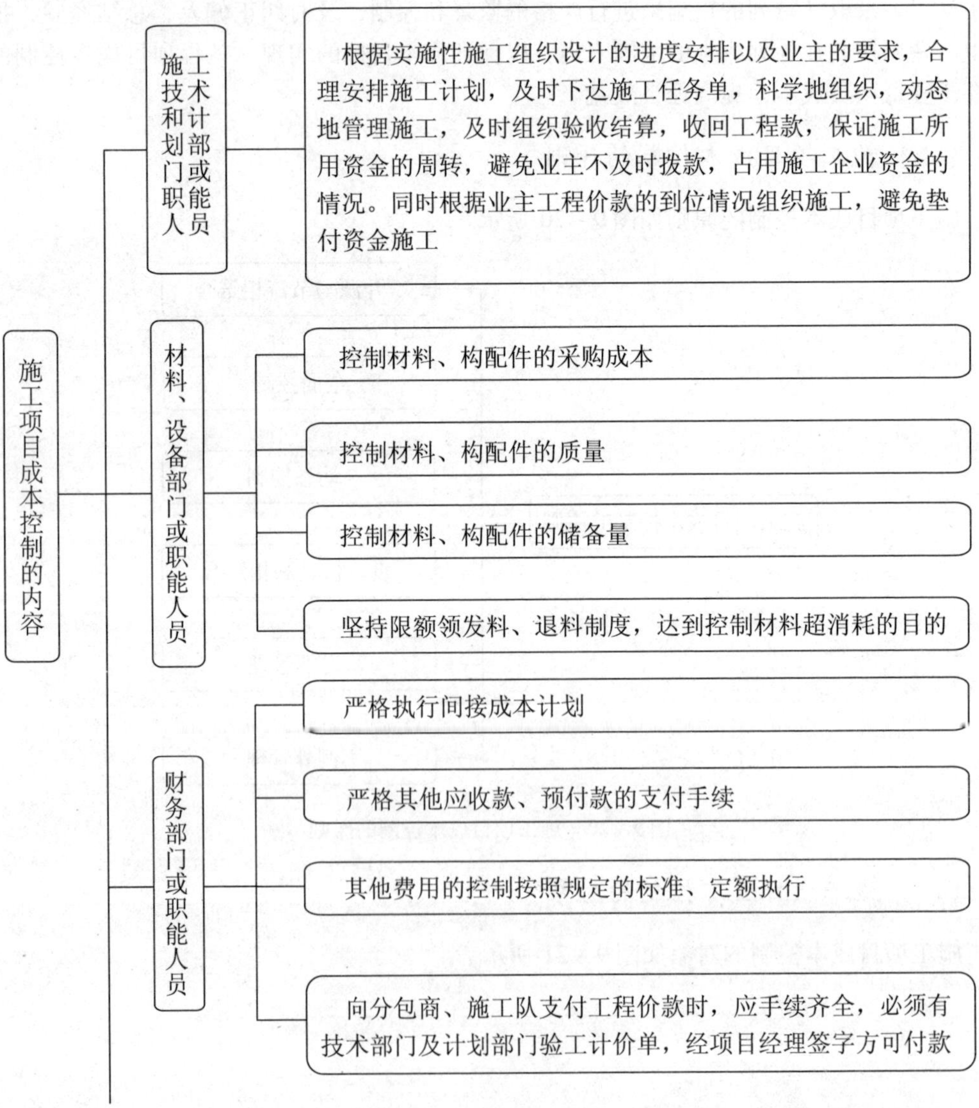

施工项目成本控制的内容
施工技术和计划部门或职能人员
根据实施性施工组织设计的进度安排以及业主的要求，合理安排施工计划，及时下达施工任务单，科学地组织，动态地管理施工，及时组织验收结算，收回工程款，保证施工所用资金的周转，避免业主不及时拨款，占用施工企业资金的情况。同时根据业主工程价款的到位情况组织施工，避免垫付资金施工
材料、设备部门或职能人员
控制材料、构配件的采购成本
控制材料、构配件的质量
控制材料、构配件的储备量
坚持限额领发料、退料制度，达到控制材料超消耗的目的
财务部门或职能人员
严格执行间接成本计划
严格其他应收款、预付款的支付手续
其他费用的控制按照规定的标准、定额执行
向分包商、施工队支付工程价款时，应手续齐全，必须有技术部门及计划部门验工计价单，经项目经理签字方可付款

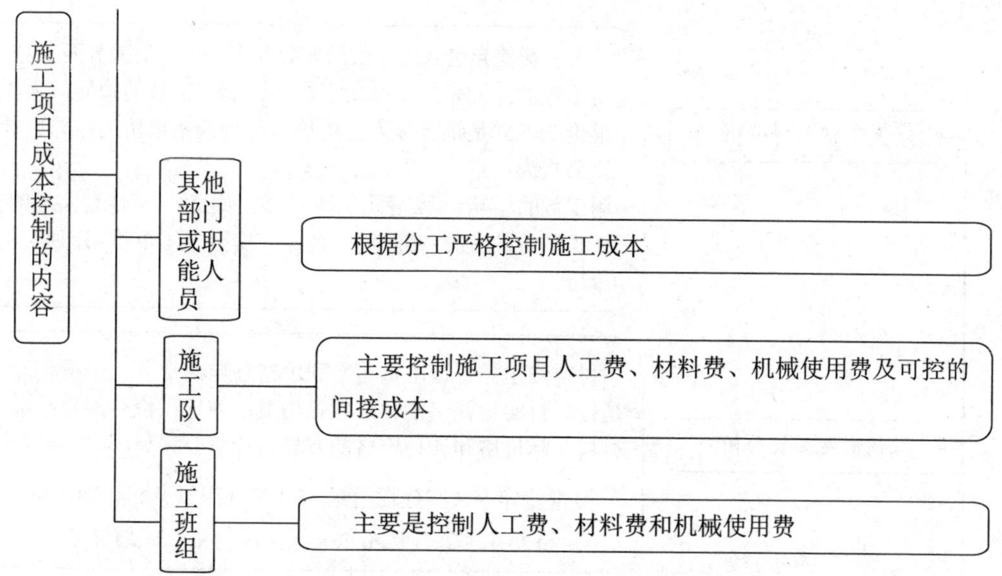

图 9－22　施工项目成本控制的内容

（五）施工项目成本控制的程序

施工项目成本控制的程序如图 9－23 所示。

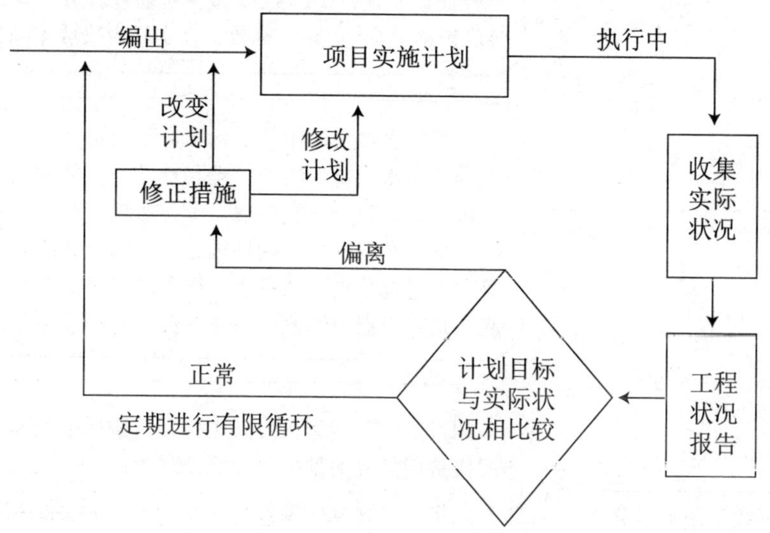

图 9－23　施工项目成本控制的程序

（六）施工项目成本差异分析

施工项目的成本差异分析如图 9－24 所示。

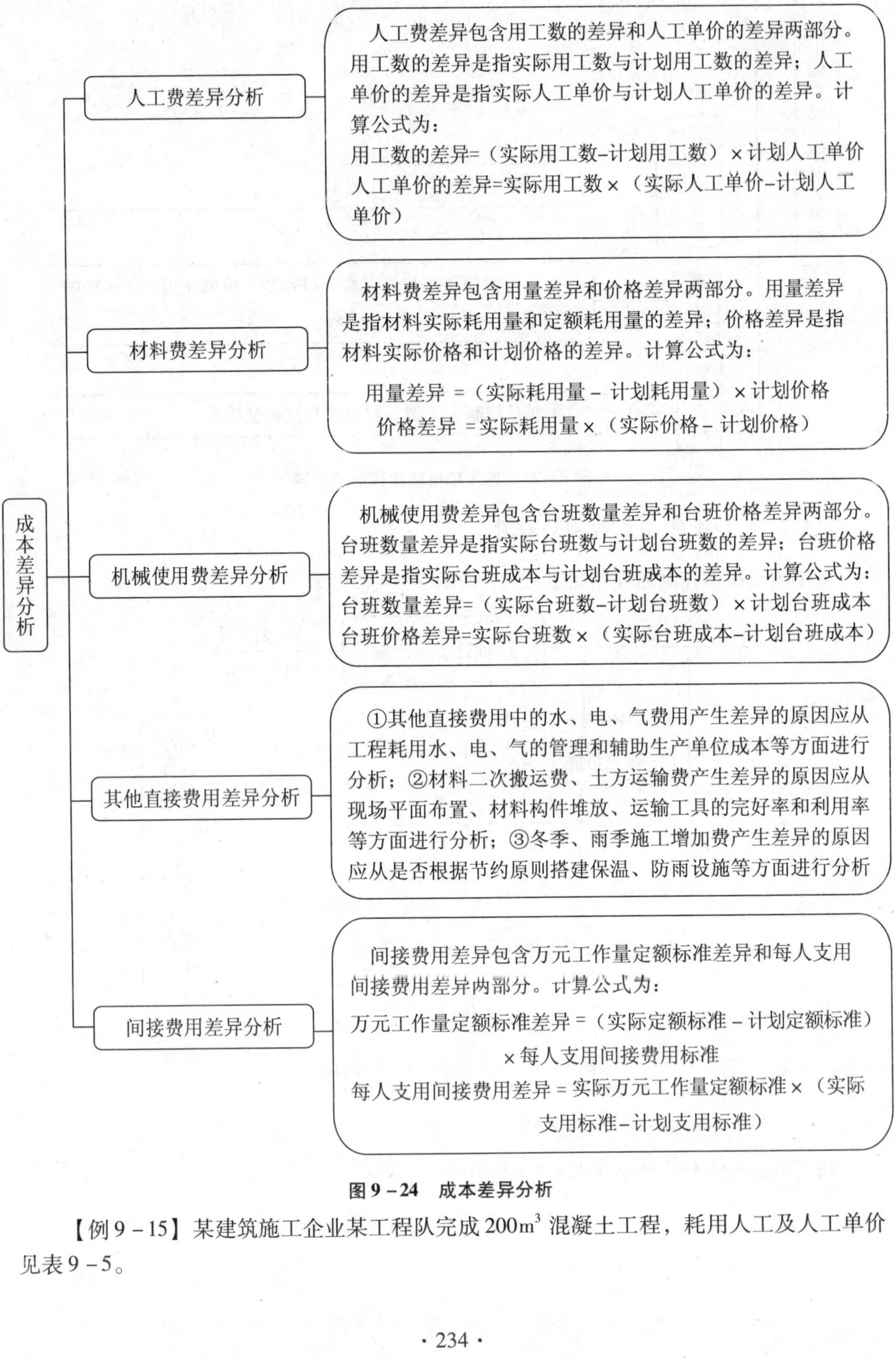

成本差异分析

人工费差异分析

人工费差异包含用工数的差异和人工单价的差异两部分。用工数的差异是指实际用工数与计划用工数的差异；人工单价的差异是指实际人工单价与计划人工单价的差异。计算公式为：

用工数的差异=（实际用工数-计划用工数）×计划人工单价

人工单价的差异=实际用工数×（实际人工单价-计划人工单价）

材料费差异分析

材料费差异包含用量差异和价格差异两部分。用量差异是指材料实际耗用量和定额耗用量的差异；价格差异是指材料实际价格和计划价格的差异。计算公式为：

用量差异 =（实际耗用量 - 计划耗用量）×计划价格

价格差异 =实际耗用量×（实际价格 - 计划价格）

机械使用费差异分析

机械使用费差异包含台班数量差异和台班价格差异两部分。台班数量差异是指实际台班数与计划台班数的差异；台班价格差异是指实际台班成本与计划台班成本的差异。计算公式为：

台班数量差异=（实际台班数-计划台班数）×计划台班成本

台班价格差异=实际台班数×（实际台班成本-计划台班成本）

其他直接费用差异分析

①其他直接费用中的水、电、气费用产生差异的原因应从工程耗用水、电、气的管理和辅助生产单位成本等方面进行分析；②材料二次搬运费、土方运输费产生差异的原因应从现场平面布置、材料构件堆放、运输工具的完好率和利用率等方面进行分析；③冬季、雨季施工增加费产生差异的原因应从是否根据节约原则搭建保温、防雨设施等方面进行分析

间接费用差异分析

间接费用差异包含万元工作量定额标准差异和每人支用间接费用差异两部分。计算公式为：

万元工作量定额标准差异 =（实际定额标准 - 计划定额标准）×每人支用间接费用标准

每人支用间接费用差异 = 实际万元工作量定额标准×（实际支用标准 - 计划支用标准）

图 9-24　成本差异分析

【例 9-15】某建筑施工企业某工程队完成 200m^3 混凝土工程，耗用人工及人工单价见表 9-5。

表9－5　某建筑施工企业计划成本与实际成本表

工种	计划成本			实际成本		
	计划单价/（元/工日）	计划用量/工日	金额/元	实际单价/（元/工日）	实际用量/工日	金额/元
钢筋工	28	800	27000	40	750	28500
混凝土工	35	1000	32000	35	1100	32000
合计			59000			60500

计算该企业人工费差异。

解：人工费差异＝60500－59000＝1500（元）

钢筋工用工数的差异＝(750－800)×28＝－1400（元）

钢筋工人工单价的差异＝750×（40－28）＝9000（元）

混凝土工用工数的差异＝(1100－1000)×35＝3500（元）

混凝土工人工单价的差异＝1100×（35－35）＝0（元）

在本例中，200m^{3}混凝土工程量人工费共超支1500元，其中，由于钢筋工用工数减少使人工费减少1400元，由于钢筋工人工单价提高使人工费增加9000元，由于混凝土工用工数增加使人工费增加3500元。

【例9－16】某建筑工程公司某工程队完成200m^{3}混凝土工程，耗用水泥、沙子成本见表9－6。

表9－6　某项目工程耗用水泥沙子成本表

名称	计划成本			实际成本		
	计划单价	计划用量	金额	实际单价	实际用量	金额
水泥	350元/t	35t	12250元	380元/t	40t	15200元
沙子	40元/m^3	110m^3	4400元	43元/m^3	100 m^3	4300元
合计			16650元			19500元

计算该公司该项工程材料费差异。

解：材料费差异＝19500－16650＝2850（元）

水泥用量差异＝(40－35)×350＝1750（元）

水泥价格差异＝40×（380－350）＝1200（元）

沙子用量差异＝(100－110)×40＝－400（元）

沙子价格差异＝100×（43－40）＝300（元）

该企业200m^{3}混凝土工程量材料费共超支2850元，其中，由于水泥消耗超支使材料费增加1750元，由于水泥价格提高使材料费增加1200元；由于沙子消耗节约使材料费减少400元，由于砂子价格提高使材料费增加300元。

【例9－17】某建筑工程公司土方机械作业班组，2014年7月挖土机作业数据见表9－7。

表 9－7 挖土机作业有关数据

工程	计划成本			实际成本		
	台班数量	台班成本/（元/台班）	金额/元	台班数量	台班成本/（元/台班）	金额/元
挖土	110	270	29700	100	290	29000

计算该公司土方机械作业班组机械使用费差异。

解：机械使用费差异＝29000 －29700 ＝－700（元）

台班数量差异＝(100－110)×270 ＝－2700（元）

台班价格差异＝100×（290－270)＝2000（元）

该企业土方机械作业班组机械使用费共节约700元，其中，由于实际台班数量减少使机械使用费节约2700元，由于台班成本增加使机械使用费超支2000元。

【例9－18】某建筑工程公司某项目部，2014年度与间接费用有关的数据见表9－8。

表 9－8 某公司 2014 年度与间接费用有关的数据

项目	计划数	实际数	差异数
工程收入（万元）	650	650	0
万元工作量定员标准（人/万元）	1.2	1.24	0.04
每人支用间接费用标准（元/人）	850	840	－10
间接费用（元）	663000	677040	14040

计算该公司该项目部2014年度间接费用差异。

解：万元工作量定额标准差异＝(650×1.24－650×1.2)×850＝22100（元）

每人支用间接费用差异＝650×1.24×(840－850)＝－8060（元）

该项目部2014年度间接费用共超支14040元，其中，由于万元工作量定额标准超支使间接费用超支22100元，由于每人支用间接费用标准减少使间接费用节约8060元。

第三节　建筑施工企业费用管理

一、费用的概念

费用即期间费用，是指生产经营中除产品成本之外的所有耗费。建筑施工企业确认的期间费用，应当进一步划分为管理费用、销售费用和财务费用等项目，并直接计入当期损益。

二、费用管理制度

建筑施工企业费用管理制度如图 9－25 所示。

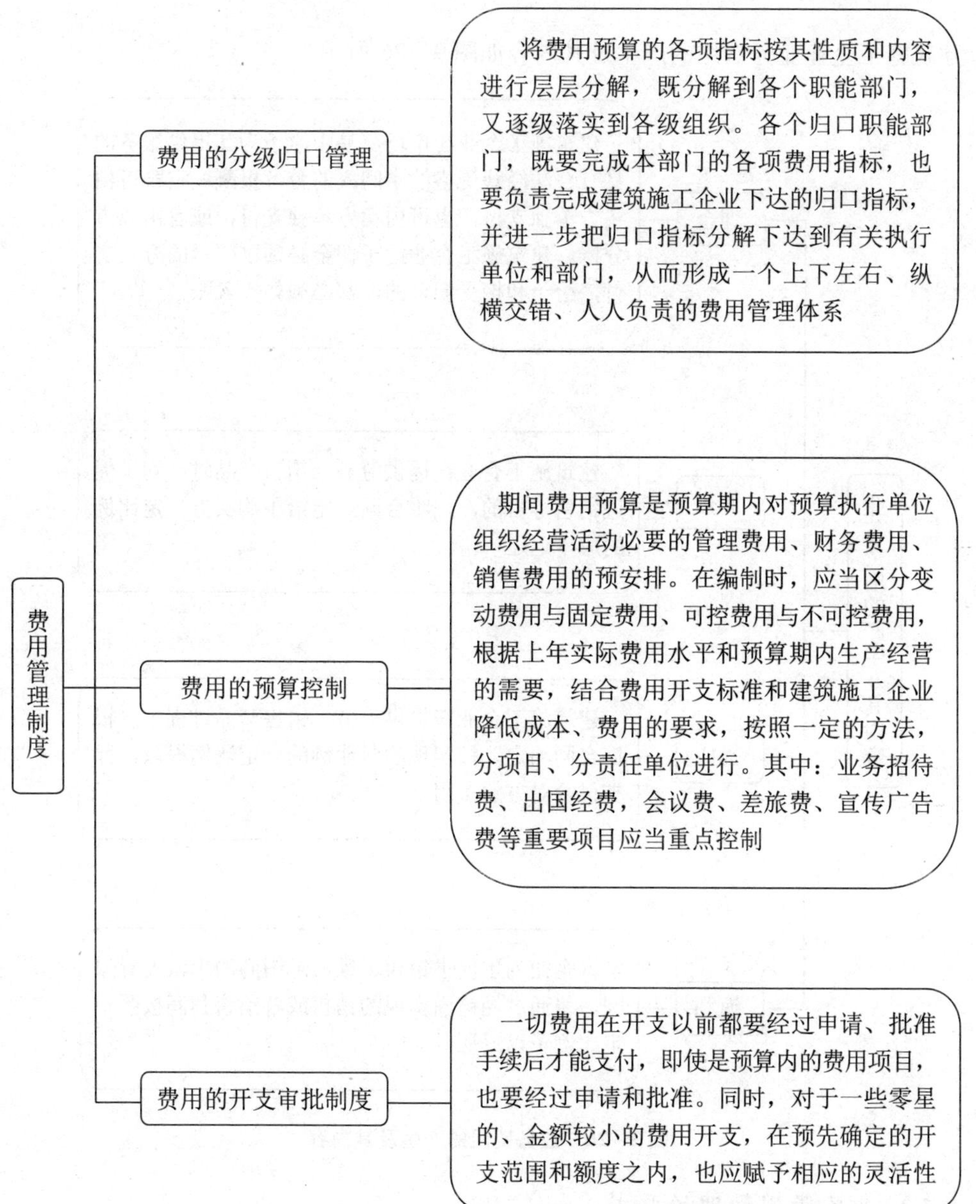

图 9－25　费用管理制度

三、业务费用的管理

（一）业务费用的产生及其内容

建筑施工企业业务费用的产生及其内容如图 9－26 所示。

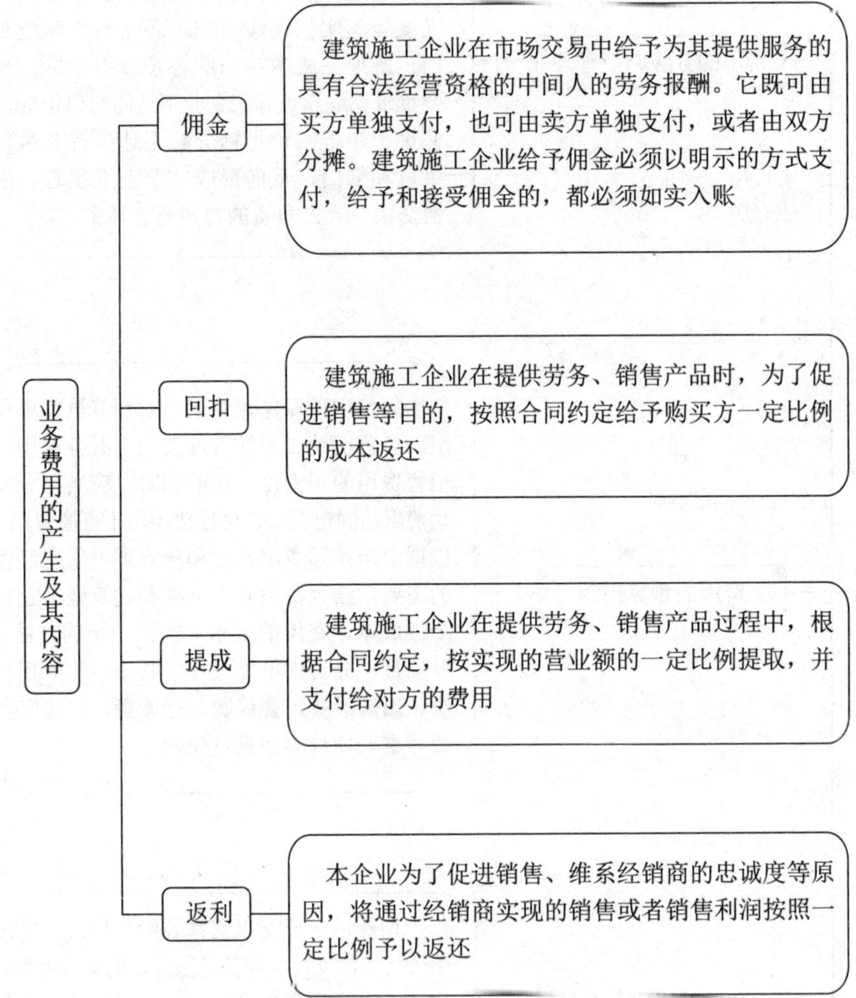

图 9－26　业务费用的产生及其内容

（二）业务费用管理的要求

建筑施工企业业务费用管理的要求如图 9－27 所示。

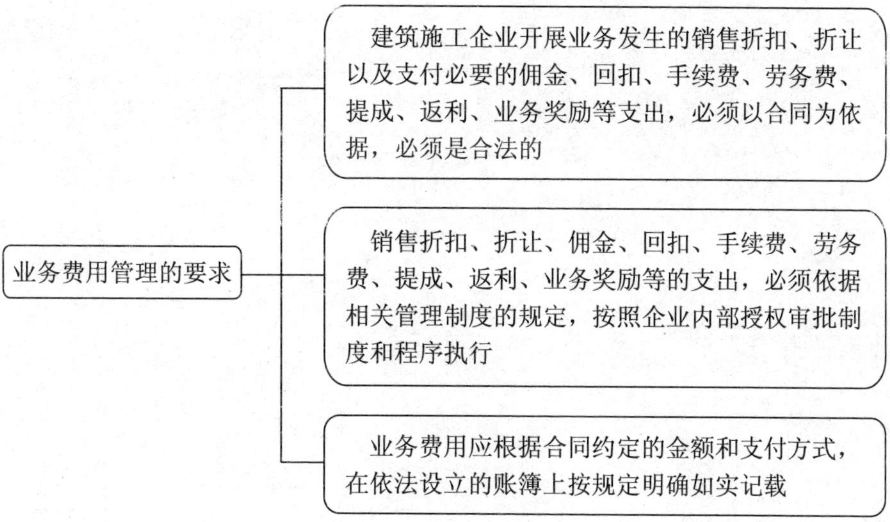

业务费用管理的要求

- 建筑施工企业开展业务发生的销售折扣、折让以及支付必要的佣金、回扣、手续费、劳务费、提成、返利、业务奖励等支出，必须以合同为依据，必须是合法的
- 销售折扣、折让、佣金、回扣、手续费、劳务费、提成、返利、业务奖励等的支出，必须依据相关管理制度的规定，按照企业内部授权审批制度和程序执行
- 业务费用应根据合同约定的金额和支付方式，在依法设立的账簿上按规定明确如实记载

图9－27　业务费用管理的要求

第十章　收入、利润及其分配管理

本章导读

建筑施工企业日常经营活动中最主要的目标之一就是通过获得的收入补偿为此而发生的成本费用支出，以获得一定的利润。本章重点介绍建筑施工企业的收入管理、建筑施工项目竣工结算、企业利润管理、利润的分配及提留。

第一节　建筑施工企业收入管理

一、企业收入概述

（一）建筑施工企业收入的构成

建筑施工企业收入的构成如图 10－1 所示。

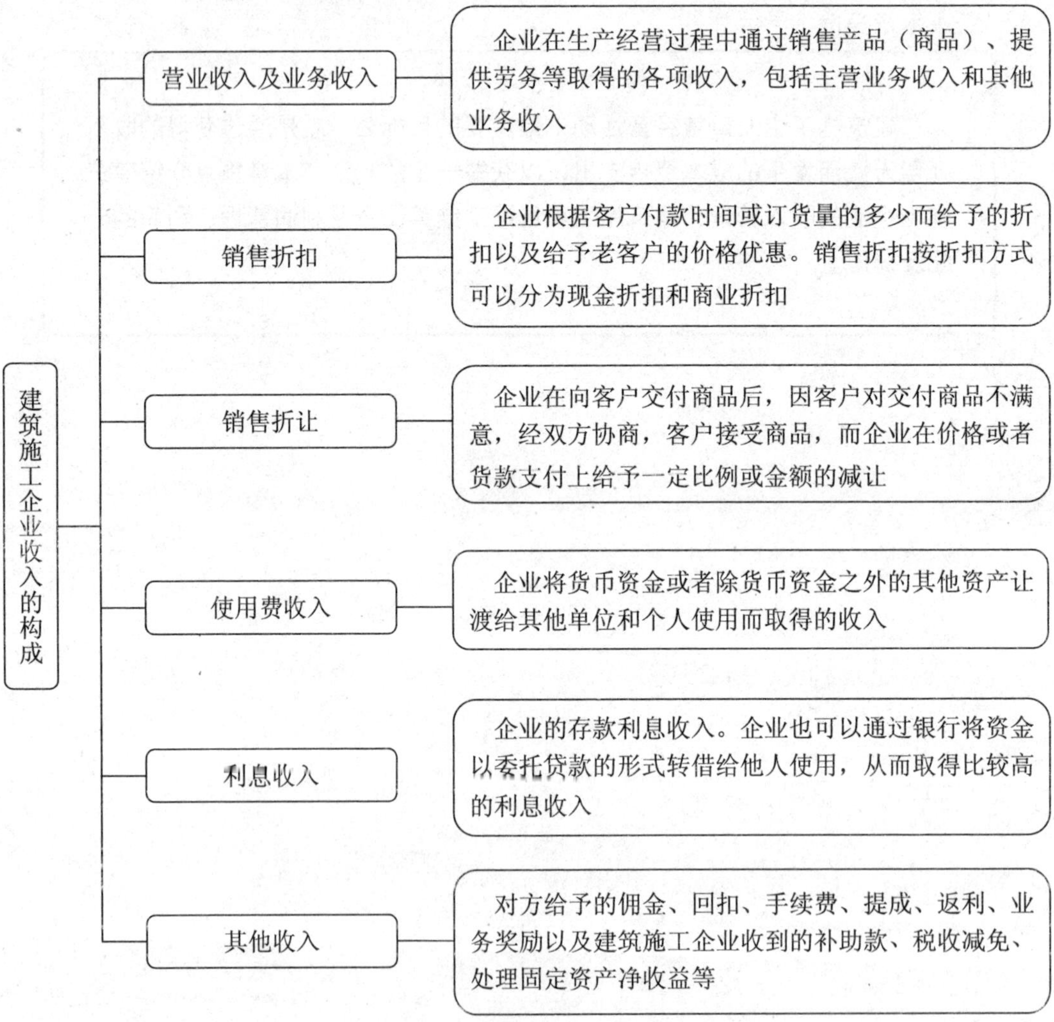

建筑施工企业收入的构成

营业收入及业务收入	企业在生产经营过程中通过销售产品（商品）、提供劳务等取得的各项收入，包括主营业务收入和其他业务收入
销售折扣	企业根据客户付款时间或订货量的多少而给予的折扣以及给予老客户的价格优惠。销售折扣按折扣方式可以分为现金折扣和商业折扣
销售折让	企业在向客户交付商品后，因客户对交付商品不满意，经双方协商，客户接受商品，而企业在价格或者货款支付上给予一定比例或金额的减让
使用费收入	企业将货币资金或者除货币资金之外的其他资产让渡给其他单位和个人使用而取得的收入
利息收入	企业的存款利息收入。企业也可以通过银行将资金以委托贷款的形式转借给他人使用，从而取得比较高的利息收入
其他收入	对方给予的佣金、回扣、手续费、提成、返利、业务奖励以及建筑施工企业收到的补助款、税收减免、处理固定资产净收益等

图 10－1　建筑施工企业收入的构成

（二）建筑施工企业收入的分类

建筑施工企业收入的分类如图 10－2 所示。

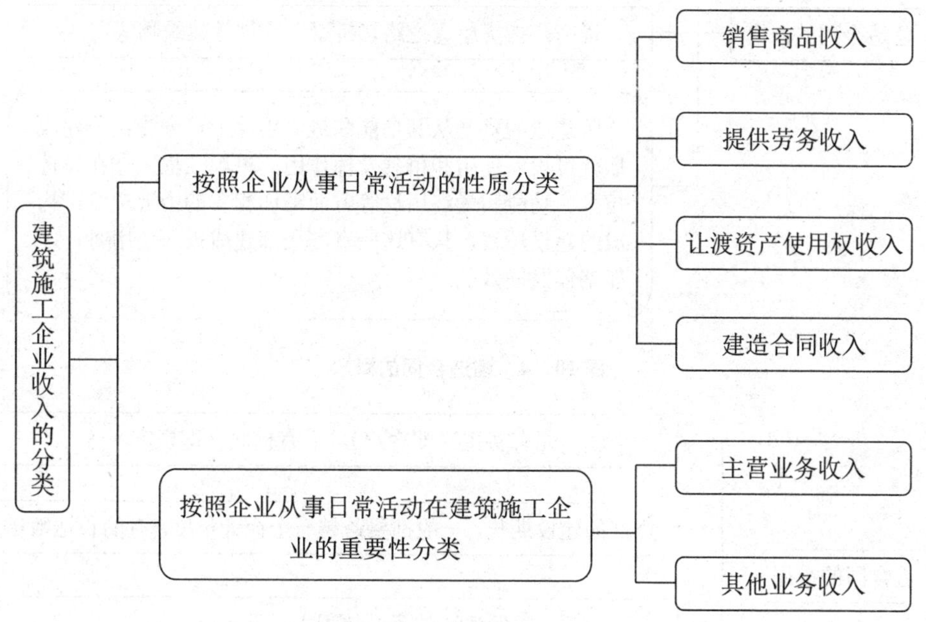

图 10－2　建筑施工企业收入的分类

（三）企业组织收入的原则

建筑施工企业组织收入的原则如图 10－3 所示。

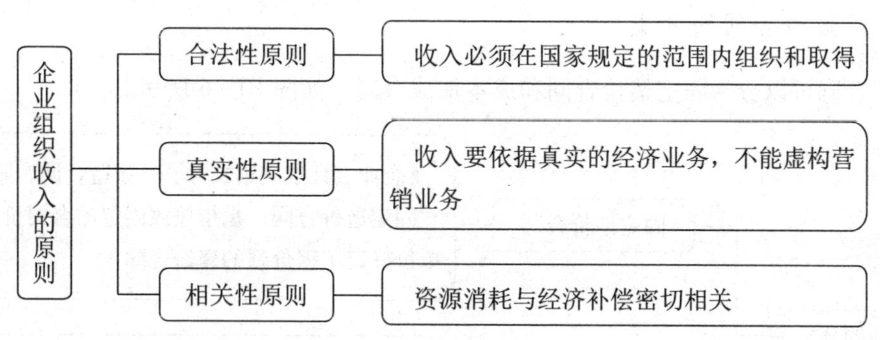

图 10－3　企业组织收入的原则

二、建造合同收入

（一）建造合同的概念及特征

建造合同的概念及特征如图 10－4、图 10－5 所示。

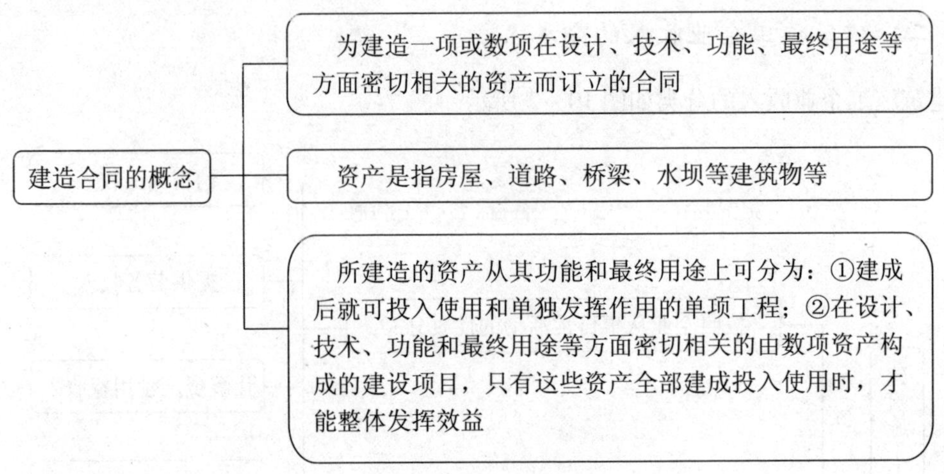

图 10－4　建造合同的概念

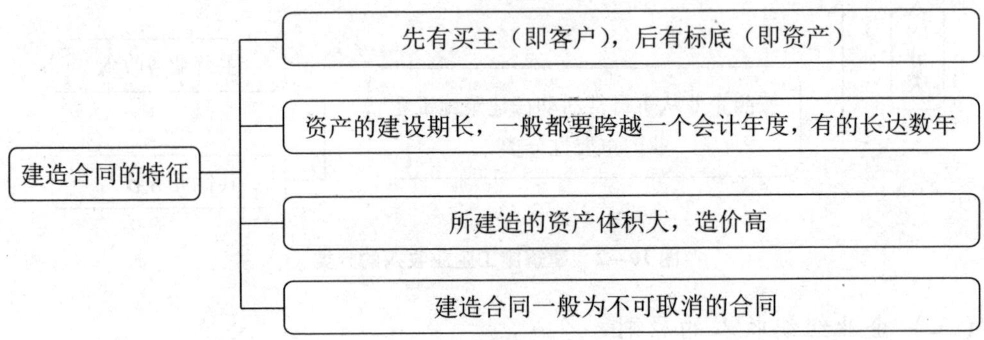

图 10－5　建造合同的特征

（二）建造合同的分类

建筑合同可以分为固定造价合同和成本加成合同，如图 10－6 所示。

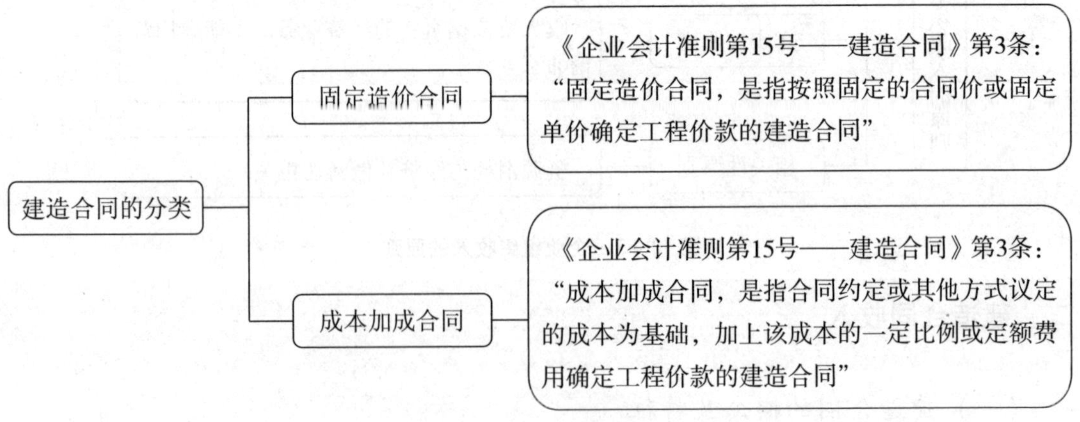

图 10－6　建造合同的分类

（三）合同的分立与合并

1. 合同分立

《企业会计准则第 15 号——建造合同》第五条规定：一项包括建造数项资产的建造合同，同时满足下列条件的，每项资产应当分立为单项合同：

（1）每项资产均有独立的建造计划。

（2）与客户就每项资产单独进行谈判，双方能够接受或拒绝与每项资产有关的合同条款。

（3）每项资产的收入和成本可以单独辨认。

《企业会计准则第 15 号——建造合同》第六条规定：追加资产的建造，满足下列条件之一的，应当作为单项合同：

（1）该追加资产在设计、技术或功能上与原合同包括的一项或数项资产存在重大差异。

（2）议定该追加资产的造价时，不需要考虑原合同价款。

2. 合同合并

《企业会计准则第 15 号——建造合同》第七条规定：一组合同无论对应单个客户还是多个客户，同时满足下列条件的，应当合并为单项合同：

（1）该组合同按一揽子交易签订。

（2）该组合同密切相关，每项合同实际上已构成一项综合利润率工程的组成部分。

（3）该组合同同时或依次履行。

（四）合同收入

1. 合同收入的组成内容

《企业会计准则第 15 号——建造合同》第八条规定：合同收入应当包括下列内容：

（1）合同规定的初始收入。

（2）因合同变更、索赔、奖励等形成的收入。

2. 合同变更及确认合同变更收入的标准

《企业会计准则第 15 号——建造合同》第九条规定：合同变更，是指客户为改变合同规定的作业内容而提出的调整。合同变更款同时满足下列条件的，才能构成合同收入：

（1）客户能够认可因变更而增加的收入。

（2）该收入能够可靠地计量。

3. 索赔款及确认索赔款收入的标准

《企业会计准则第 15 号——建造合同》第十条规定：索赔款，是指因客户或第三方的原因造成的、向客户或第三方收取的、用以补偿不包括在合同造价中成本的款项。索赔款同时满足下列条件的，才能构成合同收入：

（1）根据谈判情况，预计对方能够同意该项索赔。

（2）对方同意接受的金额能够可靠地计量。

4. 奖励款及确认奖励款收入的标准

《企业会计准则第 15 号——建造合同》第十一条规定：奖励款，是指工程达到或超过规定的标准，客户同意支付的额外款项。奖励款同时满足下列条件的，才能构成合同收入：

（1）根据合同目前完成情况，足以判断工程进度和工程质量能够达到或超过规定的标准。

（2）奖励金额能够可靠地计量。

5. 合同收入与合同费用的确认

（1）采用完工百分比法确认合同收入与合同费用的总原则。《企业会计准则第 15 号——建造合同》第十八条规定：在资产负债表日，建造合同的结果能够可靠估计的，应当根据完工百分比法确认合同收入和合同费用。完工百分比法，是指根据合同完工进度确认收入与费用的方法。

（2）判断固定造价合同的结果能够可靠地估计的标准。《企业会计准则第 15 号——建造合同》第十九条规定：固定造价合同的结果能够可靠估计，是指同时满足下列条件：

①合同总收入能够可靠地计量。

②与合同相关的经济利益很可能流入企业。

③实际发生的合同成本能够清楚地区分和可靠地计量。

④合同完工进度和为完成合同尚需发生的成本能够可靠地确定。

（3）判断成本加成合同的结果能够可靠地估计的标准。《企业会计准则第 15 号——建造合同》第二十条规定：成本加成合同的结果能够可靠估计，是指同时满足下列条件：

①与合同相关的经济利益很可能流入企业。

②实际发生的合同成本能够清楚地区分和可靠地计量。

（4）建筑施工企业确定合同完工进度的方法。《企业会计准则第 15 号——建造合同》第二十一条规定：企业确定合同完工进度可以选用下列方法：

①累计实际发生的合同成本占合同预计总成本的比例。

②已经完成的合同工作量占合同预计总工作量的比例。

③实际测定的完工进度。

（5）已完合同工作的测量。《企业会计准则第 15 号——建造合同》第二十二条规定：采用累计实际发生的合同成本占合同预计总成本的比例确定合同完工进度的，累计实际发生的合同成本不包括下列内容：

①施工中尚未安装或使用的材料成本等与合同未来活动相关的合同成本。

②在分包工程的工作量完成之前预付给分包单位的款项。

第二节　建造施工项目竣工结算

施工项目竣工结算是指一个单位工程或单项工程完工，经业主及工程质量监督部门验收合格，在交付使用前由施工单位根据合同价格和实际发生的增加或减少费用的变化等情况进行编制，并经过业主或其委托方签认的，以表达该项工程最终造价为主要内容，作为结算工程造价依据的经济文件。

一、施工项目工程价款的结算

工程价款结算方式是指建筑施工企业因承包建筑安装工程，按照承包合同的规定向发包建设单位交付已完工程，收取工程价款的行为。建筑安装工程价款结算方式见表 10－1。

表 10－1　施工项目工程价款的主要结算方式

按月结算	按月结算是每月终了按已完工部分分项工程结算工程价款。按月结算工程价款的，可实行旬末或月中预支，月末结算。跨年度施工的工程，在年末进行工程盘点，办理年度结算。按月结算一般适用于工期较长的工程。有利于加快工程进度，及时收回工程款，按时反映企业的经营情况和成果。但每月办理已完工程结算，跨年度工程年终要办理已完工程盘点和年度结算，计算工作量大，手续烦琐
竣工后一次结算	竣工后一次结算是在单项工程或建设项目全部竣工后结算工程价款。建设项目或单项工程全部建筑安装工程建设期在 12 个月以内，或者工程承包合同价值在 100 万元以下的，可以实行工程价款每月月终预支，竣工后一次结算的办法。工期在一年以内，当年竣工的工程，可以实行竣工后一次结算的办法。竣工后一次结算不仅结算手续简便，而且有利于促进缩短建设周期、压缩在建工程、加速资金周转、减少资金占用。但对工期较长的工程，竣工后一次结算则不能及时反映经营情况和成果
分段结算	分段结算是按工程形象进度划分的不同阶段（部位）结算工程价款。当年开工，当年不能竣工的单项工程或单位工程，可按照工程形象进度，划分不同阶段进行结算。分段结算可以按月预支工程款，适用于工期较长、造价较高的工程，有利于及时结算工程价款。实行此种结算方式，计算工作较烦琐，段落不易划分清楚，往往在结算时容易出现漏项或重复，需要在竣工时做最后的清算和结算

续表

目标结算方式	即在施工项目合同中，将承包工程的内容分解成不同的控制界面，以业主验收控制界面作为支付工程价款的前提条件。目标结算方式中，对控制界面的设定应明确描述，便于量化和质量控制，同时要适应项目资金的供应周期和支付频率
结算双方约定并经开户建设银行同意的其他结算方式	（1）建筑施工企业预支工程价款，应根据工程进度制作填写“工程价款预支账单”，送发包单位和开户建设银行办理付款手续。预支的款项，应在月末或竣工结算时抵充应收的工程款。“工程价款预支账单”的一般格式见表10－2。 （2）建筑施工企业于月终完成合同规定的工程形象进度或工程竣工办理工程价款结算时，应根据实际完成的工程量，对照中标标书或施工图预算所列工程单价和有关收费标准，计算已完工程价款，编制“已完工程月报表”和“工程价款结算账单”，经发包单位审查签证后，送开户建设银行办理结算。“已完工程月报表”和“工程价款结算账单”的一般格式见表10－3、表10－4。 （3）建筑施工企业不管采取何种工程价款结算方式，不论工期长短，其施工期间结算的工程价款总额一般不得超过工程承包合同价值的95%。结算双方可以在5%的幅度内协商确认尾款比例，并在工程承包合同中说明。工程尾款在工程竣工后再结算。如果建筑施工企业已向发包单位出具履约保函或其他保证的，可以不留尾款

表10－2　工程价款预支账单

发包单位名称：　　　　××××年×月×日　　　　单位：元

单项工程项目名称	合同造价	本旬（或半月）完成数	本旬（或半月）预支工程款	本月预支工程款	应扣预收款项	实支款项	备注

建筑施工企业：　　　　财务负责人：

表10－3　已完工程月报表

发包单位名称：　　　　××××年×月×日

单项工程项目名称	合同造价/元	建筑面积/m^2	开竣工日期		实际完成数/元		备注
			开工日期	竣工日期	至上月止已完工程累计/元	本月份已完工程/元	

建筑施工企业：　　　　编制日期：

表 10－4　工程价款结算账单

发包单位名称：　　　　××××年×月×日　　　　单位：元

单项工程项目名称	合同造价	本期应收工程款	应扣款项			本期实收工程款	备料款余额	本期止已收工程价款累计	备注
			合计	预收工程款	预收备料款				

建筑施工企业：　　　　编制日期：

二、施工项目工程预付款的支付

（一）工程预付款的限额

工程预付款的限额如图 10－7 所示。

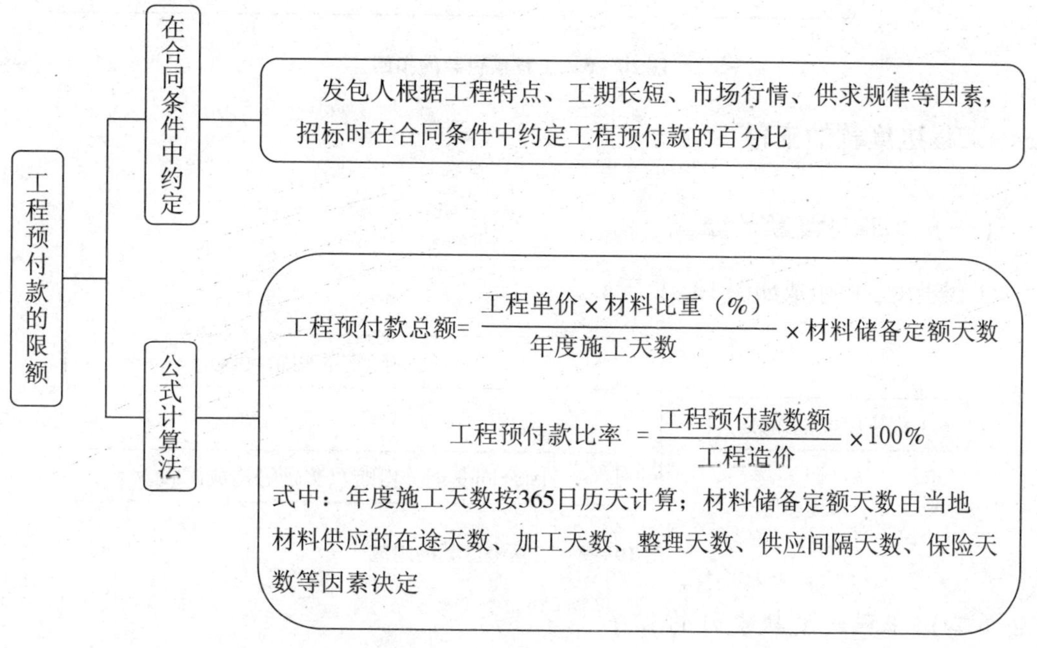

图 10－7　工程预付款的限额

（二）工程预付款的扣回

工程预付款的扣回如图 10－8 所示。

工程预付款的扣回

可以从未施工工程尚需的主要材料及构件的价值相当于预付款数额时起扣，从每次结算工程价款中，按材料比重扣抵工程价款，竣工前全部扣清。其基本表达式是：

$$T = P - \frac{M}{N}$$

式中：T——起扣点，即预付备料款开始扣回时累计完成工作量金额；

M——预付款限额：

N——主要材料所占比重；

P——承包工程价款总额

扣款的方法也可以在承包方完成金额累计达到一定比例后，由承包方开始向发包方还款，发包方从每次应付给承包方的金额中扣回工程预付款，发包方至少在合同约定的完工期前将工程预付款的总计金额逐次扣回

图 10－8 工程预付款的扣回

三、工程进度款的支付

（一）工程进度款的组成

工程进度款的组成如图 10－9 所示。

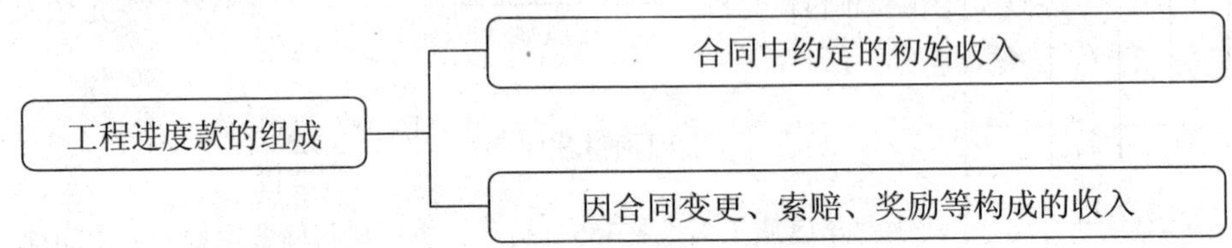

图 10－9 工程进度款的组成

（二）工程进度款支付的程序

施工企业在施工过程中，按逐月（或形象进度或控制界面等）完成的工程数量计算各项费用，向建设单位办理工程进度款的支付。工程进度款的支付步骤如图 10－10 所示。

图 10－10 工程进度款的支付步骤

（三）工程进度款的计算

1. 工程量的计量

工程量的计量如图 10－11 所示。

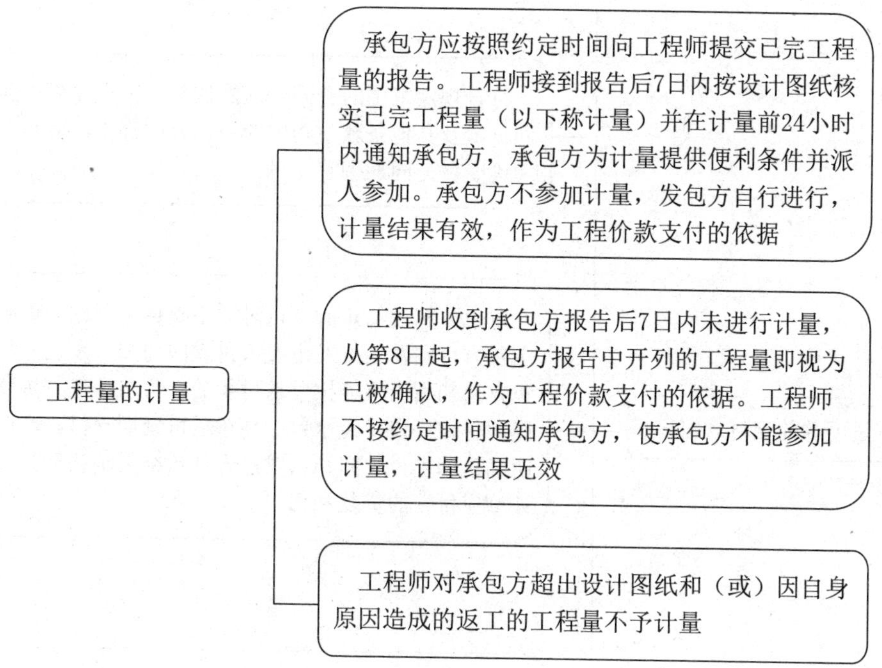

图 10－11　工程量的计量

2. 单价的计算

单价的计算如图 10－12 所示。

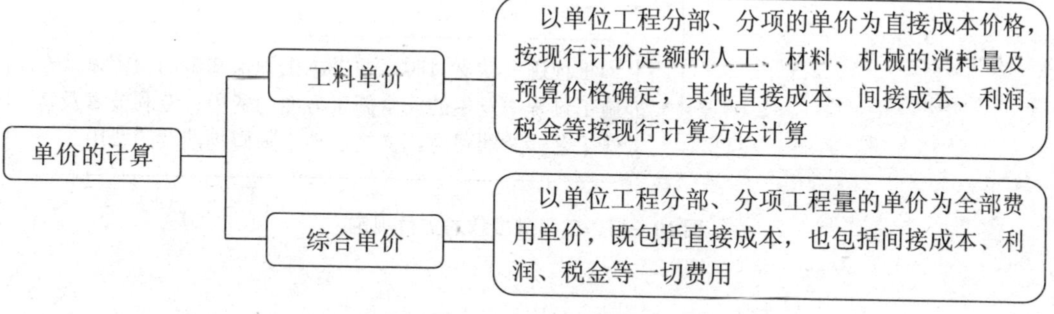

图 10－12　单价的计算

（四）工程进度款的支付规定

工程进度款的支付规定如图 10－13 所示。

工程进度款的支付规定

- 工程款（进度款）在双方确认计量结果后4天内，发包方应向承包方支付工程款（进度款）。按约定时间发包方应扣回的预付款，与工程款（进度款）同期结算
- 符合规定范围的合同价款的调整、工程变更调整的合同价款及其他条款中约定的追加合同价款，应与工程款（进度款）同期调整支付
- 发包方超过约定的支付时间不支付工程款（进度款），承包方可向发包方发出要求付款的通知，发包方收到承包方通知后仍不能按要求付款的，可与承包方协商签订延期付款协议，经承包方同意后可延期支付。协议必须明确延期支付时间和从发包方计量结果确认后第15天起计算应付款的贷款利息
- 发包方不按合同约定支付工程款（进度款），双方又未达成延期付款协议，导致施工无法正常进行时，承包方可停止施工，由发包方承担违约责任
- 工程进度款支付时，要考虑工程保修金的预留以及在施工过程中发生的安全施工方面的费用、专利技术及特殊工艺涉及的费用、文物及地下障碍物涉及的费用

图 10－13　工程进度款的支付规定

第三节　建筑施工企业利润管理

一、企业利润的构成

建筑施工企业的利润总额由营业利润、投资净收益、营业外收支净额、补贴收入四部分组成。其计算公式为：

利润总额 = 营业利润 + 投资净收益 + 营业外收支净额 + 补贴收入

（一）营业利润

营业利润是指建筑施工企业一定时期内从事施工生产经营活动实现的利润。其计算公式为：营业利润 = 主营业务利润 + 其他业务利润 − 管理费用 − 财务费用 − 销售费用

营业利润的构成如图 10 − 14 所示。

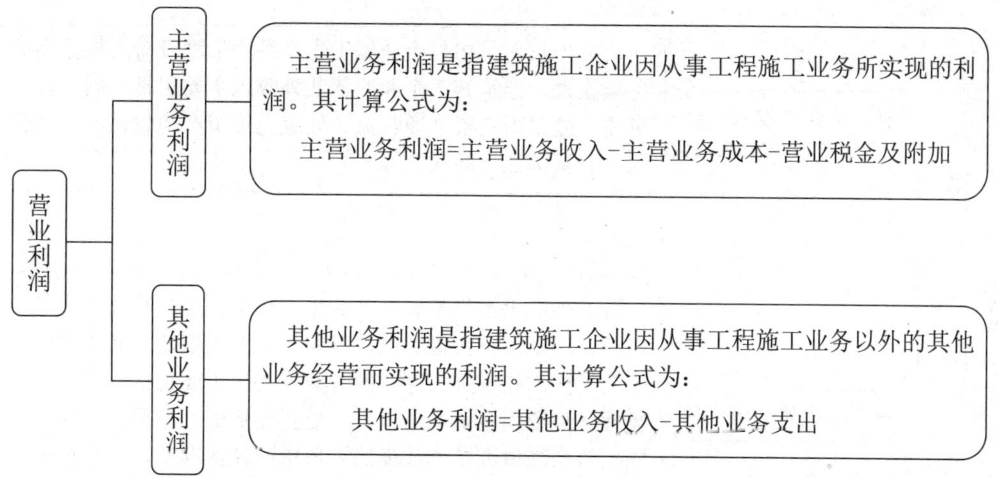

图 10 − 14　营业利润的构成

（二）投资净收益

投资净收益是指建筑施工企业对外投资取得的投资收益减去投资损失后的净额，如图 10 − 15 所示。

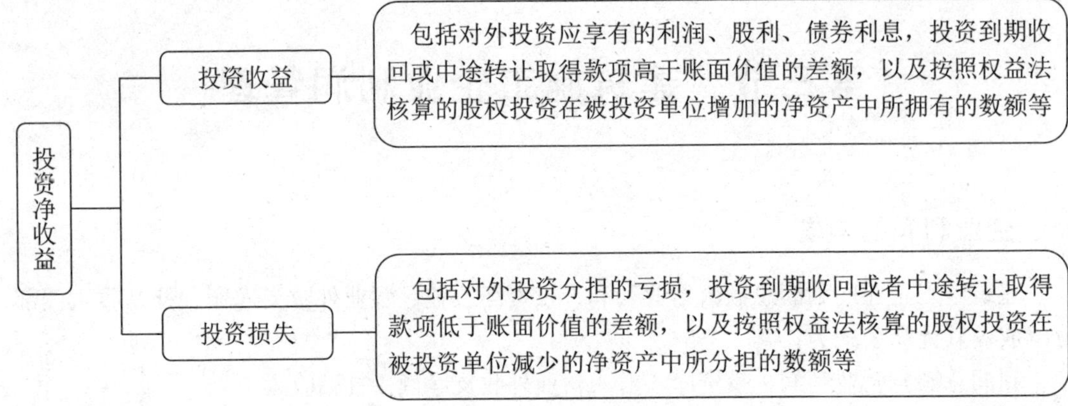

图 10－15　投资净收益

（三）营业外收支净额

营业外收支净额是指建筑施工企业的营业外收入减去营业外支出后的差额。其相关内容如图 10－16 所示。

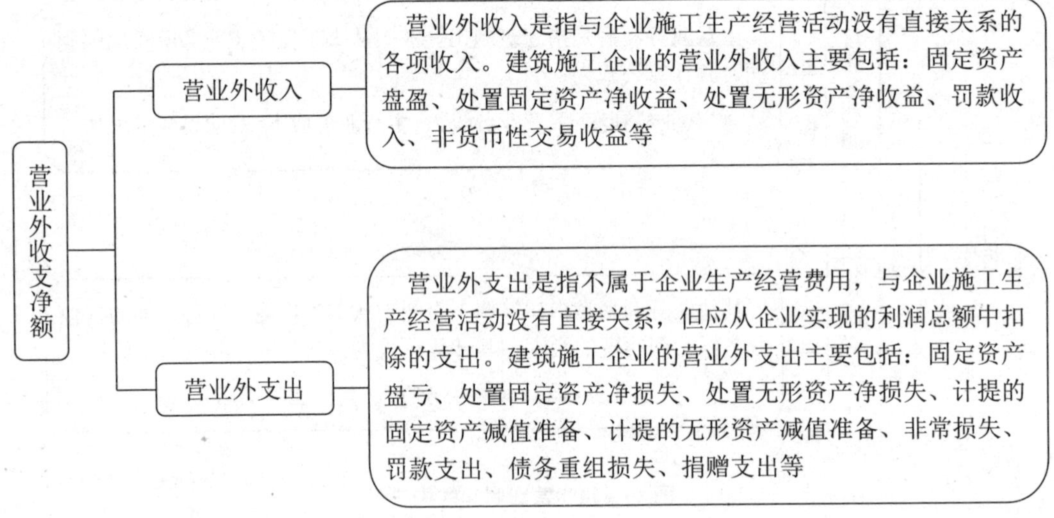

图 10－16　营业外收支净额

（四）补贴收入

补贴收入是指建筑施工企业收到的各种补贴收入，包括国家拨入的亏损补贴、退还的增值税等。

二、年度工程结算利润的预测

利润预测是在对建筑施工企业工程收入预测的基础上，通过对固定成本、变动成本、工程任务量以及对影响利润的其他因素进行分析和研究，测算企业在未来某一会计期间可

以实现的利润。由于工程结算利润在建筑施工企业的利润总额中占有较大的比重，因而工程结算利润成为利润预测的重点。

年度工程结算利润的预测如图10－17所示。

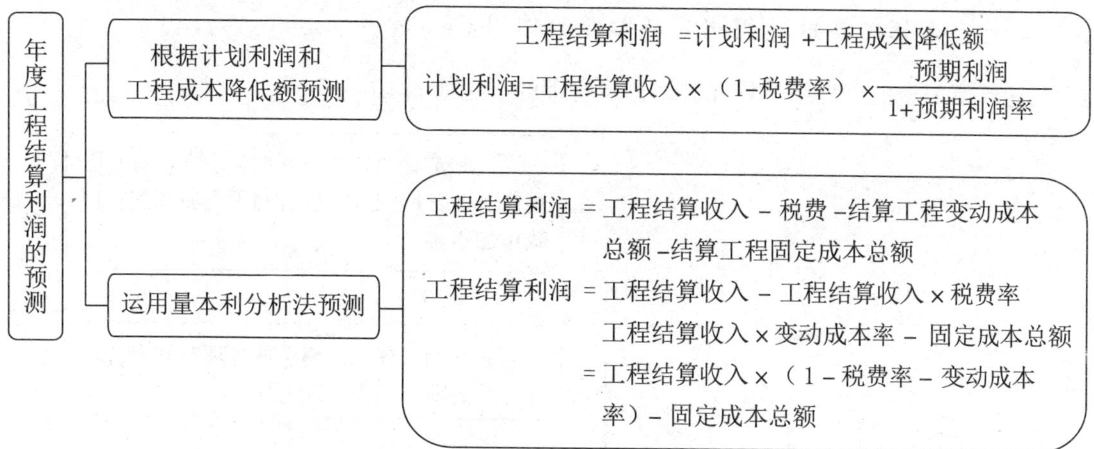

图10－17　年度工程结算利润的预测

【例10－1】某建筑施工企业计划年度施工产值为2000万元，计划年初在建工程为500万元，年末在建工程为300万元，年度施工工程成本降低额为20万元，工程结算收入税费率为3.3%，预期利润率为7%，预测该企业计划年度工程结算利润。

解：

（1）由于年初在建工程与年末在建工程不相等，应对工程结算收入加以调整：

计划年度工程结算收入＝500＋2000－300＝2200（万元）

（2）根据计划年度工程结算收入，计算计划年度工程计划利润：

$$计划年度工程计划利润=2200\times(1-3.3\%)\times\frac{7\%}{1+7\%}=139.12（万元）$$

（3）根据结算工程和施工工程比例对工程成本降低额加以调整：

$$计划年度结算工程成本降低额=20\times\frac{2200}{2000}=22（万元）$$

（4）计算计划年度工程结算利润：

工程结算利润＝139.12＋22＝161.12（万元）

【例10－2】某建筑施工企业计划年度施工产值为2000万元，计划年初在建工程为500万元，年末在建工程为300万元，工程结算收入税费率为3.3%，经测算，变动成本占工程造价的比重为70%，固定成本总额为250万元，预测该企业计划年度工程结算利润。

解：

（1）由于年初在建工程与年末在建工程不相等，应对工程结算收入加以调整：

计划年度工程结算收入＝500＋2000－300＝2200（万元）

（2）计算计划年度工程结算利润：

工程结算利润 =2200 ×（1 -3.3% -70%）-250 =337.4（万元）

三、建筑施工企业工程计算利润的分层管理

（一）工程结算目标利润分层管理的作用

建筑施工企业工程结算目标利润分层管理的作用如图 10 -18 所示。

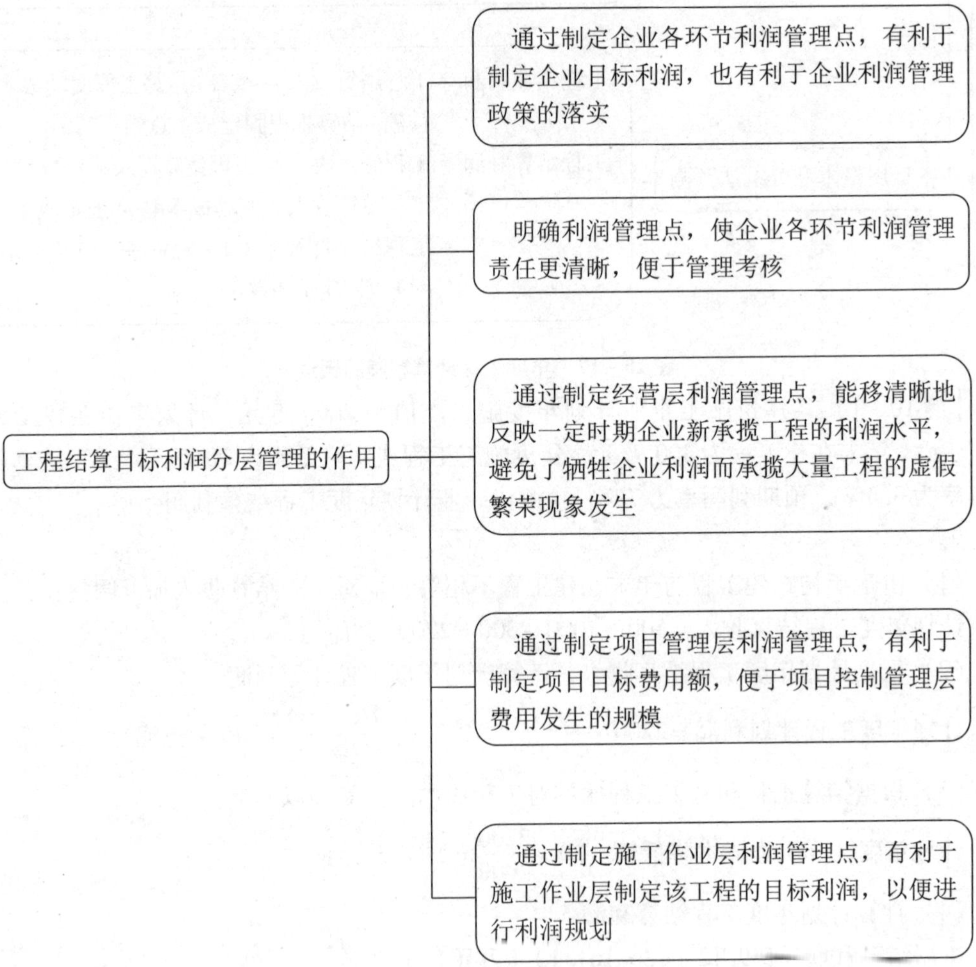

工程结算目标利润分层管理的作用

- 通过制定企业各环节利润管理点，有利于制定企业目标利润，也有利于企业利润管理政策的落实
- 明确利润管理点，使企业各环节利润管理责任更清晰，便于管理考核
- 通过制定经营层利润管理点，能移清晰地反映一定时期企业新承揽工程的利润水平，避免了牺牲企业利润而承揽大量工程的虚假繁荣现象发生
- 通过制定项目管理层利润管理点，有利于制定项目目标费用额，便于项目控制管理层费用发生的规模
- 通过制定施工作业层利润管理点，有利于施工作业层制定该工程的目标利润，以便进行利润规划

图 10 -18　工程结算目标利润分层管理的作用

（二）工程结算目标利润的三个分层管理点

工程结算目标利润的三个分层管理点如图 10 -19 所示。

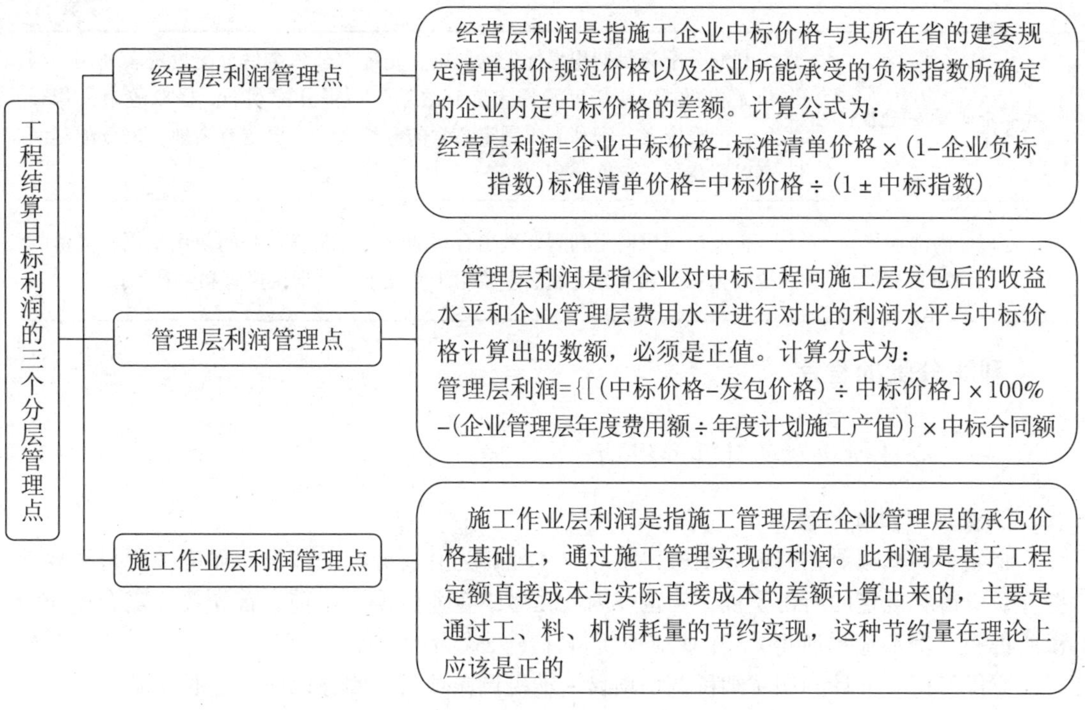

图 10－19　工程结算目标利润的三个分层管理点

第四节　建筑施工企业利润的分配及提留

一、利润分配的原则

建筑施工企业利润分配应遵循表 10－5 所示的原则。

表 10－5　建筑施工企业利润分配原则

合法性原则	企业利润首先必须按国家税法的规定缴纳所得税，然后才能进行税后利润的分配。税后利润分配应遵循《公司法》《企业财务通则》及其他法规的规定，税后利润分配的主体是企业资产所有者和企业法人，应按照财经法规的要求合理确定税后利润分配的项目、顺序及比例，尤其是提取盈余公积金不得低于法定比例。企业亏损时不得向投资者分配利润
正确确认利润总额原则	企业要分配利润，首先要确认当年确有盈利，或者历年有较多的未分配利润和盈余公积金，这是利润分配的基础。凡是在年终会计核算中没有确认的账面利润或没有较多留存收益的企业，都不得分配利润
兼顾企业投资者、经营者和职工各方面关系	兼顾各方面的利益，协调近期利益和企业长远发展的关系，合理确定提取盈余公积金和分配给投资者利润的数额

续表

增强企业发展能力原则	利润分配应贯彻积累优先的原则，先提取公积金后分配投资者利润，当年无利润或以前年度亏损未弥补之前，不得分配利润。提取盈余公积金后，向投资者分配利润应制定科学的分红政策，要留有余地，未分配利润可以留待下一年度分配
处理好内部积累和消费的关系	企业对税后留用利润要做出合理的安排，明确留利的使用范围。提留的盈余公积金和未分配利润主要用于发展生产、抵御风险和弥补亏损

二、利润分配的程序

（一）企业所得税的计算和缴纳

1. 企业所得税的计算

企业利润总额要在减去应纳所得税后，才能作为利润分配的依据，而应纳所得税要根据应税所得和规定的所得税税率确定。因此在缴纳企业所得税之前，首先要确定企业应纳税所得额（简称应税所得）。企业应税所得计算公式为：

应税所得＝会计利润＋纳税调增项目－纳税调减项目－弥补以前年度的亏损

该式中各项目的具体含义见表10－6。

表10－6　式中各项目的含义

会计利润	会计利润是指依据财务会计制度规定计算的企业利润总额
纳税调增项目	纳税调增项目是指按照财务会计制度可以列入成本、费用、损失的支出，而按税法规定不准列作可扣除费用的项目。这些项目在计算应税所得时必须做适当调整，增加应税所得。目前，这些项目主要有以下几种： （1）在经营期间向非金融机构借款，利息支出超过按照金融机构同类、同期贷款利率计算的部分。 （2）职工工资支出超过财政部规定的范围，由省、自治区、直辖市人民政府规定的计税工资标准的部分。 （3）职工工会经费、职工福利费和职工教育经费支出分别超过按计税工资的2%、14%、1.5%计算的部分。 （4）业务招待费支出超过财务制度规定限额的部分。 （5）公益、救济性捐赠支出超过年度应税所得额3%计算的部分，以及非公益性、救济性支出和赞助支出。 （6）股权投资采用权益法记账时，会计核算按持股比例确认的投资收益，超过当年实际收到的股利或投资利润部分。 （7）税法规定不能从应税所得中扣除的其他支出

续表

纳税调减项目	纳税调减项目又称税前扣除项目，是指按国家规定允许在计算应税所得时可以减少的项目。目前，主要有投资收益中已经纳税的项目等
弥补以前年度的亏损	根据税法和财务制度的有关规定，企业发生的年度亏损，可以用下一年度的利润弥补。下一年度不足弥补的，可以在 5 年内由税前利润延续弥补，延续 5 年未弥补的亏损，用缴纳所得税后的利润弥补

2. **企业所得税的缴纳**

企业的会计利润即利润总额按照上述内容调整后，便可确认为企业的应税所得。计算公式为：

应纳所得税 =（利润总额 ± 应调整项目）× 所得税税率 = 应税所得额 × 所得税税率

（二）非股份制企业利润分配的程序

非股份制企业利润分配的程序如图 10 – 20 所示。

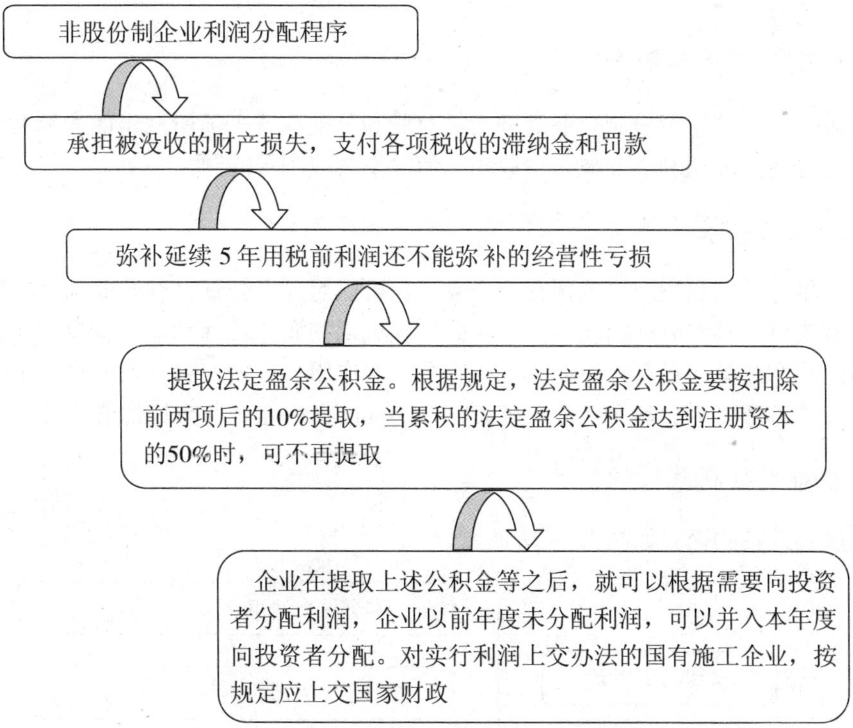

非股份制企业利润分配程序

承担被没收的财产损失，支付各项税收的滞纳金和罚款

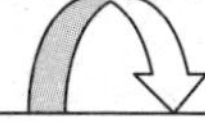

弥补延续 5 年用税前利润还不能弥补的经营性亏损

提取法定盈余公积金。根据规定，法定盈余公积金要按扣除前两项后的10%提取，当累积的法定盈余公积金达到注册资本的50%时，可不再提取

企业在提取上述公积金等之后，就可以根据需要向投资者分配利润，企业以前年度未分配利润，可以并入本年度向投资者分配。对实行利润上交办法的国有施工企业，按规定应上交国家财政

图 10 – 20　非股份制企业利润分配的程序

（三）股份制企业利润分配的程序

如果该施工企业为股份有限公司，则应该在提取法定盈余公积金（即上述的第 4 步）后，按照如图 10 – 21 所示顺序分配。

股份制企业利润分配的程序

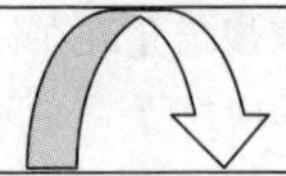

支付优先股股利。如果企业发行了优先股，则在提取法定盈余公积金后，应分派优先股股利。我国规定，如果企业有盈利，优先股股利的支付应在普通股股利支付之前

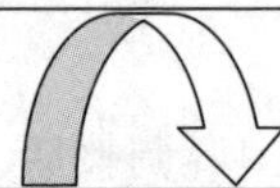

提取任意盈余公积金。对于股份制企业，除了提取法定盈余公积金外，还可在分派优先股股利后提取任意盈余公积金

图 10－21　股份制企业利润分配的程序

三、股份制企业的股利政策

（一）股利政策的概念

股利政策是指关于股份制企业管理当局对股利分配有关事项所制定的方针和政策，具体来讲就是是否发放股利、发放多少股利、何时发放股利等问题。

（二）股利政策的意义

企业可供分配的利润既可以留存在企业，也可以对股东分红。在企业利润有限的情况下，如何解决好留存和分红的比例，是正确处理短期利润和长远利益、企业和股东利益的关键，因此股利政策在企业理财决策中占有重要的作用。首先，股利政策在一定程度上决定企业对外再筹资能力。其次，股利政策在一定程度上决定企业市场价值的大小。

（三）影响股利政策的因素

影响股利政策的因素如图 10－22 所示。

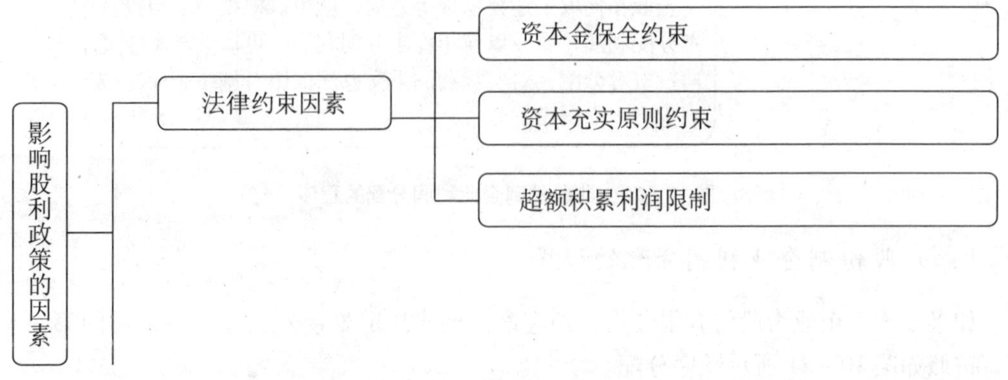

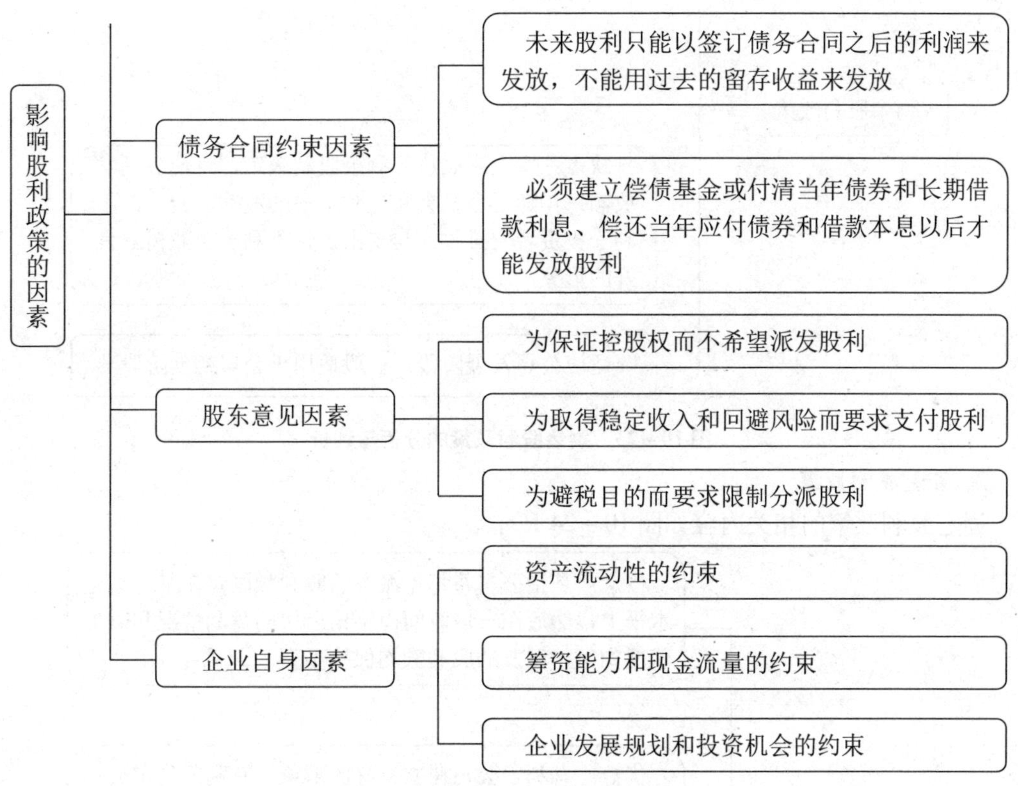

图 10－22　影响股利政策的因素

（四）常用的股利政策

常用的股利政策有以下四种：

1. 剩余股利政策

剩余股利政策的相关内容如图 10－23 所示。

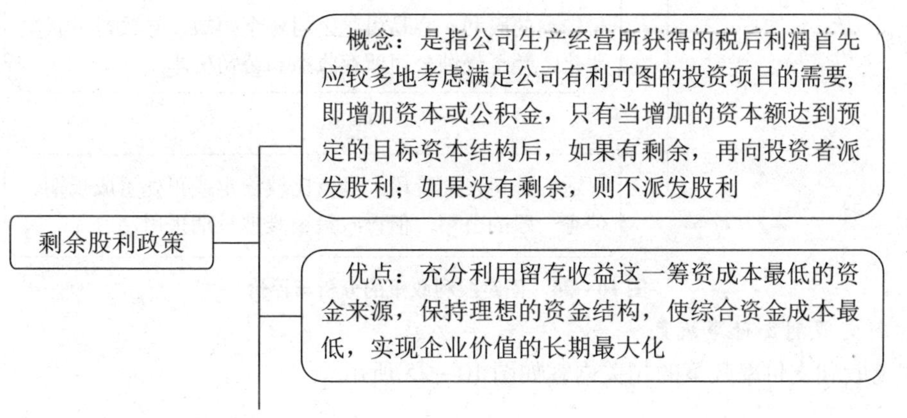

图 10－23

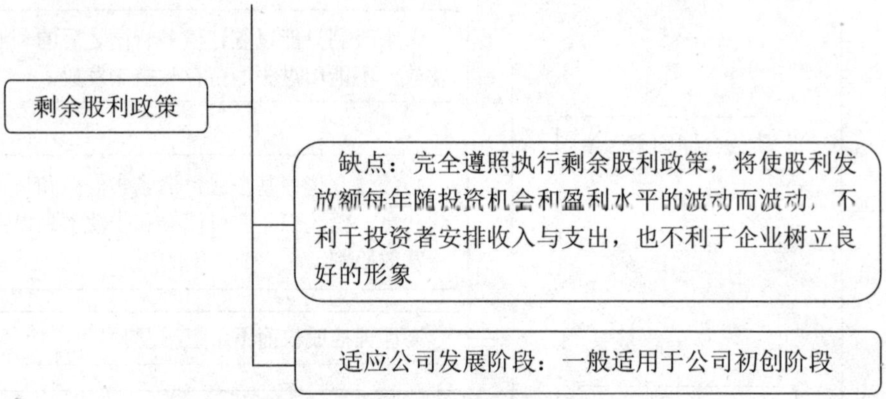

剩余股利政策

缺点：完全遵照执行剩余股利政策，将使股利发放额每年随投资机会和盈利水平的波动而波动，不利于投资者安排收入与支出，也不利于企业树立良好的形象

适应公司发展阶段：一般适用于公司初创阶段

图 10－23　剩余股利政策的分析与评价

2. 固定股利政策

固定股利政策的相关内容如图 10－24 所示。

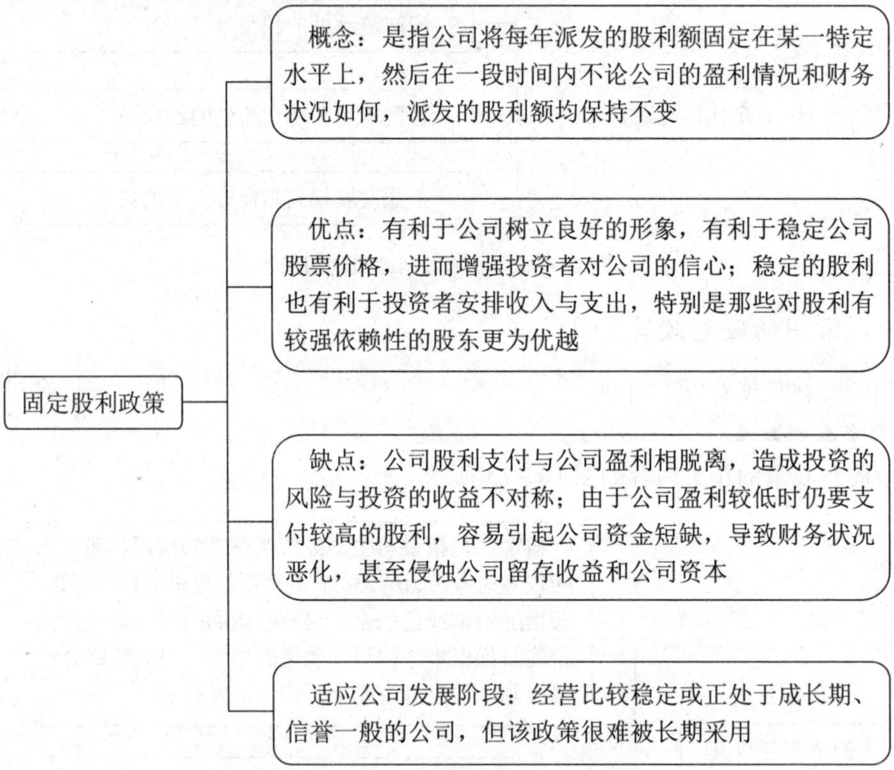

固定股利政策

概念：是指公司将每年派发的股利额固定在某一特定水平上，然后在一段时间内不论公司的盈利情况和财务状况如何，派发的股利额均保持不变

优点：有利于公司树立良好的形象，有利于稳定公司股票价格，进而增强投资者对公司的信心；稳定的股利也有利于投资者安排收入与支出，特别是那些对股利有较强依赖性的股东更为优越

缺点：公司股利支付与公司盈利相脱离，造成投资的风险与投资的收益不对称；由于公司盈利较低时仍要支付较高的股利，容易引起公司资金短缺，导致财务状况恶化，甚至侵蚀公司留存收益和公司资本

适应公司发展阶段：经营比较稳定或正处于成长期、信誉一般的公司，但该政策很难被长期采用

图 10－24　固定股利政策的分析与评价

3. 固定股利支付率政策

固定股利支付率政策的相关内容如图 10－25 所示。

固定股利支付率政策

- 概念：是指公司确定固定的股利支付率，并长期按此比率从净利润中支付股利的政策
- 优点：使股利与企业盈余紧密结合，以体现多盈多分、少盈少分、不盈不分的原则；由于公司的盈利能力在年度间是经常变动的，因此每年的股利也会随着公司收益的变动而变动，保持股利与利润间的一定比例关系，体现投资风险与投资收益的对等
- 缺点：由于股利波动容易使外界产生公司经营不稳定的印象，公司财务压力较大，不利于股票价格的稳定与上涨；公司每年按固定比例从净利润中支付股利，缺乏财务弹性；确定合理的固定股利支付率难度很大
- 适应公司发展阶段：稳定发展的公司和公司财务状况较为稳定的阶段

图 10－25　固定股利支付率政策的分析与评价

4. 低正常股利加额外股利政策

低正常股利加额外股利政策的相关内容如图 10－26 所示。

低正常股利加额外股利政策

- 概念：公司事先设定一个较低的经常性股利额，一般情况下，公司每期都按此金额支付正常股利，只有企业盈利较多时，再根据实际情况发放额外股利
- 优点：具有较大灵活性，由于平常股利发放水平较低，故在企业净利润很少或需要将相当多的净利润留存下来用于再投资时，企业仍旧可以维持既定的股利发放水平，避免股价下跌的风险，而企业一旦拥有充裕的现金，就可以通过发放额外股利的方式，将其转移到股东的手中，有利于股票价格的提高
- 缺点：股利派发仍然缺乏稳定性，额外股利随盈利的变化而变化，时有时无，给人飘浮不定的印象；如果公司较长时间一直发放额外股利，股东就会误认为这是正常股利，一旦取消，极易造成公司“财务状况”逆转的负面影响，进而影响股票市场价格
- 适应公司发展阶段：公司高速发展阶段

图 10－26　低正常股利加额外股利政策的分析与评价

（五）股利支付的形式

股利支付的形式主要有三种，如图 10－27 所示。

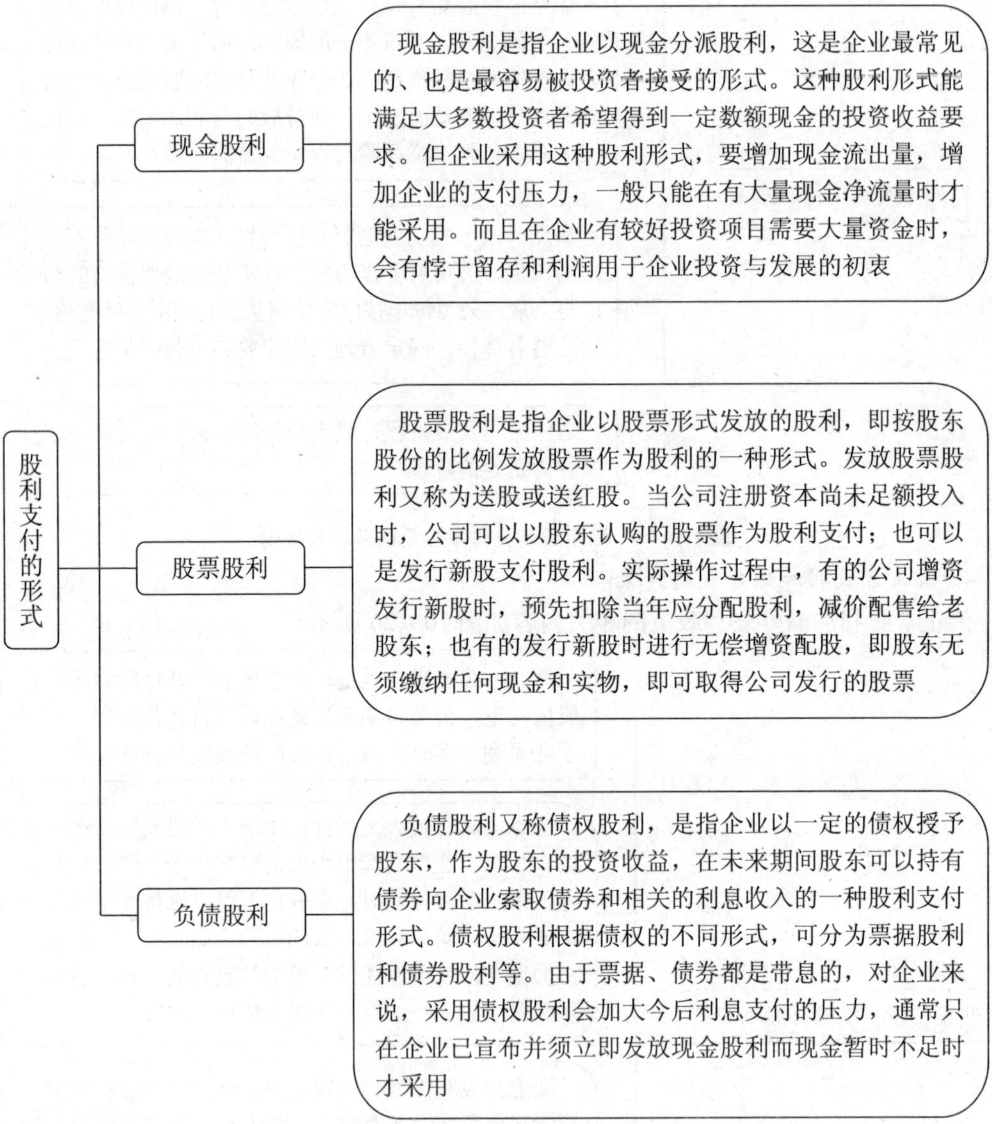

股利支付的形式

- 现金股利：现金股利是指企业以现金分派股利，这是企业最常见的、也是最容易被投资者接受的形式。这种股利形式能满足大多数投资者希望得到一定数额现金的投资收益要求。但企业采用这种股利形式，要增加现金流出量，增加企业的支付压力，一般只能在有大量现金净流量时才能采用。而且在企业有较好投资项目需要大量资金时，会有悖于留存和利润用于企业投资与发展的初衷
- 股票股利：股票股利是指企业以股票形式发放的股利，即按股东股份的比例发放股票作为股利的一种形式。发放股票股利又称为送股或送红股。当公司注册资本尚未足额投入时，公司可以以股东认购的股票作为股利支付；也可以是发行新股支付股利。实际操作过程中，有的公司增资发行新股时，预先扣除当年应分配股利，减价配售给老股东；也有的发行新股时进行无偿增资配股，即股东无须缴纳任何现金和实物，即可取得公司发行的股票
- 负债股利：负债股利又称债权股利，是指企业以一定的债权授予股东，作为股东的投资收益，在未来期间股东可以持有债券向企业索取债券和相关的利息收入的一种股利支付形式。债权股利根据债权的不同形式，可分为票据股利和债券股利等。由于票据、债券都是带息的，对企业来说，采用债权股利会加大今后利息支付的压力，通常只在企业已宣布并须立即发放现金股利而现金暂时不足时才采用

图 10－27　股利支付的形式

（六）股利的发放日期

发放股利的过程中会有一些较为重要的信息，如图 10－28 所示。

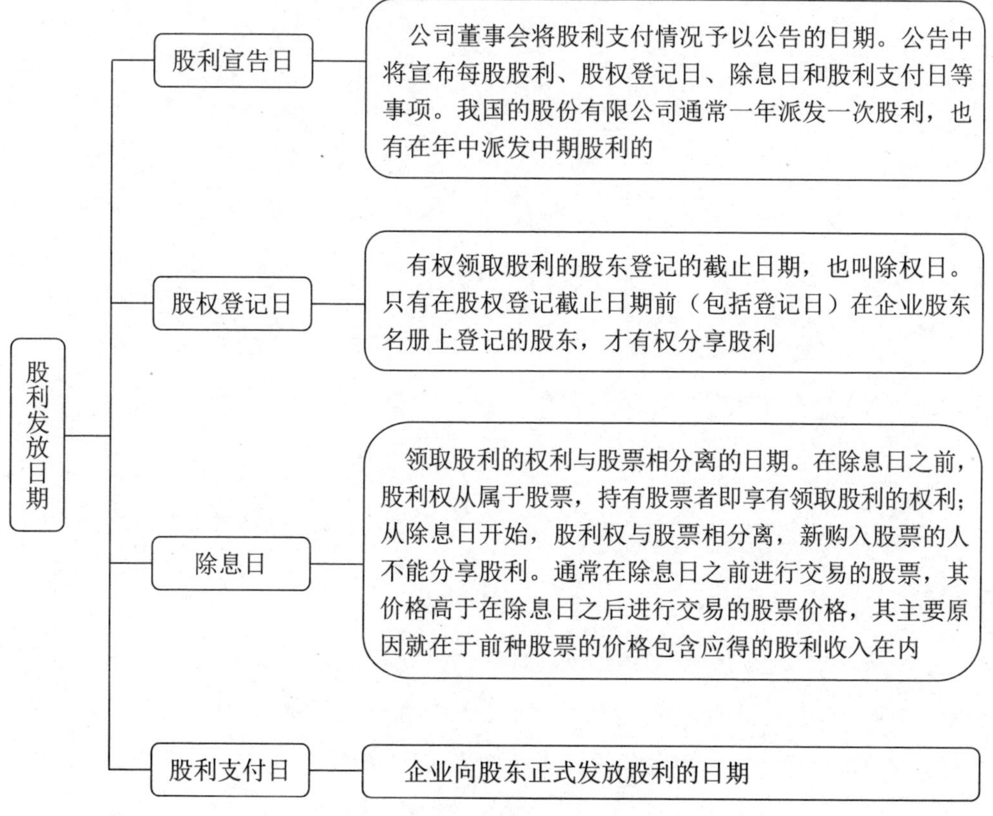

图 10－28　股利的发放日期

第十一章　财务分析

本章导读

财务分析是建筑施工企业财务管理工作中一个重要的组成部分。面对近几年来房地产行业泡沫的产生，中央更是加强了对全国各地建筑房地产市场的监控，所以加强建筑施工企业的财务分析工作就显得尤为重要了。财务分析的基本功能是将大量的报表数据转换成对特定决策有用的信息，减少决策的不确定性。财务分析既是对已完成的财务活动的总结，又是财务预测的前提，在财务管理工作中起着承上启下的作用。

第一节　财务分析概述

一、财务分析的概念

建筑施工企业财务分析是以建筑施工企业财务报告及其他相关资料为主要依据，对企业的财务状况和经营成果进行评价和剖析，反映建筑施工企业在运营过程中的利弊得失和发展趋势，从而为改进建筑施工企业财务管理工作和优化经济决策提供重要的财务信息。

二、财务分析的意义

财务分析的意义如图 11－1 所示。

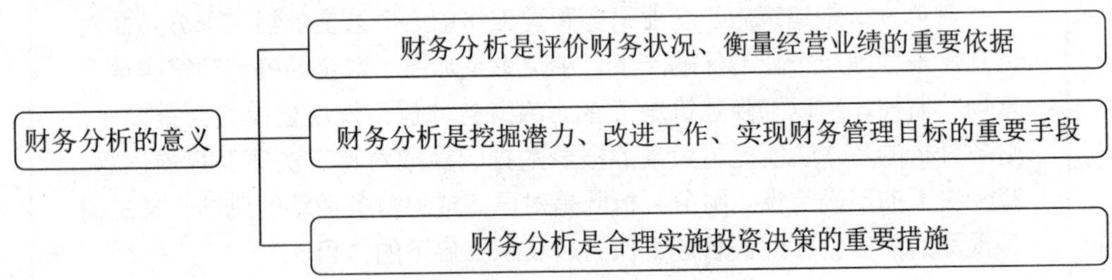

图 11－1　财务分析的意义

三、不同利益主体对财务分析的侧重点

不同利益主体对财务分析的侧重点也不相同，具体如图 11－2 所示。

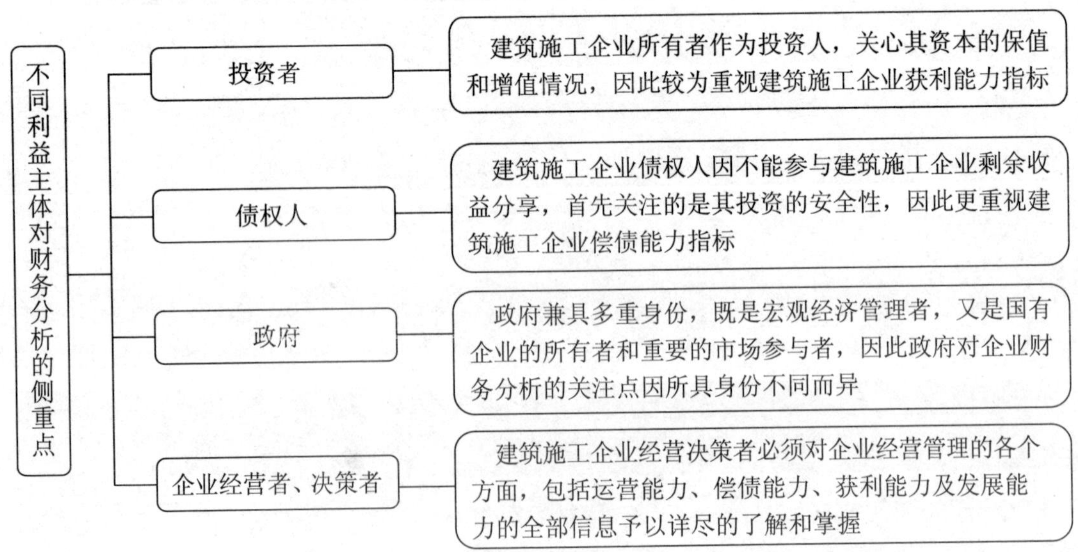

图 11－2　不同利益主体对财务分析的侧重点

四、财务分析的内容

综上所述，不同利益主体对企业财务分析虽各有侧重，但就企业总体来说，财务分析的内容可归纳为四个方面，如图 11－3 所示。

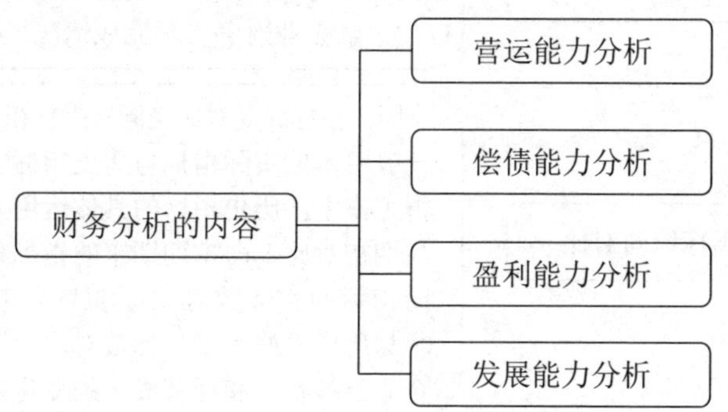

图 11－3　财务分析的内容

五、财务分析的依据

财务分析的依据如图 11－4 所示。

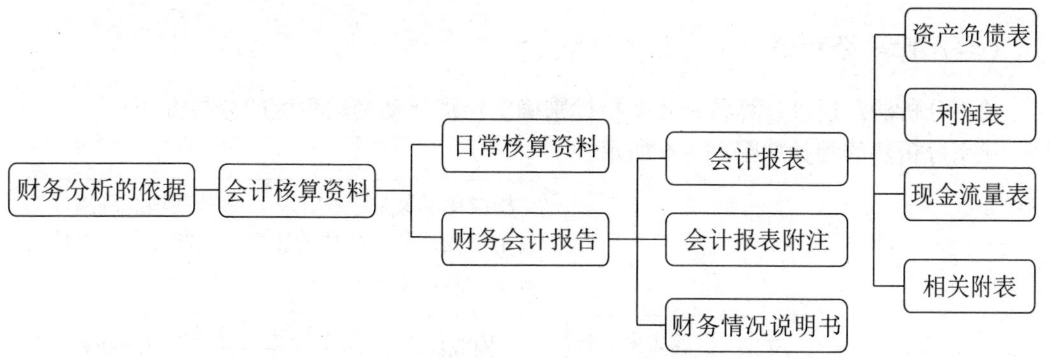

图 11－4　财务分析的依据

第二节　财务分析的方法

一、基本分析方法

（一）比较分析法

比较分析法又称趋势分析法，是通过对比两期或连续数期财务报告中相同指标，确定其增减变动的方向、数额和幅度，来说明建筑施工企业财务状况或经营成果的变动趋势的一种方法。

比较分析法的形式如图 11－5 所示。

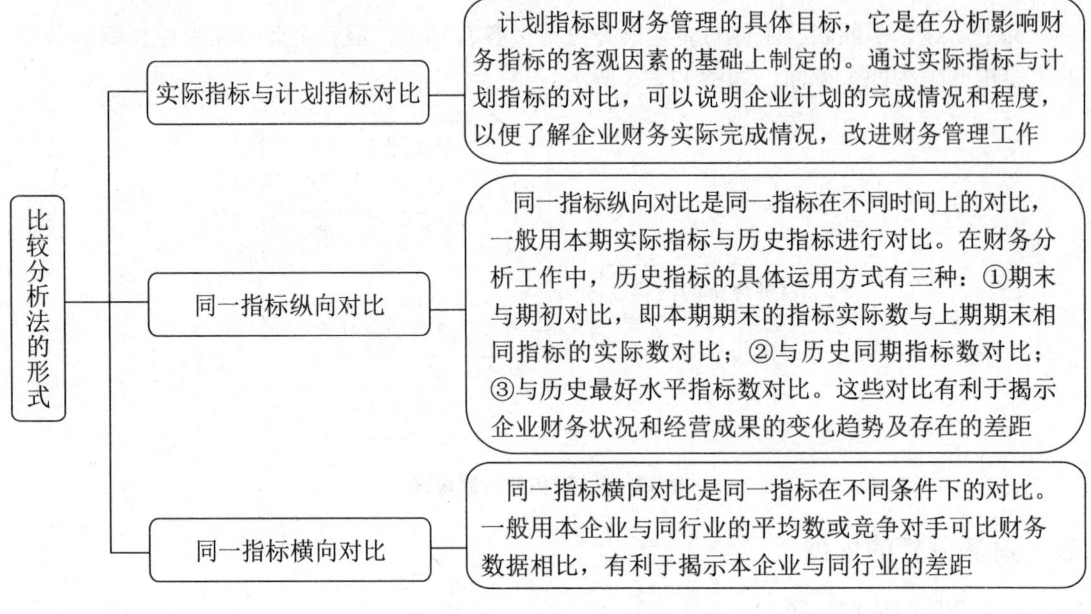

图 11－5　比较分析法的形式

（二）比率分析法

比率分析法是通过计算各种比率指标来确定经济活动变动程度的分析方法。

比率分析法的种类如图 11－6 所示。

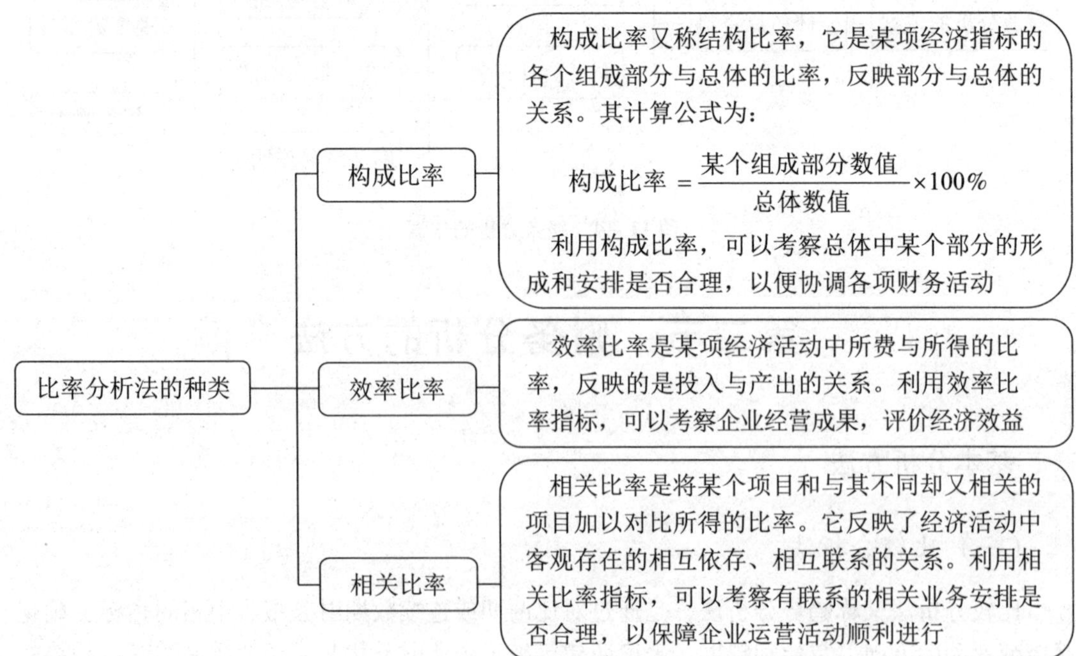

图 11－6　比率分析法的种类

（三）因素分析法

因素分析法是依据分析指标与其影响因素的关系，从数量上确定各因素对分析指标影响方向和影响程度的一种方法。采用这种方法的出发点在于当有若干因素对分析指标发生影响作用时，假定其他各个因素都无变化，顺序确定每一个因素单独变化所产生的影响。

因素分析法的种类如图 11－7 所示。

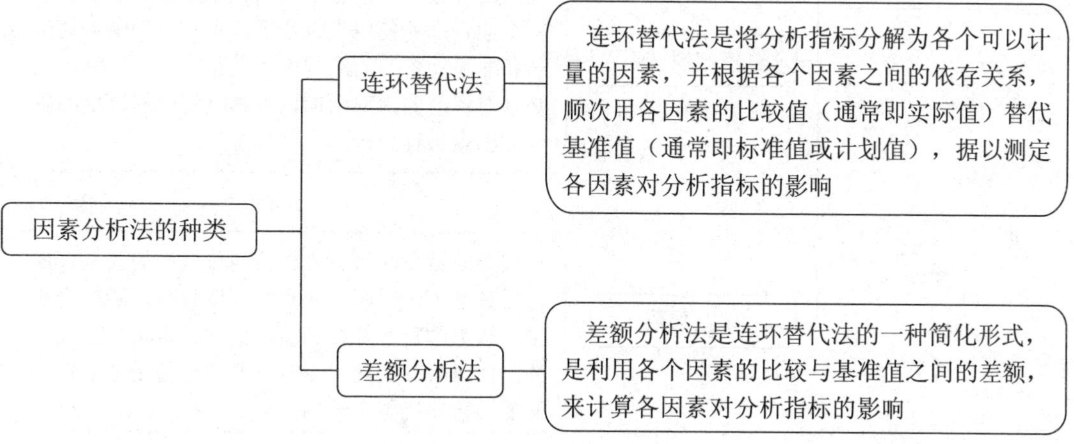

图 11－7　因素分析法的种类

二、综合分析方法

（一）杜邦财务分析体系

杜邦财务分析体系是利用各财务指标间的内在联系，对企业生产经营活动及其经济效益进行综合分析评价的一种方法。因其最初由美国杜邦公司创立并成功运用而得名。该体系以净资产收益率为核心，将其分解为若干财务指标，通过分析各分解指标的变动对净资产收益率的影响来揭示企业获利能力及其变动原因。

杜邦财务分析体系的相关内容如图 11－8 所示。

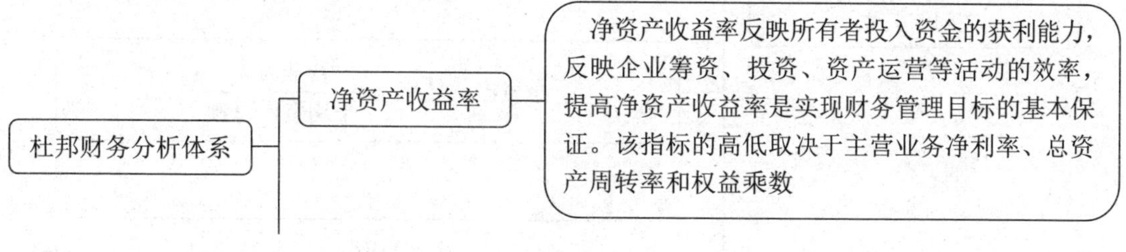

图 11－8

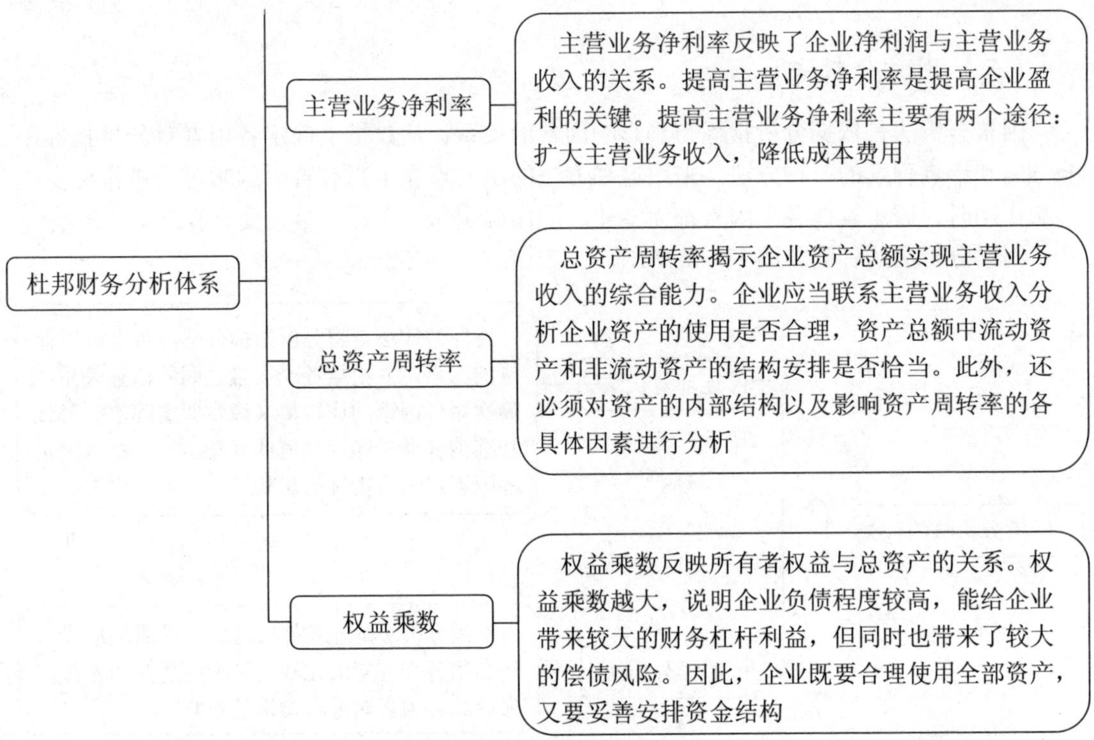

图 11－8　杜邦财务分析体系

杜邦财务分析体系各指标之间的关系如图 11－9 所示。

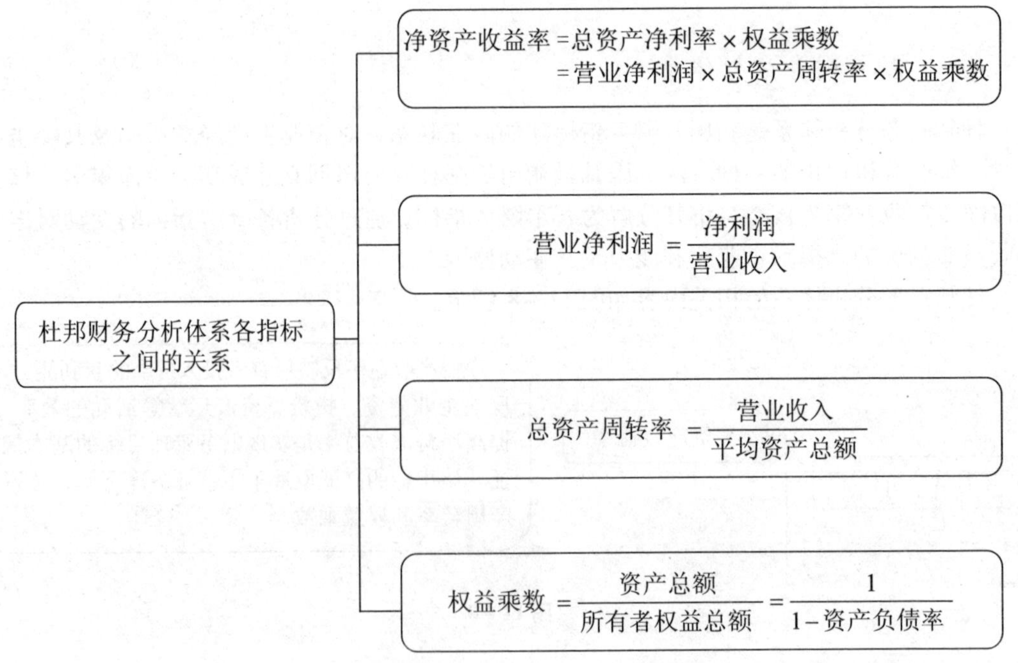

图 11－9　杜邦财务分析体系各指标之间的关系

（二）沃尔比重分析法

20 世纪初，亚利山大·沃尔在其《信用晴雨表研究》和《财务报表比率分析》中提出了信用能力指数的概念，将流动比率、产权比率、固定资产周转率、存货周转率、应收账款周转率、固定资产周转率、自有资金周转率七项财务比率用线性关系结合起来，并分别给定各自分数的比重，然后确定标准比率，与实际比率相比较，评出每项指标的得分，然后求出总评分，从而对企业的信用水平做出评价。该方法称为沃尔比重分析法，其基本步骤如图 11－10所示。

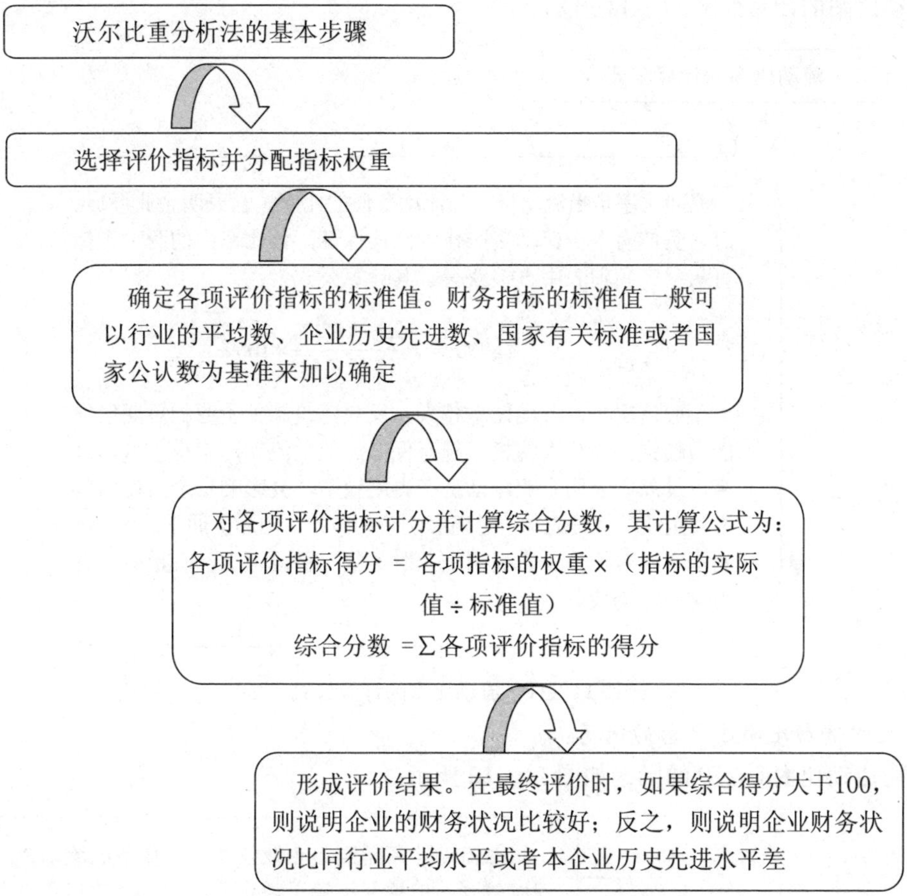

沃尔比重分析法的基本步骤

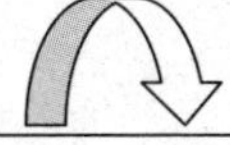

选择评价指标并分配指标权重

确定各项评价指标的标准值。财务指标的标准值一般可以行业的平均数、企业历史先进数、国家有关标准或者国家公认数为基准来加以确定

对各项评价指标计分并计算综合分数，其计算公式为：
各项评价指标得分 = 各项指标的权重 ×（指标的实际值 ÷ 标准值）
综合分数 =Σ 各项评价指标的得分

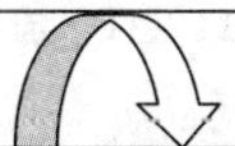

形成评价结果。在最终评价时，如果综合得分大于100，则说明企业的财务状况比较好；反之，则说明企业财务状况比同行业平均水平或者本企业历史先进水平差

图 11－10　沃尔比重分析法的基本步骤

第三节　企业偿债能力分析

建筑施工企业偿债能力是指建筑施工企业偿还到期债务本金和利息的能力。按照债务偿付期限的不同，企业的偿债能力指标包括短期偿债能力指标和长期偿债能力指标。

一、短期偿债能力指标

短期偿债能力属一年以内债务的清偿能力。短期偿债能力是指企业流动资产对流动负债及时足额偿还的保证程度，是衡量企业当前财务能力，特别是流动资产变现能力的重要标志。

（一）流动比率

1. 流动比率的计算公式

流动比率的计算如图 11－11 所示。

流动比率的计算公式

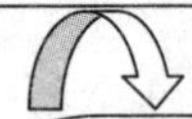

流动比率是指流动资产与流动负债的比率。它表明企业每1元流动负债有多少流动资产作为偿还保证。该比率中的两项指标可从资产负债表中直接获得。其计算公式为：

$$流动比率 = \frac{流动资产}{流动负债} \times 100\%$$

一般情况下，流动比率越大，反映建筑施工企业的短期偿债能力越强，债权人的权益越有保证。但是流动比率也不可以过高，过高则表明企业流动资产占用较多，会影响资金的使用效率和企业的筹资成本，进而影响获利能力。国际上通常认为200%的比率比较恰当。它表明企业财务状况稳定可靠，有足够的财力偿还短期债务

图 11－11　流动比率的计算公式

2. 运用流动比率应注意的问题

运用流动比率应注意的问题如图 11－12 所示。

运用流动比率应注意的问题

虽然流动比率越高，企业偿还短期债务的流动资产保证程度越强，但这并不等于说企业已有足够的现金或存款用来偿债

应尽可能将流动比率维持在既不使货币资金闲置，又不影响流动负债及时偿还的水平

运用流动比率应注意的问题

- 对建筑施工企业来说，流动资产的变现与建筑市场的景气度密切相关。在建筑市场景气时期，不但对发包单位信用有选择的余地，工程款回收快，而且生产的建筑制品容易销售并能迅速收回资金，流动比率可以小些；反之，在建筑市场不景气时期，流动比率就要大些
- 在分析流动比率时应当剔除虚假或不实因素的影响

图 11－12　运用流动比率应注意的问题

（二）速动比率

速动比率的相关内容如图 11－13 所示。

速动比率

- 速动比率是速动资产与流动负债的比率。它表明企业每1元流动负债有多少速动资产作为偿还保证
- 速动资产是全部流动资产中减去变现能力较差且不稳定的存货、预付账款、待摊费用、待处理流动资产损失等之后的余额，包括货币资金、交易性金融资产、应收票据、应收账款、其他应收款等
- 由于剔除了存货等变现能力较弱且不稳定的资产，因此，速动比率较之流动比率更能够准确、可靠地评价企业的流动性及其偿还短期负债的能力
- 速动比率的计算公式为：

$$速动比率=\frac{速动资产}{流动负债}\times 100\%$$

速动资产＝货币资金＋交易性金融资产＋应收账款＋应收票据
＝流动资产－存货－预付账款－一年内到期的非流动资产－其他流动资产

- 一般情况下，速动比率越高，表明企业偿还流动负债的能力越强。国际上通常认为，速动比率等于100%时较为适当。如果速动比率小于100%，必使建筑施工企业面临很大的偿债风险；如果速动比率大于100%，尽管债务偿还的安全性很高，但却会因建筑施工企业现金及应收账款资金占用过多而大大增加建筑施工企业的机会成本

图 11－13　速动比率分析

（三）现金比率

现金比率的相关内容如图 11－14 所示。

现金比率

现金比率是企业一定时期的经营现金净流量同流动负债的比率，它可以从现金角度来反映企业当期偿付短期债务的能力

现金比率是衡量企业即期偿债能力的指标。其计算公式为：

$$现金比率=\frac{年经营现金净流量}{流动负债}\times 100\%$$

在企业的流动资产中，货币资金和3个月内可变现的现金等价物，是变现能力最强的，如无意外，可以如数保证等额短期债务的偿还。因此，较之流动比率和速动比率，用现金比率来评价企业流动负债的偿还能力更加保险，特别是在已有迹象表明应收账款、存货的变现能力存在较大问题的情况下，计算现金比率就更有现实的意义

现金比率越高，说明现金类资产在流动资产中所占的比例越大。但是，闲置过多的现金类资产也不经济，在多数场合，受偿债风险和机会成本的约束，企业既要保证短期债务偿还的现金需要，又要尽可能降低过多持有现金的机会成本。就一般建筑施工企业来说，将现金比率、速动比率、流动比率分别定为50%、100%、200%，不失为可供选择的水平

图 11－14　现金比率分析

二、长期偿债能力指标

长期偿债能力是建筑施工企业偿还长期负债的能力。衡量企业长期偿债能力主要是分析企业资金结构是否合理、稳定以及企业长期盈利能力的大小。因此分析企业长期偿债能力的主要指标有资产负债率、产权比率和已获利息倍数等。

（一）资产负债率

资产负债率分析如图 11－15 所示。

资产负债率

资产负债率又称负债比率，是指企业负债总额对资产总额的比率，即每1元资产中有多少属于债权人提供的资金。它表明企业资产总额中债权人提供资金所占的比重以及企业资产对债权人权益的保障程度

资产负债率的计算公式为：

$$资产负债率=\frac{负债总额}{资产总额}\times 100\%$$

对于债权人来说，希望资产负债率越低越好。资产负债率越低，资产偿债越有保证，贷款的风险就越小

对所有者（股东）来说，在总资产利润率高于债务资金成本率时，资产负债率越大越好

对企业经营者来说，应审时度势利用负债资金，要充分估计预期的经营风险和财务风险，做出恰当的资金结构决策，并以此指导企业的筹资渠道和筹资方式的选择。保守的观点认为资产负债率不应高于50%，而国际上通常认为资产负债等于60%时较为适当

图 11－15　资产负债率分析

（二）产权比率

产权比率相关分析如图 11－16 所示。

产权比率

产权比率又称资本负债率，指负债总额与所有者权益的比率，是企业财务结构稳健与否的重要标志。它反映了企业所有者权益对债权人权益的保障程度

产权比率的计算公式为：

$$产权比率=\frac{负债总额}{所有者权益总额}\times 100\%$$

图 11－16

产权比率

一般情况下，产权比率越低，表明企业的长期偿债能力越强，债权人权益的保障程度越高，承担的风险越小，但企业不能充分地发挥负债的财务杠杆效应。所以，建筑施工企业在评价产权比率适度与否时，应从提高获利能力与增强偿债能力两个方面综合进行，即在保障债务偿还安全的前提下，应尽可能提高产权比率

产权比率与资产负债率对评价企业偿债能力的作用基本相同。主要区别是：资产负债率侧重于分析债务偿还安全性的物质保障程度，产权比率则侧重于揭示所有者对偿债风险的承受能力

图 11－16　产权比率分析

（三）已获利息倍数

已获利息倍数分析如图 11－17 所示。

已获利息倍数

已获利息倍数是指企业一定时期息税前利润与利息支出的比率，是衡量企业偿付利息支出的承担能力和保证程度，同时反映了债权人投资的风险程度

已获利息倍数的算公式为：

$$已获利息倍数 = \frac{息税前利润}{利息支出}$$

息税前利润包括利息支出和所得税前的正常业务经营利润，利息支出包括企业在生产经营过程中实际支出的借款利息、债券利息等

已获利息倍数不仅反映了企业获利能力的大小，而且反映了获利能力对偿还到期债务的保证程度，它既是企业举债经营的前提依据，也是衡量企业长期偿债能力大小的重要标志

已获利息倍数越大，说明企业承担利息的能力越强。如果已获利息倍数小于1，则表明企业获利能力无法承担举债经营的利息支出。国际上通常认为，该指标为3时较为适当

图 11－17　已获利息倍数分析

第四节　企业营运能力分析

建筑施工企业营运能力是指建筑施工企业基于外部市场环境的约束，通过内部人力资源和生产资料的配置组合而对财务目标实现所产生作用的大小。企业营运能力指标一般包括人力资源营运能力指标和资产营运能力指标。

一、人力资源营运能力指标

人力资源营运能力指标的相关内容如图 11－18 所示。

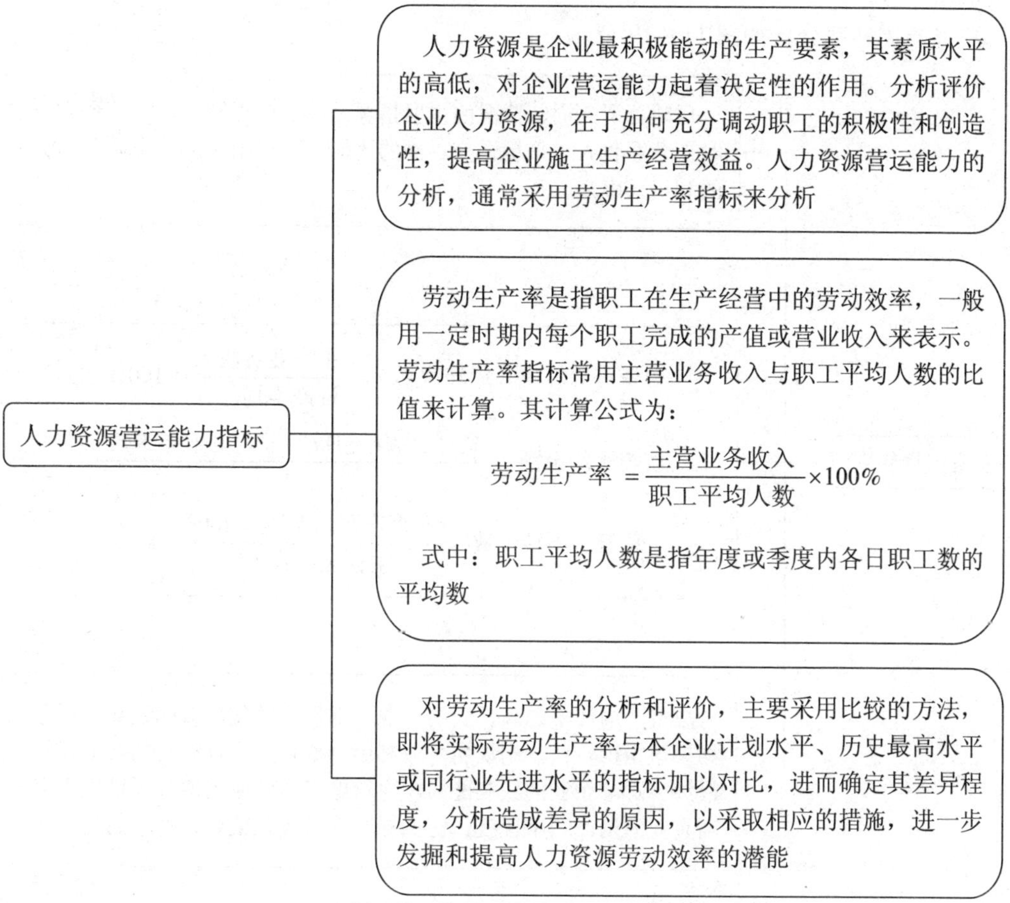

人力资源营运能力指标

人力资源是企业最积极能动的生产要素，其素质水平的高低，对企业营运能力起着决定性的作用。分析评价企业人力资源，在于如何充分调动职工的积极性和创造性，提高企业施工生产经营效益。人力资源营运能力的分析，通常采用劳动生产率指标来分析

劳动生产率是指职工在生产经营中的劳动效率，一般用一定时期内每个职工完成的产值或营业收入来表示。劳动生产率指标常用主营业务收入与职工平均人数的比值来计算。其计算公式为：

$$劳动生产率 = \frac{主营业务收入}{职工平均人数} \times 100\%$$

式中：职工平均人数是指年度或季度内各日职工数的平均数

对劳动生产率的分析和评价，主要采用比较的方法，即将实际劳动生产率与本企业计划水平、历史最高水平或同行业先进水平的指标加以对比，进而确定其差异程度，分析造成差异的原因，以采取相应的措施，进一步发掘和提高人力资源劳动效率的潜能

图 11－18　人力资源营运能力指标

二、资产营运能力指标

建筑施工企业拥有或控制的生产资料表现为各项资产占用。因此，生产资料的营运能力实际上就是企业总资产及其各个构成要素的营运能力。资产营运能力的强弱关键取

决于资产的周转速度。一般来说，周转速度越快，表明资产的使用效率越高，则资产的营运能力越强；反之，营运能力就越差。周转率即企业的周转额与平均余额的比率，它反映企业资金在一定时期的周转次数。周转次数越多，周转速度越快，表明营运能力越强。这一指标的反指标是周转天数，它是周转率的倒数与计算期天数的乘积，反映资产周转一次所需要的天数。周转天数越少，表明周转速度越快，营运能力越强。其计算公式为：

$$周转率（周转次数）=\frac{周转额}{资产平均余额}$$

$$周转期（周转次数）=\frac{计算期天数}{周转次数}=资产平均余额\times\frac{计算期天数}{周转额}$$

（一）总资产周转率

总资产周转率分析如图 11－19 所示。

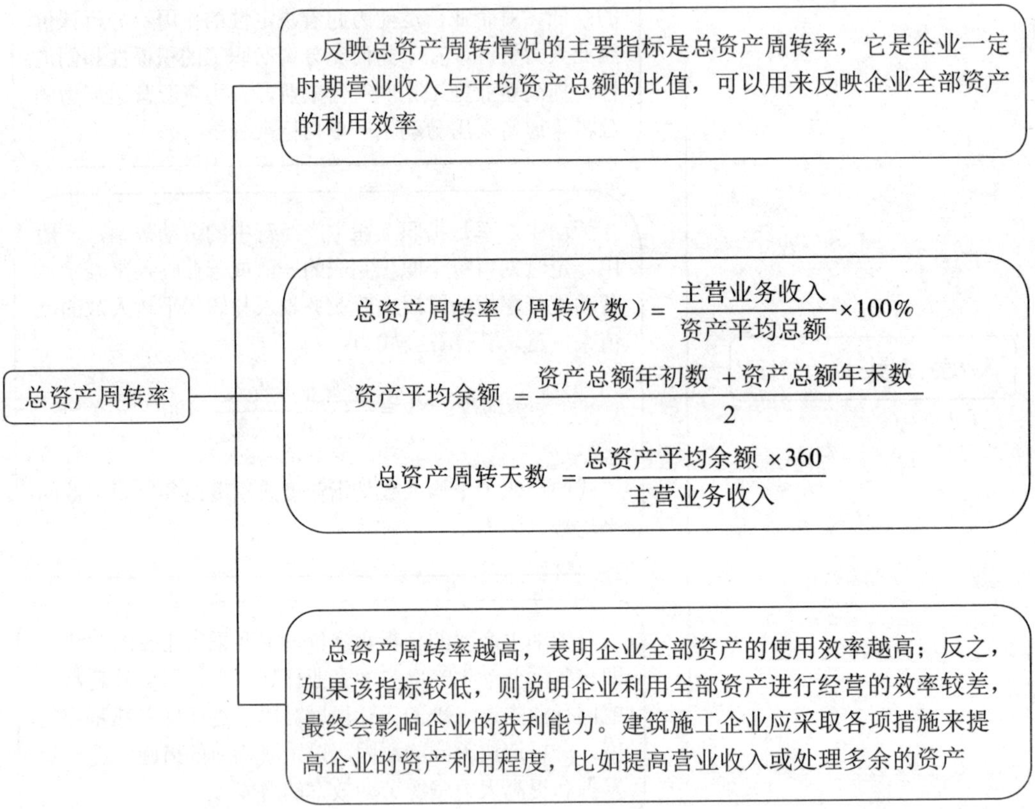

总资产周转率

反映总资产周转情况的主要指标是总资产周转率，它是企业一定时期营业收入与平均资产总额的比值，可以用来反映企业全部资产的利用效率

$$总资产周转率（周转次数）=\frac{主营业务收入}{资产平均总额}\times100\%$$

$$资产平均余额=\frac{资产总额年初数+资产总额年末数}{2}$$

$$总资产周转天数=\frac{总资产平均余额\times360}{主营业务收入}$$

总资产周转率越高，表明企业全部资产的使用效率越高；反之，如果该指标较低，则说明企业利用全部资产进行经营的效率较差，最终会影响企业的获利能力。建筑施工企业应采取各项措施来提高企业的资产利用程度，比如提高营业收入或处理多余的资产

图 11－19　总资产周转率分析

【例 11－1】某建筑施工企业 2013 年度、2014 年度有关主营业务收入和资产平均总额见表 11－1。

表 11－1　主营业务收入和资产平均总额情况表

项目	2013 年	2014 年	差异
主营业务收入	4327	5328	+1001
资产平均总额	4125	4370	+245

计算 2013 年度、2014 年度的总资产周转率。

解：2013 年总资产周转率 $=\frac{4327}{4125}=1.05$

2014 年总资产周转率 $=\frac{5328}{4370}=1.25$

通过分析可知，该企业 2014 年度总资产周转率较 2013 年度加速 0.2 次（1.25 －1.05 =0.2），说明企业资产总体营运能力有所提高。

（二）流动资产周转情况指标

反映流动资产周转情况的指标主要有应收账款周转率、存货周转率和流动资产周转率。

1. 应收账款周转率

应收账款周转率分析如图 11－20 所示。

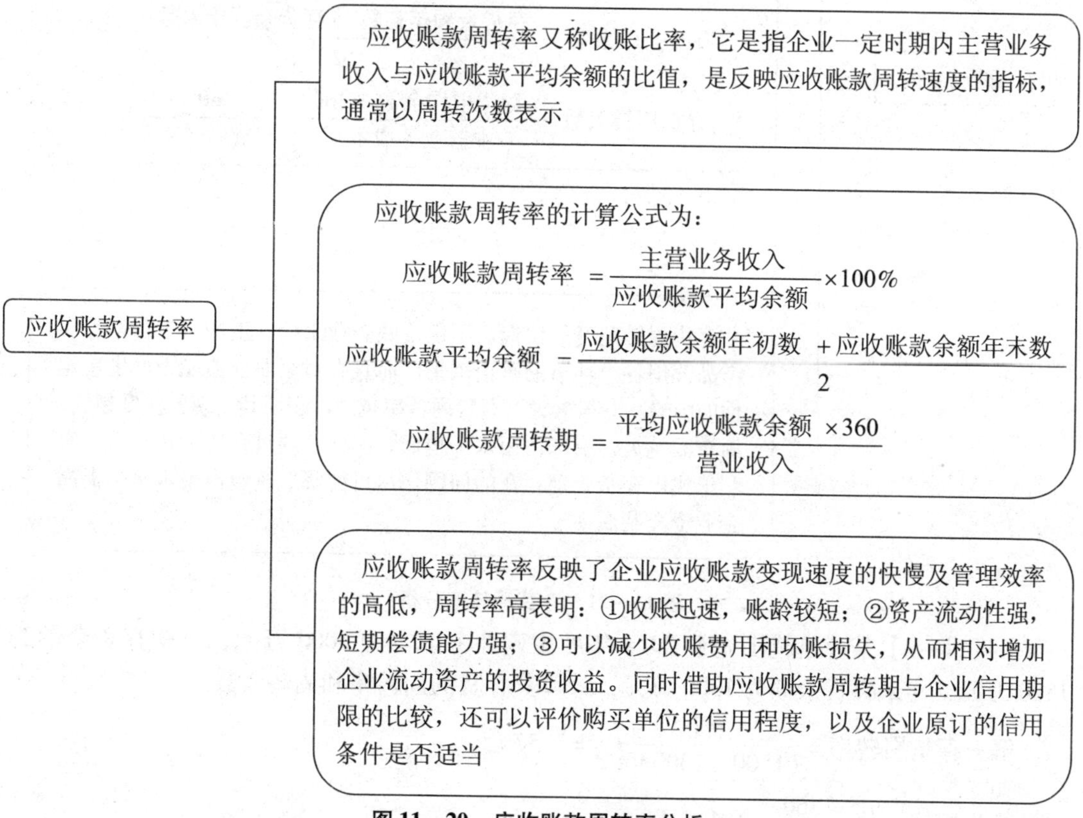

应收账款周转率

应收账款周转率又称收账比率，它是指企业一定时期内主营业务收入与应收账款平均余额的比值，是反映应收账款周转速度的指标，通常以周转次数表示

应收账款周转率的计算公式为：

$$应收账款周转率=\frac{主营业务收入}{应收账款平均余额}\times 100\%$$

$$应收账款平均余额=\frac{应收账款余额年初数+应收账款余额年末数}{2}$$

$$应收账款周转期=\frac{平均应收账款余额\times 360}{营业收入}$$

应收账款周转率反映了企业应收账款变现速度的快慢及管理效率的高低，周转率高表明：①收账迅速，账龄较短；②资产流动性强，短期偿债能力强；③可以减少收账费用和坏账损失，从而相对增加企业流动资产的投资收益。同时借助应收账款周转期与企业信用期限的比较，还可以评价购买单位的信用程度，以及企业原订的信用条件是否适当

图 11－20　应收账款周转率分析

【例 11－2】某建筑施工企业 2014 年度实现主营业务收入 7000 万元，年初应收账款余

额为300万元，年末应收账款余额为400万元，计算其应收账款周转率及应收账款周转天数。

解：应收账款周转率 $=\frac{7000}{(300+400)\div 2}=20$

应收账款周转天数 $=\frac{360}{20}=18$（天）

2. **存货周转率**

存货周转率分析如图11－21所示。

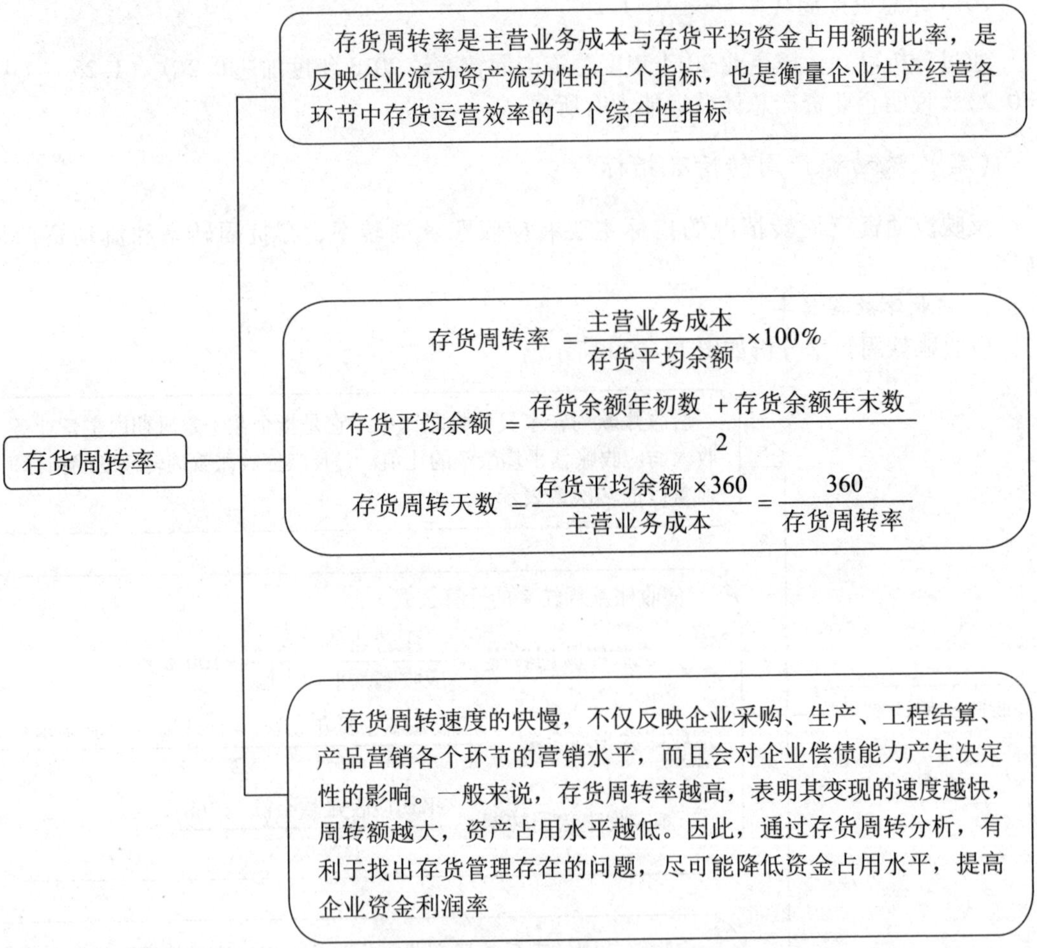

存货周转率

存货周转率是主营业务成本与存货平均资金占用额的比率，是反映企业流动资产流动性的一个指标，也是衡量企业生产经营各环节中存货运营效率的一个综合性指标

$$存货周转率=\frac{主营业务成本}{存货平均余额}\times 100\%$$

$$存货平均余额=\frac{存货余额年初数+存货余额年末数}{2}$$

$$存货周转天数=\frac{存货平均余额\times 360}{主营业务成本}=\frac{360}{存货周转率}$$

存货周转速度的快慢，不仅反映企业采购、生产、工程结算、产品营销各个环节的营销水平，而且会对企业偿债能力产生决定性的影响。一般来说，存货周转率越高，表明其变现的速度越快，周转额越大，资产占用水平越低。因此，通过存货周转分析，有利于找出存货管理存在的问题，尽可能降低资金占用水平，提高企业资金利润率

图11－21 存货周转率分析

【例11－3】某建筑施工企业2014年度主营业务成本为5000万元，年初存货余额为1500万元，年末存货余额为1300万元，计算其存货的周转率和周转天数。

解：存货周转率 $=\frac{5000}{(1500+1300)\div 2}=3.57$

存货周转天数 $=\frac{360}{3.57}=101$（天）

3. **流动资产周转率**

流动资产周转率分析如图 11－22 所示。

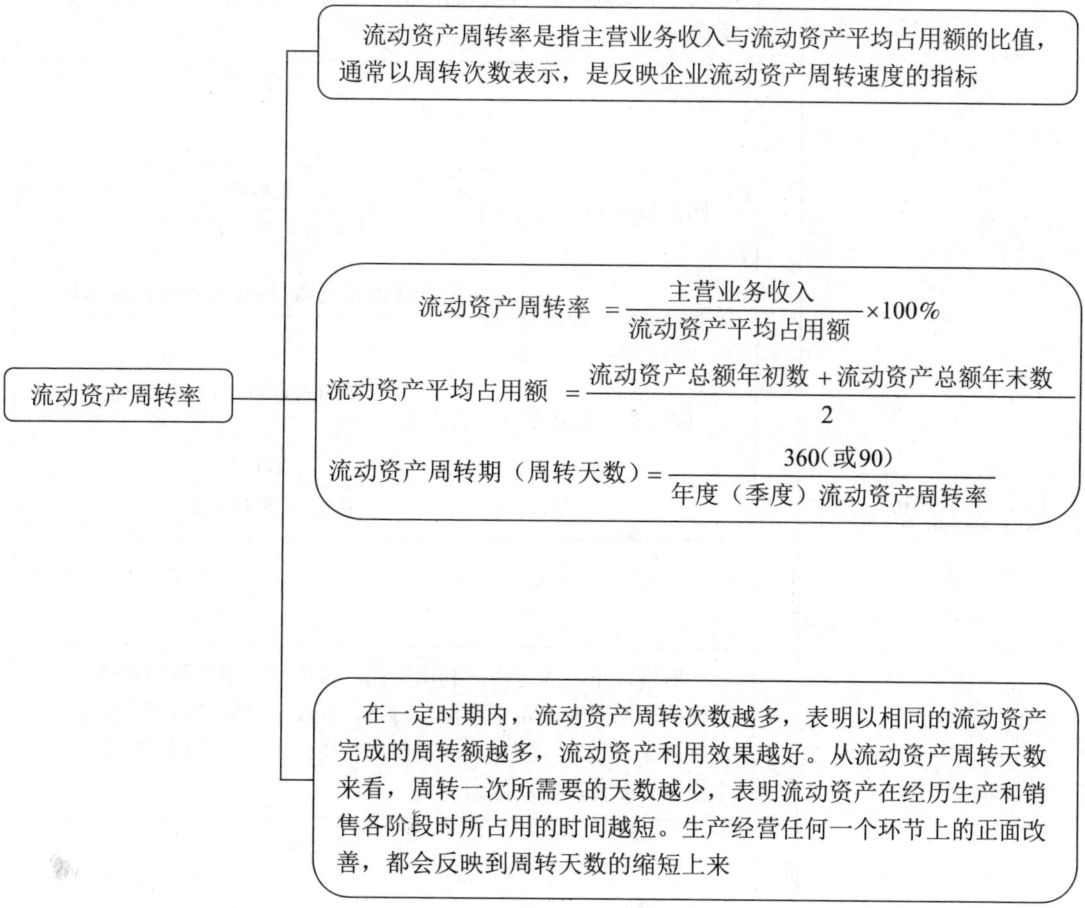

流动资产周转率

- 流动资产周转率是指主营业务收入与流动资产平均占用额的比值，通常以周转次数表示，是反映企业流动资产周转速度的指标
- $$流动资产周转率=\frac{主营业务收入}{流动资产平均占用额}\times 100\%$$
  $$流动资产平均占用额=\frac{流动资产总额年初数+流动资产总额年末数}{2}$$
  $$流动资产周转期（周转天数）=\frac{360（或90）}{年度（季度）流动资产周转率}$$
- 在一定时期内，流动资产周转次数越多，表明以相同的流动资产完成的周转额越多，流动资产利用效果越好。从流动资产周转天数来看，周转一次所需要的天数越少，表明流动资产在经历生产和销售各阶段时所占用的时间越短。生产经营任何一个环节上的正面改善，都会反映到周转天数的缩短上来

图 11－22 流动资产周转率分析

【例 11－4】某建筑施工企业 2013 年度实现主营业务收入 30000 万元，流动资产年初数为 4300 万元，流动资产年末数为 4900 万元，计算其流动资产周转率和流动资产周转天数。

解：$$流动资产周转率=\frac{30000}{(4300+4900)\div 2}=6.52$$

$$流动资产周转天数=\frac{360}{6.52}=55（天）$$

（三）固定资产利用率

固定资产利用率分析如图 11－23 所示。

固定资产利用率

固定资产利用率，又称固定资产周转率，是企业一定时期营业收入与平均固定资产净值的比值，是衡量固定资产利用效率的一项指标

$$\text{固定资产利用率（周转次数）}=\frac{\text{主营业务收入}}{\text{平均固定资产净值}}$$

$$\text{平均固定资产净值}=\frac{\text{固定资产净值年初数}+\text{固定资产净值年末数}}{2}$$

$$\text{固定资产周转期（周转天数）}=\frac{\text{平均固定资产净值}\times 360}{\text{主营业务收入}}=\frac{360}{\text{固定资产利用率}}$$

一般情况下，固定资产利用率高，说明固定资产利用充分，同时也能表明企业固定资产投入得当，固定资产结构合理，能充分发挥效率。反之，则表明固定资产使用效率不高，提供的生产成果不多，企业的营运能力不强

运用固定资产利用率时，需要考虑因固定资产计提折旧影响其净值在不断减少以及因更新重置影响其净值突然增加。同时，由于折旧方法的不同，可能影响其可比性。因此在分析时，应剔除掉这些影响

图 11－23 固定资产利用率分析

第五节 企业盈利能力分析

企业的盈利能力又称获利能力，是指企业在一定时期内获取利润的能力。无论是投资人、债权人还是企业经营管理人员，都重视和关心企业的盈利能力。企业盈利能力一般分析往往借助于计算分析主营业务利润率、成本费用利润率、总资产报酬率、净资产收益率

和资本保值增值率等指标来进行，对于股份公司而言，盈利能力分析除需要算上述指标外，还要计算分析每股收益、每股股利、市盈率等指标。

一、主营业务利润率

主营业务利润率分析如图 11－24 所示。

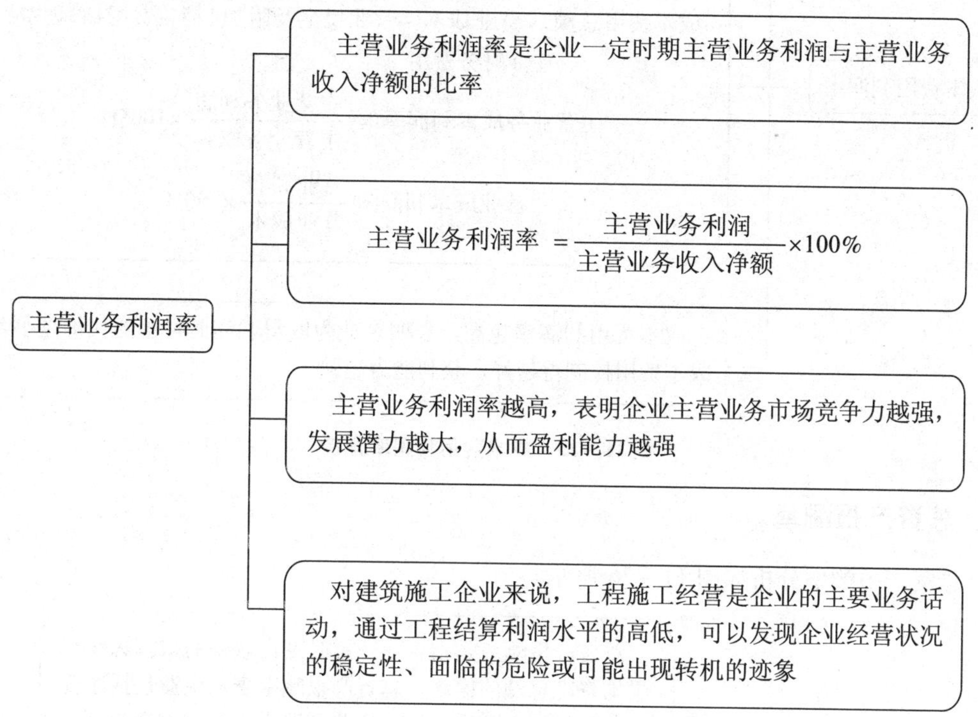

图 11－24 主营业务利润率分析

【例 11－5】某建筑施工企业 2014 年度的主营业务利润为 1000 万元，主营业务收入为 6800 万元，而该行业平均主营业务收入利润率为 12%，计算该建筑施工企业 2014 年度的主营业务利润率。

解：主营业务利润率 $=\frac{1000}{6800}\times 100\% = 14.7\%$

因本行业平均主营业务收入利润率为 12%，则该企业比行业平均主营业务利润率高出 2.7%，说明该企业在工程投标中可降价 2.7%，仍能获得该行业的平均主营业务利润。这说明该企业在建筑市场工程标价竞争上有较强的竞争能力。

二、成本费用利润率

成本费用利润率分析如图 11－25 所示。

成本费用利润率

成本费用利润率是指企业一定时期利润总额与成本费用总额的比率

$$\text{成本费用利润率}=\frac{\text{利润总额}}{\text{成木费用总额}}\times 100\%$$

成本费用总额 = 营业成本 + 营业税金及附加 + 销售费用 + 管理费用 + 财务费用

$$\text{主营业务成本利润率}=\frac{\text{主营业务利润}}{\text{主营业务成本}}\times 100\%$$

$$\text{营业成本利润}=\frac{\text{营业利润}}{\text{营业成本}}\times 100\%$$

成本费用利润率越高，表明企业为取得利润而付出的代价越小，成本费用控制得越好，获利能力越强

图 11-25　成本费用利润率分析

三、总资产报酬率

总资产报酬率分析如图 11-26 所示。

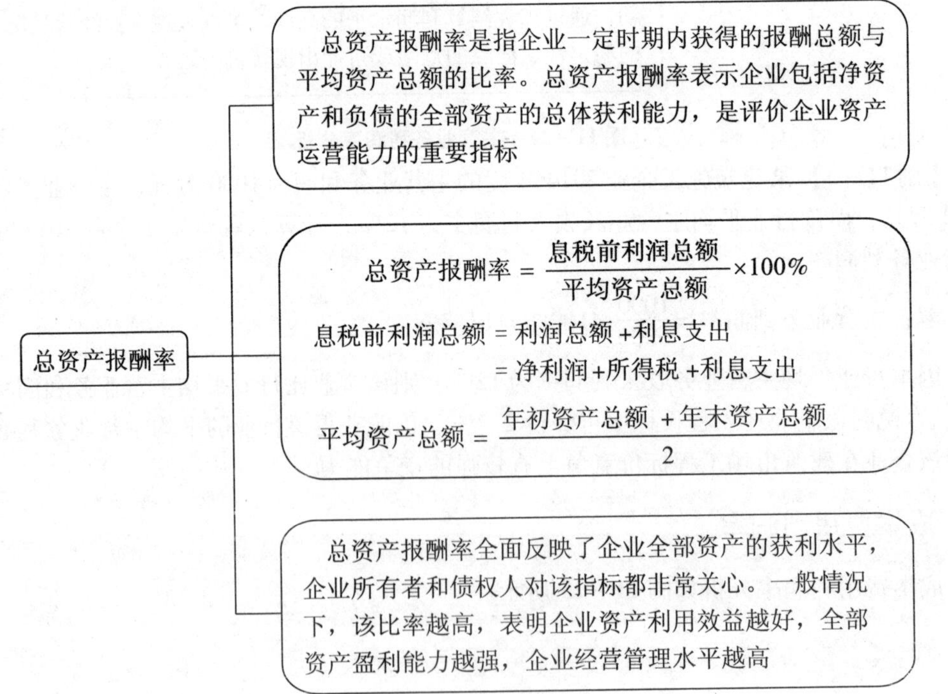

图 11-26　总资产报酬率分析

四、净资产收益率

净资产收益率分析如图 11－27 所示。

净资产收益率

净资产收益率是指企业一定时期内的净利润同平均净资产的比率。净资产收益率充分体现了投资者投入企业的自有资本获取净收益的能力，突出反映了投资与报酬的关系，是评价企业资本经营效益的核心指标

$$净资产收益率 = \frac{净利润}{平均净资产} \times 100\%$$

$$平均净资产 = \frac{所有者权益年初数 + 所有者权益年末数}{2}$$

净资产收益率是评价企业自有资本及其积累获取报酬水平的最具综合性与代表性的指标，反映了企业资本运营的综合效益。通过对该指标的综合对比分析，可以看出企业获利能力在同行业中所处的地位，以及与同类企业的差异水平

一般认为，净资产收益率越高，企业自有资本获取收益的能力越强，运营效益越好，对企业投资人和债权人的保障程度越高

图 11－27　净资产收益率分析

五、资本保值增值率

资产保值增值率分析如图 11－28 所示。

资本保值增值率

资本保值增值率是指企业扣除客观因素后的年末所有者权益总额与年初所有者权益总额的比率，反映了企业当年资本在企业自身努力下的实际增减变动情况

$$资本保值增值率 = \frac{期末所有者（股东）权益总额}{期初所有者（股东）权益总额} \times 100\%$$

图 11－28

资本保值增值率

资本保值增值率是根据“资本保全”原则设计的指标，它更加谨慎、稳健地反映了企业资本保全和增值状况，充分体现了对所有者权益的保护，能够及时、有效地发现侵蚀所有者权益的情况

该指标通常应大于100%，表示资本增值。若期末所有者权益总额等于期初所有者权益总额，该指标等于100%，表示资本保值。若期末所有者权益总额小于期初所有者权益总额，即该指标小于100%，则表示资本受到侵蚀，没有实现资本保全，损害了所有者的权益，也妨碍了企业进一步发展壮大，应予以充分重视

图 11－28　资本保值增值率分析

六、每股收益

每股收益分析如图 11－29 所示。

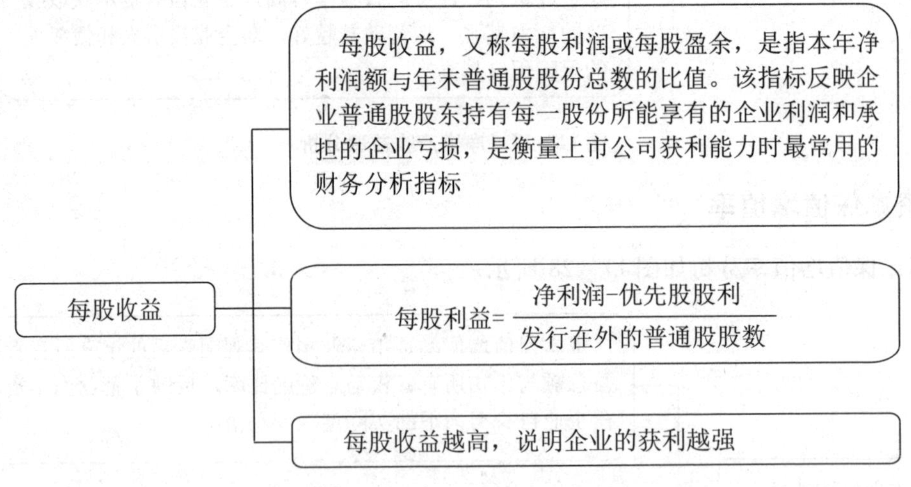

图 11－29　每股收益分析

七、每股股利

每股股利分析如图 11－30 所示。

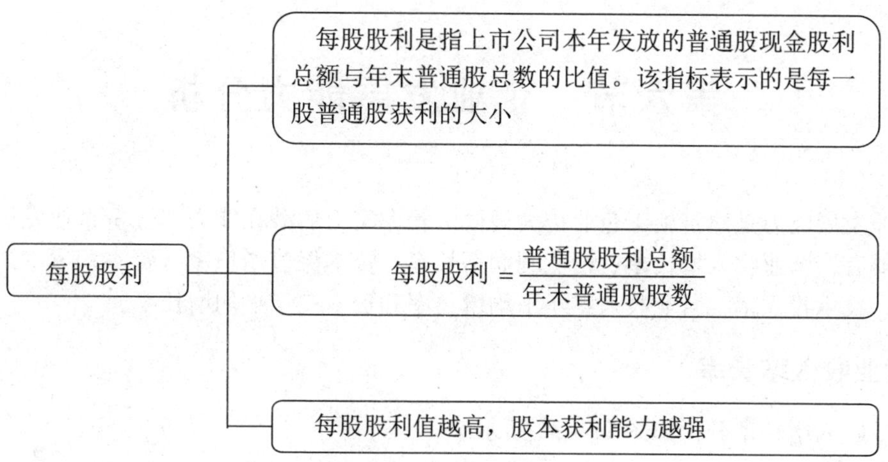

图 11－30　每股股利分析

八、市盈率

市盈率分析如图 11－31 所示。

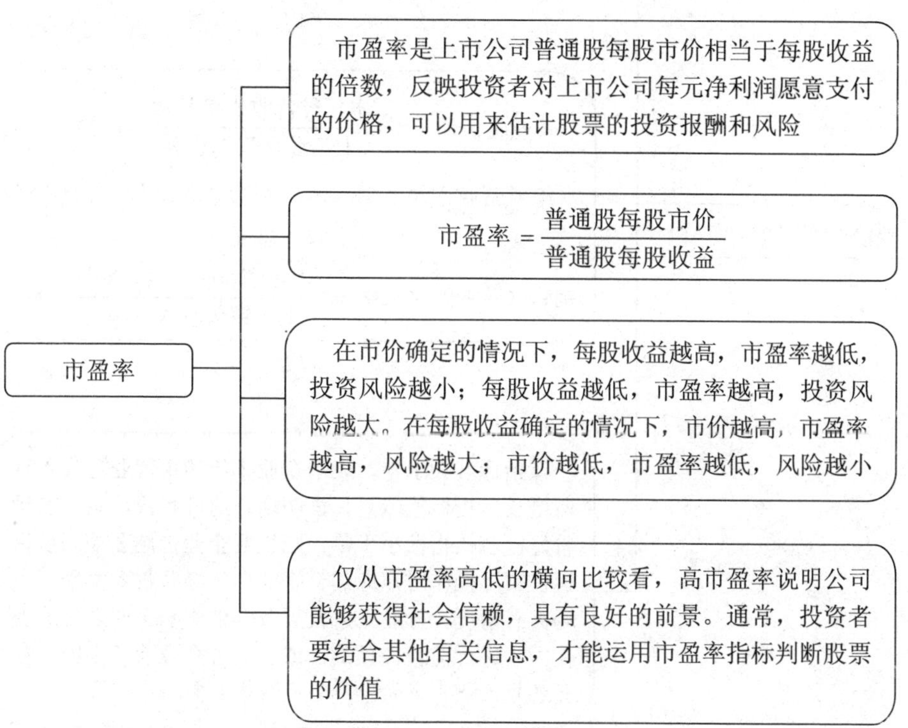

图 11－31　市盈率分析

第六节　企业发展能力分析

企业发展能力是建筑施工企业扩大规模、壮大实力的潜在能力。分析企业发展能力的指标主要有：营业收入增长率、营业利润增长率、资本保值增值率、资本积累率、总资产增长率、技术投入率、营业收入三年平均增长率和资本三年平均增长率。

一、营业收入增长率

营业收入增长率分析如图 11－32 所示。

营业收入增长率

营业收入增长率是企业本年经营收入增长额与上年经营收入总额的比率，是衡量企业经营状况和市场占有能力、预测企业经营业务拓展趋势的重要标志

$$营业收入增长率=\frac{本年经营收入增长额}{上年经营收入总额}\times100\%$$

本年经营收入增长额＝本年经营收入总额－上年经营收入总额

$$销售（营业）增长率=\frac{本年销售收入增长额}{上年销售收入总额}\times100\%$$

该指标若大于零，表示企业本年的主营业务收入有所增长，指标值越高，表明增长速度越快，企业前景看好；若该指标小于零，则说明企业份额萎缩。该指标在实际操作时，应结合企业历年经营收入水平、市场占有情况、行业未来发展及其他影响企业发展的潜在因素进行前瞻性预测，或者结合企业前三年的主营业务收入增长率做出趋势性分析判断

图 11－32　营业收入增长率分析

二、营业利润增长率

营业利润增长率的相关内容如图 11－33 所示。

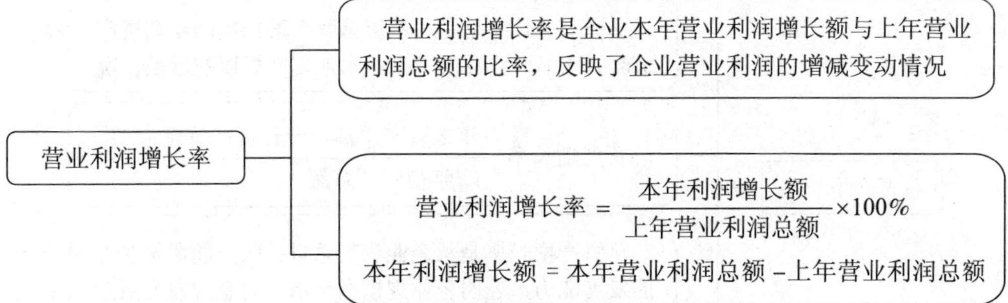

图 11－33 营业利润增长率分析

三、资本保值增值率

本章第五节已做过相关介绍，此处不再赘述。

四、资本积累率

资本积累率分析如图 11－34 所示。

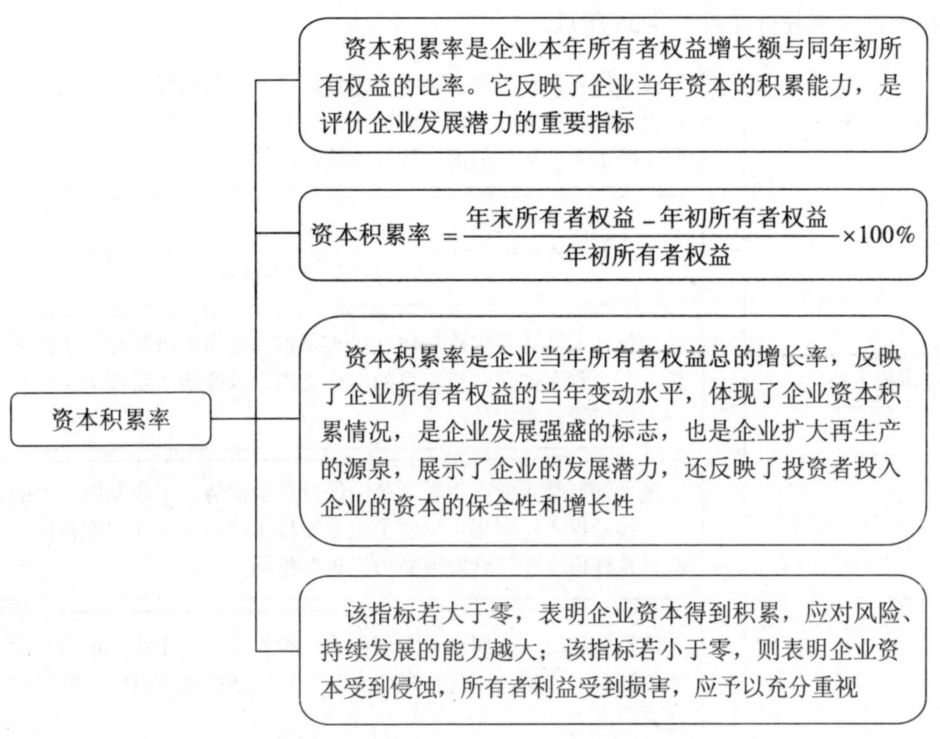

图 11－34 资本积累率分析

五、总资产增长率

总资产增长率分析如图 11－35 所示。

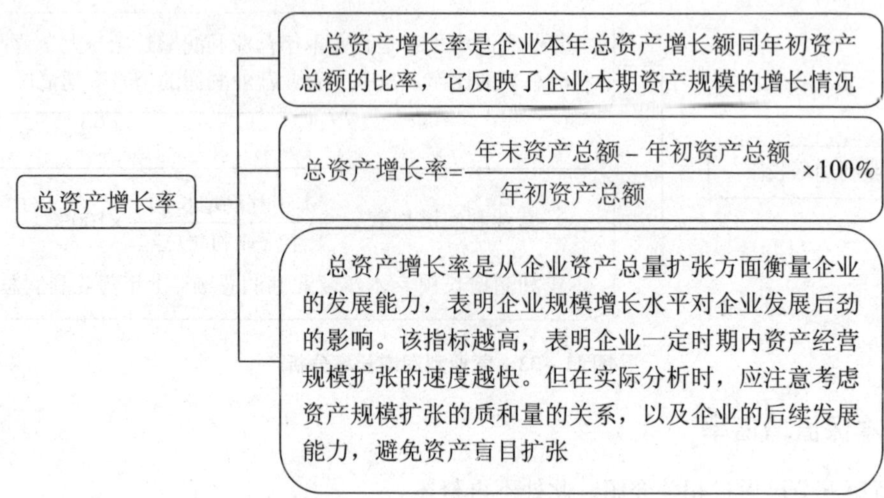

图 11－35　总资产增长率分析

六、技术投入率

技术投入率分析如图 11－36 所示。

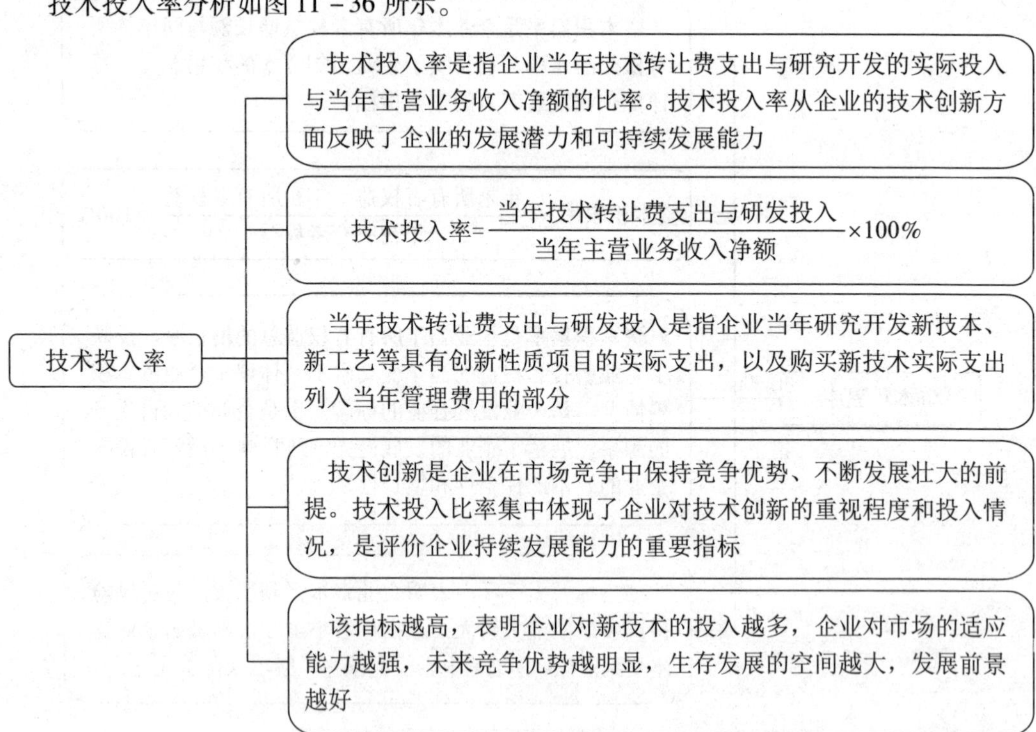

图 11－36　技术投入率分析

七、营业收入三年平均增长率

营业收入三年平均增长率分析如图 11－37 所示。

营业收入三年平均增长率

营业收入三年平均增长率表明企业营业收入连续三年的增长情况，体现了企业的持续发展态势和市场扩张能力

$$营业收入三年平均增长率=(\sqrt[3]{\frac{本年营业收入总额}{三年前营业收入总额}}-1)\times100\%$$

$$营业收入三年平均增长率=(\sqrt[3]{\frac{本年销售收入总额}{三年前销售收入总额}}-1)\times100\%$$

三年前营业业务收入总额是指企业三年前的主营业务收入总额数，数据取值于三年前利润及利润分配表

营业收入是企业积累和发展的基础，该指标越高，表明企业积累的基础越牢固，可持续发展能力越强，发展的潜力越大

利用营业（销售）收入三年平均增长率指标，能够反映企业的主营业务增长趋势和稳定程度，体现企业的连续发展状况和发展能力，避免因少数年份业务波动而对企业发展潜力的错误判断

该指标越高，表明企业主营业务持续增长势头越好，市场扩张能力越强

图 11－37 营业收入三年平均增长率分析

八、资本三年平均增长率

资本三年平均增长率分析如图 11－38 所示。

资本三年平均增长率

- 资本三年平均增长率表示企业资本连续三年的积累情况，在一定程度上反映了企业的持续发展水平和发展趋势
- $$资本三年平均增长率=\left(\sqrt[3]{\frac{年末所有者权益总额}{三年前年末所有者权益总额}}-1\right)\times 100\%$$
- 三年前年末所有者权益数据取值于三年前资产负债表中企业三年前的所有者权益年末数
- 由于一般增长率指标在分析时具有滞后性，仅反映当期情况，所以利用该指标，能够反映企业资本积累或资本扩张的历史发展状况，以及企业稳步发展的趋势
- 该指标越高，表明企业所有者权益得到的保障程度越大，企业可以长期使用的资金越充足，抗风险和持续发展的能力越强

图 11－38　资本三年平均增长率分析

参考文献

[1] 吴芳. 新编小型建筑施工企业财务管理一本通 [M]. 江西: 江西人民出版社, 2014.

[2] 李志远, 余园林. 建筑施工企业内部财务会计制度实用范本 (第二版) [M]. 北京: 中国市场出版社, 2011.

[3] 吴晶. 建筑施工企业财务管理的 7 堂必修课 [M]. 北京: 中国纺织出版社, 2009.

[4] 段远鸿, 吴晶. 不懂财务就当不好建筑施工企业经理 [M]. 北京: 企业管理出版社, 2009.

[5] 陈斯雯. 建筑施工、房地产企业实用管理大全: 财务会计、合理避税、管理制度与表格 [M]. 北京: 企业管理出版社, 2007.

[6] 徐佳芳. 建筑施工企业会计 (第二版) [M]. 北京: 中国建筑工业出版社, 2008.

[7] 林见明. 建筑企业会计 (第二版) [M]. 北京: 中国建筑工业出版社, 2010.

[8] 方晶晶, 张思纯. 建筑施工企业会计核算实务 [M]. 北京: 化学工业出版社, 2011.

[9] 代义国. 建筑施工企业会计轻松上手 [M]. 北京: 中国宇航出版社, 2012.